21 世纪工商管理特色教材

项目管理

PROJECT MANAGEMENT

朱方伟　宋金波 ⊙ 主编

清华大学出版社
北京

内 容 简 介

本书从项目全生命周期管理的角度出发,对项目管理过程中的理论、方法以及应用进行了阐述。全书共分11章,主要内容包括:项目与项目管理、项目论证与评估、项目组织管理、项目范围管理、项目进度管理、项目成本管理、项目采购与合同管理、项目风险管理、项目沟通与冲突管理、项目后评价和项目管理软件的应用。

本书最大的特色是贯穿各章的项目管理案例,适用于EMBA、MBA、工程硕士及管理专业的研究生和本科生,尤其适合用于开展项目管理案例教学,同时对项目管理和工程管理实践领域的人员也有一定的参考价值。

本书封面贴有清华大学出版社防伪标签,无标签者不得销售。
版权所有,侵权必究。举报: 010-62782989, beiqinquan@tup.tsinghua.edu.cn。

图书在版编目(CIP)数据

项目管理/朱方伟,宋金波主编. —北京:清华大学出版社,2012(2025.2重印)
(21世纪工商管理特色教材)
ISBN 978-7-302-29825-0

Ⅰ. ①项… Ⅱ. ①朱… ②宋… Ⅲ. ①项目管理—教材 Ⅳ. ①F224.5

中国版本图书馆CIP数据核字(2012)第195701号

责任编辑:刘志彬
封面设计:汉风唐韵
责任校对:宋玉莲
责任印制:杨　艳

出版发行:清华大学出版社
网　　址:https://www.tup.com.cn, https://www.wqxuetang.com
地　　址:北京清华大学学研大厦A座　　邮　编:100084
社 总 机:010-83470000　　邮　购:010-62786544
投稿与读者服务:010-62776969, c-service@tup.tsinghua.edu.cn
质 量 反 馈:010-62772015, zhiliang@tup.tsinghua.edu.cn
课 件 下 载:https://www.tup.com.cn, 010-83470332
印 装 者:涿州市般润文化传播有限公司
经　　销:全国新华书店
开　　本:185mm×260mm　　印　张:26.5　　字　数:604字
版　　次:2012年10月第1版　　印　次:2025年2月第13次印刷
定　　价:69.00元

产品编号:035361-03

21 世纪工商管理特色教材

编辑委员会

名誉主任　王众托
主　　任　苏敬勤
副 主 任　李新然
成　　员　（按姓氏笔画排列）
　　　　　王延章　王雪华　王淑娟　刘晓冰
　　　　　李延喜　李文立　仲秋雁　朱方伟
　　　　　陈树文　党延忠　戴大双
协　　调　张秋艳

总序

在管理教育和人才培养的各种制度中,工商管理硕士(MBA)制度是一项行之有效、富有成果的制度,它培养的是高质量的、处于领导地位的职业工商管理人才。工商管理硕士教育传授的是面对实战的管理知识和管理经验,而不是侧重理论研究;注重复合型、综合型人才培养,重视能力培养。在发达国家其已经成为培养高级企业管理人才的主要方式。

我国正式开始引进工商管理硕士学位制度始于1984年。但是早在1980年,按照1979年邓小平同志访美期间向当时的美国总统卡特提出由美方派遣管理教育专家来华培训我国企业管理干部的要求,中国和美国两国政府成立了坐落在大连理工大学的"中国工业科技管理大连培训中心"。在开始的几年内,办起了学制为8个月的厂长经理讲习班,其教学内容是按照MBA教育的框架"具体而微"地设计的,并开设了MBA教育中所有的核心课程。这种培训教育曾被认为是"袖珍型MBA",这可以说是MBA理念引入我国的开始。

从1984年开始,根据中美两国有关合作进行高级管理人员的第二个五年的协议,由中国的大连理工大学与美国布法罗纽约州立大学合作开办三年制的MBA班,这是对我国兴办MBA教育的一次试点。与此同时,培训中心将美国教授在大连讲学的记录整理出版了一套现代企业管理系列教材,原来共9种,后来扩展为13种,这套教材由企业管理出版社出版,发行超过百万册,填补了当时缺乏面向实际应用类型教材的空白,也为后来的MBA教材建设奠定了一个基础。

我国从1991年开始,正式开办MBA专业学位教育。在经过10多年的实践和摸索之后,中国的MBA教育已经进入一个新的发展时期,目前中国拥有MBA招生和培养资格的院校已经有100余所。这种专业学位的设置使我国的学位制度更趋完善,推动了我国高级专门人才培养的多样化,使学位制度进一步适应科学技术事业和经济建设发展的需要。MBA教育需要适合面对实战的管理知识和管理经验的教材。从1998年开始,作为培训中心依托单位的大连理工大学管理学院,就开始在原来培训班的系列教材的基础上,吸收近期国内外管理理论和实践的发展成果,结合自己的教学经验,组织编写了 MBA 系列教材 18 种,由大连理工大学出版社出版,共印刷发行了 40 余万册,被许多院校的 MBA 教学和干部培训选用,受到广大读者的欢迎。2005 年,又出版了新的教材系列。

进入 21 世纪以来,国外的管理思想、理论与方法又有了发展。随着我国改革开放步伐的加快和经济建设的进展,在我们的管理实践中,在吸收消化国外先进管理的理论、方法的同时,针对我国在转型期的具体情况,探索具有中国特色的管理思想、方法,也得到很多的成果。目前我们已经可以像我国已故的哲学大师冯友兰教授所说的,从"跟着讲"发展到开始"接着讲"了。因此在管理教育中编写具有中国特色的教材,既有必要性,又有可能性。在 MBA 专业教育方面,我国在多年实践的基础上,也积累了许多经验。特别是由于 MBA 与学术型管理学硕士的培养目标、教学内容与方式有所不同,我国的各院校都注意在教学中引入了案例教学、角色扮演、模拟练习等新型教学活动,这样在我国自编的教材中就有可能选入符合国情的具体内容。

大连理工大学管理学院在从 20 世纪 80 年代就开始进行 MBA 试点以及近 20 年来进行 MBA 学位教育的基础上,决定重新编写一轮新的教材,总结过去的教学与培训经验,吸收国外的最新理论成果,使教材上升一个新的台阶。本次的教材系列包括"管理学"、"财务管理"、"技术管理"、"战略管理"、"管理决策方法"、"管理信息系统"、"营销管理"、"运营管理"、"企业法律环境"、"创业与企业成长"、"投资风险管理"、"项目管理"、"商业伦理"、"会计学"、"现代物流管理"、"项目投融资决策"、"企业知识管理"、"企业社会责任管理"、"创新与变革管理"、"企业文化"、"电子商务"、"人力资源管理"、"组织行为学"、"公司治理"、"管理经济学"、"管理沟通"共 26 种,涵盖了 MBA 基础课程、专业课程与部分新学科的内容,本轮教材的组织和撰写具有覆盖面广、关注到新的管理思想和方法、充分利用了自编案例等特点,反映了 MBA 教育的新进展。希望这个教材系列能为我国 MBA 教材添砖加瓦,为 MBA 教育作出应有的贡献。同时也希望这些教材能成为其他专业学位教育和各类管理干部培训的选用教材和参考资料,以及创业人士的有益读物。

衷心盼望采用这些教材的老师和学员在使用过程中对教材的不足之处多提宝贵意见,以便在下一轮修订过程中加以改进。让我们共同努力,把我国的 MBA 教育提高到一个新水平。

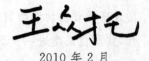

2010 年 2 月

前言

项目管理是近几十年来迅速发展的一门新兴学科，也是理论与实践结合最强的学科之一。项目管理的不断发展与应用，使项目管理的管理模式与理念在当今社会具有了更为广泛的影响力，对传统管理模式带来了变革和挑战。

在西方发达国家，项目管理的应用已十分普及。一方面，项目管理作为一门实践性很强的交叉学科，其学科内涵得到了不断的扩展，构成了相对比较完整的项目管理知识体系；另一方面，由于其理论与应用方法从根本上改变了管理的运作方式，提高了项目的实施效率，项目管理已从最初的国防、航天领域迅速拓展到目前的制造、建筑、软件开发、电子、通信、计算机、金融等领域，甚至政府机关的行政管理领域。

科技的发展和市场的竞争，尤其是信息技术的发展，使得工业时代的大量、同质化的消费模式逐步转变为对个性化需求的追求，企业也由作业驱动过渡到项目驱动模式。项目管理作为管理理论的一个新的研究方向，为项目的实施提供了一种有效的组织管理方式，改善了人们对各种资源利用的计划、组织、执行和控制方法。项目管理由于在企业经营中发挥着降低成本、提高效率的作用，越来越受到现代企业的重视。因此，项目管理的基本理论和基本方法成为越来越多的人希望了解和学习的新知识和新技能。本书在编写的过程中我们始终认为，不能仅仅从项目的角度来研究和实施项目，需要将项目从企业的角度来进行战略布局和规划，项目管理的过程设计也应该和企业的制度规范协调一致。

系统原则是项目管理理念和方法的基础。基于系统的原则，项目管理知识体系、管理理念和管理方法不仅兼顾目标导向和过程控制，同时兼顾企业战略管理和执行管理。"系统思考、周密计划、目标导向、过程控制、团队运作"已经成为项目管理的基本原则。项目管理已经成为提升组织执行力的有效手段和方法，使组织的目标将更加明确化，实现目标的过程将更加条理化，对过程的控制将更加科学化，实现过程的沟通方式将更加可视化、团队作战的工作效率将更加高效化,项目管理已成为企业发展的有力保证。随着项目管理概念的拓展,项目管理将成为人们系统做事的思维方式和工作方法,需要从战略项目的选择、企业项目管理制度机制的设计和项目管理流程方法设计三个层次同时完善。

项目的生命周期与方法论,为项目开展划出了清晰的界限,以保证项目进程。生命周期主要是协调相关项目,而方法论为项目进程提供了持续稳定的方式方法。因此本书在内容安排上主要是以项目生命周期理论为基本框架,对项目知识体系进行系统展开介绍。本书在编写过程中,集中突出了案例的特色,每章都配置了讨论案例,各章的案例主要是应用本章的所覆盖的知识点进行案例分析,当然有些案例也需要用到以前的章节中的一些知识点和概念,本书的案例全都来自中国的项目管理实践,基本覆盖了项目管理的主要知识点,因此可以以本书为教材在项目管理课程中开展全案例教学。

本书主要作为大学生高年级本科生、全日制硕士研究生、MBA、EMBA的项目管理教科书和项目经理们的参考书,也适合那些必须自始至终对项目给予支持的职能经理和高层管理者阅读,同时对各类工程技术人员也有一定的参考价值。当然,成功的项目管理不是仅仅通过学习书本知识就能完成的,还需要读者通过亲身实践来不断丰富完善项目管理知识,提高项目管理技能。

本书共分11章。第1章项目与项目管理由宋彬、刘轩政、于淼、朱方伟撰写;第2章项目论证与评估由宋丹荣、王爽、李亚磊、宋金波撰写;第3章项目组织管理由宋琳、王珊珊、朱方伟撰写;第4章项目范围管理由宋彬、孙秀霞、朱方伟撰写;第5章项目进度管理由孙秀霞、朱方伟撰写;第6章项目成本管理由吴刚、王昭、朱方伟撰写;第7章项目采购与合同管理由富怡雯、宋金波撰写;第8章项目风险管理由郑海洋、宋金波撰写;第9章项目沟通与冲突管理由姜珊、宋金波撰写;第10章项目后评价由宋琳、于淼、朱方伟撰写;第11章项目管理软件的应用由李文宗、宋金波撰写。本书各章的教学案例主要来自作者采编的案例、中国管理案例共享中心的案例,并从项目管理者联盟网站、华夏名网收集整理了相关案例。

全书由朱方伟、宋金波统稿,宋琳和孙秀霞也参与了统稿。

我们要对所有帮助我们完成本书的人士表示最诚挚的感谢!大连理工大学戴大双教授对书稿进行了评阅,并提出了很多建设性的修改建议,使得书稿得以不断完善;我们要感谢中国管理案例共享中心为我们提供如此多的优秀教学案例;我们要感谢我们曾经的学员,是他们让我们拥有不断完善项目管理教学方法和内容的动力;我们也要感谢相关项目管理互联网网站为我们提供项目管理知识和案例;我们要感谢清华大学出版社为本书出版付出的辛苦和努力,使这本书得以顺利出版。

限于时间和水平,本书难免存在疏漏或错误,我们真诚地希望各位读者能够给我们反馈各种意见,使我们不断完善书稿,及时更新版本。

编　者

目录

第1章 项目与项目管理 ·· 1
1.1 项目 ··· 1
1.1.1 项目的内涵及属性 ·································· 1
1.1.2 项目与企业发展 ······································ 5
1.2 项目管理 ··· 6
1.2.1 项目管理概述 ·· 6
1.2.2 项目生命周期与项目管理过程 ················ 11
1.2.3 项目管理的知识体系 ···························· 15
1.3 项目驱动型企业 ····································· 17
1.3.1 作业驱动型企业与项目驱动型企业 ········ 17
1.3.2 企业项目管理成熟度 ···························· 19
案例分析 ·· 22
案例启发思考题 ·· 27
本章思考练习题 ·· 28

第2章 项目论证与评估 ·· 29
2.1 项目论证程序与内容 ································ 30
2.1.1 项目论证程序与内容 ···························· 30
2.1.2 项目评估程序与内容 ···························· 33
2.2 资金时间价值 ·· 35
2.2.1 资金时间价值的含义 ···························· 35
2.2.2 影响资金时间价值的因素 ····················· 35
2.2.3 资金时间价值的计算方法 ····················· 36
2.3 项目财务评价 ·· 41
2.3.1 项目财务评价程序与基础数据 ·············· 41
2.3.2 项目财务评价方法 ······························· 43
2.4 项目的国民经济评价 ································ 49
2.4.1 项目的国民经济评价指标体系 ·············· 49
2.4.2 影子价格 ·· 51
2.4.3 国民经济评价通用参数 ························· 57
2.4.4 项目社会成本(费用)和社会效益分析 ······ 60
2.5 项目的环境影响评价 ································ 62

2.5.1　项目环境影响评价的意义 …………………………………………… 63
　　　2.5.2　项目环境影响评价制度及依据 ………………………………………… 63
　　　2.5.3　项目环境影响评价的内容 …………………………………………… 64
　　　2.5.4　项目环境影响评价的工作程序 ………………………………………… 65
　　案例分析 …………………………………………………………………………… 66
　　案例启发思考题 …………………………………………………………………… 68
　　案例分析 …………………………………………………………………………… 68
　　案例启发思考题 …………………………………………………………………… 68
　　本章思考练习题 …………………………………………………………………… 68

第3章　项目组织管理 …………………………………………………………… 70

  3.1　项目组织 …………………………………………………………………… 70
　　　3.1.1　项目组织概述 ……………………………………………………… 70
　　　3.1.2　项目管理组织结构 ………………………………………………… 74
　　　3.1.3　项目管理办公室 …………………………………………………… 83
　　　3.1.4　项目团队内部结构 ………………………………………………… 88
  3.2　项目经理 …………………………………………………………………… 92
　　　3.2.1　项目经理概述 ……………………………………………………… 92
　　　3.2.2　项目经理的任职条件 ……………………………………………… 96
　　　3.2.3　项目经理的选择 …………………………………………………… 98
　　　3.2.4　项目经理的培养与发展 …………………………………………… 99
  3.3　项目团队 …………………………………………………………………… 103
　　　3.3.1　项目团队概述 ……………………………………………………… 103
　　　3.3.2　项目团队的发展 …………………………………………………… 104
　　　3.3.3　建立有效的项目团队 ……………………………………………… 106
　　　3.3.4　项目团队的管理 …………………………………………………… 112
　　案例分析 ………………………………………………………………………… 118
　　案例启发思考题 ………………………………………………………………… 127
　　案例分析 ………………………………………………………………………… 127
　　案例启发思考题 ………………………………………………………………… 130
　　本章思考与练习题 ……………………………………………………………… 131

第4章　项目范围管理 …………………………………………………………… 132

  4.1　项目范围管理概述 ………………………………………………………… 132
　　　4.1.1　项目范围的概念 …………………………………………………… 132
　　　4.1.2　项目范围管理的过程及作用 ……………………………………… 133
  4.2　项目需求识别 ……………………………………………………………… 133
　　　4.2.1　需求识别的过程 …………………………………………………… 133

4.2.2 需求识别的方法技术 …………………………………………………… 134
4.2.3 项目需求识别的结果 …………………………………………………… 135
4.3 项目范围界定 …………………………………………………………………… 137
4.3.1 项目范围界定的概念 …………………………………………………… 137
4.3.2 项目范围界定的方法技术 ……………………………………………… 137
4.3.3 项目范围界定的结果 …………………………………………………… 138
4.4 工作分解结构 …………………………………………………………………… 138
4.4.1 以 WBS 为主线的集成项目管理 ………………………………………… 139
4.4.2 工作分解结构制订的原则和方法 ……………………………………… 141
4.4.3 工作分解结构的适配性 ………………………………………………… 145
4.5 项目范围控制 …………………………………………………………………… 147
4.5.1 影响范围变更的因素 …………………………………………………… 148
4.5.2 范围变更控制方法 ……………………………………………………… 148
4.5.3 范围控制的结果 ………………………………………………………… 149
案例分析 ……………………………………………………………………………… 151
案例启发思考题 ……………………………………………………………………… 155
案例分析 ……………………………………………………………………………… 155
案例启发思考题 ……………………………………………………………………… 158
本章思考练习题 ……………………………………………………………………… 158

第 5 章 项目进度管理 …………………………………………………………… 160

5.1 项目进度管理概述 ……………………………………………………………… 160
5.1.1 项目进度管理的内涵 …………………………………………………… 160
5.1.2 项目进度管理的重要性 ………………………………………………… 161
5.2 项目进度计划 …………………………………………………………………… 162
5.2.1 项目活动定义 …………………………………………………………… 162
5.2.2 项目活动排序 …………………………………………………………… 165
5.2.3 项目活动资源估算 ……………………………………………………… 170
5.2.4 项目活动时间估算 ……………………………………………………… 172
5.2.5 项目进度计划制订 ……………………………………………………… 175
5.3 项目进度控制 …………………………………………………………………… 186
5.3.1 进度控制的影响因素 …………………………………………………… 186
5.3.2 进度控制的方法技术 …………………………………………………… 186
5.3.3 进度控制的实施 ………………………………………………………… 188
5.3.4 进度控制的结果 ………………………………………………………… 188
案例分析 ……………………………………………………………………………… 189
案例启发思考题 ……………………………………………………………………… 194
本章思考练习题 ……………………………………………………………………… 194

第6章 项目成本管理 195

6.1 成本管理概述 195
6.1.1 成本管理的含义 195
6.1.2 项目成本管理的作用 197
6.2 项目成本计划编制 198
6.2.1 项目资源计划编制 198
6.2.2 项目成本估计 202
6.2.3 项目成本预算 205
6.3 项目成本控制 209
6.3.1 项目成本控制概述 209
6.3.2 项目成本控制依据 209
6.3.3 项目成本控制工具与方法 210
6.3.4 项目成本控制的结果 215
案例分析 216
案例启发思考题 224
案例分析 225
案例启发思考题 227
本章思考练习题 227

第7章 项目采购与合同管理 228

7.1 项目采购概述 228
7.1.1 项目采购的内涵 228
7.1.2 项目采购的原则 230
7.1.3 项目采购的重要性 231
7.2 项目采购管理 232
7.2.1 项目采购流程 232
7.2.2 采购的模式分析 234
7.2.3 项目经理在采购过程中的权力和责任 236
7.3 招标投标管理 237
7.3.1 招标投标的基本概念 237
7.3.2 招标程序 239
7.3.3 项目招标文件的编制 242
7.3.4 项目投标管理 245
7.3.5 开标与评标 248
7.3.6 授予合同 250
7.4 项目合同管理 251
7.4.1 合同的类型 251

  7.4.2 合同主要内容……254
  7.4.3 项目合同的订立……255
  7.4.4 项目合同变更、转让、解除和终止……258
  7.4.5 项目合同纠纷的处理……260
  7.4.6 FIDIC合同条款……260
 7.5 索赔管理……262
  7.5.1 承包商向业主的索赔……262
  7.5.2 业主向承包商的索赔……263
  7.5.3 索赔费用的组成……263
  7.5.4 索赔证据……264
  7.5.5 索赔程序……265
 案例分析……266
 案例启发思考题……269
 本章思考练习题……270

第8章 项目风险管理……271

 8.1 项目风险管理规划……272
  8.1.1 项目风险管理的概念……272
  8.1.2 风险管理规划的概念……273
  8.1.3 风险管理规划的依据……273
  8.1.4 风险管理规划的方法及内容……273
 8.2 项目风险识别与估计……274
  8.2.1 项目风险识别……274
  8.2.2 项目风险估计……280
 8.3 项目风险应对计划……290
  8.3.1 风险应对计划的含义……290
  8.3.2 风险应对计划的依据……290
  8.3.3 风险应对措施……291
  8.3.4 风险应对的成果……294
 8.4 项目风险监控……295
  8.4.1 风险监控的概念……295
  8.4.2 风险监控的依据……296
  8.4.3 风险监控的主要工具和技术……296
  8.4.4 风险监控的成果……296
 案例分析……297
 案例启发思考题……301
 本章思考练习题……301

第9章 项目沟通与冲突管理 · · · · · · 302

9.1 项目沟通管理概述 · · · · · · 302
- 9.1.1 沟通的含义及特征 · · · · · · 302
- 9.1.2 沟通管理的原则 · · · · · · 304
- 9.1.3 沟通管理的重要性 · · · · · · 304

9.2 项目沟通的工具方法 · · · · · · 306
- 9.2.1 项目沟通的方式 · · · · · · 306
- 9.2.2 项目沟通的渠道 · · · · · · 307
- 9.2.3 项目沟通的工具与手段 · · · · · · 310

9.3 项目沟通管理过程 · · · · · · 313
- 9.3.1 编制项目沟通计划 · · · · · · 313
- 9.3.2 分发信息 · · · · · · 315
- 9.3.3 管理利益相关者的期望 · · · · · · 316
- 9.3.4 报告项目绩效 · · · · · · 316
- 9.3.5 项目沟通的障碍及解决途径 · · · · · · 317

9.4 冲突管理 · · · · · · 318
- 9.4.1 冲突的概念 · · · · · · 319
- 9.4.2 项目的主要冲突 · · · · · · 319
- 9.4.3 冲突的解决模式 · · · · · · 325
- 9.4.4 冲突管理技能 · · · · · · 327

思考与练习 · · · · · · 329
案例分析 · · · · · · 330
案例启发思考题 · · · · · · 336
案例分析 · · · · · · 336
案例启发思考题 · · · · · · 338
本章思考练习题 · · · · · · 338

第10章 项目后评价 · · · · · · 339

10.1 项目后评价概述 · · · · · · 339
- 10.1.1 项目后评价的含义和特点 · · · · · · 339
- 10.1.2 项目后评价的目的和原则 · · · · · · 340
- 10.1.3 项目后评价与前评价的区别 · · · · · · 341

10.2 项目后评价的内容 · · · · · · 341
- 10.2.1 项目竣工验收 · · · · · · 341
- 10.2.2 项目效益后评价 · · · · · · 342
- 10.2.3 项目管理后评价 · · · · · · 345
- 10.2.4 项目可持续性后评价 · · · · · · 349

10.3 项目后评价的程序 ··· 350
 10.3.1 选定后评价项目 ··· 350
 10.3.2 制订后评价计划 ··· 351
 10.3.3 项目后评价的调查 ·· 352
 10.3.4 项目后评价报告 ··· 352
 10.3.5 项目后评价成果的反馈和扩散 ··································· 354
10.4 项目后评价的方法 ··· 354
 10.4.1 统计预测法 ·· 354
 10.4.2 对比分析法 ·· 356
 10.4.3 逻辑框架法 ·· 356
 10.4.4 成功度评价法 ··· 358
10.5 项目后评价的监测和指标体系 ··· 360
 10.5.1 项目后评价的监测 ·· 360
 10.5.2 项目执行监测指标 ·· 361
 10.5.3 监测评价指标的确定和应用 ······································· 363
案例分析 ·· 365
案例启发思考题 ··· 373
本章思考练习题 ··· 373

第11章 项目管理软件的应用 ··· 374

11.1 Project 2007 产品简介 ·· 374
 11.1.1 Project 2007 操作界面 ··· 374
 11.1.2 Project 2007 视图 ··· 374
 11.1.3 Project 2007 支持的文件格式 ···································· 376
11.2 Project 2007 在项目管理案例中的应用 ···································· 376
 11.2.1 在 Project 中创建新项目 ··· 376
 11.2.2 进度计划管理 ··· 379
 11.2.3 资源管理 ·· 385
 11.2.4 成本管理 ·· 387
 11.2.5 进度跟踪与控制 ··· 390

附录 ··· 394

参考文献 ··· 402

第 1 章 项目与项目管理

> **导　读**

项目管理有着悠久的历史，我国早在数千年前就已经开始了项目和项目管理的实践，创造了许多好的项目管理方法，同时积累了丰富的实践经验。特别是一些大型工程建设项目的实施，无不蕴涵着项目管理的思想。传说中的神农氏尝百草实际上就是最早的中药开发项目，而大禹治水实际上就是最早的水利工程开发项目，随后的都江堰和长城建设项目不管从工程设计还是项目施工都使用了某些项目管理的思想。目前，"项目"已普遍存在于我们的工作和生活中，并对我们的工作和生活产生着重要的影响。小至一次会议的举办，大至"神舟"飞船的研发，都可以被看作项目，人们关心项目的成功，探寻使项目满意完成的方法。

项目管理是一种专业知识，是一个方法体系，它有相对统一的内容、要求和技术。只有首先用科学的定义解释项目概念，界定项目的特点和规律，才有可能发现管理项目的科学方法。在本章中，我们将从项目和项目管理的基本理论入手，来阐述项目的概念、属性、企业项目及其与企业发展的关系，项目管理的概述、项目的生命周期与管理过程、项目管理的知识体系，以及项目驱动型企业等内容。这些内容是学习项目管理的基础。

1.1　项目

1.1.1　项目的内涵及属性

建设一项大型工程、开发一个新产品、开发一套软件、策划一台晚会、变革企业原有的管理制度……这些都可以成为项目吗？

"项目"实际上是一个专业术语，但目前人们似乎正在将这一概念"广泛化"。就项目管理学科而言，我们有必要了解项目的内涵和特征，以便更好地把握项目管理的规律。

1. 项目的定义

有许多组织和学者对项目进行过定义，具有代表性的定义如下：

（1）美国项目管理协会（PMI）PMBOK（第 3 版）对项目的定义为：项目是为提供某项独特产品、服务或成果所做的一次性努力。

(2) 国际项目管理协会(IPMA)ICB 3.0 中对项目的定义为：项目是受时间和成本约束的、用以实现一系列既定的可交付物(达到项目目标的范围)，同时满足质量标准和需求的一次性活动。

(3) 德国标准化学会对项目的定义为：项目是指在整体上符合下面三个条件的唯一性任务：① 具有预定的目标；② 具有时间、财务、人力和其他限制条件；③ 具有专门的组织。

(4) Harold Kerzner 博士认为，项目是具有下列条件的任何行动和任务的序列：① 有一个将根据某种技术规范完成的特定的目标；② 具有确定的开始和结束日期；③ 有经费限制；④ 消耗资源(如资金、人员、设备等)。

(5) R. J. Graham 认为，项目是为了达到某个特定的目标而集合到一起的资源的组合。它与常规的任务之间的重要区别是：项目通常是一次性的；项目是一系列独特的工作努力，即按照某种规范及应用标准导入或生产某种新产品或某种新服务。这种工作努力应当在限定的时间、成本费用、人力资源及财产等项目参数内完成。

(6) Joan Knutson 和 Ira Bits 认为，项目是为达到某项目标而精心组织的某个过程，该目标起初只有抽象的开始、抽象的结束、抽象的移交物。

(7) R. K. Wysocki 和 R. Beck 认为，项目是一些独特的、复杂的和相关的活动组成的一个序列，它有一个必须在特定时间内、在预算之内根据规范完成的目标或目的。

综合上述观点，项目是即将被完成的、临时性的、有限的特殊任务。它是在一定的时间、人员和资源约束下，满足一系列特定目标的多项相关工作的总称。

这个定义包含了三层含义：

第一，项目是一项有待完成的任务，这项任务是由一系列相关的活动或者工作构成，完成这些相关的活动或者工作是一个动态的过程；

第二，完成这些活动或者工作需要利用有限的时间、人员和资源，在特定的环境和约束下进行；

第三，这些活动或者工作是否已经完成，完成得好不好，有明确的目标要求，而且是多目标的约束。

美国项目管理协会(PMI)专业杂志上刊登过三个项目案例作为典型，来说明现代项目管理中人们对项目的理解。

(1) 新奥尔良市是美国南方密西西比河和墨西哥交汇的重要港口城市，在 20 世纪 70 年代，该市制订了一项战略性计划，沿河岸进行改造和建设，最终完成了沿河区的水族馆、河边带状公园、极具特色的河岸有轨电车线及商贸中心。不难看出，这是由若干个建设改造项目构成的项目群，这个项目群也可以被看作是一个项目，只是这个项目规模非常大，内容非常复杂。

(2) 国际奥委会 1988 年成功地在加拿大的卡尔加里举办了第十五届冬季奥运会。这届冬季奥运会共有 57 个国家参加，运动员达 2 000 多人，数千名记者和专业人士、上万名志愿者、150 万观众参加了这次盛会。冬季奥运会结束后，为卡尔加里留下了价值为 5 亿美元的世界级高水平的运动设施，另有 2.5 亿美元的运动设施维修费用。这种超大型的活动，虽然与上述第一个案例情况完全不同，若不考虑前期的建设准备，就冬运会的举办本身来讲，并无大规模的土木工程建设，但是，我们仍然可以把它作为典型的项目，因为它符合上述项目的定义。

（3）加拿大残疾人瑞克·汉森为了证明自己身残志不残的意志力，坐在轮椅上，用三年的时间周游了世界上33个国家。为了完成这一壮举，他曾经为自己制订了一项周密的计划。如果按照现代项目管理的定义，瑞克·汉森周游世界的计划和行动也可以被看作是一个项目。

按照上述举出的例子，能够被列为项目的可以举出很多。例如，开发一项新的产品或服务；改变一个组织的结构、人员配置或组织类型；修建一座大楼或一项设施；开展一次政治性的活动；完成一项新的商业计划书等。

2. 项目的目标

项目的目标，简单地说就是实施项目所要达到的期望结果。界定项目的重要因素之一就是有"一系列特定的目标"。项目与常规活动的主要区别在于，项目通常是具有一定期望结果的一次性活动，任何项目都是要解决一定的问题，达到特定的目标。项目的实施实际上就是一种追求目标的过程。因此，项目目标应该是清楚定义的、可以最终实现的，是项目实施的起点。

项目的目标具有如下三个特点。

（1）多目标性。一个项目，其目标往往不是单一的，而是一个多目标的系统，而且不同目标之间彼此相互冲突。要确定项目目标，就需要对项目的多个目标进行权衡。实施项目的过程就是多个目标协调的过程，这种协调包括项目本身与组织总体目标的协调，项目总体目标与其子项目目标之间的协调，多个子目标之间的协调。项目无论大小、无论何种类型，其基本目标可以表现为三个方面：时间、费用和功能，如图1-1所示。

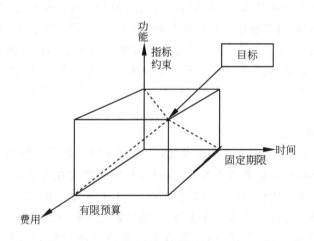

图1-1 项目基本目标示意图

所以，成功地实施项目就是要充分利用可获得的资源，使得项目在一定的时间内，在一定的预算下，获得所期望的功能效果。然而，这三个基本目标之间往往存在着一定的冲突。通常时间的缩短，要以费用的提高为代价，而时间及费用投入不足又会影响功能的实现，因此，三者之间需要权衡。

(2) 优先性。由于项目是一个多目标的系统,因此,不同层次的目标,其重要性必不相同,往往被赋予不同的优先级。这种优先级对项目经理的管理工作有一定的指导作用。此外,不同的目标在项目生命周期的不同阶段,其优先级也往往不同。例如,时间、费用、功能作为项目的三个基本目标,是项目在其生命周期过程中始终追求的目标,但其优先级在项目生命周期的不同阶段却不相同,功能是项目初始阶段主要考虑的目标,费用是项目实施阶段主要考虑的目标,而时间往往在项目终止阶段显示出迫切性。另外,不同类型的项目,对这三个基本目标追求的努力程度也有所不同,例如,对于 R&D 项目,可能会更加注重项目技术性能的实现,而且有时为了追求技术性能的实现,宁愿以时间或费用为代价。

(3) 层次性。项目实施要通过工作分解结构来分层展开,同样项目目标的描述也需要由抽象到具体,要有一定的层次性。它的最高层是总体目标,指明要解决的问题的总的依据和原动力,最下层目标是具体目标,指出解决问题的具体方针。上层目标是下层目标的目的,下层目标是上层目标的手段。上层目标一般表现为模糊的、不可控的,而下层目标则表现为具体的、明确的、可测的。层次越低,目标就越具体而可控。这里需要注意的是,各个层次的目标需要具有一致性,不能自相矛盾。

3. 项目的属性

除了具有目标特性外,项目还具有其他的重要属性。

1) 一次性与特殊性

项目的一次性与特殊性是指项目是由一系列特定活动和任务构成的过程,而不是周而复始的过程。一旦这些特定活动内容和任务被完成,项目即告结束。这一属性意味着不存在两个完全相同的项目,每一个项目都有自己的特殊性。尽管项目的成果可能在其他地方产出过,但对项目实施组织来说它是独特的。对于同类项目之间也有很多相似的常规性工作,但是在一定程度上,各项目都要针对客户的需求和特点来开展,每个项目也有自身独特的风险需要面对,因此项目经理必须要面对每一个项目的独特性,并将会发现项目中存在大量的例外情况需要管理。对于一次性的工作,计划协调将是项目经理管理项目的主要方法。

2) 生命周期性

像有机体一样,项目也有自己的生命周期,是指项目由若干个阶段构成,有起点也有终点。项目以开始阶段目标的提出为起点,以目标的最终实现为终点。项目的生命周期可以划分出若干不同的阶段、环节,各阶段、各环节有着一定的逻辑关系,在一般情况下,很多阶段和环节必须按逻辑关系依次进行,不能打破。一般意义来讲,项目生命周期的最前端对项目的影响最大、最广泛,因此管理重心前移是项目管理过程中的基本理念和要求。

有些项目一旦在实施项目的组织中进入正规的日常运行状态,就完成了使命,其生命周期和一般项目相比可能显得并不完整。

3) 整体性与相互依赖性

项目的整体性是指项目都不是孤立存在的单项活动,而是由若干个相互关联的活动系列构成的,同时又是由许多利益相关者共同来完成的。项目是一个目标系统,项目实施也是一个系统过程。项目具有一系列预期的目标和结果,可以分解为子任务,但是这些子任务必须指向项目的总体目标来展开。相互依赖性是指组成项目过程的各项活动之间相互关联,相互影响,不可或缺,不可割裂;否则项目的目标就无法实现。项目的相互依赖性既表现为各项目目标之间的相互依赖,时间、成本、质量目标之间是相互依赖的,当然也是相互冲突的,项目实施过程中容易表现为资源的冲突和优先级的冲突;同时又表现为各利益相关者之间的相互依赖,项目的业主、客户、项目团队、公众等都有各自的目标,而且可能相互冲突,但是这些目标必须统一于项目的总体目标下,才能协调一致。项目的整体性和相互依赖性要求项目经理必须是一个解决冲突的好手,要擅长区分冲突的利弊。

4)组织的临时性和开放性

项目团队在项目进展过程中,其人数、成员、职责都在不断地变化,在项目终结时团队要解散,人员要转移。参与项目的成员通常来自于不同的组织或部门,通过协议或合同以及其他的社会关系结合到一起,在项目的不同阶段以不同的程度介入项目活动。因此,项目组织是临时的、开放的,没有严格的边界。

1.1.2　项目与企业发展

在卖方市场环境下,企业通常根据专业分工,设置有关的专业职能部门,同时为了确保专业人员的工作绩效,企业内形成层层请示、层层监督、自上而下、递进控制的金字塔状的结构。然而,随着全球经济一体化趋势的日益强劲,企业已经处于以顾客、竞争和变化为主要特征的新的市场环境下。在新的环境下,企业的组织结构已开始发生变化,特别是由传统的"金字塔结构"转为"倒金字塔结构",这种变化意味着企业不同的组织层次之间"角色"的转换,企业高层管理的职能由传统的"指挥"变为"支持"。企业组织内部中以"项目"为中心的管理正是在这一背景下产生的。

企业中有组织的活动可以分为两种类型,即作业和项目。作业是指企业中的连续不断、周而复始的活动,是企业中那些重复性的工作。它通常都会有以往的相同工作可以完全借鉴,如企业日常生产产品的活动。项目活动必须是一次性的,要求在一定的期限内完成,不得超过一定的费用,并有一定的性能要求。

从企业发展的角度看,作业是维持企业日常的运转,但很难促进企业的跨越式发展,而项目则是推动企业发展的载体。企业作为一种长期性的组织,都有其长远的战略目标,这是企业面对激烈变化、严峻挑战的环境,为求得长期的生存和不断发展而进行的总体性谋划。企业如要实现其长远的战略目标,就需要首先明确其根本性质和存在的理由,即定义组织使命,然后根据组织使命中的价值观建立起企业的长期目标和多个短期目标,并寻找实现这些目标的策略或方法,最后通过多个不同的项目来实现。而作业通常只是在企业已有的发展层次上,解决处理重复的日常工作,并不能使企业上升到一个新的发展层次上。由此可见,项目才是企业实现战略目标的载体。

目前,随着市场竞争的激烈化,企业中的项目越来越多,下面是几类典型的企业项目。

(1)新产品开发。一个企业要开发新产品,首先要挑选一个负责人领导开发工作,制订一个工作计划,确定目标,估算出大概的期限和费用等,这些都可以按照项目管理的原则和方法来做。

(2) 软件系统开发。例如,一个制造企业在引进或开发 MIS 系统或 CIMS 系统时,需要来自生产、设计、财务等不同方面的专业人员共同协力进行,为了有效地协调这些横向联系,就可以采用项目管理方法。

(3) 设备大修工程。企业的设备大修工程与基建项目有一定的类似之处,有些工厂生产一定的时间后,就有必要进行停产大修,显然停产时间越短越好。很多国家的很多企业都是首先为大修项目选择一个负责人,事先拟订详细大修计划以及做出关键路径图,准备好所需工具设备以及材料、零件等,此外,根据具体情况,还将估计潜在风险,做好必要的应对措施。

(4) 单件生产。某些大型产品的一次性单件生产,例如,超大型计算机、专用成套设备等。这些产品通常是由用户提出详细的订货需求,有具体的交货时间和预算费用,这类产品一旦成功的话利润会很高,但一旦失败的话损失也会很大,经常采用项目管理的方式来进行。

(5) 技术改造与设备更新项目。技术改造与设备更新项目主要是指企业对其内部产品性能的改进、设备性能与生产能力的改进、设备的更新等与企业技术进步有关的项目。这一类项目的确定主要是根据用户对产品性能的反应、企业的发展以及市场的需要,与企业未来的经济效益有着密切的关系。

(6) 技术开发项目。技术开发项目主要是指为了技术储备而开发的有关研究项目,它与企业以及整个国家的技术进步有着直接关系。这一类项目主要是根据企业未来的发展和需要,结合其自身产品的开发及技术改造而提出的。

1.2 项目管理

1.2.1 项目管理概述

1. 项目管理的定义及职能

项目管理是以项目为对象,通过一个临时性的柔性化的专门组织,对项目进行高效率的计划、组织、协调和控制,使项目全过程的资源得到优化,从而顺利实现项目预期目标的过程。

理解上述定义,可以从中清楚地看出:

(1) 项目管理的对象是项目,包括各种类型的项目。

(2) 项目管理需要通过一个专门的组织实施。这个组织具有临时性、柔性化的显著特点。

(3) 项目管理属于管理的大范畴,仍然需要发挥管理的计划、组织、协调和控制四大职能。

(4) 项目管理不仅是一个交付物或者一个成果,还是一个过程,四大职能的发挥是动态的,贯穿于项目整个生命周期的始终。

(5) 项目管理的目的是通过发挥计划、组织、协调和控制职能,从而达到人力、资金、物料等各种资源的优化配置和有效利用,最终使项目的各种预期目标得以顺利实现。

在项目管理中,计划、组织、协调和控制四大职能均具有十分重要的作用。

首先,项目管理十分强调计划。在实施之前,项目管理者需要运用各种工具、方法和手段,对项目的时间、人力、物力、资金等进行周密的计划。

其次,项目经理的组织职能在项目管理中占有举足轻重的作用,他必须充分发挥领导和指挥才能,运用相关知识和管理技巧,建设团队精神,凝聚团队力量,调动团队每一个成员的积极性,指挥团队成员各司其职,从而使项目顺利进行。

再次,项目中的客户、项目发起人、高层管理者、供应商、分包商、项目经理及团队成员等构成了项目管理的多个利益主体,各自有各自的角度、需求及利益。因此,必须平衡各方关系,化解矛盾,解决冲突,为此协调职能尤为重要。

最后,项目管理更需要控制职能。为了完成项目管理目标,在每个阶段和环节上,都需要进行时间控制、质量监督、费用控制等。任何一个方面失控,都会造成不可挽回的损失。

总之,项目管理是系统应用管理方法对项目进行高效率的计划、组织、协调和控制,促使项目在时间、费用和功能等方面达到既定目标的手段。

2. 项目管理的三个层次

依据项目在企业中的地位和作用,企业一般可以从三个层次上对项目进行管理。这三个层次分别是战略层次的项目管理、制度和流程层次的项目管理、工具和方法层次的项目管理。三个层次的项目管理相互支持,相互补充,共同形成完整的项目管理体系。

1) 战略层次的项目管理

当项目作为企业目标实现的重要支撑,对企业的长远发展具有战略意义时,企业就应该将对项目的管理提升到战略层次。位于战略层次的项目管理主要体现为注重项目选择决策与企业战略的匹配,强调项目计划、组织、领导、协调和控制的战略高度,从战略层次上对项目提供支持并进行管理。战略层次的项目管理对应的项目管理主体应位于企业的战略高层,以便于在企业选择项目,从企业角度上在为项目分配资源、制订计划等方面提供支持。若没有对企业的发展具有重要影响的项目从战略层次来进行管理,没有将其与企业的战略相匹配,则项目获得成功的概率将会大大降低。

2) 制度和流程层次的项目管理

当从战略层次上对项目进行管理后,企业还需要从制度和流程的层次上对项目进行管理。项目都是在一定的环境背景下展开的,其需要依托于企业的组织结构、规章制度、业务流程。若要实现有效的项目管理,企业需要形成一套适合于项目化运作的制度和流程,通过科学的项目管理制度和流程来对项目进行管理。这一层次的项目管理主体包括项目的高层管理者和企业中的职能部门,通过项目管理制度和项目管理流程的制订实现对整个项目的计划与控制。

3) 工具和方法层次的项目管理

除了项目管理的制度和流程，项目管理还需要一些有针对性的工具和方法。仅有项目管理的制度和流程是不够的，项目管理还需要通过具体的工具和方法来制订项目计划、构建项目组织结构并对项目进行过程控制。在项目管理中常用的工作分解技术、挣值分析方法和项目描述表等一系列的表单和模板都属于在工具和方法层次上对项目进行的管理。这个层次的项目管理主体主要对应的是相对低层的项目执行人员，通过项目管理工具和方法的应用实现项目的有效管理和成功运作。

3. 项目管理中的管理理念

由于项目相较于企业日常运作活动的独特特性，项目管理与日常企业管理存在很大的差异，体现出其相对独特的管理理念。企业日常的运作管理注重的是运作过程的合理性和标准化，其主要通过重复性的劳动来实现对未来的预测。而项目管理则突出强调了事物的独特性，信息的动态性和灵活性，着重通过快速的适应外部环境来满足项目利益相关者的利益。因此，真正的项目管理应该体现出以下的管理理念。

1) 项目管理"二十字"方针

(1) 系统思考。项目作为一种独特的、复杂的企业活动，是由共同发挥作用的各个部分组成的，包括各硬件成分和软件成分的组合，任何一个成分的或缺和削弱都会影响项目的整体效果。因此，在项目管理的过程中必须要通过系统思维来解决项目的动态性和复杂性，通过对项目活动的整体认识，从全局和长远的视角来进行项目的计划、组织、领导、控制；通过分析各项活动之间的关系，如进度偏差对质量、成本等方面的影响，权衡做出有效的决策；通过不断的协调、反馈，提升整个项目的系统性能，促进系统的良性循环。基于项目的独立性和完整性，相较于企业的日常管理，项目管理中系统思考的重要性更应该得到重视和采用。

(2) 周密计划。计划是项目成功的前提与保障，详细计划更是实现低成本高效率授权的基础。周密的计划包括项目计划的制订和整合。具有针对性的、科学的计划能够保证项目在时间、资源等约束条件下成功地运作，而在系统性考虑企业各部门利益和资源冲突的基础上制订的整合计划更会将项目与企业融合起来，促进项目的成功。周密计划对项目直接的影响主要体现在它能够避免或减少项目运行中的不确定性，提高项目运行、管理的效率，促进项目团队对项目目标的更好理解，为项目开展过程中的监测和控制提供重要的依据。总之，在项目管理的过程中，计划能够帮助项目经理达到"有原则不乱，有计划不忙，有预算不穷"的境界。

(3) 目标导向。项目作为满足利益相关者需求和期望的一种活动，必须具有明确的项目目标和清晰的可交付成果。因此，项目管理所开展的一系列活动都是为实现项目目标而服务的。这就要求，在项目运行的过程中要采取目标导向，将项目的总体目标进行分解，保证每一项活动都有相关的负责人来完成既定的目标，通过各个层次的目标来实现对项目的引导和控制。随着项目最底层活动目标的实现，项目的整体目标也会完成。因此，在项目管理的过程中，要以目标为导向来定义活动、分配资源、处理活动的优先级和衡量工作绩效,从目标实现的角度上为每项活动提供支持。

(4) 过程控制。制订计划的目的就是为了实现对项目进行有效的控制。因此,项目除了制定好目标和计划外,在实施的过程中还需对其进行过程的控制。只制订了计划却不注重计划的实现仍然会导致项目的失败。所以,在项目的运行过程中需要按照计划逐步展开活动,定期搜集项目的绩效信息,分析其与计划基准的偏差,并制定出相应的应对方案和解决措施,以保证项目不偏离预定的轨道,实现既定的目标。只有项目计划与控制的完美结合,才能实现真正有效的项目管理。

(5) 团队运作。项目的一次性、临时性和动态性决定了其需要以团队的形式来实现对项目的管理。高效的项目团队能够按时按量、在预算的范围内高质量地完成项目目标,满足客户的需求。通过一组相互依赖的为实现项目目标而协力工作的人员来完成对项目的计划、组织、领导和控制,才能够充分保证项目对外部环境的适应性,及时对外部变化做出反应。因此,采用高效的团队运作,在共同的目标下团队成员通过积极、广泛的合作实现有效的项目管理,是项目成功的重要保证。

2) 管理重心前移

管理重心前移是项目管理的一个重要的理念。它意味着企业要将对项目的管理从对实施过程中的管理、控制转移到项目前期的计划、组织的过程中,通过有效的项目计划来保证项目的实现。通过管理重心的前移,项目的管理者只要制定好项目的计划和各种管理办法,就能尽量规避项目实施过程中的不确定性,减少项目实施过程中的大量资源的浪费,从源头上对项目进行管理。管理重心前移的思想也从某种意义上证明了项目计划的重要性,从而保证项目有条不紊地进行。

3) 制度流程管人

成功的项目管理有赖于管理者对人员的管理和对事物的管理。然而,采用传统的"人管人"的管理方式,存在着大量的人际冲突和管理效率低下的情况。为实现有效的项目管理,项目中的人员管理应该采用"制度流程管人"的方式,通过制定好的项目制度和流程实现对人员的调度和责任的分配,这样既避免了"人管人"所带来的人际关系的矛盾,又避免了管理的低效率,为项目的成功奠定了坚实的基础。

4. 项目管理中的利益相关者

项目利益相关者(Project Stakeholders),又称为项目干系人,是指积极参与项目或其利益会受到项目执行或完成情况影响的个人或组织。

项目利益相关者会对项目的目的和结果施加影响,是项目管理中的重要主体。项目管理团队必须识别出项目的利益相关者,管理他们的需求和期望,以获得项目的成功。项目运行中涉及的主要的项目利益相关者或项目干系人如下。

1) 客户或委托人

每个项目都有特定的客户,也叫委托人。它可能是一个人、一个组织,也可能是由两个或者更多的人组成的一个团体,或是对同一个项目结果具有相同需求的许多组织。一般客户向被委托人提交需求建议书之时,也就是项目诞生之始。客户既是项目结果的需求者,又是项目实施的资金提供者。

2）项目发起人

项目发起人是首先实际命令执行项目的人。他可能是客户,但在许多情况下是第三方。例如,一位命令开发新产品的市场主任。项目发起人负责保证项目得到合适的资金预算款项、其计划可以接受以及团队具有达到要求结果所需的资源。

3）项目经理

项目经理是对保证按时、按照预算、按照工作范围以及按所要求的功能水平完成项目全面负责的人。项目经理的作用对于项目的成功非常重要,但在很多情况下,其职权相对较弱,不能完全控制这些结果。

4）高级管理层

对于非项目驱动型组织,组织的高级管理者可能不是项目团队成员,但是却也对项目的实施起着重要作用。例如,给项目分配资源,提供战略指导,处理项目边界事务,决策项目范围变更等,总而言之,在必要的时候会对项目施加影响。

5）项目团队

项目团队负责实施项目的各项活动,必要时项目团队成员要协助项目经理进行计划编制的工作,同时在项目预算及进度等约束条件下完成项目。项目团队技能互补,同时为项目经理提供管理支持,一起工作完成任务。它是项目管理执行过程的主体。项目团队成员也经常需要就项目管理过程与委托人、项目经理等进行沟通,时时要与顾客以及其他项目利益相关者保持互动关系,以确保需求得到正确的理解与实施,使项目按照工期、成本、质量要求完成。

6）被委托人或承包商

被委托人,即承接项目满足客户需求的项目承建方,又叫承约方。被委托人承接项目以后,根据客户的需求和要求,开始启动项目。从项目启动、规划到项目实施、收尾的整个管理过程中,被委托人始终处于主导地位。因此,被委托人素质和能力的高低直接关系着项目质量的高低。选择一个好的项目承接方,是创造高质量项目的关键。客户多采用招标投标的方式挑选最佳承包商。

7）供应商

供应商即为项目承包商提供原材料、设备、工具等物资的供应主体。为了确保项目的实施进度和质量,每一个承包商一般都有自己相对固定的供应商。长期协作关系使得承包商和供应商之间有良好的信誉,这使承包商能有效地配置资源,也可使供应商获得自己所期望的利润。

8）分包商

由于现代项目技术复杂、工程量较大、客户要求较高,一般承包商在承接项目之后,都将总项目中的一些子项目再转包给不同的分包商。分包商的参与将能有效地发挥各自的特长,使得项目能高质量地完成;但这同时也增加了项目管理的复杂度,使得分包商与承包商之间,各分包商之间,有时很难得到有效的沟通和协调。

9）其他利益相关者

除了上述项目的直接利益相关者之外,还有一类个人和组织与项目之间有或多或少的利益关系。例如,政府的有关部门、社区公众、项目用户、新闻媒体、市场中潜在的竞争对手和合作伙伴等,甚至项目团队成员的家属也可以成为项目的利益相关者。

1.2.2　项目生命周期与项目管理过程

1. 项目生命周期

任何项目的实现都要经历一定的阶段或工作过程。项目的实现过程,也称为项目阶段,一般是指为创造项目的可交付成果而开展的各种活动的过程。项目的实现过程通常用项目生命周期来描述,即把项目实现过程中先后衔接的各个阶段的集合称为项目生命周期。

虽然每个项目都有明确的起点和终点,但其具体的可交付成果以及项目期间的活动会因项目的不同而有很大差异。无论项目涉及什么具体工作,生命周期都能为管理项目提供基本框架。

项目的生命周期可以分为四个大的阶段,即概念阶段、计划阶段、实施阶段及结束阶段,项目的不同阶段其项目管理的内容是不同的。这些不同的阶段也可以看作是大的管理过程,阶段之间和过程之间相互联系。如图 1-2 所示就是从项目生命周期的角度,对项目的 C、D、E、F 四个阶段工作的内容做的概括描述。

在项目实现的过程中,项目生命周期各个阶段的资源投入情况、项目风险程度、项目利益相关者对项目的可控性均有所不同。一般而言,典型的项目生命周期具有如下特征。

(1)项目资源的投入具有波动性。在项目概念阶段,主要投入的资源是智力劳动,而物力和财力投入比较低,花费的时间也相对较少,但是这一阶段的工作对项目的影响最大。进入项目的实施阶段后,项目的各种活动数量迅速增加,无论是人力、物力和财力的投入,还是时间的消耗都急剧增加,达到最高峰。此后便是项目的收尾阶段,投入水平亦随之下降,直到项目终止。

(2)项目风险程度逐渐变小。项目开始时,由于存在着很多不确定因素,成功完成项目的概率是最低的,风险和不确定性最高。随着项目的进展,不确定因素逐渐减少,成功完成项目的概率通常会逐步增加。

(3)项目利益相关者对项目的控制力逐渐变弱。项目利益相关者对项目的成本费用和项目产品特性的影响力在项目开始时是最强的,随着项目的进展,项目利益相关者的影响力就会逐渐减弱,这主要是因为随着项目的深入,变更和纠错成本不断增加的缘故。

在掌握项目生命周期特征和阶段管理内容的基础上,对整个项目管理要着重分析各项活动所处在的生命周期阶段,分析各阶段的管理内容,并注重整个生命周期中各要素的变化,从而实现项目全生命周期的管理。

2. 项目管理过程

就项目而言,其拥有五个基本的管理过程,分别是启动过程、计划过程、执行过程、控制过程和收尾过程。一般的企、事业单位的经营管理也具有计划、执行与控制三个过程,而基于项目一次性的特点,项目管理的过程一般要求在首、尾添加启动和收尾两个过程。正如前文所述,项目的管理过程也可以与项目生命周期的阶段相匹配,其中项目管理的执

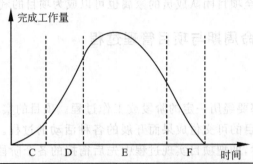

C—概念阶段	D—计划阶段	E—实施阶段	F—结束阶段
做机会研究并明确需求	确定项目组成员	建立项目组织	项目验收
调查研究、收集数据	项目及管理范围的确定	建立项目内的激励约束机制	项目审计
确立项目目标	项目设计	建立与完善项目沟通渠道	项目移交
策划项目并拟订项目总体方案	质量标准的选定	建立项目信息控制系统	清算账务
估算投资	项目总体计划	执行WBS的各项工作	文档总结
组织项目的评估	工作结构分解	对WBS各项工作的实施执行指导、监控	解散项目组织
决策并获准进入下一阶段工作	工作程序的计划	对项目中出现的矛盾、冲突加以解决并进行协调	项目后评价
	进度计划		
	资金计划		
	资源计划		
	风险评估		
	环境分析与保证		

图 1-2 项目的生命周期及其主要工作内容

行与控制过程对应于项目生命周期中的实施阶段,继而实现了项目管理的完整性。

(1) 各管理过程间的关系。项目管理的过程不是独立的一次性事件,它们是贯穿于项目的每个阶段,按一定顺序发生,工作强度有所变化并互有重叠的活动。

如图 1-3 所示的项目管理的工作过程之间是一种前后衔接的过程,但事实上,项目管理的这五个工作过程是相互交叠的,有时还是"双向"的,如启动工作过程还未完全结束时,项目计划工作过程便已经开始。计划工作过程先为项目执行工作过程提供项目工作计划,而执行工作过程反过来又为计划工作过程提供更新的信息和情况。因为控制工作过程的很大一部分工作属于事前控制,所以控制工作过程是在执行工作过程开始前、计划工作过程开始后就进行了。在项目管理中,控制是无处不在的,它贯穿于项目的整个生命周期,以确保项目生命周期的各个阶段能按预定的计划进行。收尾工作过程在执行工作过程结束之前也已经开始,因为收尾工作的很多文档可以提前开始准备,执行工作过程之

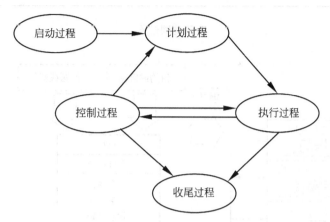

图 1-3 项目管理过程间的联系

后的收尾工作实际只是一些移交性工作。

因此通过一环扣一环的机制,项目管理各过程和各阶段结合成为一个整体,实现了项目管理的整体化过程。

(2) 各过程的主要内容。项目管理的五大基本过程相互作用、相互支持,共同保证了项目管理过程的完整性。在对这五个过程进行管理的过程中,既要考虑每个过程中涉及的主要项目管理活动,又要考虑各过程之间的联系,保证系统的整体性。

① 启动过程。启动过程是项目管理的第一个阶段,其主要侧重于需求分析,初步定义一个项目或阶段的工作与活动,决策其起始与否,并确定下一阶段是否有必要开展。如图 1-4 所示,在启动过程中,企业通过对客户需求的分析,将客户的期望转化为项目目标,并通过一系列的决策支持手段和方法对项目的可行性进行分析论证,最终做出项目开展与否的决策。项目只有经过启动阶段的管理才能够进入到下一个管理过程。当然,当项目委托方的需求发生变化或在项目执行中出现一些问题时,项目管理还需要回到启动阶段来重新进行项目目标的变更管理。

② 计划过程。在项目经过管理层批准立项后,项目管理就要进入计划过程。计划过程的主要任务是以项目目标实现为导向,将目标分解为具体的支撑活动,编制出各项活动的执行计划,以便于后期高效的项目执行与控制管理。如图 1-4 所示,项目管理的计划过程的输出要包括项目的工作说明和工作分解结构,项目的任务描述和责任分配矩阵,项目的时间和成本估算结果,各项活动组成的网络图、资源负荷图以及项目的进度计划,此外,还应该包括项目的风险防范计划和项目整体的管理计划。总之,计划阶段是由一系列计划性的项目管理工作与活动所构成的项目管理过程,项目各项计划制订得越周详,越有利于项目的执行与控制。需要注意的是,计划过程的项目管理要受到项目执行和控制过程的影响,计划、执行和控制这三个过程通常要循环多次才能实现启动过程提出的项目目标和要求。

③ 执行过程。项目管理的执行过程是项目管理过程中的重要一步,只有付诸于实践的计划才具有价值。这一项目执行过程就是组织和协调各项任务、人员和其他资源的过程,通过激励项目团队完成既定的工作计划,进而形成项目的可交付成果。这其中涉及一

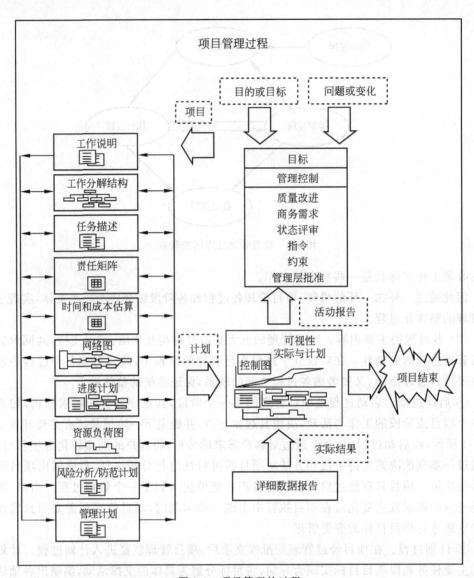

图 1-4　项目管理的过程

系列的组织性的工作和活动，同时还要依托于制定好的项目管理的制度、流程和工具方法，真正将项目的计划有效地执行，从而实现项目的目标。正如前文所述，项目管理的执行过程与计划和控制过程的联系非常紧密，执行过程的输出应该是一份详细的执行进展报告，充分体现出项目执行的实际结果。而这个执行的结果又贯穿于其他项目管理过程中。

④ 控制过程。项目管理的控制过程是制定标准、定期监控和测量项目进展，确定项目实际执行情况与既定计划偏差并采取应对措施等活动的过程。控制过程的主要目标是要保证项目执行与项目计划的无偏差性。当项目完全按照项目计划展开时，控制过程的管理主要体现在定期的项目绩效监测，以最大程度地规避项目的风险。但是由于各种复杂多变的影响因素，项目的实际执行过程可能会与项目的计划存在一定的偏差，这时

就需要项目管理团队对偏差的原因进行分析,并制定出相应的应对措施和方案,形成项目的活动报告,上报至高层管理者,必要时甚至需要与项目委托方进行沟通来重新制定项目目标。这样涉及新一轮的计划、执行和控制过程,也即体现出了项目管理各过程的循环性。

⑤ 收尾过程。当项目实现了启动阶段提出的项目目标和要求,项目管理就进入了收尾过程。收尾过程是阶段或项目完成的标志,在这一阶段要进行一系列的项目验收、合同款结算、文档总结和项目组织遣散等活动。当项目收尾过程中的各项管理活动完成时,整个项目也即结束。

从项目管理的各过程可以看到,项目管理过程提供了从项目开始到结束的全面、系统、完整的管理内容和流程,跨越了项目生命周期的各个阶段,为对项目进行科学、规范的管理提供了重要的支撑。项目管理过程也是项目知识应用、积累、梳理和创新的过程。

1.2.3 项目管理的知识体系

项目是一个系统,而且是一个多人多目标系统。因此,项目管理涉及的内容很多,特别是现代项目管理,由于对项目生命周期的重新定义以及系统论、管理学、组织理论、计算机技术等理论与方法的引入,其内容更加丰富和完整。近年来,国内外的学者进行了大量的研究,按照不同的需求,从不同的角度构造了各具特点的知识体系。其中最有代表性的知识体系有美国项目管理学会、国际项目管理协会和中国项目管理研究委员会三个组织推出的项目管理知识体系。

1. "美国项目管理学会"的项目管理知识体系

所谓项目管理知识体系,是指项目管理专业知识的总和,通常应该包括两大部分:项目管理的特有知识;与项目管理相关的管理知识。项目管理知识体系是由美国项目管理学会首先提出的,该协会按照项目的生命周期理论将项目的管理划分为五个过程,即:

(1) 启动过程。
(2) 计划过程。
(3) 执行过程。
(4) 控制过程。
(5) 结束过程。

同时,经过几次修正,将项目管理知识划分成九大领域,即:

(1) 范围管理。
(2) 时间管理。
(3) 成本管理。
(4) 质量管理。
(5) 采购管理。
(6) 人力资源管理。
(7) 沟通管理。
(8) 风险管理。

(9) 综合管理。

2. 欧洲"国际项目管理协会"的项目管理知识体系

由于国际项目管理协会的成员组织来自于欧洲、亚洲、非洲、美洲等不同国家,各个国家的文化差异很大。而项目管理受文化的影响非常大,为此,国际项目管理协会将项目管理的知识划分成3个类别,46个模块,其目的是方便不同的国家根据其文化背景将模块进行组合,构造适合本国具体情况的知识体系。3个类别及包含的46个模块,如表1-1所示。

表1-1 国际项目管理协会划分的46个知识模块

	一、技术类		二、行为类		三、环境类
1	成功的项目管理	1	领导	1	面向项目
2	利益相关者	2	承诺与动机	2	面向大型项目
3	项目需求和目标	3	自我控制	3	面向项目组合
4	风险与机会	4	自信	4	项目、大型项目、项目组合的实施
5	质量	5	缓和	5	长期性组织
6	项目组织	6	开放	6	运营
7	团队协作	7	创造力	7	系统、产品和技术
8	问题解决	8	结果导向	8	人力资源管理
9	项目结构	9	效率	9	健康、保障、安全与环境
10	范围与可交付物	10	协商	10	财务
11	时间和项目阶段	11	谈判	11	法律
12	资源	12	冲突与危机		
13	成本和财务	13	可靠性		
14	采购与合同	14	价值评估		
15	变更	15	道德规范		
16	控制与报告				
17	信息与文档				
18	沟通				
19	启动				
20	收尾				

3. 中国项目管理知识体系框架

中国项目管理知识体系(Chinese Project Management Body of Knowledge,C-PMBOK)的研究工作最早可以追溯到1993年。当时,中国项目管理研究委员会就已经组织国内有关专家对项目的基本定义及其扩展、项目生命周期、基于项目生命周期的项目管理相关知识等进行了大量研究,并取得了长足的进展。在此基础上,自2000年,根据国际项目管理协会构造的知识体系,经与中国的实际相结合,构造出适合中国国情的项目管理知识体系,并于 2001 年正式推出,用于各种培训以及 IPMP 认证。表 1-2 即为中国项目管理知识体系(C-PMBOK)。

表 1-2 中国项目管理知识体系(C-PMBOK)框架

一、项目管理基础:1. 项目 2. 项目管理

二、项目各阶段相关知识

概念阶段:	开发阶段:	实施阶段:	结束阶段:
3. 一般机会研究	9. 启动	23. 采购招标	36. 项目资料验收
4. 项目机会研究	10. 范围规划	24. 合同管理	37. 项目交接或
5. 方案策划	11. 范围定义	25. 合同收尾	清算
6. 初步可行性研究	12. 活动定义	26. 质量保证	38. 费用决算
7. 详细可行性研究	13. 质量计划	27. 质量控制	39. 项目审计
8. 项目评估与决策	14. 组织规划	28. 质量验收	40. 项目后评价
	15. 采购规划	29. 生产要素管理	
	16. 活动排序	30. 进展报告	
	17. 活动持续时间估计	31. 范围控制	
	18. 进度安排	32. 进度控制	
	19. 资源计划	33. 费用控制	
	20. 费用估计	34. 综合变更控制	
	21. 费用预算	35. 范围确认	
	22. 项目计划集成		

三、项目管理领域相关知识

41. 项目范围管理	44. 项目质量管理	47. 项目风险管理
42. 项目时间管理	45. 项目人力资源管理	48. 项目采购管理
43. 项目费用管理	46. 项目信息管理	49. 项目综合管理

四、项目管理常用方法与工具

50. 工作分解结构	59. 标杆管理	68. SWOT 分析法
51. 网络计划技术	60. 责任矩阵	69. 资金时间价值
52. 甘特图	61. 激励理论	70. 评价指标体系
53. 里程碑图	62. 沟通方式	71. 项目财务评价
54. 项目融资	63. 模拟技术	72. 项目国民经济评价
55. 资源费用曲线	64. 挣值方法	73. 不确定性分析
56. 资源负荷图	65. 并行工程	74. 项目环境影响评价
57. 质量控制方法	66. 要素分层法	75. 有无比较法
58. 质量技术文件	67. 方案比较法	

由于各个项目知识管理体系所产生的背景有所不同,这些知识体系在一些方面会存在一定的差别,侧重的知识点有所不同,但是总体上的项目管理的框架和逻辑是具有内在一致性的。

1.3 项目驱动型企业

1.3.1 作业驱动型企业与项目驱动型企业

企业经营管理活动一般可分为两种类型:一类是周而复始的、重复性的工作;一类是一次性的、独特的任务分化的工作。根据主要经营活动的类型相应的企业也可以分为作业驱动型企业和项目驱动型企业两大基本类型。

1. 作业驱动型企业

在作业驱动型企业中,大量的工作是重复的周期性活动,企业运作与管理活动主要按照产品的生产流程进行专业分工,并建立规范的职能划分,组织多为典型的层级式结构。企业创造的收入和利润来自于所有部门和员工的混合劳动,各部门或部门级别的单元并不作为独立的利润中心进行成本核算。但在作业型企业中可能也存在项目特征的一次性工作,如新产品研发上市、流程优化、技术创新等,但这些工作多数被某个业务部门或职能部门所主导,被定义为任务而不是项目,任务的效益也将作为该部门的单独考核内容。尽管有人认为作业驱动型企业的业务在某种程度上都具有独特性,但它们绝不是以独特性而著称,因此仍然属于作业驱动的范畴,当然项目驱动和作业驱动之间也没有明显的界限。

2. 项目驱动型企业

关于项目驱动型企业的内涵,国际上主要有两种观点。一是美国项目管理协会在2004版的项目管理知识体系指南中指出的:项目导向型企业是指其运营主要由一个个项目构成的企业,既包括如建筑公司、工程公司等组织受益主要来自于组织所做的项目的企业,也包括采用了项目管理方法的企业,这类企业一般建有推动项目管理的管理系统,按照项目来进行管理。第二种是Roland Garies等人的观点。他们认为项目导向型组织可以简单地定义为通过项目来创造价值,实现其战略目标的组织。这类组织将通过项目进行管理作为组织战略,大量应用临时性组织来完成业务流程,管理不同类型的项目。这两种观点的表达方式虽不同,在本质上还是一致的。差别仅在于这两种定义所描述的项目导向型企业的成熟度不同。Roland Garies等所提出的是一个非常成熟的项目导向型企业。

在项目驱动型企业中,工作以项目为单位,具有一次性、独特性的特征。项目驱动型企业则强调以及时生产或服务目标为导向,建立以项目为单元的分权化计划控制体系,强调部门间、企业与外部环境间的动态协调性,组织柔性化程度高。项目驱动型企业中每个项目作为一个独立的成本核算单位都有自己的盈亏报告,通过一系列前后相接的项目实现企业利润的增长,也就是说企业的利润是所有单个项目的利润之和。

随着经济全球化进程的深入、网络信息技术的升级以及市场需求结构的复杂个性化发展趋势,企业的生产运作活动正在逐步打破时间与空间层面的限制。尤其对于传统作业驱动型企业而言,技术联盟、业务外包、网络制造等新形式的企业间分工与协作关系更加明显,生产活动中的项目化特征也逐渐显现。传统组织理论中备受推崇的集权化、制度化的科层式组织体制在动态复杂的外部组织环境中运行越来越困难,企业外部各种环境因素变得越来越难以预测,不确定性也越来越高。为了适应多变的外部环境,作业驱动型企业开始尝试在现有管理环境中引入项目化管理模式——关注项目目标、以项目为单元进行成本核算、通过项目计划体系协调多项目运作等——企业的项目驱动化特征更加显著。Kerzner教授认为现代企业多表现出混合驱动型的特征。企业中同时存在项目驱动和作业驱动的双重特征,即在作业驱动型企业中建立项目型部门或组织,采用项目管理的模式,强调管理运作的横向沟通,并注重资源的配置与使用效率。

高效合理的组织管理环境是企业有效完成其管理活动的必要条件。作业驱动型企业与项目驱动型企业在组织战略、组织结构、流程与控制体系等组织系统要素层面表现出不同的特征,进而反映出企业组织管理环境的不同运作效果。作业驱动型企业产品结构简单且工艺流程可实现批量化处理,业务与职能部门通过对专业资源的集中应用最大程度地提升生产效率,进而增加企业收益;作业驱动型企业组织强调稳定性,其组织要素表现出相对机械的配置特征。项目驱动型企业产品结构复杂且工艺要求灵活多变,企业多为项目制定针对性的处理方案,并强调多部门的协作关系以保证项目目标的有效实现;项目驱动型企业强调灵活性,其组织要素表现出动态的配置特征。作业驱动型企业与项目驱动型企业组织特征对比如表 1-3 所示。

表 1-3　作业驱动型企业与项目驱动型企业组织特征对比

内容	作业驱动型企业	项目驱动型企业
外部环境	相对平稳,市场需求的发展在企业预期范围内	外部环境复杂多变,市场需求的变化常超出企业预期,使企业在处理市场需求方面产生很多困难
组织战略	①具有阶段性发展和长期目标导向的特征;②组织战略管理集权化,由企业高层集中完成并制定统一的规划方案	①注重短期时效性和动态发展性;②企业高层把握战略决策,全员参与战略管理过程
组织结构	①垂直化、综合一体化、指令化控制的科层制组织结构;②组织高层按企业生产和管理的专业不同从组织上层划分业务和职能单元边界;③组织各部门间的边界固定且子目标相互独立	①组织结构突出柔性化特点,能够快速灵活适应资源调整需求;②组织中的横向跨部门管理显著;③分权化的权力配置体系;④固定的项目管理部门对项目整体目标负责
流程与控制体系	①强调规模效益的计划与管理体系;②垂直方向的集权体系使各部门之间的横向联络机制单一;③职能部门通过间接服务与监督的界面化方式参与管理活动	①以项目为核心的计划流程控制体系;②横向沟通路径增加且沟通效率高;③职能部门直接参与项目管理过程
绩效考核	①绩效管理呈现职能化管理特点;②企业激励机制的配置与管理方法由企业高层统一规划;③部门内部任务绩效和行政常规绩效合并进行;④组织成员的激励效果不显著	①绩效体系也应当从横纵两个维度进行;②专业绩效由职能或业务部门完成,项目绩效由项目经理完成;③绩效考核受公司高层的监督

1.3.2　企业项目管理成熟度

1. 项目管理成熟度模型

所有企业在项目管理的过程中都希望达到成熟与卓越的效果。遗憾的是,并不是所有的公司都能意识到可以通过执行为项目管理所制订的战略计划来缩短时间。简单地应用项目管理方法,即使持续很长时间也不会达到出色的效果。项目管理成熟度模型是提供一种开发组织项目管理能力的基本方法,并使其项目与其组织战略紧密地联系起来。模型为组织提供了一个测量、比较、改进项目管理能力的方法和工具。美国 PMI 学会对成熟度模型的定义是,"它是评估组织通过管理单个项目和组合项目来实施自己战略目标能力的一种方法,它还是帮助组织提高市场竞争力的工具"。

在组织项目管理成熟度的研究过程中有很多类型成熟度模型,包括 PMI 提出的 OPM3 模型、软件工程学会 SEI 的 CMM 模型、Jugdev & Thomas 从 SEI 借鉴构建的项目管理成熟度模型、James & Kevin 的项目成熟度模型等。Kerzner 所提出项目管理成熟度模型较为常见,此项目管理成熟度模型分为五层,每层都表示了不同的成熟阶段,如图 1-5 所示。

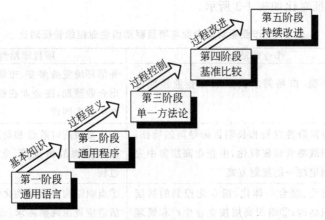

图 1-5　成熟度模型的五个阶段

1) 第一阶段——通用语言

在这一阶段中,组织意识到了项目管理的重要性并且需要很好地理解项目管理的基础知识,以及相应的语言(术语)。

2) 第二阶段——通用程序

在这一阶段中,组织意识到通用的程序需要被定义发展,以便使一个成功的项目开发程序能够被重复适用于其他项目。在这一阶段还要意识到,项目管理的原则还要能够应用到并且支持公司所运用的其他方法上去。

3) 第三阶段——单一方法论

在这一阶段中,组织要认识到将所有公司的方法组合成一个单一的方法所产生的综合效果,这单一方法的中心就是项目管理。由于使用的是单一方法而不是多种方法,这样的综合效果还会将程序控制简单化。

4) 第四阶段——基准比较

在这一阶段中,组织意识到改进程序对于保持竞争优势是非常必要的。基准比较必须在连续的基础上实施。公司必须决定基准比较的对象和内容。

5) 第五阶段——持续改进

在这一阶段中,组织要对通过基准比较得到的信息进行评价,而且还必须决定该信息是否对单一方法有提高作用。

但是,成熟度模型的阶段并不是完全按照顺序完成(即连续的),某些阶段能够并且确实互相重叠。其重叠的程度依赖于组织所能承受风险的程度。

1) 第一阶段与第二阶段的重叠

出现这样的重叠是因为组织在改进通用语言时或在培训时也可以进行项目管理程序的开发工作。

2) 第三阶段与第四阶段的重叠

这一重叠的出现是因为当组织在开发一个单一方法时,为了改进该方法论,需要对过程进行计划。

3) 第四阶段与第五阶段的重叠

当组织变得越来越趋向基准比较并且持续不断地进步和提高时,该组织所需要的速度就会发生改变,于是这两个阶段出现了明显的重叠。

来自第五阶段的反馈作用于第四阶段和第三阶段,如图1-6所示,暗示着这三个阶段形成了一个连续的进步循环,而且这三个阶段有可能同时重叠。

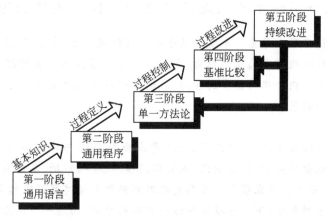

图1-6 成熟度模型五个阶段间的反馈

第二阶段和第三阶段一般不会重叠。在第二阶段结束之前可能开展第三阶段的工作,但这种可能性很小,一旦公司决定使用单一方法,基于其他方法的工作一般就会结束。

2. 项目管理成熟度各阶段风险

风险可以分散到项目管理成熟度模型的每个阶段。风险分为低级、中级和高级三种。风险水平与公司文化的影响有密切关系。

(1) 低级风险:几乎不会影响公司文化,或者公司文化本身就是动态的,已准备好接受变化。

(2) 中级风险:组织意识到变化是必要的,但可能没有注意到其对公司文化的影响。多个领导的报告就可能成为中级风险的一个例子。

(3) 高级风险:当组织意识到实施项目管理所产生的变化会改变公司文化时,高级风险产生。如项目管理方法论、方针和程序的产生,还有主权和决策的分散等。

对于组织来说,第三阶段的风险最高,难度也最高。如表 1-4 所示,一旦一个组织进入第三阶段时,达到更高水平成熟度所需的时间和努力并非难度很大,然而要完成第三阶段却需要对公司文化进行较大的变动。

表 1-4 成熟模型五个阶段的难度

阶段	描述	难度
一	通用语言	中级
二	通用程序	中级
三	单一方法论	高级
四	基准比较	初级
五	持续改进	初级

案例分析

青山公司新生产线建设项目管理模式选择的困惑[①]

青山林纸股份有限公司是一家发展迅速的国有制浆企业,在实施 12 万吨纸浆生产线项目初期面临项目管理模式选择的难题,多个项目管理模式备选方案摆在公司总经理刘总面前。考虑到企业内外部的诸多因素,到底选择哪种方案才最有利于项目目标的实现呢?刘总一时无法决策。

0. 引言

广西青山林纸股份有限公司(以下简称"青山公司")12 万吨纸浆生产线项目经过一年多时间的项目机会研究、可行性论证、主管部门核准、专项审批、集团公司审批等辛苦而烦琐的工作,终于正式核准立项了。然而总经理刘兴国却始终高兴不起来,因为他发现自己已经陷入了一个禅局中,下一步棋不知该如何布局才好,而这一步棋恰恰是决定项目成败的关键一步,那就是到底应该选择哪种项目管理模式?

在项目立项之初,青山公司董事长就曾建议采用 EPC 总承包模式,然而经过多次的讨论,刘总逐渐发现,公司内部项目主要管理人员更倾向于采用 DBB 模式。至此,项目初步设计已完成,贮木场场平工作已正式启动,工期原本就很紧张,招标工作必须快速跟进,然而到现在具体实施模式还是没有确定,项目进度被迫延误,刘总心中反复思量着不同意见,左右为难,万分焦急……

1. 背景

青山公司位于广西壮族自治区 S 市新谷县,该地域具有优越的适宜植物生长的光、热、水、土等条件,是广西壮族自治区重点发展造纸产业的区域。青山公司 1996 年建成投产,是以广西壮族自治区投资控股集团有限公司(以下简称"广投集团")为投资主体,S 市国有资产经营公司、新谷县林业投资公司等单位共同出资并利用亚洲开发银行贷款建设

---

① 本案例来自中国管理案例共享中心,由朱方伟、宋彬等采编,部分内容进行了修改。

的现代化制浆造纸企业。公司目前拥有年产10万吨纸浆厂一个、林基地100万亩和一座小型煤矿(见图1-7)。其主要产品"三星"牌针叶木浆畅销十多个省、市、区,具有较强的市场竞争力。青山公司共有员工800多人,平均年龄33岁,人才专业结构包括制浆造纸、营林造林、林产化工等30多个领域。

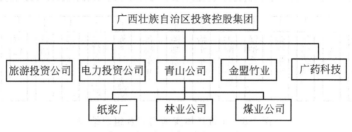

图1-7 广投集团控股公司

纸浆厂一期工程设计规模为年产8万吨,于1997年建成投产,投资13.08亿元。一期工程工艺技术先进,采用国际竞争性采购和国内配套结合的方式进行物资和设备的采购工作。2001年广投集团投资1.2亿元对纸浆生产线实施了"8改10"的技改项目,公司产量大幅提高,生产经营逐步好转,现年生产能力为10.5万吨。随着造纸行业的快速发展,公司10.5万吨/年规模的局限性逐步显现,国内外纸浆厂经济规模已提升到20万吨以上,并且原有生产线由于每年承担巨额折旧费用,连年亏损,在行业中处于竞争劣势地位。因此青山公司提出增加产能的计划,即新建12万吨纸浆生产线。项目已经通过自治区经信委核准,并确定为省2009年重点投资项目。

12万吨纸浆生产线项目按照项目实施过程主要划分为前期规划与准备、设计、采购、施工、开车、验收6个主要阶段,项目实施内容主要由25个子项目组成(详见附件)。项目估算总投资11.76亿元,于2009年7月8日动工建设,计划总建设工期为24个月。

12万吨建设项目实行项目经理负责制,由青山公司技术副总经理马志成担任项目部经理。项目部从各分厂、部门抽调工程管理和专业技术人员,充实项目部力量,专职负责项目建设日常管理人员工作。项目部设立设计、采购、施工、开车、财务、控制、质量、行政等专职岗位,并对各个车间、工段设立专门负责人,同时从外部聘请技术和管理人员支持协助进行项目管理(见图1-8)。项目部中有3人曾全程参与一期工程和完善工程建设,另有少数人员部分参与过,积累了一定的管理经验。

2. 董事长的想法

广投集团前身为广西壮族自治区开发投资有限公司,是直属于广西壮族自治区人民政府、由区国资委履行出资人职责的大型国有独资企业。为了加强对青山公司的集团管控,集团任命副总裁王建军担任青山公司董事长。王董事长曾任自治区副主席、秘书长,后任自治区发改委副主任,1995年起任广投集团副总裁。他一直非常重视12万吨纸浆生产线项目,早在项目还未正式立项的时候,就曾找刘总探讨该项目所采用的项目管理模式问题,并谈了许多广投集团对于投资该项目的一些战略规划,最重要的一点,就是借助广西壮族自治区内资源优势和国家政策扶持,将林纸产业作为集团实业投资重要板块之一,打造林纸一体化战略发展格局。王董事长对刘总说:"我们的目标就是把青山公司作

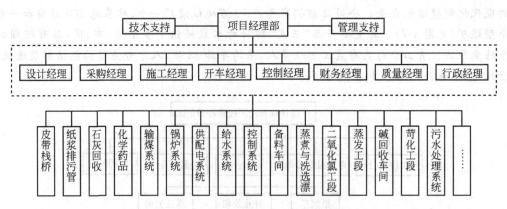

图 1-8 项目具体实施内容及组织结构

为孵化基地,让它在 12 万吨项目中逐步锻炼、发展、成熟,等项目结束后,青山公司就能够为林纸产业输出项目管理模式、生产技术、人才队伍等关键资源。"刘总会意地点了点头,对王董事长坚定地表示:"适逢通货膨胀、人民币升值,进口设备采购成本降低,同时下游纸板需求增长拉动纸浆价格不断上升,这是个千载难逢的上项目的好机遇,我们一定要竭尽全力把握住工期,早日将项目建成投产。"想到集团领导的多次恳谈,又想到区委领导多次来青山公司实地考察,刘总心中备感压力。

项目正式立项后,王董事长在公司董事会上,正式提议采用 EPC 总承包模式实施 12 万吨项目,即委托一个承包主体承担设计、采购和施工工作的总承包方式。王董事长在会上指出 EPC 总承包模式主要有六大方面的优势:"其一,我们只需与总承包商签订一个合同,招标发包的工作量大大减少,并且总包合同签订后,只需对项目实施过程进行总体、宏观的管控,组织协调的工作量大大减少,这恰恰适应了老线正常生产运作工作量繁重、新线建设项目团队力量不足的现状;其二,EPC 总承包模式能够充分发挥承包商的专业优势,有利于减少项目实施过程中的矛盾冲突;其三,采用固定总价合同模式,有利于将投资严格控制在 11.76 亿元以内;其四,EPC 模式下,设计院牵头进行工程总承包,可以边设计边施工,能够节约大量工期,这是其他项目管理模式所不具备的;其五,我希望将 EPC 模式打造成广西壮族自治区林纸产业投资项目的标准项目管理模式,以后进一步将这种模式推广、复制到其他目标区域去;其六,EPC 模式有利于避免各种'关系'干扰项目管理者决策。"王董事长的意见得到了部分董事会成员的赞同,同时,与会人员针对 EPC 模式自身的优势和劣势进行了讨论。

董事会后,青山公司全体经营班子在刘总的组织下认真学习了集团公司的战略规划并讨论了王董事长采用 EPC 总承包模式的建议,随即,公司聘请项目管理专家针对 EPC 总承包模式编制了《项目执行管理方案》,但是就在项目组内部讨论具体实施方案的过程中,刘总听到了诸多不同的声音。其中,最大的不同声音来自于项目经理马志成。马经理今年 42 岁,毕业于国内知名大学制浆造纸专业,1996 年来到青山公司,参与了青山一期项目的建设全过程,并长期负责生产和技术管理工作,具有较丰富的项目管理知识和技术管理经验。在马经理对 EPC 项目管理模式提出不同意见的同时,在项目初步设计论证评审会上,专家组也认为:"目前国内 EPC 总承包市场尚不成熟,实施完全的总承包风险较大,可根据实际需要选取部分非关键子项目实行总承包模式。"

对此,青山公司经营班子多次开会讨论项目管理模式选择的问题。一次讨论会后,刘总把项目经理马志成单独留下,意味深长地说:"老马啊,这个项目可是广西壮族自治区委和集团公司关注的焦点,做好了,就是样板,以后再建 30 万吨、50 万吨,在广西建、到国外建都有重要借鉴价值,要是做砸了,毁的可不只是你我的声誉,而是关乎广西壮族自治区林业投资板块的战略发展啊!"听刘总说完,马经理点头道:"所以,我们不能草率决定采用哪种模式啊,集团公司是投资型公司,从便于投资管理的角度看采用 EPC 固然有其优势,但是我们青山公司是生产型的企业,很难用这种模式管好项目。国内缺乏成熟的 EPC 总承包商、合同谈判难度大、公司内部人才培养不易实现、建成后运营成本难以控制……从这些方面来看,实施 EPC 总承包模式都有很大困难,控制不好,极有可能是投资没控制住,项目管理经验也没学到啊!"刘总听后,回想起刚才班子会上各抒己见的大讨论,若有所思地点点头,觉得项目管理模式的选择关乎项目成败,不可仅听一面之词,在做最终决定之前还需要进一步充分论证。

3. 论证会上的讨论

刘总经过深思熟虑,决定组织召开一次公开的项目管理模式论证会,论证会邀请王董事长、青山公司项目相关的主要领导参加,同时还将邀请负责编制《项目执行管理方案》的项目管理专家冯教授以及山西太阳纸业的王经理、湖北泰格林纸的谢经理共同参与讨论。刘总希望在论证会上,各方对项目管理模式的选择提出具体建议,并充分讨论其利弊。

论证会如期在青山公司 2 号会议室举行,会议的主题就是项目管理模式的选择问题。刘总首先简单介绍了与会人员,并强调了召开本次项目管理模式论证会的重要意义。刘总说:"本次扩大产能项目比新建一个同样规模的纸浆厂难度更大,不仅工期长、投资总额高、技术复杂性高,并且青山公司现有管理、技术人员数量有限,老生产线的生产运作工作量大,新线的建设也不能影响老线的正常生产作业,因此需要经过充分论证从而选择与该项目实际情况真正匹配的项目管理模式。本次论证会主要集中讨论 EPC 模式和 DBB 模式的选择问题,请大家各抒己见,当然也可以建议其他合理模式。"

刘总简单介绍完项目情况后,就请各位与会人员发言。

马经理首先发言:"我们项目组内部讨论认为,采用 DBB 模式更加切实本项目实际。EPC 模式虽然有其独特优势,但对于一期工程建设中暴露的诸多问题都很难通过 EPC 模式来克服,比如说,一期工程建设中,公司需通过总承包商与其他分包商交涉,延误了一些问题的处理时间;并且,我们怎样才能选择到合适的 EPC 总承包商呢?目前国内的 EPC 总承包商普遍管理经验缺乏、组织协调体系不健全,不能有效实施过程控制,如果我们把总投资额高达 11 个多亿元的大项目全权委托给一家 EPC 总承包商进行管理,很难让我们放心啊;即便存在能力强的总承包商,但不容忽视的一点是,目前中国八大轻工业设计院都是'中国轻工业国际工程设计院'统一领导的子公司,因而有可能出现投标者之间相互串标、一致抬高投标报价、先内定中标人、轮流中标之类的围标事例,造成 EPC 合同总价虚高;而我们作为业主与 EPC 总承包商信息严重不对称,项目正式开始实施前不确定因素多,根本无法制定准确的成本预算,对合同总价的谈判没有一点优势……"

"即便争取到了比较有优势的合同总价,业主也不是有百分之百胜算",湖北泰格林纸的项目经理谢经理开口了。谢经理是40万吨漂白针叶木硫酸盐浆项目的项目经理,具有丰富的技术和管理经验。他结合自己多年管项目积累的经验提出,"现在的总承包商讲究'中标靠低价、盈利靠索赔',也就是说可能他以低价中标,但是在项目执行过程中,利用自身专业上和信息上的优势,钻业主的空子,追加赔偿费用,因为过程管控的信息都掌握在总承包商手中,而业主呢,吃了哑巴亏还说不清道理。"王董事长听取了马经理和专家提出的几点疑虑后,在笔记本上记录下了自己的一些想法。

"的确如此啊!我们和EPC总承包商之间的信息实在太不对称了,谈判阶段,项目还没开始执行,太多不确定性因素无法提前预知,一个EPC总承包合同难免有疏漏;还有我最最担心的一点就是,EPC总承包商可能为了增加自身盈利,单方面降低工艺水准从而压缩工程建设成本,那等项目建成后,势必运行维护的成本很高,到头来吃亏的还是我们业主自己啊!"马经理补充道:"所以我认为本项目更适合采用DBB模式,将设计、采购、施工分段发包,只有这样,公司自身才能对工程实施各阶段进行严格的监督和控制,进而才能保住工程质量,节约运营成本。"

听了马经理和谢经理的观点,刘总觉得二人立足于项目建设与生产全生命周期成本最低,从技术和生产角度对EPC模式的适用性提出质疑,具有一定的道理。接着,他把目光投向了负责编制《项目执行管理方案》的冯教授。冯教授是国内知名大学项目管理研究中心的项目管理专家,有着多年从事项目管控咨询的经验。"冯教授,您持有什么样的看法呢?"刘总问道。冯教授放下手中翻阅的项目材料,回答说:"EPC模式确实存在刚才各位所提及的种种局限性,但是EPC模式自身的优势也是其他模式所不能替代的,发达国家的成套生产线建设也大多采用了EPC总承包模式。青山公司项目部成员中仅极少数人员全程或部分参与过一期工程,管理经验虽有所积累但是仍显不足,EPC模式在当下最大的优势就是可以缓解管理资源的不足,而这一点恰恰是DBB模式做不到的。DBB模式下,需要由业主出面进行设计、采购、施工等接口之间的协调,这就需要设置较庞大的管理机构、投入较多的管理人员才能做到;另外,由于DBB模式下施工承包商无法参与设计工作,可能导致设计的可施工性差,设计变更频繁,发生争议的可能性较大,以上原因都极有可能导致工期延误。而EPC模式的一个重要优点就是设计、采购、施工等工作由EPC总承包商一个单位统筹组织协调,将采购需求纳入设计考虑,进行设计的同时满足施工可行性,各阶段之间信息沟通与综合协调的效率更高;据我多年从事项目咨询了解来看,近些年来国内很多以EPC总承包模式建设的重大石油化工项目都取得了巨大成功,所以倘若能够在项目前期准备阶段做好充分的市场信息调研,在外部技术专家、管理专家的协助下对合同条款进行细致全面的研究,并在青山公司项目部设立强控制矩阵组织结构,对实施过程中进行较深的跟踪和管控,是可以规避EPC模式所带来的绝大多数风险的,根据历史经验来看,如果控制得好,可以节约20%以上的工期。"一些与会者会意地点了点头,觉得冯教授的解释有一定道理。

马经理对于冯教授发言中提到的协调工作量问题提出了不同意见,他认为"正是因为青山公司目前所拥有的项目管理力量较为薄弱,所以我们更应较深地介入到工程项目管理的实际工作中来,EPC模式不利于我们的队伍在实践中进行学习和锻炼,很难真正培育出一批管理经验丰富、业务素质较高的人才队伍;至于您所提到的管控经验方面的劣势,项目部打算聘请像您和王经理、谢经理这样在项目管理、工艺、设备、施工等领域具有丰富经验的专家对项目进行全过程的跟踪和指导,以弥补自身经验的不足。"

太阳纸业的王经理听完两种观点后,提出了自己的看法。王经理主持的太阳纸业15万吨木浆新生产线建设去年通过验收,正式投产,运营现状良好。"从我做纸浆项目的经验来看,建议比较成熟、独立的车间和工段可以进行分段总承包。因为此次12万吨新线建设不是在平地上新建工厂,而是在老线的基础之上进行扩建,新线和老线要共用许多供水、供电、供气以及供化学原料的管网设施,在建设过程中新老线势必有很多交叉衔接,采用完全EPC总承包模式的话,新线的建设不可能不对老线的正常生产造成影响,甚至可能造成更大的停工损失,现在的总承包商还是站在自己的利益角度实施项目的。所以,我还是建议对那些跟老线衔接紧密,利害相关度高的部分以青山公司自己管控为主。"

会上大家你一言我一语地针对各种项目管理模式的适用性展开了讨论。论证会的其他成员也提出了一些建议。有人基于王经理的建议进一步提出了"DBB+EPC"的混合项目管理模式,这样就做到了抓大放小,优势互补。但同时,也有代表提出反对意见,认为这种模式在某种程度上也增加了青山公司项目部协调管理的难度和复杂程度。

有的与会代表还提出采用DB模式,因为项目设备购置费约占项目总投资的67%,只要控制住了采购的费用、进度和质量,整个项目就成功了一半,所以可由一家承包商对设计和施工进行总承包,青山公司自行组织进行招标采购。刘总对此给出了自己的意见:"DB模式运作的现状通常是由施工承包商牵头整合设计资源的,可是我国现有施工承包商能力较弱,自身不具备设计能力,也不具备整合设计院资源的能力,所以在项目实施过程中可能会遇到无法妥善处理设计变更的难题,影响项目目标的实现……"

4. 尾声

会议上提出的各种项目管理模式都存在一定的优势和劣势,大家讨论了一下午仍没有形成一致意见。刘总只得暂时休会,让大家把几种备选方案拿回去再仔细考虑考虑,到底采用哪一种项目管理模式还要拿出一个统一的标准来权衡利弊。

会议虽然暂告一个段落,但是论证会上大家提出的方案和理由还依然在刘总的脑海中萦绕,项目已经正式启动三个月了,但项目管理模式还未确定,详细设计招标、设备采购招标、施工单位招标等各项工作都停滞不前。目前纸浆市场价格约每吨2 000元,若项目不能按期竣工,每月造成的经济损失将超过2 000万元,想到这里,刘总心中愈加忐忑不安,面对这么多的备选方案,到底该采取哪种项目管理模式才能保证项目目标顺利实现呢?

案例启发思考题

1. EPC、DBB项目管理模式的区别是什么?
2. 公司项目经理在这两种管理模式中的角色差异是什么?
3. 刘总应该采取哪种管理模式?为什么?

本章思考练习题

1. 什么是现代项目管理理论中定义的"项目"？项目及其特点是什么？项目的来源有哪些？
2. 什么是现代项目管理理论中定义的"项目管理"？
3. 项目管理与一般日常运营管理相比有哪些不同，为什么会有这些不同？
4. 如何理解项目驱动型企业？它与职能型组织有何异同？
5. 现代项目管理与传统项目管理有什么不同，为什么会有这些不同？
6. 在项目管理中，你认为一般管理的职能中哪种是最重要的？
7. 随着知识经济和网络化社会的发展，你认为项目管理会有哪些大的变化？

第 2 章 项目论证与评估

> **导 读**

"先论证后决策"是现代项目管理的基本原则,项目论证与评估是项目投资前期最重要的一项工作。决策草率、项目论证不实、前期工作深度不够是许多项目失败的直接原因,因此,加强项目的论证与评估工作具有重要的意义。

我国著名的三峡工程就曾经进行了近一个世纪的论证。为了解决长江中下游地区的防洪问题,1919 年,孙中山先生在《实业计划》一文中,提出在三峡上"以闸堰其水,使舟得以溯流以行,而又可资其水力"。20 世纪 30 年代,国民党政府曾对三峡工程合作进行过勘测设计和研究工作。新中国成立后,水利部在地质、电力、交通等部门的协同下,开展了长江流域综合利用规划编制和三峡工程的勘测设计研究。此后,关于三峡的建设方案一直在进行紧锣密鼓的论证评估。1958 年,在党中央成都会议大组会上,周恩来作了关于三峡水利枢纽和长江流域规划的报告,并进行了讨论。1979 年,水利部向国务院和国家领导人报送了《关于三峡水利枢纽的建议》,建议将三峡作为我国四个现代化建设中的一项重大战略性工程。在此期间,国内有关部门和关心三峡工程的人士对三峡工程建与不建、早建或晚建以及建设方案,提出了各种不同的意见,中共中央、国务院对此非常重视。为了体现决策科学化、民主化的精神,1986 年,中共中央、国务院发出了《关于长江三峡工程论证有关问题的通知》,决定进一步扩大对三峡工程的论证,重新提出可行性研究报告。党中央、国务院决定由原水利电力部组织成立"三峡工程论证领导小组",对论证工作实行集体领导,在领导小组下设地质地震、枢纽建筑物、水文、防洪、泥沙、航运、电力系统、机电设备、移民、生态与环境、综合规划与水位、施工、投资估算、综合经济评价共 14 个专家组,聘请国务院所属的 17 个部门、单位,中科院所属的 12 个院所,28 所高等院校和 8 个省市专业部门共 40 个专业的 412 位专家,全面开展了三峡工程的论证工作。专家组开展各专题的深入论证,并拟定各种替代(比较)方案,比较建或不建、早建或晚建三峡工程的利弊得失,然后详细计算每种组合下,逐年需投入的资金和以后的产出,并将每年的费用都折算到"现值"。论证的成果是:早建三峡工程的"费用总现值"最小,不建三峡工程为最大。1992 年,七届人大五次会议 2 633 名代表对关于兴建长江三峡工程的决议进行表决,以 1 767 票赞成、177 票反对、664 票弃权、25 人未按表决器的结果通过。会议批准将兴建长江三峡工程列入国民经济和社会发展十年规划,由国务院根据国民经济发展的实际情况和国家财力、物力的可能,选择适当时机组织实施。三峡工程于1994年正式动工兴建,2003年开始蓄水发电,于2009年全部完工。该工程对国民经济、资源、环境、生态、社会等方面的影响将在未来逐步得以显现。分析这一经典的案例可见,科学的项目论证与评估工作将为投资者的决策提供科学依据。

本章将介绍项目论证与评估的内涵、程序和内容,阐述资金时间价值的基本原理,从定性和定量评价两个方面重点介绍投资项目开展财务评价、国民经济评价和环境影响评价的主要方法和指标体系。

2.1 项目论证程序与内容

项目论证与评估是在项目决策之前对项目进行充分分析、研究、论证、评价的过程。一般从项目市场需求预测开始,通过拟定多个方案进行比较论证,研究项目的规模、工艺、技术方案、原材料供给、能源动力供应、设备选型、厂址选择、投资估算、资金来源与筹措、财务评价、国民经济评价、社会效益评价等方面的内容,最后评价项目的可行性和必要性,提出项目可行或不可行的结论。

2.1.1 项目论证程序与内容

1. 项目论证的内容

项目论证是指对一项投资计划进行市场、技术、经济、建设方案等详细的调查研究和综合分析,其结果足以判定是否建设该项目,在建设前期所做的这些研究工作统称为项目论证。

项目论证应该重点围绕市场、技术、经济三个方面展开调查和分析,市场是前提、技术是手段、经济是核心,通过详细论证,要回答以下问题。

(1) 项目产品或劳务市场的需求如何?为什么要实施这个项目?
(2) 项目实施需要多少人力、物力资源?供应条件如何?
(3) 项目需要多少资金?筹资渠道如何?
(4) 项目采用的工艺技术是否先进适用?项目的生命力如何?
(5) 项目规模多大?选址是否合适?

项目论证一般分为机会研究、初步可行性研究和详细可行性研究三个阶段。对各个阶段的工作内容、费用、准确性要求,如表2-1所示。

以上收费百分比只是表明三个阶段之间的相对关系,而不是绝对标准。由于项目之间的复杂性、涉及的工作范围和难易程度、论证人员的业务水平以及相互竞争程度有很大不同,所以收费百分比也会有较大差异。

1) 机会研究阶段

(1) 机会研究的概念:机会研究是可行性研究的初始阶段,是项目投资方或承办方经过分析确定出发展机会,最终形成明确的项目意向(或项目机会)的过程。
(2) 机会研究的内容分为以下几方面。

表 2-1　项目论证的阶段划分

阶段	工作内容	费用	误差控制
机会研究	寻求投资机会,鉴别投资方向	占总投资的 0.2%～1%	±30%
初步可行性研究	初步判断项目是否有生命力,能否盈利	占总投资的 0.2%～1.5%	±20%
详细可行性研究	详细技术经济论证,在多方案比较的基础上选择出最优方案	中小项目占投资的 1%～3%,大项目占总投资的 0.2%～1%	±10%

● 地区研究。通过分析地理位置、自然特征、民族特征、人文习俗、地区经济结构、经济发展现状、进出口结构等状况,来选择投资或发展方向。

● 行业研究。通过分析行业的特征,经营者或投资者在行业中所处的位置、地位与作用、增长情况等进行项目的方向性选择。

● 资源研究。通过分析资源分布状况、资源储量、可利用程度、利用条件及经营者或投资者的资源占有情况等,寻找项目机会。

2) 初步可行性研究阶段

(1) 初步可行性研究的概念:初步可行性研究是介于机会研究和详细可行性研究之间的一个中间阶段,是在项目意向确定之后,对项目的初步估计和分析。研究的主要目的在于判断机会研究提出的投资方向是否正确。

(2) 初步可行性研究的内容如下。

● 机会研究得出的结论是否有发展前景。

● 项目发展在经济上是否合理。

● 项目发展有无必要。

● 项目需要多少人、财、物资源。

● 项目需要多长时间完成。

● 项目进度与时间应该如何安排。

● 投资成本与收益估算等。

初步可行性研究虽然比机会研究在内容的深度和广度上进了一步,但仍不能满足项目决策的要求。对决定项目取舍的关键问题还需要进行专题研究或辅助研究。专题研究或辅助研究可与初步可行性研究同步进行,也可分开进行,其研究结果可以否定初步可行性研究。

3) 详细可行性研究阶段

(1) 详细可行性研究的概念。详细可行性研究是在项目决策前对项目有关的工程、技术、经济、社会影响等各方面条件和情况进行全面调查研究,为项目建设提供技术、生产、经济、商业等各方面的依据并进行详细的比较论证,最后对项目的经济效益和社会效益进行预测和评价的过程。详细可行性研究是项目进行评估与决策的依据。

(2) 详细可行性研究的内容。详细可行性研究的目的主要是解决四个问题:一是项目建设的必要性;二是项目建设的可行性;三是项目实施所需要的条件;四是进行财务和经济评价。为解决上述问题,详细可行性研究主要研究的内容如下。
- 市场研究与需求分析。
- 产品方案与规模要求。
- 生产条件和原材料需求。
- 建设方案设计。
- 资金来源分析。
- 财务效益、经济效益和社会效益分析。
- 风险分析。

2. 项目论证的一般程序

项目论证是一个连续的过程,它包括问题的提出、制定目标、拟定方案、分析评价、最后从多种可行的方案中选出一种比较理想的最佳方案,供投资者决策。一般有以下七个主要步骤:

(1) 明确项目范围和业主目标。其主要是要明确问题,包括弄清项目论证的范围以及业主的目标。

(2) 收集并分析相关资料。此步包括实地调查、技术研究和经济研究,每项研究所要包括的主要内容。需要量、价格、工业结构和竞争将决定市场机会,同时原材料、能源、工艺要求、运输、人力和外围工程又影响适当的工艺技术的选择。

(3) 拟定多种可行、能够相互替代的实施方案。达到目标通常会有多种可行的方法,因而就形成了多种可行的能够相互代替的技术方案。项目论证主要核心点是从多种可供实施的方案中选优,因此拟定相应的实施方案就是项目论证的一步关键工作。在列出技术方案时,既不能把实际上可能实施的方案漏掉,又不能把实际上不可能实现的方案当作可行方案列进去。否则的话,要么致使最后选出的方案可能不是实际最优的方案;要么由于所提方案缺乏可靠的实际基础而造成不必要的浪费。所以,在建立各种可行的技术方案时,应当根据调查研究的结果和掌握的全部资料进行全面和仔细的考虑。

(4) 多方案分析、比较。方案分析与比较阶段包括分析各个可行方案在技术上、经济上的优、缺点;方案的各种技术经济指标,如投资费用、经营费用、收益、投资回收期、投资收益率等的计算分析;方案的综合评价与选优,如敏感分析以及对各种方案的求解结果进行比较、分析和评价,最后根据评价结果选择一个最优方案。

(5) 选择最优方案进一步详细全面地论证。该步包括进一步的市场分析,方案实施的工艺流程,项目地址的选择及服务设施、劳动力及培训,组织与经营管理,财务及经济分析,社会影响等。

(6) 编制项目论证报告、环境影响报告和采购方式审批报告。项目论证报告的结构和内容常常有特定的要求,这些要求和涉及的步骤,在项目论证报告的编制和实施中可能有助于业主。

(7) 编制资金筹措计划和项目实施进度计划。项目实施中的期限和条件的改变会导致资金的改变,这些应根据项目评价报告做出相应的调整;同时应做出最终决策,以说明项目可根据预定的实施进度及预算进行。

以上步骤只是进行项目论证的一般程序，而不是唯一的程序。在实际工作中，根据所研究问题的性质、条件、方法的不同，也可采用其他适宜的程序。

2.1.2 项目评估程序与内容

1. 项目评估概述

项目评估指在项目可行性研究的基础上，由第三方（国家、银行或有关机构）根据国家颁布的政策、法规、方法、参数和条例等，从项目（或企业）、国民经济、社会角度出发，对拟建项目建设的必要性、建设条件、生产条件、产品市场需求、工程技术、经济效益和社会效益等进行评价、分析和论证，进而判断其是否可行的一个评估过程。项目评估是项目投资前期进行决策管理的重要环节，其目的是审查项目可行性研究的可靠性、真实性和客观性，为银行的贷款决策或行政主管部门的审批决策提供科学依据。

项目评估是对最终可行性研究的审查和研究，以求项目规划更加合理与完善。可行性研究是从宏观到微观逐步深入研究的过程，而项目评估则是将微观问题再拿到宏观中去权衡的过程。因此，项目评估可以看作是可行性研究的延伸，但是这是比可行性研究更高级的阶段。通过评估，项目可能被否定，也可能只作局部修改补充后被肯定，因此，项目评估工作要求的知识更丰富，其结论更具权威性。

项目评估的最终成果是项目评估报告。

项目评估的依据有：

(1) 项目建议书及其批准文件。

(2) 项目可行性研究报告。

(3) 报送单位的申请报告及主管部门的初审意见。

(4) 有关资源、原材料、燃料、水、电、交通、通信、资金（包括外汇）及征地等方面的协议文件。

(5) 必需的其他文件和资料。

2. 项目评估的程序

项目评估工作一般可按以下程序进行：

(1) 成立评估小组，进行分工，制订评估工作计划。评估工作计划一般应包括评估目的、评估内容、评估方法和评估进度。

(2) 开展调查研究，收集数据资料，并对可行性研究报告和相关资料进行审查和分析。尽管大部分数据在可行性报告中已经提供，但评估单位必须站在公正的立场上，核准已有数据的可靠性，并收集补充必要的数据资料，以提高评估的准确性。

(3) 分析与评估。在上述工作的基础上，按照项目评估内容和要求，对项目进行技术经济分析和评估。

(4) 编写评估报告。

(5) 讨论、修改报告。

(6) 专家论证会。

(7) 评估报告定稿。

3. 项目评估的内容

项目评估的内容主要包括：

(1) 项目与企业概况评估。

(2) 项目建设的必要性评估。评估项目是否符合国家的产业政策、行业规划和地区规划；是否符合经济和社会发展需要；是否符合市场需求；是否符合企业的发展要求。

(3) 项目建设规模评估。

(4) 资源、原材料、燃料及公用设施条件评估。

(5) 建厂条件和厂址方案评估。

(6) 工艺、技术和设备方案评估。

(7) 环境保护评估。

(8) 建筑工程标准评估。采用的标准、规范是否先进、合理，是否符合国家有关规定。

(9) 实施进度评估。项目的建设工期、实施进度、试车、投产、达产及系统转换所选择的方案及时间安排是否正确合理。

(10) 项目组织、劳动定员和人员培训计划评估。

(11) 投资估算和资金筹措。投资额估算采用的数据、方法和标准是否正确，是否考虑了汇率、税金、利息、物价上涨指数等因素。资金筹措的方法是否正确，资金来源是否正当、落实，外汇能否平衡等。

(12) 项目的财务效益评估。基本数据的选定是否可靠，主要财务效益指标的计算及参数选取是否正确，推荐的方案是否是"最佳方案"。

(13) 国民经济效益评估。在财务经济效益评估的基础上，重点对费用和效益的范围及其数值的调整是否正确进行核查。

(14) 社会效益评估。对促进国家或地区社会经济发展，改善生产力布局，增加出口替代能力，带来经济利益和劳动就业效果，提高国家、部门或地方的科技水平、管理水平和文化生活水平的效益和影响等进行评估。

(15) 项目风险评估。盈亏平衡分析、敏感性分析、项目主要风险因素及其敏感度和概率分析，项目风险的预防措施及处置方案。

4. 项目评估报告的内容大纲

项目评估报告大纲应包括如下几个方面内容。

(1) 项目概况：
- 项目基本情况。
- 综合评估结论，提出是否批准或可否贷款的结论性意见。

(2) 详细评估意见。

(3) 总结和建议：
- 存在或遗留的重大问题。
- 潜在的风险。

● 建议。

2.2 资金时间价值

2.2.1 资金时间价值的含义

资金数额在特定利率条件下,对时间指数的变化关系称为资金时间价值。例如,资金和其他生产要素相结合,投入项目的建设和运行,经过一段时间发生增值,价值大于原始投入的价值。

对于资金时间价值可以从另一方面对它加以定义,即从量的角度来说明资金时间价值究竟是什么。同等数量的资金由于处于不同的时间而产生的价值差异,称之为资金的时间价值。例如:

2011年1月20日的100元,到了2012年1月20日相当于103.5元。尽管资金量是一样的,价值量却是不同的,两者的价值差,即3.5元的差额,就是这一年中产生出来的时间价值。

一般地讲,代表资金时间价值的利息是以百分比,即利率来表示的。在商品经济条件下,利率是由三部分组成的。

(1) 时间价值:即纯粹的时间价值,随着时间的变化而发生的价值增值。

(2) 风险价值:现在投入的资金,今后能否确保回收。

(3) 通货膨胀:资金会由于通货膨胀而发生贬值。

在项目论证时,对比不同的备选方案,会发现其现金流量存在两种性质的差异:一是现金流量大小的差异,即投入及产出数量上的差异;二是现金流量时间分布上的差异,即投入及产出发生在不同的时点的差异。如果只是简单地对比两个方案的现金流量,或将前期费用和后期收益直接作静态对比,是不可能得出正确结论的。为了保证项目寿命期内不同时点发生的费用和收益具有可比性,必须运用资金时间价值的理论,将不同时点的现金流折算成相同时点的有可比价值的现值(或终值),才能科学判断方案的优劣。

2.2.2 影响资金时间价值的因素

资金时间价值的大小,受到以下三个因素的约束。

1. 资金投入量

资金投入量就是通常讲的本金,投入越大,相同时间和计算方式下,得到的利息越大,本利和也越大。

2. 资金投入方式

按资金投入额和间隔期可以将资金投入方式分为以下五种。

(1) 一次性全额投入。

(2) 等额分期有序投入。

(3) 不等额分期有序投入。
(4) 等额分期无序投入。
(5) 不等额分期无序投入。

其中,第四种方式可以分解为一次性投入和等额有序投入;第五种情况,可以通过假定未投资年投资额为零,将其化解为第三种投入方式。所以,前三种投入方式是最基本的。

3. 利息计算方式

利息计算有单利法和复利法两种。

单利法公式为

$$F = P(1 + i \cdot n)$$

复利法公式为

$$F = P(1+i)^n$$

式中,F——期末本利之和;
　　　P——本金;
　　　i——折现率;
　　　n——期数。

用单利计算的价值少于同期复利计算的价值,项目论证通常采用复利(即利滚利)的计算方法。

2.2.3 资金时间价值的计算方法

现在国际上广泛采用的计算货币时间价值的方法有三种,即终值法、现值法和年金法。

1. 复利终值法

复利终值是指一笔或多笔资金按一定的利率复利计算若干年后所得到的本利和,其计算公式为

$$F = P(1+i)^n$$

式中的$(1+i)^n$为复利终值系数,它的含义是指本金为1,利率为i,n期以后的复利终值。为了简化计算,复利终值系数可从"复利终值系数表"中查得。

【例2-1】某股份有限公司拟贷款500万元,盖厂房一栋,贷款年利率为8%,每年复利一次,5年后一次还本付息。试计算该公司到期需归还银行多少金额?

解 根据条件,得知本金$P=500$万元,年利率i为8%,期数n为5。
则 $F = P(1+i)^n = 500 \times (1+8\%)^5 = 500 \times 1.4693 = 734.65$(万元)
5年后,该公司应归还银行本利和为734.65万元。

2. 复利现值法

复利现值是指未来一定时间的金额,按复利折算成现在价值,称为折现(或贴现),贴

现中所使用的利率称为折现率(或贴现率)。现值的计算公式可从终值计算公式中求得,即

$$P = \frac{F}{(1+i)^n}$$

为了比较不同时期的资金的价值,只有把它们都折算成现在的价值(第0年的价值),才使得不同时期的资金有一个共同的起点,才具有可比性。因此,我们在评估项目时,主要采用现值法,而不是复利终值法。这并不等于说复利值就不重要,它是资金时间价值观念的基础,也是现值法的基础。

在计算现值时,如果不加说明,一般是把每年的资金流入或流出都看成是在年末发生,而不是年初发生。年末与年初是有区别的,年初发生,则第一年年初的资金为现值(第0年的价值),无须贴现。如果是年末发生,则要将年末价值折算到年初,倒扣一年的利息。一般把年初资金看作是前一年年末发生的,这样有利于确定折现因数。

【例2-2】某公司拟在3年后获取本利和30万元,假设投资报酬率为15%,现应投入本金多少?

解 现值 $P = F \times 1/(1+i)^n$(现值系数)

已知 $F=30$ 万元,报酬率 i 为15%,期限 n 为3年,则:

$$\begin{aligned} P &= 30 \times 1/(1+15\%)^3 \\ &= 30 \times 0.6575 \\ &= 19.725(\text{万元}) \end{aligned}$$

即,现在需要投入本金19.725万元,三年后就可得本利和30万元。

3. 年金计算法

年金是指在一定时期内每间隔相同时间,发生相同数额的款项A。如等额的折旧、利息、租金及销售收入等,均属于年金收付形式。年金按其贴息的时序又分为年金终值和年金现值。按其收入或支出发生的时间,可分为期初年金、期末年金。每期期初发生的定额款项叫期初年金,每期期末所发生的定额款项叫期末年金,又称普通年金。

(1) 普通年金终值计算公式:普通年金终值是每次支付的复利终值之和。

$$F_A = A \frac{(1+i)^n - 1}{i}$$

式中,$[(1+i)^n - 1]/i$ 是普通年金终值系数。为简化计算,可直接查阅"普通年金终值系数表"。

【例2-3】某企业现有职工200名,为解决职工住房困难,决定每年年末从福利基金中提取700万元存入银行,年利率为5%,第五年用于职工住宅,试问第五年年初的本利和有多少?

解 根据题意,已知 $A=700$ 万元,$i=5\%$,$n=5-1=4$

$$\begin{aligned} F &= A[(1+i)^n - 1]/i \\ &= 700 \times [(1+5\%)^4 - 1]/5\% \\ &= 3017(\text{万元}) \end{aligned}$$

即,第五年年初有 3 017 万元可用于建房。

(2) 普通年金现值计算公式:

普通年金现值是指每期期末能取得相同金额款项,现在需要投入的金额,年金现值一般计算公式为

$$P = A\frac{[1-(1+i)^{-n}]}{i}$$

【例 2-4】某电脑公司,准备软件开发,估计每年生产收入纯收益 5 万元,准备连续开发 5 年,要求投资收益率不低于 15%,试问需投入多少本金?

解 已知 $A=5$ 万元,$i=15\%$,期限 5 年,求现值 P
$$\begin{aligned}P &= A[1-(1+i)^{-n}]/i \\ &= 5\times[1-(1+15\%)^{-5}]/15\% \\ &= 5\times 3.3522 \\ &= 16.76(万元)\end{aligned}$$

即,应投入 16.76 万元本金。

(3) 期初年金复利终值计算公式:

期初年金指每期期初支付的年金,期初年金复利终值计算,可利用期末年金终值系数,加以适当调整,得

$$F = A\left[\frac{(1+i)^{n+1}-1}{i}-1\right]$$

式中,$\{[(1+i)^{n+1}-1]/i\}-1$ 为期初年金复利终值系数。和普通年金终值数 $[(1+i)^n-1]/i$ 相比,其期数加 1 而系数减 1,所以可通过"普通年金终值系数表"查 $n+1$ 期的值,再减去 1 得到期初年金复利终值。

【例 2-5】某公司职工每月节余 200 元工资,每年年初存入银行养老保险金 2 400 元,年利率 5%,问 20 年后可得养老保险金多少?

解 已知 $A=2\,400$ 元,$i=5\%$,$n=20$ 年,$n+1=21$ 年
$$\begin{aligned}F_m &= 2\,400\times\{[(1+5\%)^{20+1}-1]/5\%-1\} \\ &= 2\,400\times(35.7193-1) \\ &= 2\,400\times 34.7193 \\ &= 83\,326(元)\end{aligned}$$

即,20 年后可得养老保险金 83 326 元。

(4) 期初年金复利现值的计算公式:

它是指各期期初所发生的等额款项的现值之和。

期初年金第一年所发生款项即为现值,不必折现。可利用期末年金现值系数进行计算,作如下调整:n 期期初年金,查 $n-1$ 期的期末年金现值系数,然后再加上 1,即求得期初年金现值系数。

其计算公式为

$$P = A\left[\frac{1-(1+i)^{-(n+1)}}{i}+1\right]$$

【例 2-6】某公司租用一台生产设备,在 5 年中每年年初支付租金 20 000 元,利息为

6%，问这些租金现值为多少？

解 已知 $A=20\,000$ 元，$i=6\%$，$n=5$

$$P = 20\,000 \times \{[1-(1+6\%)^{-(5-1)}]/6\% + 1\}$$
$$= 20\,000 \times (3.465\,1 + 1)$$
$$= 20\,000 \times 4.465\,1$$
$$= 89\,302(元)$$

即，五年的租金现值为 89 302 元。

(5) 投资回收年金值计算公式：

投资回收年金值是已知现值求年金，即指在固定折现率和期数的情况下，对一笔投资现值，每年回收的等额年金值。其计算公式为

$$A = P\frac{i(1+i)^n}{(1+i)^n-1}$$

式中，$i(1+i)^n/[(1+i)^n-1]$ 为投资回收年金系数，它与期末年金现值系数互为倒数，可查"投资回收年金系数表"。

【例 2-7】某电缆股份有限公司，一次投资 500 万元，二年建成投产，资金由工商银行贷款解决，年息 6%，要求 8 年收回投资本息，试问每年必须获利多少纯利润，并保证投资收益率在 15% 以上。

解 首先，根据题意先求出建设期的本息和

复利终值公式

$$F = P(1+i)^n$$
$$F = 500 \times (1+6\%)^2$$
$$= 500 \times 1.123\,6$$
$$= 562(万元)$$

建成后本息和为 562 万元。

其次，根据 8 年收回投资和投资收益率达到 15% 的要求，确定需每年保证获纯利多少？

$$A = P\{i(1+i)^n/[(1+i)^n-1]\}$$
$$= 562\,万元 \times 0.222\,9$$
$$= 125.27(万元)$$

(6) 资金存储年金：

资金存储年金是已知终值求年金，即对一笔终值投资，每年存储的等额年金值。其计算公式为

$$A = F\frac{i}{(1+i)^n-1}$$

式中，$i/[(1+i)^n-1]$ 为资金存储年金系数，它与期末年金终值系数互为倒数。

【例 2-8】某家长为中学生的儿子六年后报考大学准备上大学资金 5 万元，存款利率为 4%，家长每年要节余多少钱存入银行储备？

解 $A = F \times i/[(1+i)^n-1]$

=5万元×(查"资金存储系数")0.150 8
=0.754万元
=7 540元

即,每年存入7 540元。

4. 现金流量图及资金等值计算公式汇总

现金流量图是把现金流量用时间坐标轴表示出来的示意图,如图2-1所示的三种基本类型,其所对应的资金等值计算公式如表2-2所示。

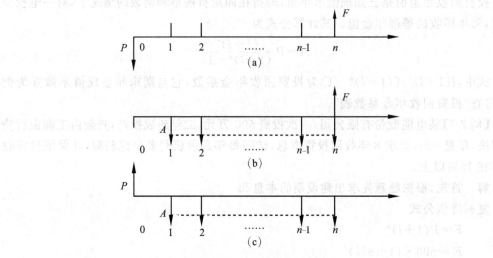

图2-1 现金流量示意图

表2-2 资金等值计算公式

系数名称	已知项	所求项	公式	现金流量图
终值系数	P	F	$F=P(1+i)^n$	(a)
现值系数	F	P	$P=\dfrac{F}{(1+i)^n}$	(a)
年金终值系数	A	F	$F=A\dfrac{(1+i)^n-1}{i}$	(b)
资金存储年金系数	F	A	$A=F\dfrac{i}{(1+i)^n-1}$	(b)
年金现值系数	A	P	$P=A\dfrac{[1-(1+i)^{-n}]}{i}$	(c)
投资回收年金系数	P	A	$A=P\dfrac{i(1+i)^n}{(1+i)^n-1}$	(c)

2.3 项目财务评价

项目的经济评价是在技术可行性研究的基础上,对拟建项目经济可行性和合理性进行全面的分析论证,做出综合性评价,为项目的科学决策提供依据。经济评价包括两个相互补充、相互衔接的评价层次,即从微观效益出发的财务评价与从宏观效益出发的国民经济评价。项目财务评价是从项目或企业微观角度,依据国家现行财税制度、现行价格和有关法规,研究、预测和分析项目在计算期内的经济效益,并据此来评价拟建项目或不同方案的财务可行性的一种经济评价方法。项目财务评价的意义有:第一,财务评价是项目评估与决策的重要依据;第二,财务评价是金融机构确定贷款的重要依据;第三,财务评价是有关部门审批拟建项目的重要依据。

2.3.1 项目财务评价程序与基础数据

1. 项目财务评价的程序

(1) 估算和分析项目的财务数据。这一步包括总投资、资金筹措方案、产品成本费用、销售收入、税金和利润以及其他与项目有关的财务数据。

(2) 编制和分析财务基本报表。根据上一步所得数据编制的报表包括现金流量表、损益表、资金来源与运用表、资产负债表以及财务外汇平衡表。

(3) 计算财务评价指标。一般应包括反映项目盈利能力和偿债能力的指标,涉及外汇的项目还应包括外汇平衡能力指标。常用的有投资利润率、"三率"、净现值、内部收益率、投资回收期、借款偿还期、财务外汇净现值、换汇成本及节汇成本等。

(4) 不确定性分析。这一步主要进行盈亏平衡分析、敏感性分析和概率分析,考察项目的市场适应能力和抗风险能力。

(5) 提出财务评价结论。将计算出的项目经济效果评价指标值与国家有关部门公布的基准值(或经验的、历史的和期望的标准)加以比较,结合不确定性分析的结果进行综合分析,最后从财务角度提出项目可行与否的结论。

2. 项目财务评价基本数据的预测

项目基本财务数据的预测是整个财务评价的基础,其准确性将直接影响财务评价和投资决策的准确性。

(1) 项目总投资预测。项目总投资按其经济用途可分为固定资产投资和流动资金投资。固定资产投资包括可以计入固定资产价值的各项建设费用支出,以及不计入交付使用财产价值内的应核销投资支出(如不增加工程量的停、缓建维护费)。流动资金由储备资金、生产资金、产成品资金、结算及货币资金等部分组成。

项目总投资额的计算一般由以下公式表示:

项目总投资额=固定资产投资+流动资金投资

固定资产投资=建筑工程费+设备购置费+安装工程费+工程建设其他费用+预备

费＋建设期利息

流动资金投资＝流动资产－流动负债

（2）项目总成本费用预测。总成本费用是指项目在一定时期内为生产和销售产品而花费的全部成本和费用。项目总成本费用是反映项目所需物质资料和劳动力消耗的主要指标，是预测项目盈利能力的重要依据。其主要构成为

总成本费用＝外购材料费＋外购燃料及动力费＋职工工资及福利费＋固定资产折旧费＋维修费＋财务费＋摊销费＋税金＋其他费用

总成本费用的预测可按照完全成本法原理，对构成总成本费用的各项构成要素分别进行估算和分析，然后加以汇总。

估算成本可以采用以下计算公式：

估算成本＝可确认单位的数量×历史基础数据×物价波动系数

可确认单位的数量指该项目生产产品所需材料；历史基础成本指基准年的成本；物价波动系数应该包括基准年到估算日市场价格实际波动系数，以及从估算日到项目建成投产这段时期的通货膨胀预测系数。

估算成本时，先估算100%达到设计生产能力时正常生产年度的固定费用和变动费用，然后按以下公式估算未达到设计生产能力年度的总成本费用：

未达到设计生产能力年度总成本费用＝固定费用＋变动费用×实际达到设计能力的百分比

根据预测出的总成本费用，进一步计算经营成本：

经营成本＝总成本费用－基本折旧费－摊销费－财务费用

（3）销售收入和税金的预测。

销售收入是指拟建项目建成投产后，其产出的各种产品和服务销售所得的财务收入。其计算公式为：

销售收入＝产品销售量×产品销售价格

在公式中，产品销售量的估算可假设生产出来的产品全部都能销掉，即销售量等于生产量，也可以根据各年生产负荷加以确定。销售价格的估算一般采用出厂价，也可根据需要采用送达用户的价格或离岸价格来估算。

为了使估计值更加接近于实际的可能情况，应该注意以下几点。

① 结合市场预测情况，分析销售量能否达到生产量，是否会有不能售出而造成积压的多余产品。

② 产品销售单价是否高于主管部门和物价部门规定的价格或实际价格，防止人为的故意增加单价，以虚报销售收入。

③ 根据项目的具体情况，正确估算产品达到设计生产能力的时间。

所以，销售收入的估算公式也可以表示如下：

销售收入＝项目设计生产能力×生产能力利用率×产品销售单价×产品销售率

在项目财务评价中，所涉及的税金主要包括销售税金及附加、增值税和所得税。其中，销售税金及附加、增值税、营业税、资源税、消费税、城市建设维护费及教育费附加，是企业在计算利润前须向国家缴纳的税金，而所得税直接从利润中扣除。

税金的预测根据以上所预测得到的销售收入乘以相应的税率就可以得到。

（4）利润的预测。

项目利润是项目财务经济目标的集中表现，通过利润的预测，可以估算拟建项目投产后，每年可以实现的利润和企业每年可以留存的利润额。

利润的计算公式为

$$利润总额＝产品销售收入－总成本费用－销售税金及附加$$
$$税后利润＝利润总额－所得税$$

以上公式中的各变量都已经在上面的预测中得到，带入即可以得到所求的利润估算值。税后利润一般可以按下列顺序进行分配：按税后利润的一定的百分比提取法定盈余公积金，提取公益金，最后向投资者分配利润。

2.3.2 项目财务评价方法

1. 静态评价方法与指标

1) 单方案静态评价。

（1）投资利润率 R_P。投资利润率是指当项目达到设计生产能力后的某一正常生产年份的年利润总额 P 与项目总投资 K 的比率。对生产期内各年利润变动幅度较大的项目，应计算生产期内平均利润总额与项目总投资的比率。投资利润率的计算公式为

$$R_P = \frac{P}{K}$$

（2）投资收益率 R_B。投资收益率是年均利润总额 P 加上年均折旧 D，与项目总投资 K 的比率。投资收益率的计算公式为

$$R_B = \frac{P+D}{K}$$

（3）投资回收期 T。它是指用项目投产后年均净利润回收固定资产投资所需的年限。投资回收期一般从建设期开始计算（如从投产年开始计算，要予以说明）。在不考虑流动资金投资的情况下，它是投资利润率的倒数，即：

$$T = \frac{1}{R_P} = \frac{K}{P}$$

投资利润率越大，或者说投资回收期越短，经济效益就越好。

若项目各年的净现金流量不等，则投资回收期为使用累计净现金流量补偿投资所需的年限。其计算表达式为

$$投资回收期 = 累计净现金流量首次出现正值的年份 - 1 + \frac{上年累计净现金流量的绝对值}{当年净现金流量}$$

不同行业都有规定的标准投资利润率 $R_{标}$ 和标准回收期 $T_{标}$，只有评价项目的投资利润率 $R_P \geq R_{标}$，投资回收期 $T \leq T_{标}$ 时，项目才是可行的；否则，项目就是不可行的。

2) 多方案静态比较。

在进行项目评价时，不仅要评价出可行方案，还要在诸可行方案中选出最优者。多方案比较指标能够在多个可选方案中选出经济合理、效益最大的方案付诸实施。

(1) 追加投资回收期 T_n。所谓追加投资是指不同的投资方案所需投资之间的差额，追加投资回收期 T 就是利用成本节约额或者利润增加额来回收投资差额的时间。

用成本节约额表示的计算公式为

$$T_n = \frac{K_1 - K_2}{C_2 - C_1}$$

用利润增加额表示的计算公式为

$$T_n = \frac{K_1 - K_2}{P_1 - P_2}$$

其中，K_1、P_1、C_1、K_2、P_2、C_2 分别表示方案Ⅰ和方案Ⅱ的投资、利润和成本。如果 $T_n \leq T_{标}$ 或者 $R_n \geq R_{标}$，则高投资方案的投资效果好。

(2) 追加投资利润率 R_n。

$$R_n = \frac{1}{T_n}$$

2. 动态评价方法与指标

1) 项目财务盈利能力分析。

根据项目现金流量表可以进行项目财务盈利能力分析，项目的盈利水平可以用以下指标表示。

(1) 财务净现值。财务净现值就是按现行行业的基准收益率或设定的折现率，计算项目计算期内各年现金流量的现值之和。其计算表达式为

$$FNPV = \sum_{t=0}^{n} (CI_t - CO_t) \cdot (1 + i_c)^{-t}$$

式中，CI_t——第 t 年的现金流入；
CO_t——第 t 年的现金流出；
n——计算期；
i_c——基准收益率或设定的折现率。

(2) 财务内部收益率(FIRR)。财务内部收益率是指项目在整个建设期内各年净现金流入量现值等于净现金流出量现值的折现率，即使项目净现值为零的折现率。它的经济含义可以理解为项目在 FIRR 的利率下，到项目结束时，项目的所有投资都刚好收回，它是应用最广泛的项目评价指标之一。

其表达式为

$$\sum_{t=1}^{n} (CI_t - CO_t) \cdot (1 + FIRR)^{-t} = 0$$

式中，CI_t——第 t 年的现金流入；
CO_t——第 t 年的现金流出；
n——计算期。

财务内部收益率一般可采用试差法来计算，先假设一个初始的 i 值，一般可采用折现率来试算，如果净现值刚好为零，则此初始 i 值就是所求的内部收益率；如果净现值为正，就加大 i 的值，直到净现值接近或等于零，此时的折现率就是所求内部收益率；反之，若净

现值为负就减少 i 的值,直到净现值接近或等于零。要精确计算时,可用两个最接近于零的试算正负净现值对应的折现率进行计算,计算公式为

$$i = R_1 + (R_2 - R_1) \frac{NPV_1}{NPV_1 + |NPV_2|}$$

式中,R_1——较低折现率;

R_2——较高折现率;

NPV_1——与 R_1 对应的正净现值;

$|NPV_2|$——与 R_2 对应的负净现值的绝对值。

(3) 动态投资回收期。动态投资回收期是按现值法计算的投资回收期,其计算公式为

$$投资回收期 = 累计净现金流量现值开始出现正值的年份 - 1 + \frac{上年累计净现金流量现值的绝对值}{当年净现金流量现值}$$

【例2-9】假设某项目总投资为 4 900 万元,投产后每年的产值为 990 万元,企业年经营成本为 450 万元,试求其投资回收期。

如果不考虑时间因素,投资回收期 T 可由总投资额和年利润值算出,即:

$$T = 4\,900/(990 - 450) \approx 9 (年)$$

但是项目投资可能是由银行贷款的,因此除偿还成本外,每年还要支付利息,年利率为 10%。

考虑这一因素,则应按动态投资回收期计算,即:

$$T_d = 23 \ 年$$

不考虑时间因素的投资回收期是 9 年,可以认为经济效益可取,而考虑了贷款利息之后,投资回收期为 23 年,从经济效益看可能就是不可取的了。

(4) 现值指数。现值指数是净现值除以投资额现值所得的比值,它是测定单位投资净现值的尺度,其计算公式为

$$NP = \frac{NPV}{P}$$

式中,NP 是现值指数;NPV 是净现值;P 是投资额现值。

现值指数反映的是单位投资效果优劣的一个度量指标,它比较适用于多个投资方案进行评价比较。一般来说,现值指数越大,单位投资效果越好;反之,现值指数越小,单位投资效果越差。

(5) 差额内部收益率。

差额内部收益率就是两个方案的差额净现值为零时的内部收益率,差额净现值是指两个方案逐年净现金流量差额折现累计值。差额内部收益率 IRR_a 可由下式求得

$$NPV_1 - NPV_2 = 0, 即 NPV_1 = NPV_2。$$

就是说,两个方案的差额内部收益率就是两个方案净现值相等时的收益率。

评价标准是:当标准折现率为 i_0 时,若差额内部收益率 $IRR_a \geq i_0$,则投资大的方案为优;反之,若 $IRR_a < i_0$,则投资小的方案为优。

(6) 动态追加投资回收期。

假设 k_1 和 k_2 是投资方案Ⅰ及方案Ⅱ的总投资额,$k_1 > k_2$。c_1 和 c_2 是方案Ⅰ和方案Ⅱ的年生产成本,则追加投资回收期为

$$T_{ad}=\frac{-\lg(1-\frac{k_1-k_2}{c_2-c_1}i_0)}{\lg(1+i_0)}$$

相应的追加投资利润率为

$$R_{ad}=\frac{1}{T_{ad}}$$

一般来说,如果动态追加投资回收期比标准投资回收期小,或者说动态追加投资利润率较标准投资利润率大,则投资额大的方案Ⅰ是可选的,投资额小的方案Ⅱ是不可选的;否则,投资小的方案较投资大的方案可取。

2) 项目清偿能力分析

项目清偿能力分析可考察项目计算期内各年的财务偿债能力。根据资金来源与运用表和资产负债表可计算项目的资产负债率、流动比率、速动比率等评价指标。

(1) 资产负债率。资产负债率是反映项目各年所面临的财务风险程度及偿债能力的指标。其计算公式如下

$$资产负债率=\frac{负债合计}{资产合计}\times 100\%$$

(2) 流动比率。流动比率是反映项目各年偿付流动负债能力的指标。其计算公式如下

$$流动比率=\frac{流动资产总额}{流动负债总额}\times 100\%$$

(3) 速动比率。速动比率是反映项目快速偿付流动负债能力的指标。其计算公式如下

$$速动比率=\frac{流动资产总额-存货}{流动负债总额}\times 100\%$$

3) 财务外汇平衡分析

对于有外汇收支的项目,还要编制财务外汇平衡表。利用外汇流量表可以计算财务外汇净现值、财务换汇成本和节汇成本,进行该项目的外汇效益分析。

财务换汇成本是指当有产品直接出口时,为了换取一单位外汇(通常为美元)该项目需要付出人民币的金额,它可以用于分析项目产品在世界市场的竞争力,以判断该产品是否应出口,其计算公式为

$$财务换汇成本=\frac{生产期内出口产品生产成本总额(人民币)}{生产期内出口产品销售收入总额(美元)}$$

财务节汇成本是指当有产品替代进口时,为了节约一单位外汇(通常为美元)所需付出的人民币金额,其计算公式为

$$财务节汇成本=\frac{生产期内替代进口产品生产成本总额(人民币)}{生产期内替代进口产品的到岸价格总额(美元)}$$

3. 不确定性分析

1) 不确定性分析的内涵及必要性。

不确定性分析是以计算和分析各种不确定因素的可能变化对项目经济效益的影响程

度为目标的一种经济分析方法。通过不确定性分析,可以推测项目可能承担的风险,进一步确认项目的可行性及可靠性。

项目论证阶段必须对项目进行不确定性分析,这是基于以下两个方面的原因。

(1) 项目可行性研究所涉及的因素、所收集到的数据,随着时间的推移,可能发生不同程度的变化。

(2) 项目可行性研究时所取得的数据和系数不可能非常完整全面。主观认识方面的局限性和客观条件的制约性,使项目的可行性研究具有不确定性,预测的项目效益也有不确定性。因此,必须在项目论证时,除分析基本状况外,还应该鉴别关键变量,估计变化范围或直接进行风险分析。

常用的不确定性分析方法有盈亏平衡分析、敏感性分析和概率分析。

2) 盈亏平衡分析——静态的不确定性分析。

盈亏平衡分析是指项目投产后,在一定的市场、生产能力及经营销售条件下,确定产量、成本、价格、生产能力利用率、利润税收等因素之间的关系,找出一个平衡点,在这一点上收入和支出持平,净收益等于零。

盈亏分析的主要步骤如下。

(1) 建立基本的盈亏平衡方程,即

$$PQ = F + VQ$$

式中,P——产品价格;

Q——设计产量;

F——固定成本;

V——单位产品变动成本。

(2) 计算各种盈亏平衡点。常用的盈亏平衡点如下。

以产品产量表示的盈亏平衡点:

$$Q = \frac{F}{P-V}$$

以价格表示的盈亏平衡点(保本价格):

$$\text{BEP}_P = \frac{F}{Q} + V$$

以设计生产能力利用率表示的盈亏平衡点:

$$\text{BEP}_Q = \frac{F}{Q(P-V)} \times 100\%$$

(3) 盈亏平衡点及经营风险分析。以产量表示和以生产能力利用率表示的盈亏平衡点越低,项目未来的经营风险就越小,而以价格表示的盈亏平衡点越低,则表示项目未来经营风险越大。通过盈亏平衡方程的推导分析还可以得出固定成本比率越高,项目生产经营的风险就越大的结论。

3) 敏感性分析——动态的不确定性分析

敏感性分析是论证方案中一个或多个因素发生变化时,对整个项目经济评价指标所带来的变化程度的预测分析。敏感性分析时要考虑资金的时间价值。现值分析法是一种动态分析法,它又可以分为单因素敏感性分析和多因素敏感性分析。其主要步骤和内容为:

(1) 计算在基本情况下,备选方案的净现值和内部收益率。

(2) 选定分析因素及其变化范围。常选的因素有投资总额、建设年限、项目寿命期、生产成本、销售价格、投产期和达产期等。选定的原则是:

● 选取因其变化将较大幅度影响财务评价指标的因素。

● 选取项目论证时数据准确性把握不大或今后变动幅度大的因素。

(3) 单因素敏感性分析。分别假设只有某一个因素变化而其他因素不变,将新预测的数据取代基本情况表的相关内容,重新计算变动后的净现值和内部收益率,从而考虑评价指标的变化大小对项目或方案取舍的影响。

(4) 多因素敏感性分析。计算有两个或多个因素变化,其他因素不变的情况下,对项目经济效益的影响。一般是先通过单因素敏感性分析,确定出两个或多个主要因素,然后用双因素或多因素敏感性图来反映这些因素同时变化时对项目经济效益的影响。

(5) 对整个项目的敏感性分析进行汇总、对比,从中确定各因素的敏感程度和影响大小的先后次序,以便决策项目是否可行以及实施时应重点防范的因素。

4) 概率分析

敏感性分析固然可以考察各不确定性因素对经济指标的影响程度,然而,却不能表明该不确定因素发生的可能性有多大,以及对同一因素不同变化幅度综合考虑时,会对项目产生多少影响。利用概率分析方法,可以求出各种因素发生某种变动的概率,并以概率为中介进行不确定性分析。

概率分析的一般步骤如下。

(1) 在许多不确定因素中经过分析判断先选出一个最不确定的因素,或影响程度最大的因素,将其他几个因素假定为确定因素。

(2) 估计这种不确定因素可能出现的概率。概率估计的准确度直接影响概率分析的可靠度,并影响项目决策的正确与否。因此分析人员必须通过认真细致的调查、收集整理数据,做出慎重的估计。

(3) 计算期望值的大小。期望值又叫数学期望值、平均数,是反映随机变量平均水平的数值,计算公式为

$$E(x) = \sum_{i=1}^{n} x_i P(x_i)$$

式中,$E(x)$——期望值;

x_i——i 情况下的数值;

$P(x_i)$——出现 x_i 数值的概率。

(4) 计算方差与标准差。方差是反映随机变量与实际值的分散程度的数值。随机变量 x 的方差为

$$D(x) = \sigma_x^2 = \sum_{i=1}^{n} [x_1 - E(x)]^2 \cdot P(x_i)$$

方差的平方根叫做标准差,即 σ_x。标准差是概率分析中必用的指标,它能反映随机变量变异程度或分散程度,从而有助于判断项目的风险程度。

(5) 计算变异系数。标准差是绝对值,用它来衡量项目风险大小有时仍会有局限性。

例如,两个备选方案投资规模、预期净现金流量相差都很大,用标准差就不能准确反映风险大小。此时可以通过变异系数(CV)来反映单位期望值可能产生的离差(变异)。其计算公式为

$$CV = \frac{\sigma_x}{E(x)}$$

(6) 再选择一个影响程度更大的不确定因素,假定其他因素为确定数,重复上述(2)、(3)、(4)、(5)步的工作。

(7) 进行综合分析,判断备选方案中的优劣顺序,作为决策者选择方案时的依据。

2.4 项目的国民经济评价

国民经济评价也称经济评价,是与财务评价方法相对照的评价方法。这种方法是从宏观角度出发,考察投资项目客观发生的经济效果。通常是运用影子价格、影子汇率、社会折现率、贸易费用率、影子工资等工具或通用参数,计算和分析项目为国民经济带来的净效益,从而决定项目的取舍。国民经济评价是大型项目或公共工程项目决策的重要依据。国民经济评价有助于协调好宏观规划与项目规划的关系,适应我国的国情;有助于克服宏观经济增长目标与资源有限性的矛盾,使资源能够合理配置、有效利用;可以促进产业结构优化。

对不同的项目要求不同。有些项目只需做国民经济评价,有些项目只需做财务评价,有些项目则必须同时做财务评价和国民经济评价。国民经济评价方法主要适用于下列情况:

- 国家及地方政府参与投资的项目。
- 国家给予财政补贴或者减免税费的项目。
- 主要的基础设施/水利水电项目。
- 国家控制的战略性资源开发项目。
- 动用社会资源和自然资源较多的外商投资项目。
- 主要产出物和投入物的市场价格严重扭曲,不能反映其真实价值的项目。

2.4.1 项目的国民经济评价指标体系

和项目的财务评价一样,国民经济评价也必须根据项目国民经济评价的要求确定一组互相联系的评价指标体系,以全面、客观地评价项目在国民经济上的可行性,选取对发展国民经济最有利的项目,协调好宏观经济效益和微观经济效益、长远经济效益和当前经济效益、直接经济效益和间接经济效益的关系,实现宏观范围内的资源优化配置,加速国民经济的发展。项目国民经济评价的指标主要有以下几个。

1. 经济净现值

经济净现值(ENPV)是指用社会折现率将项目计算期内各年的净效益流量折算到建设期初的现值之和。它是反映项目对国民经济贡献的绝对指标,当经济净现值大于零时,表示国民经济为项目付出代价后,除了获得社会折现率的效益外,还可以得到剩余的社会收益;当经济净现值等于零时,表示项目对国民经济的贡献刚好可以达到社会折现率的要

求。一般来说,这两种情况都是可以接受的,而当经济净现值小于零时,项目应予拒绝。

经济净现值的计算表达式为

$$\text{ENPV} = \sum_{t=0}^{n}(B_t - C_t)\frac{1}{(1+i_s)^t}$$

式中,B——效益流入量;

C——费用流出量;

i_s——社会折现率。

2. 经济内部收益率

经济内部收益率(EIRR)是指项目在计算期内各年经济净效益流量的现值累计等于零时的折现率,是反映投资项目对国民经济的净贡献能力的相对指标。一般当经济内部收益率大于或等于社会折现率时,说明项目所占用的投资对国民经济净贡献能力可达到要求,即项目从国民经济的角度来看是可以接受的;反之,应予否定。

经济内部收益率的计算表达式为

$$\sum_{t=0}^{n}(B_t - C_t)(1+\text{EIRR})^{-t} = 0$$

式中,B——效益流入量;

C——费用流出量。

3. 外汇效果分析

对涉及产品出口创汇及替代进口节汇的项目,应进行外汇效果分析,计算项目的经济外汇净现值、经济换汇成本、经济节汇成本等指标。

(1) 经济外汇净现值(ENPV_F)。经济外汇净现值是指项目寿命期内各年外汇收入与外汇支出差额的现值总和,它通过项目实施后对国家外汇收支的影响的分析,可以衡量项目对国家外汇收支真正的净贡献或净消耗,通过经济外汇流量表可求得经济外汇净现值。当经济外汇净现值大于或等于零时,表示从项目的取得或节约的角度来看,项目是可行的;反之,项目不可行。

经济外汇净现值的计算表达式为

$$\text{ENPV}_F = \sum_{t=0}^{n}(\text{FI} - \text{FO})_t \frac{1}{(1+i_s)^t}$$

式中,FI——外汇流入量;

FO——外汇流出量;

$(\text{FI} - \text{FO})_t$——第 t 年的净外汇流量。

当项目的产品可以替代进口时,可按净外汇效果计算经济外汇净现值。

(2) 经济换汇成本。当有产品出口时应计算项目的经济换汇成本,它是用货物影子价格、影子工资、社会折现率计算的,以人民币表示的为生产出口产品而投入的国内资源与生产出口产品的经济外汇净现值(通常以美元表示)之比,即换取一美元外汇所需要的人民币金额。它可以反映项目实施后在国际上的竞争力,用以判断产品是否应该出口。

当经济换汇成本等于或小于影子汇率时,表示产品出口是有利的。

经济换汇成本的计算表达式为

$$经济换汇成本 = \frac{\sum_{t=1}^{n} DR_t (1+i)^{-t}}{\sum_{t=1}^{n} (FI' - FO')_t (1+i)^{-t}}$$

式中,DR_t——项目在第 t 年为产品的出口而投入的国内资源(包括投资、原材料、工资、其他收入和贸易费用),以人民币计;

FI'——项目产品出口而取得的外汇流入,以美元计;

FO'——为了产品的出口而导致的外汇流出(包括应由出口产品分担的固定资产投资及经营费用中的外汇流出),以美元计。

(3) 经济节汇成本。当项目产品替代进口时,应计算项目的经济节汇成本。它等于项目计算期内生产替代进口产品所投入的国内资源的现值与生产替代进口产品的经济外汇净现值之比,即为了节约一美元的外汇所需的人民币金额。当经济节汇成本等于或小于影子汇率时,表示替代进口是有利的。

经济节汇成本的计算表达式为

$$经济节汇成本 = \frac{\sum_{t=1}^{n} DR_t'' (1+i)^{-t}}{\sum_{t=1}^{n} (FI'' - FO'')_t (1+i)^{-t}}$$

式中,DR_t''——项目在第 t 年为生产替代进口产品投入的国内资源(包括投资、原材料、工资、其他投入和贸易费用),以人民币计;

FI''——生产替代进口产品所节约的外汇,以美元计;

FO''——生产替代进口产品的外汇流出(包括应由替代进口产品分摊的固定资产及经营费用中的外汇流出),以美元计。

4. 就业效果分析

一个项目可以为社会提供一定数量的直接和间接就业机会,就业对劳动力资源丰富、就业压力严重的国家来讲就很重要。一个项目的就业效果就是指它为社会提供就业机会的能力,可用项目提供的就业人数和项目投资额之比来表示:

$$总就业效果 = \frac{项目提供的直接和间接就业人数}{项目总投资额}$$

一般来说,单位投资额所提供的就业人数越多,表示就业效果越好。

2.4.2 影子价格

1. 影子价格的概念

谈到影子价格,通常是指某一种资源的影子价格。其可以定义为:某种资源处于最佳分配状态时,其边际产出价值就是这种资源的影子价格。

影子价格这一术语是 20 世纪 30 年代末 40 年代初,由荷兰数理经济学家、计量经济学创始人詹恩·丁伯根和前苏联经济学家康特罗维奇最先提出的,也被称之为计算价格,在前苏联又被称之为最优计划价格。

应该说,影子价格在社会经济运行中并不发生,它仅是一种虚拟的价格。一种资源的影子价格并不是一个固定值,它将随社会经济结构的变化而发生变化。

在投资项目中,无论是投入物或是产出物均可视为一种社会资源。由此,进行项目评价时我们所面临的即全部为社会资源。研究资源的影子价格也就可完全解决项目评价的价格问题了。

为了说明影子价格的概念,需对下述几个问题进行分析和理解。

1) 边际产出价值

一种资源的边际产出价值可以定义为增加 1 个单位资源的投入量所带来的社会效益的增加量。以某个农民种田施肥为例,表 2-3 中列出了农民在不同的田地中施肥量及产值增长量。假若某农民正在种植两块地,施用化肥前他的稻谷地中的总产值为 600 元,玉米地中的总产值为 298 元,农民以每公斤 0.6 元的价格从市场上购买化肥。如果他将最初买到的 10 千克化肥施入稻谷地,则总产值便由原来的 600 元增长到 648 元。可以认为,增加的 48 元产值是由于施用了化肥而获得的。换言之,由于施用了 10 千克化肥,稻谷地产品的总价值增加了 48 元,平均每增加 1 千克化肥,产值增加了 4.8 元,也即这 10 千克化肥的边际产出价值为 4.8 元。

表 2-3 影子价格示例计算分析表

化肥用量(千克)	稻 谷 地		玉 米 地	
	总产值(元)	边际产出价值(元)	总产值(元)	边际产出价值(元)
0	600		298	
10	648	4.80	326	2.80
20	690	4.20	352	2.60
30	729	3.90	376	2.40
40	762	3.30	396	2.00
50	786	2.40	414	1.80
60	807	2.10	428	1.40
70	822	1.50	438	1.00
80	828	0.60	446	0.80
90	831	0.30	452	0.60
100	825	−0.60	455	0.40

2) 资源最佳分配

由于每购买 1 千克化肥只花费 0.6 元,而每施用 1 千克化肥可多获 4.8 元,只要有足够的资金,农民会继续购买化肥并施入稻谷地。假若他又购买了 10 千克化肥并施入稻谷地,那么稻谷地的总产值就由 648 元增长到 690 元。这 10 千克化肥每增施 1 千克带来的产值增加额为 4.2 元。如此继续施用,直到施用到 80 千克化肥时,其边际产出价值为 0.60 元。此时化肥的边际产出价值恰好与它的市场价格相等。如果再增加施用量则边际产出价值会低于化肥的市场价格,农民便会停止施用。当然,上述情况是在化肥的施用不致影响庄稼的生长,并且农民有足够的资金购买化肥的前提下才能进行。

进一步分析,如果农民买到总量为 80 千克的化肥,他决不会全部施入稻谷地,如果他仅分出 10 千克施入玉米地,则这 10 千克化肥的边际产出价值是 2.8 元,而不是 0.6 元。只要玉米地中化肥的边际产出价值高于稻谷地化肥的边际产出价值,农民便会不断地将施入稻田地的化肥向玉米地转移。假定农民能够买到 80 千克化肥,他会在稻谷地施 50 千克,在玉米地施 30 千克,这时两块地中化肥的边际产出价值都是 2.4 元。又假定农民有足够的资金可以买更多的化肥,那么他会施入稻谷地 80 千克化肥,施入玉米地 90 千克化肥,这时,其边际产出价值均达到 0.6 元,恰好与化肥的市场价格相等,农民便会停止化肥的施用,而且认为这种分配使用化肥是最合理且最划算的。所谓资源的最佳分配状态即是不同用途的资源边际产出价值相等时的分配。

3) 影子价格及有关结论

通过上述实例,我们可以从中归纳如下几个结论。

(1) 某一种资源,在用于某一种用途时,其边际产出价值会随其用量的增加呈下降趋势。

(2) 某一种资源可以用于各种用途,当不同作用所取得的各种边际产出价值相等时,这种资源处于最佳分配状态,也即此时分配最合理且总体效益最高。

(3) 某一种资源的总量一旦确定,其合理分配方案总是存在的。或者可以认为,某一种资源在一定范围内分配使用,经过社会经济机制的作用总是趋向于合理流动。对资源利用的计划中也应该能够找到这一最佳分配。

(4) 按照本章上述给出的影子价格的定义,当资源处于最佳分配状态时,也即不同用途的资源所获得的边际产出价值相等时,这个边际产出价值就是这种资源的影子价格。

(5) 社会资源量不同,其边际产出价值不同,它的影子价格也不相同。并且随着资源量的增加,相同用途条件下,边际产出价值也即影子价格呈递减趋势。因此,影子价格可以反映资源的稀缺程度。

(6) 可以认为,某一种资源的影子价格是这种资源的实际经济价值。市场价格有时与影子价格相符合,这时市场价格反映了这种资源的实际经济价值;而在相当多的情况下,市场价格与影子价格不相符合,这时市场价格并不反映这种资源的实际经济价值。如上例中,当总化肥量为 80 千克时,影子价格(即边际产出价值)为 2.4 元,与市场价格背离较远;而当总化肥量为 170 千克时,影子价格恰好与市场价格相等。

(7) 当资源有多种用途时,选择了一种用途,有时会放弃另一种用途,而放弃用途所失掉的价值即是选择用途的机会成本。例如,上例中,农民如果有 80 千克化肥,最后的 10 千克如果施入稻谷地,便失去了因施入玉米地而能获得的 2.8 元边际产出价值。这 2.8 元就是农民选择稻谷地施肥的机会成本。

有了上述结论,重新认识影子价格的含义会有更深刻的理解。

2. 影子价格的寻求思路

按照影子价格的概念，找出影子价格的前提是资源处于最佳分配状态。而事实上，资源的分配尽管趋向于合理流动，但是，由于社会环境中各种各样人为因素的正向或负向干扰，都无法达到在一个国度内的资源最佳利用。从理论上讲，资源最佳分配有两种情况能够达到理想状态。第一，是将各种资源及其各种使用途径都一一列出，通过投入产出表进行优化，从而达到资源的最佳分配，此时各种资源最后一个单位的边际产出价值就是这些资源的影子价格。第二，即根据西方经济学的观点，如果经济社会处于一种无行政或人为干扰的理想的、纯粹的自由竞争状态，按照平均利润率的作用规律，资源也会趋向于合理分配，此时资源的市场价格比较接近于它的实际经济价值，也即这时市场价格能够近似地代替影子价格。

显而易见，如果按照第一种情况寻找影子价格，需要对国民经济各部门的相互联系以及各种资源的可用量掌握得比较清楚，同时还要考虑各种宏观政策变化对各部门使用资源量的影响，这样的大规模信息量的获得与处理难度相当大。如果按照第二种情况寻找影子价格，在一个具体国度中（例如，某一国家内部），由于各种行政的、非行政的人为干扰，纯粹的自由竞争被破坏，西方经济理论中的平均利润率的实现也受到阻碍，因此，某一国家内的市场价格往往也会因为偏离其实际经济价值较远而不能作为影子价格来使用。

尽管如此，如果超出某一国度，从国际市场的角度来分析，人为的干扰尽管存在，但是相对某一国家内部会少些。因此，在某些情况下可以用国际市场价格近似地替代影子价格。

如果再进一步分析，社会产品还可以分成中间产品和最终消费品两大类。如果将其视为社会资源，中间产品具有多种可以选择的用途，因此，它们的影子价格可以用机会成本或相同的边际产出价值来表示；最终消费品则没有可以选择的别种用途，此时影子价格无法用机会成本或边际产出价值来表示。对此只能以其使用价值的原则来表示它的实际经济价值，也即以用户的"支付意愿"作为最终消费品的影子价格。

根据上述理论分析，目前在实际的建设项目评价中，影子价格的寻求是按下述思路进行的。

首先，将建设项目涉及的各种资源（统称为货物）分成外贸货物、非外贸货物和特殊投入物。外贸货物是指直接或间接影响国家进出口的货物，其影子价格以实际可能发生的口岸价格为基础经修正后确定，具体确定的办法见本节的影子价格修正公式。非外贸货物是指不影响国家进出口的货物，原则上以"用户支付意愿"为基础根据市场供需情况而定，或按国内市场预测价格计，或用分解成本的办法，将市场预测价格调整为影子价格。

根据联合国工业发展组织向发展中国家推荐的方法，我国现行确定影子价格的方法遵循上述原则，或直接给出口岸价，或给出国家规定的财务价格与调整转换系数。后者根据市场预测价格和转换系数可以直接求算出评价用的影子价格。

3. 影子价格的修正公式

对于外贸货物，在寻找出其口岸价后，还不能直接用来进行项目评价，因为项目涉及的货物往往要以该项目的到厂价或者出厂价计算,而口岸价往往是到岸价或者离岸价,为此,对外贸货物的口岸价还需进行修正。

对于某一建设项目,它所涉及的所有货物均可分为投入物和产出物。投入物是指为了建设该项目及为了使项目在生产期正常运行所有投入的各种建筑物资或原料、辅料等一切物资;产出物是指该项目向社会提供的所有产品、副产品等。如果求算外贸货物投入物的价格,需要将口岸价修正为该货物的到厂价;如果求算外贸货物产出物的价格,需要将口岸价修正为该货物的出厂价。在求算中,又由于涉及的货物对我国进出口的影响不同而区分不同的情况进行修正。下面列举出几种现行的主要修正公式。

1) 产出物修正公式

产出物可以分为直接出口品、间接出口品和替代进口品。所谓直接出口品是指该项目生产的产品直接到国际市场上销售的产品。所谓间接出口品是指该项目生产的产品并不直接出口到国际市场上销售,但是由于该产品投放到国内市场上替代了类似的产品,从而使类似产品的出口量增加。所谓替代进口品也即"以产顶进"产品,该项目生产的产品并不出口,但是投放到国内市场后,可以替代原来从国外进口的产品。

(1) 直接出口品的价格修正公式。

修正价格=离岸价-(国内运费+国内贸易费)
(出厂价)

即: $SP = FOB \times SER - (T_1 + T_{r1})$

式中,SP 为影子价格,FOB 为货物离岸价,SER 为影子汇率,T_1 为国内运费,T_{r1} 为国内贸易费。

若以 A 表示项目,以 B 表示港口,上述公式可用示意图表示为

$$\underset{A}{\text{出厂价}} \xrightarrow{-(T_1+T_{r1})} \underset{B}{\text{FOB}}$$

(2) 间接出口品的价格修正公式。

修正价格=离岸价-$\left(\dfrac{C\longrightarrow B}{\text{国内运费}+\text{贸易费}}\right)$+$\left(\dfrac{C\longrightarrow D}{\text{国内运费}+\text{贸易费}}\right)$-$\left(\dfrac{A\longrightarrow D}{\text{国内运费}+\text{贸易费}}\right)$

$\quad\quad\quad\quad\quad\quad\quad\quad T_2 \quad T_{r2} \quad\quad\quad T_3 \quad T_{r3} \quad\quad\quad T_4 \quad T_{r4}$

即 $SP = FOB \times SER - (T_2 + T_{r2}) + (T_3 + T_{r3}) - (T_4 + T_{r4})$

式中,C——与项目同类的生产厂;

D——使用 A 或 C 产品的用户。

上述公式可用示意图表示为

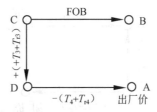

(3) 替代进口品的价格修正公式。

$$\text{修正价格} = \text{到岸价} + \left(\underset{T_5 \quad T_{r5}}{\dfrac{B \longrightarrow D}{\text{国内运费} + \text{贸易费}}}\right) - \left(\underset{T_4 \quad T_{r4}}{\dfrac{A \longrightarrow B}{\text{国内运费} + \text{贸易费}}}\right)$$

即 $\quad SP = CIF \times SER + (T_5 + T_{r5}) - (T_4 + T_{r4})$

上述公式可用示意图表示为

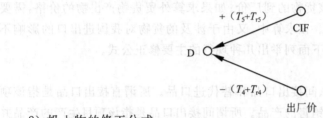

2) 投入物的修正公式

投入物也可区分为直接进口品、间接进口品和减少出口品。所谓直接进口品即直接从国外购进的物品；间接进口品是指该项目是使用的国内产品，但是这种产品属大量进口产品，或过去曾经大量进口过，如木材、钢材等；减少出口品是指该项目使用的是国内产品，但这种产品属大量出口产品，如煤炭、石油及有色金属等。

(1) 直接进口品的修正公式。

$$\text{修正价格} = \text{到岸价} + \underset{T_1 \quad T_{r1}}{(\text{国内运费} + \text{贸易费用})}$$
（到厂价）

即 $\quad SP = CIF \times SER + (T_1 + T_{r1})$

上述公式可用示意图表示为

```
到厂价      +(T_1+T_{r1})        CIF
  O─────────────────────────────►O
  A                               B
```

(2) 间接进口品的修正公式。

$$\text{修正价格} = \text{到岸价} + \left(\underset{T_5 \quad T_{r5}}{\dfrac{B \longrightarrow D}{\text{国内运费} + \text{贸易费}}}\right) - \left(\underset{T_3 \quad T_{r3}}{\dfrac{C \longrightarrow D}{\text{国内运费} + \text{贸易费}}}\right) + \left(\underset{T_6 \quad T_{r6}}{\dfrac{C \longrightarrow A}{\text{国内运费} + \text{贸易费}}}\right)$$
（到厂价）

即 $\quad SP = CIF \times SER + (T_5 + T_{r5}) - (T_3 + T_{r3}) + (T_6 + T_{r6})$

式中，C——向该项目 A 提供与进口品相同产品的生产厂；

D——与该项目使用相同产品的用户。

上述公式可用示意图表示为

```
           +(T_5+T_{r5})        CIF
     D ◄─────────────────── B
     │
 -(T_3+T_{r3})
     │
     ▼
     C ───────────────────► A
           +(T_6+T_{r6})    到厂价
```

(3) 减少出口品的价格修正公式。

$$修正价格 = 离岸价 - \left(\frac{C \longrightarrow B}{国内运费 + 贸易费}\right) + \left(\frac{C \longrightarrow A}{国内运费 + 贸易费}\right)$$

（到厂价） $\quad T_2 \quad T_{r2} \quad\quad T_6 \quad T_{r6}$

即 $\qquad SP = FOB \times SER - (T_2 + T_{r2}) + (T_6 + T_{r6})$

上述公式可用示意图表示为

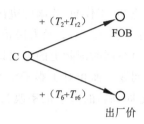

2.4.3 国民经济评价通用参数

国民经济评价中用到的通用参数主要有社会折现率、影子汇率、影子工资、贸易费用率、农用土地的影子价格等。

1. 社会折现率

所谓社会折现率是由政府部门统一规定，主要用作现值计算的基准折现率。在国民经济评价中用社会折现率计算经济净现值和国民经济角度的内部收益率。

社会折现率表示社会对资金时间价值的估量。其具体值的确定，是根据某一国家或地区在一定时期内的投资收益水平、资金机会成本、资金供需情况等因素来确定的，并且一旦上述情况发生变化，社会折现率需进行相应的调整。

社会折现率作为基准收益率，不仅用来计算经济净现值和经济内部收益率，还可将其作为标准，对项目可行与否进行评价，是建设项目经济评价的主要依据之一。

适当的社会折现率的选用，有助于合理分配建设资金，引导资金投向对国民经济贡献大的项目，调节资金供需关系，促进资金在长期和短期项目间的合理配置。

我国曾经将社会折现率确定为10%，进入20世纪90年代后，根据实际情况修改为12%，这一基准值在各类建设项目评价中统一采用。随着社会总体经济水平的发展和提高，我国的社会折现率还将随之调整。

应该提及的是社会折现率不仅仅用于投资项目的国民经济评价，在多年的实践运用中，许多实际工作者在进行财务评价时往往也会用到它。例如，当某一投资项目为新建时，无法找到可以参照的同类项目的基准折现率时，往往首先选用社会折现率进行初步测算和判断。

2. 影子汇率及换算系数

所谓影子汇率（SER），是一个单位外汇折合成国内价格的实际经济价值，也可称之为外汇的影子价格。在国民经济评价中，用来进行外汇与人民币之间的换算。它不同于官方汇率（OER），官方汇率是由中国人民银行定期公布的人民币对外汇的比价，是在币种兑换中实际发生的比价，而影子汇率仅用于国民经济评价，并不发生实际交换。

影子汇率的确定主要依据一个国家或地区一段时期内进出口结构和水平、外汇的机会成本及发展趋势，外汇供需状况等因素变化。一旦上述因素发生较大变化后，影子汇率值需作相应的调整。例如，我国由国家计委统一后，20世纪80年代末确定的影子汇率为1美元=4.0元人民币。到20世纪90年代初，我国的进出口的结构和外汇需求情况发生了较大变化，曾将影子汇率调整到1美元=5.2元人民币。由于我国的经济发展十分迅速，进出口的结构也不断地发生变化；同时国际上的进出口贸易格局也在不断变化，因此，直接使用影子汇率会存在较大的问题。而相对于影子汇率，影子汇率的换算系数具有一定的稳定性。因此，国家标准将定期调整的影子汇率改为使用定期调整的影子汇率换算系数。

所谓影子汇率换算系数（SCF）是影子汇率与国家外汇牌价的比值系数，其依据为我国进出口结构的影响。通过对我国进出口货物价值的分析计算，可以获得标准转换系数 SCF，并将其作为影子汇率的换算系数。其计算公式为

$$SCF = \frac{\sum_i X_i + \sum_j M_j}{\sum_i X_i(1+s) + \sum_j M_j(1+t)}$$

式中，X_i——第 i 种出口货物用外汇表示的离岸价格总额；

M_j——第 j 种进口货物用外汇表示的到岸价格总额；

s——出口品的补贴率，若出口品征收关税则 s 为负值；

t——进口品的关税率。

从上式可以看出，所谓转换系数实际上是进出口货物口岸价与其实际价值的比值。标准转换系数 SCF 是全国各种进出口货物口岸价与实际价的一个均衡比值。

依此为基础，根据某一阶段的外汇供应情况、换汇成本、进出口结构等影响，就可确定影子汇率换算系数。我国现阶段确定的影子汇率换算系数为1.08。

依据官方汇率和影子汇率换算系数，即可计算出影子价格。其计算公式为

$$SER = OER \times SCF$$

在使用影子汇率对建设项目进行评价决策时，其取值的高低，会直接影响项目决策中对进出口的抉择，影响到设备选择是采用进口还是采用国产。同时还会影响产品进口替代型项目和产品出口型项目的决策。

对于发展中国家来说，影子汇率通常高于官方汇率，这是由于发展中国家的进口关税高、出口补贴多以及各种贸易上的限制造成的。

在进行统一币值计算时，国际上有许多计算方法，常用的有两种，即 L-M 法和 Unido 法。

L-M 法是由世界银行推荐使用的一种方法。其基本做法是将所有货物的价格都用官方汇率和标准换算系数转换成用本国货币表示的边境价格。

Unido 法是联合国工发组织推荐使用的一种方法。其基本做法是用影子汇率将所有

货物的外汇价格转换成用本国货币表示的地方价格。

3. 影子工资换算系数

所谓影子工资是指某一建设项目使用的劳动力,国家和社会为此而付出的代价。通常由两部分组成:一是由于该项目使用劳动力而导致这些劳动力放弃了原来的工作,从而导致原有净效益全部损失掉,这些损失掉的净效益即是劳动力的边际产出价值;二是因劳动力就业转移而增加了的社会资源消耗。例如,交通费用增加、城市管理费用增加等。在国民经济评价中影子工资作为费用计入经营费用。

影子工资换算系数是项目国民经济评价参数,是影子工资与财务评价中的职工个人实得货币工资加提取的福利基金之比。根据我国劳动力的状况、结构以及就业水平,一般建设项目的影子工资换算系数为1。在建设期内使用大量民工的项目,如水利、公路项目,其民工的影子工资换算系数为0.5。

项目评价中可根据项目所在地区劳动力的充裕程度以及所用劳动力的技术熟练程度,适当提高或降低影子工资换算系数。对于就业压力大的地区占用大量非熟练劳动力的项目,影子工资换算系数可小于1;对于占用大量短缺的专业技术人员的项目,影子工资换算系数可大于1。

4. 贸易费用率

贸易费用是指各物资部门、商贸部门在生产资料流通领域中,为实现其贸易流通所花费的各种支出。它通常包括货物的经手、储存、再包装、保险、检验、装卸以及短距离倒运等各种费用支出,但不包括长途运费。贸易费用率是反映这部分费用相对于货物影子价格的综合比率,用以计算贸易费用。

在财务评价中,流通环节的费用有些包含在货物价格中,有些财务评价不计入。而在国民经济评价中,由于一般货物和特殊投入物都用影子价格计算,这部分费用并未计入。同时,为了建设某一项目,该项目所涉及的投入物或产出物,只要进入流通领域,必然会发生贸易费用,因此在国民经济评价中需要计入各种货物的贸易费用率。当然不由商贸部门经手的不进入流通领域的货物不计入贸易费用。

在我国制定的标准中,根据测算和综合分析,贸易费用率取值为6%。并规定,对于少数价格高、体积与重量较小的货物,可适当降低贸易费用率。

由贸易费用率计算货物的贸易费用时,使用下列公式:

进口货物的贸易费用=到岸价×影子汇率×贸易费用率

出口货物的贸易费用=(离岸价×影子汇率-国内长途运费)÷(1+贸易费用率)×贸易费用率

非外贸货物的贸易费用=出厂影子价格×贸易费用率

不经商贸部门流转而由生产厂家直供的货物,不计算贸易费用。

5. 农用土地的影子价格

农用土地的影子价格应反映出该土地用于拟建项目而使社会为此放弃的效益(即土

地机会成本），以及社会为此而增加的资源消耗（如居民搬迁费等）。其可以表达为

$$土地的影子费用＝土地机会成本＋新增资源消耗费用$$

【例 2-10】某工业项目建设期为 3 年,生产期 17 年,拟占用水稻耕地 2 000 亩,其年产量取前三年每亩平均产量 0.5 吨,每吨收购价 800 元,出口口岸价预计每吨 180 美元。估计该地区的水稻年产量以 4% 的速度递增,水稻生产成本按收购价的 40% 计算,假设美元兑人民币的官方汇率为 8.27,影子汇率换算系数为 1.08。土地机会成本的计算如下。

(1) 每吨稻谷按口岸价格计算的产地影子价格

口岸价格折合人民币：$180 \times 8.27 \times 1.08 = 1\ 607.69$(元/吨)

稻谷运至口岸的运输费用：34.59 元/吨(运距按 500 公里,其中铁路运价 18.8 元/吨)

贸易费用：$(1\ 607.69 - 34.59) \div (1 + 6\%) \times 6\% = 89.04$(元/吨)

产地影子价格：$1\ 607.69 - 89.04 - 34.59 = 1\ 484.06$(元/吨)

(2) 每吨稻谷的生产成本。

按收购价格 40% 计算为：$800 \times 40\% = 320$(元/吨)

(3) 生产每吨稻谷的净效益

$$1\ 484.06 - 320 = 1\ 164.06(元/吨)$$

(4) 该项目共占用水稻 2 000 亩,则 20 年内损失的稻谷产出总量为

$$\left\{0.5 \times 3 + 0.5 \frac{1+4\%[(1+4\%)^{17}-1]}{4\%}\right\} \times 2\ 000$$
$$= (0.5 \times 3 + 0.5 \times 24.65) \times 2\ 000$$
$$= 27\ 650(吨)$$

(5) 土地 20 年内损失的净效益(机会成本)为

$$1\ 164.06 \times 27\ 650 = 3\ 218.63(万元)$$

若征用该土地尚需支付下列费用：

农转非人口粮食差价补贴　　　　　　　219.30 万元
拆迁总费用　　　　　　　　　　　　　1 236.85 万元
征地管理费　　　　　　　　　　　　　162.00 万元
转户老年人保管费　　　　　　　　　　11.52 万元

则该项目国民经济评价计算出的使用土地的总费用为

$$3\ 218.63 + 219.30 + 1\ 236.85 + 162.00 + 11.52 = 4\ 848.30(万元)。$$

2.4.4　项目社会成本(费用)和社会效益分析

1. 项目社会成本(费用)和社会效益的确定原则

对项目进行国民经济评价以判断其合理性的依据就是将其所带来的收益和费用进行比较,以分析项目对国家经济的贡献,所以我们必须正确地识别项目在国民经济评价中的效益和费用。项目国民经济评价的目标是使有限的社会资源得到最优配置,从而使社会效益最大化,所以,凡是能给国民经济作出贡献的就是社会效益,凡是会使国民经济受到

损失的就是社会成本。在计算项目的效益和费用时,必须遵循效益和费用计算范围相对应的原则。

2. 社会成本(费用)分析

经济评价中的费用分为直接费用和间接费用。直接费用是指国家为满足项目投入的需要而付出的代价,即项目本身所直接消耗的有用资源(泛指人力、财力、自然资源等各种形态的投入)用影子价格计算的经济价值。它应该能反映整个国民经济意义上的真正的消耗。

项目直接费用的确定,分为两种情况:如果拟建项目的投入物来自国内供应量的增加,即靠增加国内生产来满足拟建项目的需求,其社会成本就是增加国内生产所消耗的资源以影子价格计算的价值;如果国内总供应量不变,则分以下三种情况:

(1)项目投入物来自国外,即增加进口来满足项目的需求,其成本就是所花费的外汇。

(2)为了项目投入物的需求,使本来可以出口,但为了项目需求而减少出口量,其费用就是减少的外汇收入。

(3)项目的投入物来自于其他项目,由于改用于拟建项目将减少其他项目的供应,从而使其他项目的效益减少,其费用就是其他项目为此而减少的收益。

间接费用是指由项目引起的国民经济的净损失,而在项目的直接费用中未能得到反映的那部分费用,即项目的外部费用。最明显的例子就是项目的废气、废水、废渣等引起的环境污染,给其他人或其他厂商造成了损失,国家为了治理污染也需要费用,而项目本身并不用支付这些损失和费用,但是从宏观角度看国家和他人为此而付出了成本,发生了资源的消耗,应该在项目的社会评价中得到反映。

进行社会成本分析的一般步骤为:

(1)确认社会成本内容,调整社会成本内容。在确认社会成本要素范围的基础上,对财务评价时的成本构成作适当调整,扣除从整个国民经济的角度来看不涉及资源实际消耗的转移支付,例如,税金、折旧、国内支付的利息等。

(2)用有无比较法计算项目的增量成本。

(3)估算间接费用(外部费用)。

(4)将财务成本调整为社会成本。可以用影子价格来替代财务分析时使用的国内现行市场价格。

(5)以不变价格计算项目的年成本总值。不同时期的价格水平因为通货膨胀,供求关系变化等因素的影响是不同的,所以必须采用不变价格计算成本和收益,以使不同时期的不同项目的成本和效益有可比性。

(6)进行多方案的比较,以选择社会成本较低的方案。

3. 社会效益分析

经济评价中的效益分为直接效益和间接效益。项目的社会直接效益是指由项目产出物产生并在项目范围内计算的经济效益。它的确定可分为两种情况:如项目的产出物用以增加国内市场的供应量,其效益就是所满足的国内需求,即消费者的支付意愿。如国内市场的供应量不变,项目产出物增加了出口,其效益为所获得的外汇收入;项目产出物减少了总进口量,即产出物替代了进口货物,其效益为节约的外汇;项目产出物替代了原有项目的生产量,导致其减产或停产的,其效益为原有项目减、停产所向社会释放出来的资源。

间接效益(外部效益)是指由项目引起,给国民经济带来了净效益,但是在项目的直接社会效益中未能得到反映的那部分效益。例如,减少污染、改善生活环境、增加就业等。

社会效益分析的一般步骤为:

(1) 确认社会效益要素,调整社会效益构成。在确认社会效益构成要素的基础上,扣除从整个国民经济角度来看不能带来净效益的转移效益,如国家补贴、税收折旧等。

(2) 估算外部效益。由于经济评价时采用经济价格,对财务评价中的价格已经作了调整,使许多外部效益内部化了,但是,仍然有一些外部效益需要单列计算。

第一,对"上、下游"企业的辐射效益。项目的前道工序或项目投入物的供应者,项目的下道工序或项目产出物的使用者,称为项目的"上、下游"企业。应用有无比较法计算对"上、下游"企业的辐射效益,即由于拟建项目的使用(生产)使其上、下游企业获得的效益。

第二,技术的扩散效益。采用先进技术和管理方法的项目,会通过技术推广和人才流动等使社会受益,也应该计算其效益。

第三,拟建项目为就业提供的直接或间接就业机会。

第四,专门为拟建项目服务的公共工程等基础设施,如交通设施、商业网点、教育卫生等,也应进行相关项目的间接效益分析。

总之,在对项目的外部效果(项目的间接效益和间接费用的统称)估算中,对显著的外部效果能定量的要作定量分析,计入项目的效益和费用;不能作定量分析的,应该作定性描述。要防止项目的外部效果的重复计算或漏算。

(3) 可用有无比较法计算项目的增量效益。

(4) 利用校正系数,将财务效益调整为社会效益。现行市场价格存在许多扭曲的现象,但财务效益的计算是以现行市场价格为计算依据的,所以在计算项目的社会效益时应确定一个比较合理的价格标准。

(5) 以项目的不变价格表示社会效益。

(6) 计算项目寿命周期内的社会总效益,并进行多方案比较,以选择社会效益较高的项目。

2.5 项目的环境影响评价

项目的环境影响评价(EIA),是指在一定区域内进行开发建设活动,事先对拟建项目可能对周围环境造成的影响进行调查、预测和评定,并提出防治对策和措施,为项目决策提供科学依据。建设工程项目对其所在地区的自然环境、社会环境和生态环境都会产生不同程度的影响,随着环境保护问题的重要性日益突出,项目的环境影响评价也成为决定一个项目是否可行的重要因素,因此,有必要将其作为项目论证与评估的独立章节进行专门的研究。

2.5.1 项目环境影响评价的意义

项目的环境影响评价不仅仅是确定项目是否可行,其根本目的是鼓励在规划和决策过程中充分考虑环境因素,保证项目建设活动与环境的和谐有序。其具体表现在以下几个方面。

1. 有助于项目选址和布局的合理性

项目的合理布局是保证环境和经济持续发展的前提条件,项目布局不合理是造成环境影响的重要原因之一。项目环境影响评价就是要从建设项目所在国家或区域的整体出发,考察建设项目的不同选址和布局对国家和区域整体的不同影响,并进行多方案的比较,然后选择最有利的方案,以保证建设项目选址和布局的合理性。

2. 指导环境保护措施的设计,强化环境管理

一般来说,开发建设活动和生产活动,都要消耗一定的资源,给环境带来一定的污染与破坏,因此必须采取相应的环境保护措施。环境影响评价是针对具体的开发建设活动或生产活动,综合考虑开发活动特征和环境特征,通过对污染治理设施的技术、经济和环境论证,可以得到相对合理的环境保护对策和措施,把因人类活动而产生的环境污染或生态破坏限制在最小范围。

3. 为区域的社会经济发展提供必要的导向

项目环境影响评价可以通过对区域的自然条件、资源条件、社会条件和经济发展状况等进行综合分析,掌握该地区的资源、环境和社会承受能力等状况,从而对该地区的发展方向、发展规模、产业结构和产业布局等作出科学的决策和规划,以指导该地区的区域经济活动,最终实现国家或区域的可持续发展。

4. 促进与项目相关的环境科学技术的发展

项目环境影响评价涉及自然和社会科学的广泛领域,需要化学、物理、数学、生物工程、经济学等各种专业技术人员的相互配合,不仅需要基础理论研究还涉及应用技术开发。项目环境影响评价工作中遇到的问题必然会对相关环境科学技术提出挑战,进而推动相关环境科学技术的发展。项目环境影响评价就是根据环境标准的要求来控制项目的污染、改善环境,并将环境保护工作纳入整个项目的发展与运行计划中去。

2.5.2 项目环境影响评价制度及依据

环境是指作用于人类的所有自然因素和社会因素的总和,在项目可行性研究中所讲的环境是指自然环境。自然环境是指在环绕着人类的空间中,可以直接、间接影响到人类生活、生产的一切自然形成的物质、能量的总体。构成自然环境的主要物质有空气、水、植物、动物、土壤、岩石矿物、太阳辐射等。

一个项目总要处于某一特定的自然环境当中,并会不可避免地与周围环境发生相互作用,通过和环境发生物质流和能量流的交换对环境造成有利或不利的影响。

环境影响评价即是对可能影响环境的重大工程建设、区域开发建设及区域经济发展规划或其他一切可能影响环境的活动,在事前进行调查研究的基础上,预测和评定项目可能对环境造成的影响,为防止和减少这种影响,制订最佳行动方案。在项目动工兴建之前对它的选址、设计,以及在建设过程中和建设投产后可能造成的影响都应进行预测和评价。

我国在十几年的环境保护实践中总结出的8项环境管理制度中与项目密切相关的有两项,即"三同时"和"环境影响评价"制度。

(1)"三同时"制度。新建、改建、扩建项目和技术改造项目以及区域性开发建设项目的污染治理设施必须与主体工程同时设计、同时施工、同时投产的制度。

(2)"项目环境影响评价"制度主要包括如下内容。

① 所有大、中、小型新建、扩建、改建和技术改造项目要提高技术起点,采用能耗小、污染物产生量少的清洁生产工艺,严禁采用国家明令禁止的设备和工艺。

② 建设对环境有影响的项目必须依法严格进行环境影响评价,编制环境影响报告书。

③ 环境影响报告书必须对建设项目产生的污染和对环境的影响做出评价,制定防范措施,经项目主管部门预审并依照规定的程序报环境保护行政主管部门批准。环境影响报告书经批准后,计划部门方可批准建设项目设计任务书。

④ 建设项目总投资中,必须确保有关环境保护设施建设的投资。建设项目建成投入生产后,必须确保稳定达到国家或地方规定的污染物排放标准。要把环境容量作为建设项目环境影响评价的重要依据。

进行项目环境影响评价与管理的主要依据就是环境标准。

我国现行环境标准体系分为两级7种类型。两级环境标准体系为国家级与地方级(包括行业管理)。7种类型有:

① 环境质量标准;
② 污染物排放标准;
③ 环境基础标准;
④ 环境方法标准;
⑤ 环境标准样品标准;
⑥ 环境保护仪器设备标准;
⑦ 污染报警标准。

2.5.3 项目环境影响评价的内容

环境影响评价报告书是指预测评价经济建设和资源开发活动对周围环境可能造成的

污染、破坏和其他影响的书面报告，它是项目建设计划的重要组成部分，由环境影响评价负责单位组织协作单位进行。

国家环保总局制定了《开发建设项目生态环境影响评价技术规定》，规定了环境影响评价报告的主要内容。现根据《环境影响评价技术导则》的规定列出项目环境影响评价报告书的内容大纲：

一、总则

二、建设项目概况

三、工程分析

四、建设项目周围地区的环境现状

五、环境影响预测

六、项目对环境的影响分析

七、环保措施的评述及技术经济论证，提出各项措施的投资估算

八、环境影响经济损益分析

九、环境监测制度及环境管理、环境规划的建议

十、环境影响评价结论

总体而言，我国环境影响评价主要有五方面的基本内容：

① 对项目规模和项目所在地环境条件的评估；

② 项目对环境的影响——包括项目对自然、生态、社会经济等环境的影响；

③ 项目对环境影响的经济评估——可以从项目运行对环境的近期经济损益和长期影响两个方面分析；

④ 项目环境影响的综合评价；

⑤ 就项目的环境保护措施提出具体的治理措施。

2.5.4 项目环境影响评价的工作程序

项目环境影响评价一般分为四个阶段，如图2-2所示。

第一阶段为准备阶段，主要工作内容为：研究有关法律、法规和文件，进行初步的工程分析和环境现状调查，筛选重点评价项目，确定各单项环境影响评价工作的等级，编制项目环境影响评价大纲。

第二阶段为评价工作阶段，主要工作内容为：进一步进行工程分析和环境现状调查，进行环境影响预测，并根据预测结果结合国家、地方的有关法规、标准，评价环境影响。

第三阶段为报告书编制阶段，主要工作内容为：汇总、分析前一阶段所得资料和数据，得出评价结论，完成环境影响报告书的编制。

第四阶段为环境影响后评价阶段，主要工作内容为：随着项目建设、投产、运行，开展项目环境影响结果的检测和检验，并对运行效果进行评估。

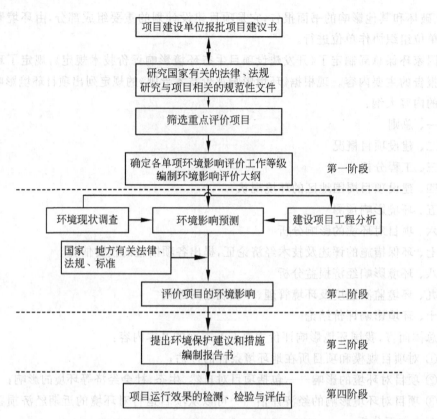

图 2-2 项目环境影响评价的基本工作程序

案例分析

奥林匹克地下商业广场建设项目的可行性论证[①]

一、项目背景

随着大连市经济发展和改革步伐的加快,城市建设发生着日新月异的变化。商贸、金融、旅游及体育文化事业的发展使城市功能更加完善,城市地位不断提升。经济的繁荣带动了文化的进步,大连素有"田径之乡"和"足球城"的美誉,并成功地举办了十届大连国际服装节,融经济文化活动为一体,吸引了五大洲的政客要员,商贾名流纷至沓来。在大连市建市百年到来之际,市政府决定在各项体育文化盛会的主会场——大连市人民体育场前建设一个大型的奥林匹克广场,地上为音乐喷泉广场,地下为购物广场,以此作为建市百年的纪念丰碑,表达全市人民对奥林匹克运动的无限热爱。

奥林匹克购物广场的建设,是大连城建中广场建设总体规划的一个重要组成部分。1998年初开始,大连市领导多次召开研讨会,与大连市城乡规划土地局、大连市发改委等部门的相关人员反复商讨,开展了大量调查研究,并基本确定了地上建设方案。1998年

---

① 本案由戴大双采编。

10月该项目正式交由大连友谊集团有限公司承办。预计1999年6月份主体封顶,9月份正式投入使用。

二、承办单位状况

本项目承办单位大连友谊集团有限公司是一家经营国际旅游饭店、大型百货商店、国际贸易、免税商品供应以及仓储运输等业务的综合商业、企业集团,于1996年发起设立了大连友谊(集团)股份有限公司,该股份有限公司于1997年1月在深交所上市。

大连友谊集团有限公司具有丰富的商业设施建设开发经验和高素质的管理队伍。公司全资拥有的友谊商城、友谊商店、友谊宾馆、新友谊商城、开发区友谊商店、友谊食品供应公司、免税商品供应商店、进出口贸易公司以及控股的大连富丽华大酒店、友谊外商俱乐部等商家在大连及全国都具有很高的知名度。根据中国友谊外供商业协会发布的全国1997年销售、利润前六名会员排序,大连友谊集团有限公司分列第五位和第二位。在大连市商业企业营业收入、利润排名中,大连友谊(集团)股份有限公司分列第三位和第二位。

大连友谊集团有限公司发起设立的大连友谊(集团)股份有限公司自上市以来市场表现良好,并成功地实施了每10股转增2股派4元现金(含税)的配送方案,获得了广大投资者的认同。1996年和1997年每股收益分别达到0.86元和0.44元,净资产收益为38.62%和11.43%。经营业绩使之具备了申请配股募集发展资金的能力。这样,大连友谊集团有限公司不仅能够凭借自身优良的信誉和雄厚的实力争取银行贷款支持,还可以通过其控股子公司大连友谊(集团)股份有限公司进行直接融资,从而支持奥林匹克购物广场项目的建设。

三、前期工作情况

为确保项目的顺利实施,为市民奉献精品工程,大连市商业委员会牵头编写了项目建议书,初步确定了项目的基本技术经济指标和设计方案。

该项目占地面积为2.56万平方米,总建筑面积为3.2万平方米,全部为地下建筑。其中,地下商业街面积为0.6万平方米;地下一层面积为1.3万平方米,地下二层面积为1.1万平方米;其余0.2万平方米为设备和辅助用房。

建筑功能确定为以计算机和电子音像制品为主,辅以商业超市和配套餐饮,并包括娱乐、健身服务在内的大型综合性地下商业广场。其中,地下商业街布置为精品走廊;地下一层划分为超市和体育用品商场;地下二层划分为高科技商场、电子游艺场、健身中心和餐饮服务区等。

该项目的总投资为2.0亿元(不含0.4亿元的土地使用费,此笔费用在建设期间暂缓缴纳),包括前期费用、建安费用、配套费用、代收费用和不可预见费等。其中0.6亿元由企业自筹解决,其余的1.4亿元通过建设银行和其他银行贷款解决,并积极争取实力雄厚的公司参股入资,多方筹措建设资金。

大连市城乡规划土地局于1998年9月确定该项目的规划设计条件,对用地位置、性质、面积、建筑容积率、建筑覆盖率、建筑层数、出入口及通风口、停车场设置、地下管网、消防、安全、卫生等方面做出要求。

大连市发改委于1998年10月批复项目建议书,同时要求组建项目法人,落实资本金,并按照国家有关规定编制可行性研究报告,报送审批。

 案例启发思考题

1. 如果由您负责该项目的可行性研究,您计划按照什么程序开展工作?
2. 您接到任务后需要向友谊集团和相关部门索要哪些资料?
3. 开展可行性研究的依据是什么?
4. 您希望对方支付的咨询费用是多少?
5. 该项目可行性研究报告应包括哪些内容和章节?
6. 该项目的可行性研究重点要论证哪些方面?

案例分析

某企业拟新上一个项目,该项目生产一种化学中间体。该产品为生产多种有机化工产品的重要中间体,目前国内市场需求旺盛,产品供不应求,随着我国有机化学工业的发展,该产品的市场需求将持续稳定增长,产品价格将稳中趋升,预计项目投产时为8 500元/吨。项目拟3年建成,设计生产能力为年产2万吨,第4年投产,当年生产负荷达到设计能力的70%,第5年达到90%,第6年达到100%,生产期按15年计算。

项目所需设备投资5 400万元,建厂的土木建筑投资为1 800万元,场地清理和其他资本支出200万元。固定资金投资分两年投入,其中建设期第1年投入4 000万元,第二年投入3 400万元。

生产该产品所需要的年经营成本(不含销售费用)中:固定部分为1 800万元,变动部分为5 200元/吨。项目所需要的流动资金按经营费用的50%计算。在经营成本的变动部分中有一半为外购。其他条件如下:

①基准折现率为10%;②增值税率17%、所得税率33%;③销售费用按销售收入1%计算;④固定资产形成率为95%;⑤基本折旧按照直线折旧。

 案例启发思考题

1. 计算企业角度和国家角度的投资收益率。
2. 用净收益计算企业角度投资回收期。
3. 计算净现值、内部收益率、盈亏平衡点。

 本章思考练习题

1. 项目论证的一般程序有哪些?它的作用是什么?
2. 可行性研究的重点内容包括哪些?
3. 什么是资金的时间价值?其数值大小受哪些因素制约?

4. 静态评价与动态评价的区别是什么?
5. 财务评价与国民经济评价的区别与联系是什么?两者的评价指标分别有哪些?
6. 如何确定影子价格?在国民经济评价中影子价格起什么重要作用?
7. 不确定性分析有哪几种主要方法?它们各自有什么优点和局限性?

第 3 章 项目组织管理

> **导 读**
>
> 一个项目一经确立,随之而来的就是项目的实施问题。任何活动的实施都离不开人力资源,如何对人力资源进行组织会直接影响项目的最终成果。项目组织管理通过项目组织规划、项目经理及项目团队等层面的人力资源管理直接影响项目的进度、成本和质量。因此在一个既定的项目中,项目组织是所有活动的焦点,是所有影响项目的内部与外部的活动中心。项目管理作为一种新型的管理方式,其组织观念与传统的组织观念有相同之处,但是由于项目虽具有相对的独立性,但又不能完全绝对脱离母体公司的特点,这使得项目实施过程中其组织管理又有特殊之处。项目管理与传统组织管理的最大区别在于项目管理更强调项目负责人的作用,强调团队的协作,其组织形式具有更大的灵活性和柔韧性。尤其是在企业由传统的作业驱动型向项目驱动转型的过程中,面临项目协调困难、冲突频出、员工技术不高或培训不够、士气低下、项目执行效率不高等问题,这些都将直接影响项目的实施。解决上述障碍最理想的做法是加强项目组织管理,这就涉及如何构建稳固的组织构架,怎样成为一名有效的项目管理者及如何培养团队的协作精神等问题。本章试图从人力资源管理角度着重讨论项目组织管理的以上三个重要方面,即项目组织规划、项目经理及项目团队,在学习概念及其重要性的基础上,探讨如何进行有效的项目组织管理。

3.1 项目组织

项目组织是项目管理和运作的基础条件之一。项目各利益相关者需要通过项目组织获取其所需的资源要素(人力、物力等),项目组织结构、权利配置体系以及相应的沟通和资源获取路径也直接或间接决定了项目管理的效率。

3.1.1 项目组织概述

1. 组织的定义与要素

从广义上说,组织是指由诸多要素按照一定方式相互联系起来的系统。从狭义上说,组织就是指人们为实现一定的目标,互相协作结合而成的集体或团体。

组织的基本构成要素有人、目标和组织规范。人担任组织中由于工作分工形成的各种不同的工作职务,不同的组织形式是由各种工作岗位形成的系统;组织目标是组织存在的依据,没有了组织的目标,组织也就失去了存在的必要,目标决定了组织中的工作内容和工作分工,从而决定了组织中的岗位设置及组织的具体结构形式;每个组织都有约束组织中成员行为和组织行为的组织规范,它表现为组织的方针政策和规章制度等,组织通过组织规范使组织成员和组织整体的行为有利于组织目标的实现。

2. 项目组织概述

1) 项目组织的定义

项目组织是为完成特定的项目任务而建立起来的从事项目具体工作的组织形式。该组织是在项目生命周期内为完成项目的特定目标临时组建的。

传统的组织其明显特征是体现分派权力和责任的"指挥链",体现组织内明显的层级制度,强调的是指导与控制下属人员。项目组织体现的是作为一个具有系统思想的临时组织,其成员为更有效地完成某一共同目标而相互协作。这种临时组织既具有相对独立性,又不能完全脱离对母体组织的依赖,且处于一种不断变化和调整的动态环境之中,强调的是项目组织内的项目成员的"自我管理",这种临时组织的出现也改变了组织设计的传统概念。

2) 项目组织的规划内容

(1) 确定项目组织的目标,一般来说,项目组织的目标包括成本、质量和进度三个部分,随着实践活动的发展,HSE 也作为项目目标的一部分被关注。

(2) 根据项目组织的目标,明确所需要的工作或任务并加以分类,同时应给予清晰的描述。

(3) 根据现有的资源(人力、物力)和系统环境,对为实现项目目标所必需的工作进行分组,即形成各子项目的执行模块。

(4) 对各个子项目执行模块分派给有必要权力的管理人员进行领导,同时明确其授权范围。

(5) 在组织的系统内设计职责和指令结构,通过职权关系和信息流通,纵横交错地把各个部门联系在一起,以形成一个有机的组织系统。

(6) 在项目实施过程中,对组织机构的运行效率进行检查,并根据实际情况不断进行调整,使之更为适应项目的进展。

项目组织规划的内容和流程示意图如图 3-1 所示。

3. 组织设计原则

组织结构的设计是项目组织规划的关键。为实现项目的目标,在设计组织结构时应明确,什么工作需要完成,应由谁去完成,谁要对什么结果负责,并且要对其进行动态调整,以消除由于分工不够明确或不恰当而造成项目执行中的障碍,同时还要提供能反映和支持项目目标的决策和沟通网络。

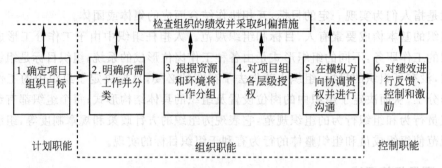

图 3-1 项目组织规划的内容和流程

1) 传统组织设计原则

在组织论中并无一个好的或者坏的组织结构之分,只有适合或者不适合的组织结构。一般来说,有效的组织设计应考虑以下基本因素:

(1) 组织结构必须反映组织的目标和规划,组织的目标和规划决定了组织的所有活动和工作。

(2) 组织结构主要体现组织人员不同的工作内容,在一个组织中"各司其职"是组织结构存在的基本因素。

(3) 组织是由人构成的,组织结构的设计必须考虑管理者的精力、能力、时间的有限性,对管理者承担的任务量进行合理分配。

(4) 在管理过程中信息的传递效率在一定程度上决定了管理的效率,良好的组织结构应建立有效的信息通道。

(5) 组织结构必须反映其内部的权力和职责的分配,不仅要反映组织内部的职权结构,还要明确该组织在所处环境中所具有的职责和权力。

(6) 组织结构必须反映它所处的环境,组织形式应该具有可行性和可操作性。可行的组织结构并不是静止的、适用于任何一种环境,而是取决于具体情况。

根据以上基本因素,在进行组织设计时要遵循以下一般原则:

(1) 目标一致性原则。组织是为了实现组织目标而组建的,然而作为一个由诸多要素按照一定方式相互联系起来的系统,组织的各层级、各部门及个人都会有各自的子目标,只有当各层级、各部门、各人的子目标与组织目标一致时,组织目标才能有效实现。组织设计时应遵循目标一致原则,在建立由上而下、左右协调一致的目标体系的基础上划分组织结构。

(2) 合理分工与密切合作原则。组织是在任务分解的基础上建立起来的,合理的分工便于积累经验和实施业务的专业化。当然这里讲的分工既指横向的分工,又指上下级的工作分工。合理的分工有利于明确职责。然而在强调合理分工的前提下还要强调密切合作,只有密切合作才能将各部门各岗位的工作努力合成实现组织整体目标的力量。

(3) 有效的管理层次和管理幅度。组织结构的管理层次是指一个组织系统中管理分层的层数,是一个组织设立的行政等级。管理幅度也称管理跨度,是指组织系统中一个工作部门领导直接下属的数目。管理层次和管理幅度是组织结构的两个相互关系的基本参数。在系统组织的规模一定的条件下,两者呈反比例或接近反比例的关系。这就是说,当组织规模一定时,管理幅度越大,则管理层次越少。相反,如果管理幅度越小,则管理层次就会增加。

管理幅度的大小意味着上级工作部门领导人直接控制和协调的业务活动量的大小,管理幅度既与系统中领导和下属的状态有关,又与系统的业务活动的特点有关。在一个组织内,管理者直接领导的下属越多,其设计的工作量就越多、越复杂。而管理层次的多少也会影响组织的效率,层次过少导致管理幅度过大,管理者无法对下属进行有效指导和监督,层次过多造成纵向信息沟通不畅。

(4) 责权对等原则。在进行组织设计时必须明确各管理层次部门、人员的职责,同时还要赋予完成职责所需的人、财、物等资源的权利。没有职权或职权范围小于工作范围,工作任务难以完成,职权过大又会造成滥用职权,影响组织目标的实现。

(5) 集权与分权相结合。集权是指组织的决策权在较高的工作部门集中,分权是指组织的决策权在组织较低层级一定程度的分散。分权时,工作部门向它所属下级进行系统地授权,允许下级部门在自己负责的工作范围内有自行做出决定的权利,并为自己的行动承担责任。在一个组织中分权和集权是相对的,采取何种形式,应根据组织的目标、领导的能力和精力、下属的工作能力、工作经验等综合考虑确定。

(6) 环境适应性原则。组织是一个开放系统,与周围环境之间存在资源、信息等要素的交换,并受环境变化的制约,因此组织的设计应考虑到环境变化对组织的影响,既要建立适应环境特点的组织系统,又要考虑环境变化时组织变革的灵活性与可行性。

2) 项目组织设计要点

由于项目的暂时性、动态性等复杂特性,传统的组织结构中没有任何部门可承担整个项目的全过程管理,也不能有效处理项目管理工作中涉及的动态、复杂、变化的关系。因此在进行项目组织结构设计时,除了要遵循一般组织的设计原则外,还应结合项目的特点着重考虑以下几个方面:

(1) 项目组织与企业组织的关系。一般情况下,项目组织是企业组织的有机组成部分,项目组织结构设计应考虑两个层次:实施项目的企业组织结构和项目组织的内部结构。一般对项目组织结构的阐述通常着重于实施项目的企业组织结构,很少分析项目组织的内部结构。企业组织可作为项目组织的外部环境,直接影响项目组织的结构与管理。项目组织即项目团队,负责项目的具体实施,一般是临时性组织。企业组织是项目组织的母体,项目组织是由企业根据企业特点或项目性质组建的,因此二者的组织形式密切相关。

(2) 资源的冲突与分配。项目不是独立于企业之外的,它与企业的发展息息相关。项目要如期完工,达到预期目标,必须要有足够的人力和物力支持。一个企业内的资源是有限的,项目实施过程中,项目组织必然需要职能部门的配合,也不可避免地要同职能部门竞争资源。如果企业内部同时存在几个项目的话,这些项目之间也必然要发生既有冲突又有配合的相互关系。项目组织结构的设计必须能有效地建立项目组织与企业其他部门之间以及不同项目团队之间的资源分配机制和与之相关的沟通界面。

(3) 项目经理的责权划分。项目经理是项目团队的核心成员,随着项目驱动型企业的增加,项目经理承担的责任越来越重大,但他们在企业所得到的授权并不一定得到相应的增加。因此项目组织设计中必须在目标控制和项目经理-职能经理的界面之间找到平衡，应重点考虑以下几点。

项目经理的授权和定位问题，即项目经理在企业组织中的地位和被授予的权力应对应一致；项目经理和其他控制项目资源的职能经理之间应保持良好的工作关系；一些职能部门的人员，如果也为项目服务时，既要纵向地向职能经理汇报，同时又能横向地向各项目经理汇报。

(4) 项目利益相关者的沟通。一般情况下，业主(项目发起单位)除了与贷款方、合资方、咨询单位、设计单位和施工单位等项目利益相关者确立合同关系外，还与政府部门存在被监督和监督关系，与前者的贷款协议、合资协议等合同关系对项目的资源起着制约作用，后者参与项目规划中的关键部分，如目标的规划需征得有关方面的批准和认可，这些项目的参与者间的协调与合作决定了项目管理的成功与否，因此项目的组织设计应将各项目参与方纳入项目管理的范畴，明确各方在项目中的任务、责任、各方的组织关系和工作的流程并考虑项目组织与这些利益相关者及其之间的沟通汇报渠道和协调体制。

(5) 对项目实施层的控制。在大多数项目中，项目管理组织的责任是将项目的目标和任务分解成一些具体的工作，并对这些任务与工作进行规划和控制，但这些具体的工作则由项目实施层来完成。项目实施层次一般存在多个组织，分别接受项目管理组织的管理和控制。因此在项目组织设计中，对于项目实施层面组织的设计主要立足于项目的目标和项目实施的特点，同时要有利于项目管理组织对其控制和协调，即项目实施层次组织的设计要以项目管理组织的控制系统为依据。

3.1.2 项目管理组织结构

常见的项目组织分为职能式、项目式、矩阵式和混合式四种形式。

1. 职能式项目组织形式

职能式项目组织形式如图 3-2 所示，由企业高层管理者根据项目特征将项目任务分配给各个职能部门，利用相关职能部门内部的人力及其他资源完成任务。这种项目组织

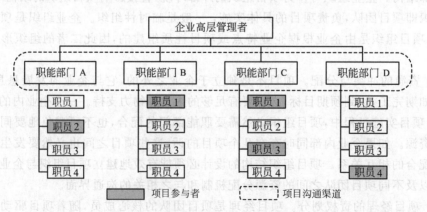

图 3-2　职能式项目组织结构

管理界限并不十分明确,项目参与成员在原来的职能部门管理下既要完成临时的项目任务,又要完成既定的专职工作;且由于该种项目组织形式没有明确的项目主管或项目经理,项目中各项协调工作由原组织中各职能部门主管或位于职能部门以上的高层管理者来进行,使得项目的协调工作效率降低,项目参与者也常常感到"力不从心"。此外,如果项目性质较单一、涉及职能部门较少,且企业内某职能部门对项目的实施影响最大或涉及面最多,职能式项目组织可以直接划归该职能部门管理。

1) 职能式项目组织的优点

(1) 有利于企业的技术水平的提升。部门内部专业人员易于进行经验交流,有利于知识和经验的积累,这可使项目获得部门内所有的知识和技术支持,对创造性地解决项目的技术问题非常有帮助。

(2) 资源利用的灵活性和低成本。职能式项目组织中的人员或其他资源仍归其所在的职能部门领导,因此职能部门可以根据需要分配所需资源,这些人员可以被临时地调配给项目,也可以同时被不同的项目所使用,这样可以降低人员及资源的闲置成本。

(3) 有利于从整体上协调企业活动。尽管各部门有其相应的项目责任范围,但由于项目协调工作主要在部门高层间进行,有利于部门主管掌握项目的相关信息,从而增强企业整体活动协调能力。

(4) 有利于员工职业的发展。职能部门的常规工作仍旧维持不变,其可以为本部门的专业人员提供一条有效的晋升途径。专家对项目的贡献巨大,他们的职能领域则是自己职业的根据地,是其职业发展与进步的中心。

2) 职能式项目组织的缺点

(1) 项目实施过程中协调困难。由于职能式项目组织中没有明确的项目经理对总体目标负责,原职能部门人员可能因专业差异性或部门效益等因素,对项目绩效的考虑缺失,加之缺乏横向的、直接的沟通,项目的信息与决策在职能性管理渠道内传递效率不高,尤其是在发生部门冲突时,部门之间尚未明确权力划分对项目协调产生阻碍,进而影响项目目标的实现。

(2) 项目团队缺少热情,对项目重视不足。由于职能式项目组织人员只是从职能部门抽调而来,项目不被看作是他们的主要工作,有些人甚至将项目任务当成是额外的负担。职能部门的日常工作使得项目及客户的利益容易被忽视,项目中与职能部门利益直接相关的问题可能得到较好的解决,而其他情况下项目常常不能受到很好的对待。

(3) 与客户的沟通界面不清晰。由于职能式项目组织结构中没有明确的项目经理,因此该项目实施过程中与客户的沟通过程混乱,很难清晰了解客户的需求。

2. 项目式组织形式

项目式组织形式是按项目活动来划归所有资源,每个独立的项目单元有其相应的专业人员和管理人员,由全职的项目经理对项目的实施的过程负责。项目式组织形式如图3-3所示。

1) 项目式组织形式的优点

(1) 目标明确与统一指挥。项目式组织一般是基于某项目而组建的,圆满完成项目

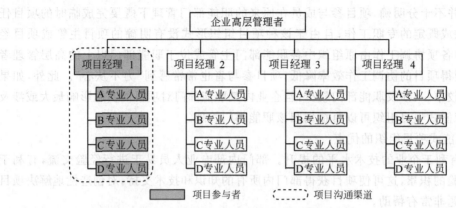

图 3-3 项目式组织结构

任务是项目组织的首要目标,而每个项目成员的责任及目标也是通过对项目总目标的分解而获得的。同时项目成员只受项目经理领导,不会出现多头领导的现象。

(2) 项目运作与控制灵活。因项目式组织结构的相对独立性,不像职能式项目组织或后面介绍的矩阵式项目组织那样受到较多母体组织的束缚(如信息的交流沟通、资源的分配管理等),具有更大的自由度与灵活性,项目工作者的唯一任务就是完成项目,以利于在进度、成本和质量等方面的控制。

(3) 项目团队管理与沟通效率高。在这种项目团队中,团队成员动力强、凝聚力高,能充分发挥各自的想象力与创造力,团队内部沟通便捷,项目经理可避开职能部门主管的干预,直接与高层管理人员沟通,有助于项目目标的高效完成。

(4) 项目需求识别与处理准确及时。由于项目经理在项目期间对项目团队拥有绝对的权力,因而这种组织形式可为项目团队提供相对透明的客户界面,可以真正了解客户需求并与客户进行深入交流。

(5) 项目知识的有效传递与沉淀。项目实施涉及计划、组织、人事、指挥与控制等多种职能,项目团队的协作精神利于不同领域的专家密切合作与相互交流学习,项目处于复杂多变环境中独立运作则要求团队成员拥有强烈的参与意识与创造能力,这些都为团队成员的能力开发提供了良好的环境。

2) 项目式组织形式的缺点

(1) 机构重复及资源的闲置。项目式组织按项目所需来设置机构及获取相应的资源,这样一来就会使每个项目有自己完整的机构,一方面是完成项目任务的必需,另一方面是企业从整体上进行项目管理之必要,这就可能造成人员、设施、技术及设备等的重复配置。同时,为了保证在项目需要时能马上得到所需的专业技术人员及设备等,项目经理往往会将这些关键资源储备起来,这样导致其他项目也很难利用这些资源,造成资源效率降低,进而提高企业整体的成本。

(2) 不利于企业整体专业技术水平的提高。项目式组织强调实现项目目标的效率,对于参与其中的各类人员的专业能力要求高,但由于项目的一次性、独立性特征,给予专业人员的技术创新实验或专业人员之间的技术沟通时间有限,因此不利于企业整体专业技术水平的提升。

(3) 项目团队稳定性有限。因项目的临时性特点,对项目成员来说,缺乏一种事业发展的连续性保障,当项目快结束时,成员们都会为自己的未来而做出相应的考虑,易出现"人心惶惶"的情况。

(4) 项目与母体组织间的矛盾。项目团队意识较浓,但项目成员与公司的其他部门之间将会不自觉地产生某种抵触或界线,这种界线不利于项目组织与母体组织间的沟通,同时也容易引起一些不良的矛盾和竞争,且可能在项目完成后小组成员回归本职部门时,阻碍其与本部门之间的融合。

3. 矩阵式项目组织形式

矩阵式项目组织构架是目前应用最为广泛的项目组织形式之一,它既兼有职能式与项目式组织的优点,又能避免它们的缺点。如图 3-4 所示,应用矩阵式组织形式,项目成员可以从不同的职能部门来支持项目经理,且这些人也可参与支持其他项目活动,他们可以同时为几个项目服务。

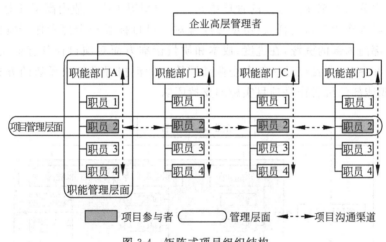

图 3-4 矩阵式项目组织结构

1) 矩阵组织的特点

矩阵管理是一种混合形式,它在常规的职能层级结构之上"加载"了一种水平的项目管理结构。在矩阵系统中,通常存在两条命令链,一条顺着职能管理线下达,另一条则是根据项目管理线下达。这里不再是将项目各部分委派给不同的部门,也不再是产生一个独立自主的项目小组,项目参与者需要同时向职能部门与项目经理两方汇报工作。在矩阵结构中,项目经理在项目活动的"什么"和"何时"方面,即内容和时间方面对职能部门行使权力,而各职能部门负责人决定"如何"支持。每个项目经理由高层管理者任命、授权,就项目目标的实现程度对高层管理者负责。职能部门按照项目计划对项目所需的各种资源做出合理的分配和调动,职能部门人员既要对他们的垂直主管负责,又要对项目经理负责。

矩阵式项目组织中的职权以纵向和横向在一个公司里流动,因此在任何一个项目的管理中,都需要项目经理与职能部门负责人的共同协作,应将两者很好地结合起来。为使矩阵式项目组织能有效地运转，必须考虑和处理好以下几个问题：

（1）应该如何创造一种能将各种职能综合协调起来的管理环境？由于存在每个职能部门从其职能出发只考虑项目的某一方面的倾向，考虑和处理好这个问题就是很必要的。

（2）一个项目中的关键目标或要素由谁来决定？考虑这个问题可以使主要矛盾迎刃而解。

（3）纵向的职能系统应该怎样运转才能保证实现项目的目标，而又不与其他并行项目发生冲突？

（4）要处理好这些问题，项目经理与职能部门负责人要相互理解对方的立场、权力以及职责，并经常进行沟通。

2）矩阵组织的几种形式

根据项目与职能经理相对权力的差异及项目经理对参与者直接权力的大小，实践中存在三种类型的矩阵式项目结构：强矩阵形式、平衡矩阵形式与弱矩阵形式。

（1）强矩阵形式。如图 3-5 所示，强矩阵式项目组织类似于项目式组织，但项目并不从公司组织中分离出来作为独立的管理单元。该类型组织中一般由高层管理者直接任命独立的项目经理作为项目责任人，由项目经理对项目目标承担全部责任。项目经理有权协调各职能部门内部的资源，在进度、成本和质量标准方面对项目任务有更大的控制权。当项目遇到冲突时，项目经理一般向企业高层管理者汇报寻求解决矛盾的方式。在该类型组织中，职能部门可看作是项目实施的支持团队。

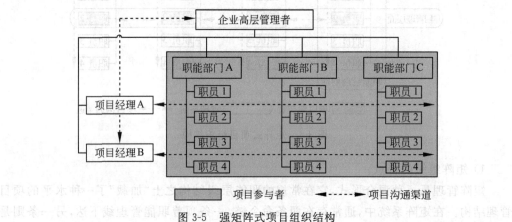

图 3-5　强矩阵式项目组织结构

（2）弱矩阵形式。如图 3-6 所示，弱矩阵式项目组织与职能式项目组织类似，但为了更好地实施项目建立了相对明确的项目团队。项目团队由各职能部门下的专业人员组成。高层管理者会从项目实施关键部门内指定项目协调人，项目协调人没有正式的管理控制与跨部门资源调用权力，一般负责各个部门的项目任务衔接与信息收集。项目协调人向其所属部门的负责人汇报项目情况，一般由各部门主管和高层管理者决定哪些人做哪些工作、何时完成、并处理项目管理过程中的风险或矛盾。

（3）平衡矩阵式。如图 3-7 所示，平衡矩阵式项目组织是介于上述两种类型之间的矩阵形式，是为了加强对项目的管理而对弱矩阵式项目组织形式的改进，与弱矩阵形式的

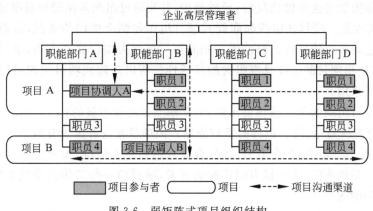

图 3-6 弱矩阵式项目组织结构

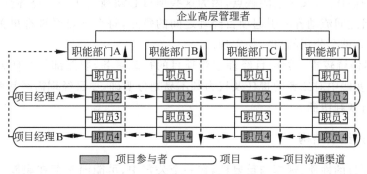

图 3-7 平衡矩阵式项目组织结构

区别是在项目团队中任命一名正式对项目负责的管理者,即项目经理。项目经理被赋予完成项目任务所应有的职权和责任,负责设定项目工作,而职能部门责任人根据计划负责相关任务的实现方式。更具体地讲,项目经理制定项目的总体计划、整合不同领域、制定时间表、监督工作进程;职能部门责任人则根据项目经理设定的标准及时间表负责人事的安排并执行其所负责的项目任务。"内容与方式"的结合要求双方密切合作,共同进行技术与操作方面的决策。

3) 矩阵组织的优劣分析

矩阵组织有许多优点,具体如下。

(1) 项目目标明确。有专门的人即项目经理负责管理整个项目,负责在规定的时间、经费范围内完成项目的要求。

(2) 资源利用的灵活性及有效性。由于项目组织是覆盖在职能部门之上的,它可以临时从职能部门抽调所需的人才,所以项目可以分享各个部门的技术人才储备,充分利用人才资源。当有多个项目时,这些人才对所有项目都是可用的,从而可以大大减少像项目式组织中出现的人员冗余。当指定的项目不再需要时,项目人员有其职能归宿,大多返回原来的职能部门。此外,通过内部的检查和平衡,以及项目组织与职能组织间的经常性的协商,可以得到时间、费用以及运行方面的较好平衡。

(3) 项目管理体系明晰。项目由于交流渠道的建立和决策点的集中,对环境的变化以及项目的需要能迅速地做出反应；矛盾最少，并能通过组织体系轻而易举地解决。

（4）适用性强。项目式组织和职能式项目组织是两个极端的情况，而矩阵式项目组织在这两者之间具有较广的选择范围。职能部门可以为项目提供人员，也可以为项目提供服务，从而使得项目的组织具有很大的灵活性。所以矩阵式项目组织可以被许多不同类型的项目所采用。

矩阵式项目组织的优点是很突出的，但其缺点也是较明显的：

（1）违背统一命令、统一指挥的管理原则。因项目参与者至少有两个上司，即项目经理和职能经理。当他们的命令有分歧时，会令人感到左右为难，无所适从；项目经理与职能部门的权力是均衡的，由于没有明确的负责者，项目的一些工作会受到影响，有时还会造成二者之间的敌对。

（2）不利于组织全局性目标的实现。多个项目在进度、费用和质量方面取得平衡，这是矩阵式组织的优点，又是它的缺点，因为这些项目必须被当作一个整体仔细地监控，而且资源在项目之间流动容易引起项目经理之间的争斗，每个项目经理都更关心自己项目的成功，而不是整个公司的目标的实现。

（3）项目协调较难。因项目经理主管项目的行政事务，职能部门责任人主管项目的技术问题，但实践中对二者的责任及权力却不易划分明确，项目经理需经常就此类问题与部门经理进行谈判协商。

4. 混合式组织结构

考虑到项目的性质、规模与重要性，在一个公司中，可能同时存在职能式组织的项目和项目式组织的项目，如图3-8所示的即是一个混合式的组织结构，这种情况其实并不少见。此外，许多公司先将刚启动而尚未成熟的小项目放在某个职能部门的下面，然后当其逐渐成熟并具一定地位以后，将其作为一个独立的项目，最后也有可能会发展成一个独立的部门。

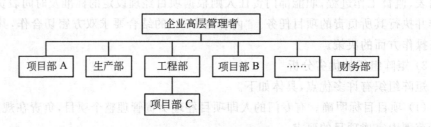

图3-8　混合式项目组织结构

这种混合式组织结构使公司在建立项目组织时具有较大的灵活性，但也存在一定的风险。同一公司的若干项目采取不同的组织方式，由于利益分配上的不一致，容易产生资源的浪费和各种矛盾。

虽然项目与公司的组织关系可以是多种多样的，但大多数公司将矩阵式组织作为安置项目的基本方法。以此为基础，有时也可增加项目式的、职能式的或混合式的组织方式，只要这些方式对实际情况是有利的。

5. 项目组织形式的选择

项目的组织结构对于项目的实施具有重要影响,然而项目外界环境和内部条件的社会和技术的影响因素往往是动态变化的,而且任何一种组织结构都存在优点和缺点,因此没有一种项目组织结构适用于所有项目,甚至同一个项目的不同生命周期。我们只能在充分考虑项目的具体特性、各种组织方式的特点以及公司的外部环境与文化氛围等因素的基础上做出最合适的选择。

1) 项目组织结构的变化系列

项目组织结构的三种主要组织形式——职能式、项目式和矩阵式,各自主要的优、缺点如表 3-1 所示。

表 3-1 三种组织结构形式的比较

项目组织形式	优点	缺点
职能式	① 专业技术支持 ② 资源利用效率和灵活度高 ③ 员工职业发展路径明确	① 项目协调效率低 ② 项目重视程度不够 ③ 客户沟通困难
项目式	① 项目目标明确 ② 项目协调与控制灵活 ③ 客户需求处理效率高 ④ 项目知识得到有效传递与沉淀	① 项目运行与管理成本高 ② 专业技术与创新能力发展受阻 ③ 员工职业发展路径不明晰 ④ 项目团队边界矛盾
矩阵式	① 项目目标明确 ② 资源灵活性与有效性兼顾 ③ 项目管理流程体系明确 ④ 项目运作适应性强	① 存在"多头领导"的现象 ② 影响企业整体目标实现 ③ 权责边界模糊导致的协调困难

其实这三种组织形式可以表示为一个变化系列,职能式方法在一端,项目式方法在另一端。矩阵式方法处于两者之间,其结构形式的变化范围相当广泛,弱矩阵式组织接近于职能式组织,而强矩阵式组织接近于项目式项目组织。如图 3-9 所示,随着某种组织结构的工作人员人数在项目团队中所占比重的增加,该种组织结构的特点也渐趋明显;反之,则相反。

不同项目组织形式对项目实施的影响不同,表 3-2 列出了主要的组织结构形式及其对项目实施的影响。

从图 3-9 和表 3-2 中可以看出,职能式组织和弱矩阵式组织具有兼职的项目协调员,而平衡矩阵式、强矩阵式和项目式组织具有全职的项目经理。项目协调员和项目经理的不同,表现为综合协调项目与实际做出决策之间的差别和项目团队成员对项目资源的控制能力的差异,通常情况下在强矩阵式组织中由项目部门流向职能部门的资源要比在弱矩阵式组织中要多。职能式组织中项目几乎没有自己的全职工作人员,而项目式组织中,绝大多数都是全职工作于项目的成员。在矩阵式组织中,"强"和"弱"并不表示好和坏的意思,它们是用来说明矩阵式结构中集成化职能的相对尺度和力量。

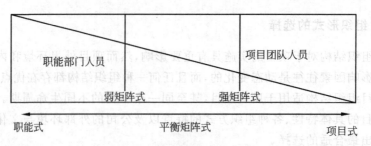

图 3-9 组织结构的变化系列

表 3-2 项目组织结构形式及其对项目的影响

组织形式 特征	职能式	矩阵式			项目式
		弱矩阵	平衡矩阵	强矩阵	
项目经理的权限	很少或没有	有限	小到中等	中等到大	很大,甚至全权
全职工作人员的比例	几乎没有	0~25%	15%~60%	50%~95%	85%~100%
项目经理投入时间	半职	半职	全职	全职	全职
项目经理的常用头衔	项目协调员	项目协调员	项目经理	项目经理	项目经理
项目管理行政人员	兼职	兼职	半职	全职	全职

2) 组织选择的影响因素

在具体的项目实践中,究竟选择何种项目的组织形式没有一个可循的公式,一般在充分考虑各种组织结构的特点、企业特点、项目的特点和项目所处的环境等因素的条件下,才能做出较为适当的选择。因此,在进行项目组织形式的选择时,需要了解哪些因素制约着项目组织的实际选择,表 3-3 列出了一些可能的因素与组织形式之间的关系。

表 3-3 影响组织选择的关键因素

组织结构 影响因素	职能式	矩阵式	项目式
不确定性	低	高	高
所用技术	标准	复杂	新
复杂程度	低	中等	高
持续时间	短	中等	长
规模	小	中等	大
重要性	低	中等	高
客户类型	各种各样	中等	单一
对项目内部依赖性	弱	中等	强
对项目外部依赖性	强	中等	弱
时间限制性	弱	中等	强

一般来说,职能式组织在理论及实践上都不是理想的项目组织形式。但如果项目的规模较小、主要工作集中在某个重点部门、不同职能部门间的影响很小时,职能式组织不失为一种合适的选择。

如果一个企业负责多个相似项目,或者负责的项目具有长期、大型、重要和复杂的特点,需要充分发挥组织团队的高效率、高速度及高创造性时,更应采用项目式组织结构。

如果一个项目需要利用多个职能部门的资源而且技术相对复杂,但又不需要技术人员全职为项目工作,这时,矩阵式组织结构是最好的选择,特别是当几个项目需要同时共享这些技术人员时。在实践中,由于矩阵式组织形式可以灵活改变结构范围,因而得到广泛的应用。

3.1.3 项目管理办公室

1. 项目管理办公室的内涵

项目管理办公室(Project Management Office,PMO)是企业项目管理中一种常用的组织形式。成立项目管理办公室的最初目的是为了减少企业中的项目管理成本和改进呈报高层管理者的信息质量。许多企业通过项目管理办公室来履行项目管理的诸多职能,对多种职能实现整合可使企业在行动上保持统一、在不同项目的管理上有统一的规范。目前,对PMO的概念有不同的定义和理解。

(1) 美国项目管理协会(PMI)对PMO的定义:PMO就是为创造和监督整个管理系统而负责的组织元素,这个管理系统是为项目管理行为的有效实施和最大程度地达到组织目标而存在的。

(2) 美国Gartner公司认为,PMO是一个组织为了集成所有的项目经验而设计的共享资源。这种资源可以为组织各个部分服务。项目管理办公室是在项目的分析、设计、管理和总结评价阶段建立组织能力的一个关键来源。

尽管诸多学者对PMO的定义不同,但大家普遍接受的一种定义是:PMO是在组织内部将项目实践与运作形式标准化的部门,这些标准化的程序应该能形成一致的、可重复的结果,同时提升项目成功率。PMO是组织内部项目管理最优实践的中心,是组织提高项目分析、设计、管理、检查等方面能力的关键资源。PMO可以是临时机构,也可以是永久机构。临时机构往往用来管理一些特定项目;永久性PMO适用于管理具有固定时间周期的一组项目,或者支持组织项目的不断进行。

2. 项目管理办公室的层级与协调关系

项目管理办公室根据其功能和本身的要求可以分为三个级别:项目控制办公室、业务部门项目办公室、战略项目办公室。如图3-10所示以IT项目为例做以说明。

1) 项目控制办公室

这是一种处理大型、复杂、单个项目的办公室,专门针对一个项目,但该项目太大、太复杂,需要进行多个子项目。它可能拥有多个项目经理,每个人负责一个独立的项目,其

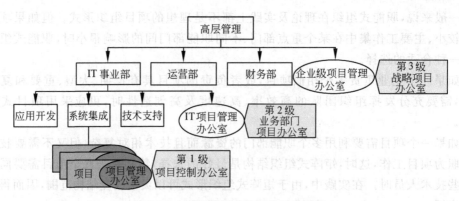

图 3-10　项目管理办公室的三个层级

进度、资源和成本都被综合入一个总体项目集加以管理。一个项目集经理或主要项目经理负责所有项目的进度安排、资源需求和成本控制,以确保项目集作为一个整体满足其最后期限、里程碑和可交付成果。

2)业务部门项目办公室

在部门或业务部门级别,项目办公室可能仍被要求为单个项目提供支持,但其挑战是综合大量的、不同规模的多个项目,这些项目有的是需要较少资源的短期项目,有的是需要综合几十种资源、大量资金和复杂技术的历时几月或几年的项目。第 2 级项目办公室的价值在于它开始在组织的级别综合资源。而且正是在组织的级别,资源控制开始在项目管理系统的回报中扮演一个价值更好的角色。在第 1 级或单个项目级别,运用项目管理规则为项目创造了巨大的价值,因为它开始建立可重复的项目进度安排,并且项目计划变成了团队成员之间和组织领导内部或相互之间的沟通工具。在第 2 级以上级别,项目办公室提供上述职能,但它也开始为整个项目提供更高级别的资源管理效率。例如,当多个项目争夺一个系统设计师时,第 2 级项目办公室有建好的项目管理系统来解决对这种共同资源的竞争性冲突,并识别项目的相对优先级。因而,更高优先级的项目获得所需资源,而较低级别的项目或被推迟或被取消。第 2 级项目办公室使组织能够决定何时出现资源短缺,并拥有足够的信息,以决定是否雇佣或签约更多的资源。由于第 2 级项目办公室存在于单独部门之中,因此项目办公室不能解决的冲突可轻易地上升至部门管理层,管理层对部门内的绩效拥有最终的责任。

3)战略项目办公室

第 2 级项目办公室无权从公司角度为项目设立优先级,而企业管理层必须选择最支持企业战略目标的项目。这些目标可包括收益性目标、市场渗透战略、生产线扩大、地理扩张以及内部信息管理能力升级等。只有企业级的组织才能为项目和项目集(二者有助于企业战略的实现)的选择、优先级的设立和监督提供所需的协调与广阔的视野,而这一组织就是战略项目办公室。在企业级别,战略项目办公室的作用是通过不断地为整个组织中的项目设立优先级来解决对竞争性资源需求的冲突。战略项目办公室不能单独发挥这一作用,因而需要一个由战略项目办公室总监、企业管理层,以及每个业务部门和职能部门的代表组成的指导委员会。项目办公室指导委员会关注每个项目对企业和业务部门目标的贡献,确保对项目可与综合的考虑。例如,某组织发现,当它为其103个项目设立优先级时,由于竞争技术原因,一些项目不能获得成功,除非另一些项目失败。如果没有一个综合的、设立优先级的项目清单,则还不会发现这一问题。

战略项目办公室在适当的级别运行时,战略项目办公室能够对有关公司利益的项目选择、优先级设立和管理起到促进作用。它确保项目管理方法论适合整个组织的需要,而不只是一个部门或业务部门。需特别注意的是,在很多情况下单一的方法论不适合每个业务部门。例如,某企业从事石油的开采与加工行业,还从事特殊化学制品、零售运营、沥青生产与铺设和相关业务,该企业认识到需要对方法论中较低级别的细节进行大量调整,以保持与其不同行业实践的一致,如调整建筑部门的相关过程流程与控制方法以便协同工作。石油工业同样有其行业特定的项目管理术语、形式、模板和实践,所有的项目管理过程组(启动、计划、执行、控制和收尾)适用于所有项目,但支持这些过程的形式与模板会因业务部门而进行调整。

3. 项目管理办公室的职能

随着项目管理办公室担负起更多的战略责任,它们的性能与复杂程度也随之增加。项目管理办公室的主要职能如表3-4所示。

4. 项目管理办公室的类型与成熟度

根据不同组织文化、组织结构和项目管理的成熟度,PMO也可分为三种类型:保证型、控制型、战略型。

1) 保证型PMO——初始级

保证型是PMO建立的初始阶段,主要为项目经理提供管理支持、行政支持、培训、咨询顾问、技术服务、知识管理等支持服务,这种角色以低调的辅助者的身份出现,容易得到项目经理的认可,不容易引起太多的反对和权力之争,在PMO刚刚起步的阶段,这种方式容易得以实施和执行,主要向主管副总和项目经理汇报。

2) 控制型PMO——管理级

控制型PMO在强矩阵式组织结构中容易实现。在这种情形下,PMO拥有很大的权力,相当于代表公司的管理层,对项目进行整体的管理和控制(Program Management),保证项目的顺利执行,实现项目目标和组织目标。这时PMO的工作可以包括:项目经理任命、资源的协调、立项结项的审批、项目的检查和数据分析、项目经理培训等,可独立向总经理汇报。

3) 战略型PMO——优化级

战略型PMO是PMO发展的高级阶段。在这种情形下,PMO承担着企业项目筛选、战略目标确定与分解等任务,具有承上(战略理解)和启下(启动项目)的双重任务。这时进行项目群管理,确保所有项目能够围绕着组织的目标,并且能够为公司带来相应的利益,可直接向最高管理者汇报。

4) 成熟度演进

在实践中可以发现,很多企业PMO初期往往采用"保证型"的形式,随着从业人员项

表 3-4 项目管理办公室的一般职责

工作范围	所提供的服务
项目计划工作的技术支持	① 选择和维护项目计划方法 ② 保存和更新计划模板 ③ 收集和整理经验教训 ④ 维护项目进展情况的衡量标准 ⑤ 为时间和费用估计提供咨询
项目审计	① 制定并检查项目每个里程碑所需的核对表（检查清单） ② 支持项目问题的解决 ③ 记录和维护解决问题的方法或方案
项目控制方面的支持	① 不断维护项目变更控制的记录 ② 维护项目变更控制的措施及终止项目的条款 ③ 确定并不断维护时间表中的项目 ④ 进行项目发展趋势的分析 ⑤ 支持项目状态报告的开发 ⑥ 对所有项目进行总结和提炼
项目团队方面的支持	① 参与项目团队的组建工作 ② 对团队成员进行项目管理技术的培训与指导
开发项目管理技能	① 对未来项目所需的技能进行评估 ② 参与项目的绩效评价 ③ 支持项目团队的不断学习
维护项目管理程序	① 维护和更新项目管理的基本方法 ② 提出关于项目管理程序培训的一般要求 ③ 将项目管理制度化 ④ 确定程序所要求的培训 ⑤ 维护项目管理的制度、程序和方法 ⑥ 确定程序所要求的通用培训 ⑦ 维护项目管理的政策、程序和方法
项目管理工具	① 为项目及组织机构进行工具需求的评估 ② 评价现有工具对项目的适用性和兼容性 ③ 协调项目团队的工具培训 ④ 提供有关工具的技术专家意见
项目执行方面的支持	① 建议新项目的优先级 ② 就跨项目的资源分配提出建议 ③ 审查对项目进展情况的评估结果 ④ 为执行项目的人员提供项目管理咨询
项目报告	① 定期或连续地收集和确认信息 ② 准备并分发各种报告 ③ 为高层管理者准备报告

续表

工作范围	所提供的服务
问题	① 为项目经理建立记录并跟踪相关问题 ② 问题解决之后核销该问题 ③ 维护有关问题的历史资料以供参考
风险	① 进行风险评估、量化,减轻风险 ② 跟踪风险及结束风险事件 ③ 准备应急计划
行动方案	① 建立行动方案的记录并跟踪各项举措 ② 在行动方案实施结束后进行整理 ③ 维护关于行动方案的历史资料
信息交流	① 准备信息交流计划 ② 根据需要更新信息交流计划 ③ 向项目利益相关者分发各种报告 ④ 保存和维护各种交流信息的副本
进度表	① 利用自动化系统准备项目进度表 ② 根据项目进度报告记录项目进展状态 ③ 根据需要制定项目进度表
费用	① 准备项目预算 ② 根据费用支出情况维护费用预算 ③ 报告预算执行情况
质量	① 准备质量保证和质量控制计划 ② 维护质量保证和质量控制计划 ③ 准备测试和演示方案 ④ 保存和更新测试记录
内部项目管理咨询	对项目的各个阶段提供项目管理专家意见以改善计划、恢复项目、对技术问题提供建议、为项目的成功提供建议。

目管理知识的丰富与项目管理经验的提升,以及组织级项目管理成熟度的提升,内部职责与权限的明晰,1~2年后PMO逐步将行政的职能分解到行政部门或资源部门的助理人员,更加专注于多项目的监控与项目分析、项目管理体系的建设与项目经理团队的培养,这标志着已进入了"控制型"PMO的阶段。当PMO的数据分析对公司的决策与流程的变革、项目可行性分析、优先级排序、市场的开拓起到重要作用,1~2年后PMO逐步承担更重要的角色——战略分解与项目筛选,为公司领导决策起到重要的支持与参谋作用,即进入到"战略PMO"的阶段。

所以说一个PMO从建立到成熟至少要经历3~5年的时间。PMO的成熟与发展一方面需要公司领导的重视、组织机构的扁平化与矩阵化、组织级项目管理成熟度的提升;另一方面更需要从业人员自己的不断努力与提升技能,以适应组织对PMO日益提高的能力与素质要求。企业可根据其发展的不同阶段选择不同类型的PMO,对于混合型组织结构的大型企业来讲,在控制级及战略级可根据需要分别建立PMO。

3.1.4 项目团队内部结构

通常,项目团队内部也划分为不同的管理层次,并随着项目组织结构与项目性质的不同而有所不同。常见的项目团队组织结构可按矩阵式、项目式及多项目组织等进行再分类。

1. 矩阵式组织中的团队结构

1) 简单矩阵式结构

简单矩阵式项目组织成员一般由组织从原有职能部门抽调,直接组合成为项目团队,并由组织高层领导指派项目经理全权负责项目运作,如图3-11所示。项目经理的职责一般包括根据公司领导层或项目办公室的决策领导项目组成员实现项目目标;项目组各成员完成具体的任务,实施项目工作,完成项目目标。

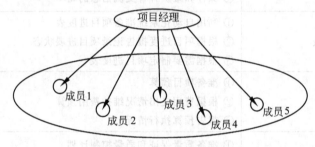

图3-11 简单矩阵式结构

简单矩阵式结构一般适用于实行矩阵式项目组织结构的企业或组织,并且所完成的项目规模较小,任务简单易行,成员数量少。该项目组织内部结构趋于扁平化,有利于团队气氛的营造和成员工作热情的激发,对外界环境变化反应迅速,但不利于进行较大规模、较复杂项目的运作。

2) 专业矩阵式结构

专业矩阵式结构一般从原有职能部门抽调,且人数较多,因此团队成员按专业整合为专业小组并接受项目经理的领导,如图3-12所示。项目经理的职责一般包括根据公司领导层或项目办公室决策的项目目标进行规划和分解,并按照分解后的目标对各专业小组的工作进行协调,领导项目各专业小组成员实现项目目标。专业小组成员承担实现项目目标所需要的具体工作和任务,并按专业分工不同以小组为单位完成专业任务,如设计、采购等工作。

专业矩阵式结构一般适用于实行矩阵式项目组织结构的企业或组织,并且所完成的项目规模中等,项目参与人员较多,需按专业划分进行管理。该项目组织内部结构较为扁平化,团队环境较为宽松,且专业小组的专家协同合作有利于技术水平的提高,但专业小组间需要协调与控制,因而导致项目管理的成本增加。

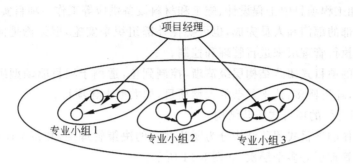

图 3-12 专业矩阵式结构

2. 项目式组织的团队结构

1) 单一组织的项目式团队结构

单一组织的项目式团队结构分为决策管理层、协调控制层和执行管理层三个层次,如图 3-13 所示。

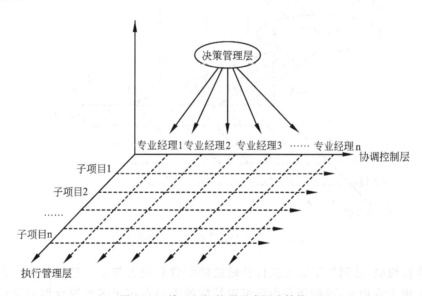

图 3-13 单一组织的项目式团队结构

决策管理层作为项目建设的最高层次,往往以委员会的形式出现,包括确定项目发起人、投资人、合资人等,主要负责确定和批准项目的总体计划、落实项目需要的资源、检查项目的进展和做出一些重要的决策,而较少介入项目的实际工作。

协调控制层是项目建设的枢纽和核心,主要工作是进行目标的规划,并根据项目决策层批准的目标在项目进展中进行动态的目标控制,以保证项目目标的实现,其核心任务是质量控制、进度控制和成本控制。这种目标控制是通过管理项目执行管理层各组织的行为和组织协调项目执行管理层的资源和利益冲突进行的。

执行管理层是从事操作并完成具体的任务,实现项目目标所需要的具体工作和任务的组织层次,如工程项目中工程设计、施工和材料设备供应等工作。项目实施中的工作可由企业组织内部的部门和人员完成,也可委托外部组织来实施,但无论是何种情况,项目组织都应建立执行管理层来进行管理和控制。

单一组织的项目式团队结构层级清晰,控制到位,适用于项目驱动型组织,且适用于完成工作量大,耗资额多,技术复杂的大型项目,如大型土建项目。

2) 多组织合作的项目式团队结构

多组织合作的项目式团队结构分为团队共有的决策管理层,和每个团队独有的协调控制层和执行管理层等多个层次,如图 3-14 所示。

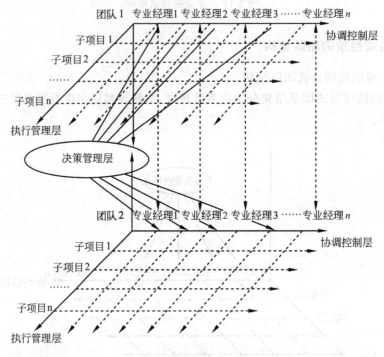

图 3-14　多组织合作的项目式团队结构

决策管理层、协调控制层和执行管理层的职责和权力与单一组织的项目式团队结构中各层级大致相同,两种项目内部组织结构的不同点在于多组织合作的项目式团队结构具有多个协调控制层和执行管理层的管理与沟通界面,每个界面的工作只能独立完成,而各界面的工作需要沟通与合作,项目才能继续进行。因此各专业经理需要将各自团队的项目目标完成情况进行交流和比对,但各专业经理没有最终决定权,整个项目的重要决策由项目发起人及各组织的投资人、合资人及其他高层领导共同组成的决策管理层做出,并协同领导各团队的协调控制层落实项目需要的资源、检查项目的进展情况等。

多组织合作的项目式团队结构大多适用于项目驱动型组织合作完成的超大规模项目,如航天飞机的开发和建造等,具有责任划分明确、沟通渠道合理、规范等优点,但该项目组织层次繁多,结构庞杂,项目整体运作效率较低。

3. 多项目组织的团队结构

1) 等级式多项目组织结构

等级式多项目组织结构是一种面向并行工程的多项目组织管理模式,通过在项目大组中建立等级式小组的组织方式来进行企业内多项目管理。在图 3-15 中,各负责人分别负责项目 1、项目 2、项目 3 和项目 4 的运作,同时对各项目负责人的权力按 1、2 和 3、4 的顺序由大到小进行授权,项目之间的协调由最上层的项目负责人负责。例如,项目 3 和项目 4 由负责人 3 进行协调,项目 2 和项目 3 的协调由负责人 1 负责。

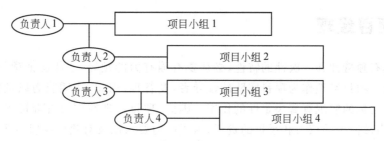

图 3-15 等级式多项目组织结构

这种等级式结构能够提高组织效率,在项目之间进行良好的协调和解决冲突。但是对下层小组负责人的积极性和创新性会产生不利影响,在上层项目先完成后下层项目重组使得组织的不稳定性增加。

2) 集中式多项目组织结构

集中式多项目组织结构是由核心团队、并行团队和附属团队的合作来完成项目的,如图 3-16 所示。在集中式结构中,根据关联和类似程度重组所有的跨功能团队,形成集中式项目群。核心团队是中心节点和指导小组,项目 1、2、3、4 由核心团队和各项目的附属团队共同完成,具有共同的项目负责人。核心团队负责多个项目的关键部分,而附属团队负责各自项目除关键部分外的整体规划、设计与实施。在协同工作环境的支持下,核心团

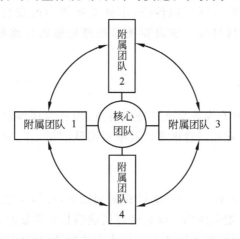

图 3-16 集中式多项目组织结构

队和各项目附属团队之间具有良好的沟通路径与协作创新的氛围。

集中式多项目组织结构主要应用于生产制造型企业的项目管理,在技术共享方面具有一定的优势:第一,集中式多项目组织可对多项目在模块、技术上进行共同的调整,当某一个产品的核心设计完成后,可以立刻为其他项目所借鉴和利用;第二,集中式多项目组织结构有利于提高多项目的并行效率,当把具有类似技术特征的项目集成为一个项目群来管理时,可以大大缩短各项目单独攻克技术难题的时间,并容易发挥出项目整合的优势;第三,集中式多项目组织可充分利用稀缺人力资源,为团队成员能力的发展建立良好的培养途径。

3.2 项目经理

项目具有独特性和一次性的特性,必须要有强有力的领导,才能保证项目目标及时、有效地完成。项目经理作为项目团队的领导者,其管理、组织、协调能力以及知识经验水平都对项目目标的实现有着决定性的作用。因此,项目经理在项目管理过程中所处的角色定位、应当被授予的权力和承担的责任、素质能力要求以及对项目经理的选择和激励都是项目管理过程的关键环节。

3.2.1 项目经理概述

项目经理是项目的负责人,也称为项目管理者或项目领导者,负责项目的组织、计划及实施全过程,以保证项目成功实现。项目经理在项目管理过程中起着关键的领导作用。一般在项目正式立项之后,各项工作计划编制之前,首先应当任命项目经理,对其进行正式授权后,项目经理才能开始负责组织开展项目的各项工作。

在实际的项目管理过程中,项目经理作为项目负责人,需要对企业高层领导者负责,协调项目目标与企业战略发展之间的关系,同时项目经理需要与拥有资源控制权的职能经理以及持有一定思维定式的客户进行谈判,明确客户需求并及时获取项目可调用资源,此外还要处理和协调团队内部不同性格、不同业务能力的成员之间的关系,形成高效项目团队并顺利完成项目目标。这需要项目经理能够很好地处理各个角色之间的转换问题。

1. 项目经理的角色

由于项目组织结构具有横纵交叉管理的特点,项目管理涉及多方依赖关系。项目经理在与职能部门经理、企业高层管理者以及项目团队成员之间的交往中表现出不同的角色特点。

1)领导者

项目经理作为项目领导者应当具有敏锐的洞察力,在错综复杂的环境中能够做出正确的决策,从而引导团队走向成功。项目经理还应当具有明显的表率作用、强大的凝聚作用,能够保证其他人跟随他,激发团队成员的斗志并指导他们实现共同目标。

项目经理作为领导者,在项目管理过程的不同阶段的领导风格也会有所差别,当任务目标突出、时间紧迫时,项目经理多注重对项目工作本身的组织和支配权力,形成强有力的决策领导力。在项目执行过程中,项目经理则侧重于以人员管理为中心的领导风格,通过相对民主、自由的方式,促进团队成员完成相应的工作,激发团队工作的创造力。

2) 跟随者

作为项目团队的领导者,项目经理是由企业高层管理者选拔出来的,在对项目全权负责的同时也必须对公司领导层负责,听取其指导意见,使项目目标的完成符合企业战略发展的需要。这种跟随者特征同时反映出项目经理的权力是有限的,项目目标的完成需要获得公司领导层的支持,项目经理必须懂得如何成为一名有效的跟随者,以便为项目获得更多的支持。

3) 协调者

项目经理与职能经理的责任有所区别。职能经理一般是从某一特定的专业部门中培养或提拔上来的,具备该领域的专业技能,因此职能经理是负责领域资源的有效控制者。项目经理由于项目的临时性、多变性、跨专业性等特点,很难具有与项目相关的全部技术专长,因此项目经理必须成为有效的协调者,以确保实现项目目标所需的人力、物力以及资金资源能够被有效地调用。并且,通过项目经理的协调,项目成员之间、项目团队与高级管理层(特别是与职能部门经理)、客户和外部协助人员之间的冲突能够得到有效的缓解和平衡,从而确保项目各个环节的有效运作。

4) 监督者

作为一名卓越的领导者,项目经理需要对项目团队成员的任务完成情况进行有效的监督控制,尤其在项目执行阶段,项目经理需要定期对项目团队成员进行考核,发挥项目监督者的作用,及时掌握和了解项目的实际执行情况。同时,通过对项目团队成员的任务考核,项目经理可以发现项目计划偏差,并及时采取必要的纠偏措施,保证项目目标按时、保质地完成。

5) 沟通者

项目管理过程会涉及企业内部及外部的多个利益相关者,项目经理由于角色的多变性常处在权责不明晰的状态下,在项目管理过程中,常常要面对各种利益冲突。因此,项目经理必须是一位有效的沟通者,要对项目团队、高级管理层、客户及任何可能与项目的绩效和成果有关的人负责,协调各利益方的要求。

2. 项目经理在组织中的定位

由于项目通常都是在一个比项目组织本身更高一级的组织背景下产生的,人们习惯将项目经理定位为中层经理,类似于组织的部门经理(职能经理)。由于项目经理及项目环境的特殊性:一方面,项目经理所行使的"中层管理"与职能经理所行使的"中层管理"在管理职能上有所不同,通常,项目经理的决策职能有所增强,且行使控制职能的方式也与职能经理不同;另一方面,由于多数组织拥有稳定的组织架构和运行方式,为完成项目而构建的项目组织却是临时性的,因此项目经理可能遭遇"责大权小"的境遇。如表3-5所示对项目经理在组织中的作用和地位进行了比较。

表 3-5 项目经理与职能经理的比较

比较内容	项目经理	职能经理
扮演角色	因事择人	指导下属
知识结构	经验丰富,知识广博	技术专家
管理方式	注重目标	强调过程
思维方式	系统思维	解析思维
工作手段	个人影响力和计划控制权力	职位权力
主要任务	对项目整体的进度、质量、成本等多个目标的实现负责	规定任务责任人、技术工作完成的流程、完成任务的费用

3. 项目经理的职责、责任和权力

明确项目经理的职能、责任和权力对项目目标的实现有非常重要的作用。

1) 项目经理的职责

由于项目所处行业、规模、复杂程度的不同,项目经理的详细职责也不尽相同,但项目经理的基本职责也具有一定的相似性,概括来讲有以下几方面。

(1) 组织。项目经理组织工作的核心是组织精干的项目团队,开发设计项目团队的组织结构、配置人员、制定规章制度、规范项目中各职位的岗位职责和范围,建立项目内部、外部的沟通渠道,定期对项目组织进行评价等。这一职责的成功标准在于项目团队能够高效率地运转,且项目经理能够有效地领导。

(2) 计划。项目经理的根本任务是确保项目全部目标一次性完成,实现项目各方的相关利益要求。因此,项目经理要根据项目具体情况确定总目标和阶段目标,并进行目标分解,制订项目总体控制计划(包括成本、进度、资源、质量等方面),落实控制措施。这一职责的成功标准是项目目标的实现以及项目计划的优化可控性。

(3) 指导控制。项目经理在项目实施过程中的主要职责是指导和控制项目计划的实施,包括在项目实施过程中做出正确的决策、项目信息的管理以及项目资金的控制。

首先,项目经理是项目团队的最高决策者,建立决策系统以便在适当的层次做出决策是项目经理的基本职责,也是项目管理能够顺利实施的重要前提。项目过程决策主要有两种:其一是客观问题决策,指在项目实施的各个阶段,可能涉及的一些确定性决策问题,如招标、设备采购的选择、资源的分配等;其二是关系矛盾决策,指在工作过程中,项目团队内部产生矛盾时需要做出有关组织结构、人员变动等的决策。这一职责的成功标准是决策后问题得到有效处理,化解各方矛盾同时调动团队成员的积极性,保证项目目标的实现。

其次,项目经理既是指令的发布者,又是外部信息和内部信息的集中点。因此,项目经理有责任建立一个完善的信息管理系统,以确保项目团队内部横向和纵向的信息联系,有效监督项目成本、质量、进度、实施情况,使项目团队与外部信息联系畅通无阻,在项目实施阶段有效协调项目团队与项目各利益相关方之间的活动及财务、技术关系。这一职

责的成功标准是项目实施过程中,项目信息联系通畅,项目内外部协调控制及时有效。

再次,为了保证项目对资金的需求,项目经理必须取得和收回应当由项目团队使用的资金;当项目合同变更时,应及时结算。这一职责的成功标准是项目合同变更和索赔事项处理妥当,确保项目有足够的运行资金。

2) 项目经理的责任

考虑到项目经理在企业及项目中的角色和地位,项目经理的责任主要体现在四个层次上,即项目经理对企业所应负的责任、对项目委托人所应负的责任、对项目所应负的责任,以及对项目团队成员所应负的责任。

(1) 项目经理对企业所应承担的责任。项目经理对企业所应承担的责任主要表现在以下三个方面:

● 保证项目目标与企业的战略发展目标相一致,使项目的成功实施以实现企业的战略目标为前提。

● 一个企业通常拥有不止一个项目,其重要性及优先程度各不相同,由于企业所拥有的资源是有限的,项目经理有责任对企业分配给项目的资源进行有效的管理,保证在资源约束条件下所得资源能够被充分而高效地利用。

● 与企业高层领导进行及时有效的沟通,及时汇报项目的进展状况,成本、时间等资源的花费,项目实施可能的结果,以及对将来可能发生的问题的预测。项目经理要努力获得企业高层管理者对项目的支持,从而有利于项目目标的实现。

(2) 项目经理对项目委托人所承担的责任。项目经理对外部客户所承担的责任主要表现在以下三个方面:

● 充分识别委托人的需求。项目经理应组织项目组成员运用需要识别的相关工具、方法,对委托人的实际需求进行充分识别以明确项目目标,同时为项目计划制定的有效性提供依据。

● 及时与委托人进行沟通,汇报项目相关信息。项目经理是委托人了解项目进展的接口。

● 项目运行过程中可能受到技术能力或客观环境的影响,使项目目标不能全部完成,此时项目经理应与委托人协调,修改项目目标或采用其他方式降低项目损失。

(3) 项目经理对项目所应承担的责任。项目经理对项目所应承担的责任具体表现在以下两个方面:

● 对项目目标的实现负有主要责任,对项目的开展进行计划、监督与控制,保证项目按时、保质并在预算内达到预期结果。

● 保证项目的整体性,保证项目在实施过程中自始至终以项目目标为主导。项目在实施过程中存在各种各样的冲突,项目经理在解决项目冲突的过程中要起重要作用,做到化解矛盾,平衡利害关系。

(4) 项目经理对项目团队成员所应承担的责任。项目经理对项目团队成员所应承担的责任表现在以下三个方面:

● 为项目组成员提供良好的工作环境与氛围。项目经理作为项目的负责人及协调人,首先应该保证项目组成员形成一个好的工作团队,成员之间密切配合,相互合作,拥有良好的团队精神及好的工作氛围与环境,特别应高度关注项目小组中的关键成员及高级研究人员,这是激励项目成员的重要手段。

● 对项目团队成员进行绩效考评。项目经理要建立一定的考评制度,对项目团队成员的工作进行监督与考评,且公正的考评制度也是激励员工的一种手段。

● 由于项目小组是一个临时的集体,项目经理在激励项目成员的同时还应为项目小组成员的未来发展考虑,使他们在项目完成之后,有一个好的归属,这样可以使他们无后顾之忧,保证其安心为项目工作。

3) 项目经理的权力

为了更好地开展项目工作,项目经理在项目管理过程中承担重要责任的同时也应获得适当的权力,而授予权力的关键在于授权的程度大小。项目经理的工作范围贯穿于项目实施的全过程,因此,对其授权也应贯穿于项目实施的全过程,涉及项目实施的所有方面。项目经理的权力大小一般根据以下原则来确定:

(1) 根据项目在组织中的地位以及项目的组织结构形式授权。一般将项目经理的权力与职能部门经理进行比较。如果项目是职能式结构,项目经理的权力可能在职能部门经理之下;如果项目是纯项目式结构,且不存在职能部门,那么项目经理的权力可能仅次于公司高层管理人员。

(2) 根据项目的重要性大小、风险程度或项目规模程度的不同授权。对于企业的关键项目或技术复杂、质量要求高的项目,项目经理所拥有的权力相对加强;对于大规模复杂的项目或高风险项目,项目经理的权力也会适当增加。

(3) 根据项目经理的能力授权。项目经理的领导水平和管理经验较强,则应授予足够的权力以发挥其创造性;相反,对于领导水平一般、管理经验不丰富的项目经理,则要保留部分权力。

一般来说,项目经理的权力表现在以下五个方面:

(1) 用人权。项目经理应有权在项目范围内决定项目团队的组成、选择和聘任项目团队成员,并对团队成员有监督、考核、奖励及辞退的权力。但是,一般条件下,项目经理只能影响项目团队成员的升迁,并没有权力进行决策。

(2) 财务决策权。在财务制度允许的范围内,项目经理应有权根据项目需要和计划安排动用资金、购置和使用固定资产,有权对项目团队成员的项目薪酬和奖励进行决策。

(3) 进度计划权。项目经理应有权根据项目进度总目标和阶段性目标的要求,对项目进度进行考核、调整和资源分配。

(4) 技术质量决定权。项目经理应有权批准有关技术方案的技术措施,必要时应组织召开论证会,或者组织相关技术专家进行技术支持,以防止技术失误。

(5) 资源采购和使用权。项目经理有权对采购方案、目标和到货要求进行决策;对于企业内部资源,在项目范围内,项目经理可以调配资源,必要时,项目经理要协调职能部门或上报管理层来获取资源使用权。

3.2.2 项目经理的任职条件

项目经理应当具备较为全面的知识与技能,以赢得企业高层、团队成员和项目客户的信任。不同项目、不同组织形式中的项目经理,工作性质和内容不同,但其基本任职条件却相近。

1. 项目管理专业知识

项目管理专业知识是项目经理完成任务的基础条件。项目经理需要将不同企业、不同技术领域的成果结合起来,掌握较为全面的商业基础知识和了解不同专业领域相互协作的规则。此外,由于项目经理要参与或监控项目各项任务的执行情况,并做出相关决策,因此还应掌握一定的管理技能,能够在项目的不同阶段运用合理的管理方法组织团队成员进行工作。

2. 领导能力

项目经理权力有限,却又不得不面对复杂的组织环境,肩负保证项目成功的责任。因此,项目经理需要具备很强的领导能力。具体地说,项目经理要有快速决策能力,即能够在动态的环境中收集、处理信息,并进行有效决策。

由于项目有一定的生命周期,通常只持续一段时间,因此有关决策的制定必须快速而有效,这就要求项目经理能够及时发现对项目结果产生影响的问题,并快速加以解决。

领导能力又包括指导能力、授权能力和激励能力三个方面。指导能力是指项目经理能够指导项目团队成员完成项目的能力;授权能力是指项目经理能够合理赋予项目团队成员相应的权力,让他们可以做出与自己工作相关的决策;激励能力是指项目经理懂得怎样激励团队成员,并能设计出一种富于支持和鼓励的工作环境。

3. 人员开发能力

项目经理有责任对项目工作人员进行训练和培养,将项目变成为每个成员增加自身价值的机会。项目经理应积极创造一种学习环境,使团队成员能从他们所从事的工作及其经历中获得知识,并就自我发展的重要性与团队成员交流,促进成员的自身发展,这也是项目团队长期良性发展的必要条件。

4. 沟通技巧

项目经理必须是一个良好的沟通者,他需要与团队成员以及承包商、客户、职能部门经理、公司高层管理人员定期交流沟通。频繁有效的沟通可以保证项目的顺利进行、及时发现潜在的问题、征求改进项目工作的建议、保持客户的满意度、避免发生意外等。项目经理应提倡及时、公开的沟通方式,应善于听取不同的意见。

5. 人际交往能力

人际交往能力是项目经理必备的技能,这类技能需要良好的口头和书面沟通能力。项目经理与团队成员之间应建立一种良好的关系,适当了解成员的个性、能力,处理好团队成员之间的不和与分歧。

6. 应付危机及解决冲突的能力

项目的唯一性意味着项目常常会面临各种风险和不确定性，会遇到各种各样的危机，如资源的危机、人员的危机等情况，尤其是面对进度要求紧张、技术风险高的项目，项目经理很多时候会陷于困境和巨大的压力之中。项目经理应善于保持冷静的头脑，有能力化解这些压力，并具有对风险和不确定性进行评估的能力，通过经验的积累及学习过程来提高其果断应对危机的能力。优秀的项目经理还能够应付不断变化的局势，使团队成员、客户和公司管理层不因惊慌和挫折而陷入困境。

项目的特征之一就是冲突性。在项目管理过程中存在着项目组之间、项目组与公司之间、项目组与职能部门之间、项目组与客户之间的各种各样的冲突。冲突的产生会造成混乱，如果不能有效地解决或解决的时间延长，就会影响团队成员的凝聚力，最终会影响项目实施的结果。冲突得到有效解决的同时还可以体现出它有益的一面，可以增强项目组成员的参与性，促进信息的交流，提高人们的竞争意识。了解冲突发生的缘由并有效地解决冲突是项目经理所应具备的一项重要能力。

7. 解决问题的能力

项目经理应具备预测和推断能力，尽早发现问题，以便有充裕的时间设计成熟的解决方案。同时，项目经理应具备果断的决策执行能力，发现问题后尽快带领团队成员利用分析技术，对有关信息进行估计并采取行动。此外，项目经理应具有洞察全局的能力，能意识到解决方案对项目其他部分的影响，包括对客户及上层管理者的影响，并在最佳解决方案提出后，委派给合适的人员完成。

3.2.3 项目经理的选择

项目经理是决定项目成功实施与否的关键人物，因此如何挑选出合适的项目经理非常重要。项目经理的挑选主要考虑两方面的问题：一是挑选什么样的人担任项目经理；二是通过什么样的方式与程序选出项目经理。

1. 挑选项目经理的原则

选择什么样的人担任项目经理，除了考虑候选人本身的素质特征外，还取决于两个方面：一是项目的特点、性质、技术复杂程度等；二是项目在该企业规划中所占的地位。挑选项目经理应遵循以下四条原则：

（1）考虑候选人的能力。关于项目经理所应具备的能力，前面已经进行了充分的阐述。候选人的能力应包括技术能力和管理能力两方面。对项目经理来说，对其技术能力的要求视项目类型的不同而不同。对于一般项目来说，并不要求项目经理是技术专家或比项目其他成员懂得多，但他应具有相关技术的沟通能力，能向高层管理人员解释项目中的技术，能向项目小组成员解释顾客的技术要求。无论何种类型的项目，对项目经理的管理能力要求都很高，项目经理应该有能力保证项目按时在预算内完成，保证准时、及时地汇报，保证资源能够及时获得，保证项目小组的凝聚力，并能在项目管理过程中充分运用谈判及沟通技巧。

（2）考虑候选人的敏感性。敏感性包括对企业内部权力的敏感性、对项目小组及其成员与外界之间冲突的敏感性及对危险的敏感性三个方面。对权力的敏感性，使得项目经理能够充分理解项目与企业之间的关系，保证其获得高层领导的支持。对冲突的敏感性能够使得项目经理及时发现问题及解决问题。对危险的敏感性，使得项目经理能够避免不必要的风险，及时规避风险。

（3）考虑候选人的领导才能。项目经理应具备领导才能，能知人善任，吸引他人投身于项目，保证项目组成员积极努力地投入项目工作。

（4）考虑候选人应付压力的能力。产生压力的原因有很多，如管理人员缺乏有效的管理方式与技巧，其所在的企业面临变革，或经历连续的挫折而迫切希望成功。由于项目经理在项目实施过程中必然面临各种压力，项目经理应能妥善处理压力，争取在压力中获得成功。

2. 项目经理的挑选方式与程序

一般企业选任项目经理的方式有以下三种：

（1）由企业高层领导委派。这种方式的一般程序是，由企业高层领导提出人选或由企业职能部门推荐人选，经企业人事部门听取各方面的意见，进行资质考察，若合格则经由总经理委派。这种方式要求公司总经理本身必须是负责任的主体，并且能知人善任。这种方式的优点是能坚持一定的客观标准和组织程序，听取各方面的评价，有利于选出合格的人选。企业内部项目一般采取这种方式。

（2）由企业和客户协商选择。这种方式的一般程序是，分别由企业内部及客户提出项目经理的人选，然后双方在协商的基础上加以确定。这种方式的优点是能集中各方面的意见，形成一定的约束机制。由于客户参与协商，一般对项目经理人选的资质要求较高。企业外部项目，如为用户装修房屋、为客户咨询等，一般采取这种方式。

对于企业外部项目，还存在一种特别的形式，即企业方有一个项目小组，而客户方同时也有一个项目小组，每个项目小组各有项目经理负责。这种形式要求两方的项目经理充分沟通，以保证项目要求及项目最终完成的一致性。

（3）竞争上岗的方式。竞争上岗主要局限于企业内部项目，其具体方式不拘一格。其主要程序是由上级部门（有可能是一个项目管理委员会）提出项目的要求，广泛征集项目经理人选，候选人需提交项目的有关目标文件，由项目管理委员会进行考核与选拔。这种方式的优点是可以充分挖掘各方面的潜力，有利于选拔人才和发现人才，也有利于促进项目经理的责任心和进取心。竞争上岗需要一定的程序和客观的考核标准。

3.2.4 项目经理的培养与发展

项目经理的培养不是一蹴而就的过程，一个优秀的项目经理需要相当长的培养周期才能成长起来。当前企业普遍在项目经理的培养方面重视不够，大多数企业一般没有选拔培养项目经理的长远计划，一般是在现有的管理人员或担任其他项目领导职位的人员中进行选拔和培养。这种方法严重地制约了对优秀的、有潜力的项目经理人才的培养及其进一步发展。实际上,企业培养项目经理应是一个积极主动的过程。当今社会对高素质的项目经理的要求和需求不断上升;同时,项目经理的更新交替也经常发生,新任职人员在担任项目经理时也要进行系统培训。因此,企业应制订长期具体的培养计划,培养各年龄层,特别是年轻的项目经理,要注重理论联系实践的培养方式,使项目经理候选人在理论上进行学习,同时在实践中加以锻炼。这样才能培养出全方面的懂技术、会管理、善经营的各年龄层的项目经理,形成项目经理队伍合理的梯度结构,从而增强企业后劲,适应市场的变化和发展,强化项目的管理,提高企业整体管理水平。

1. 项目经理的培养

项目经理的培养主要靠工作实践,这是由项目经理的成长规律决定的。成熟的项目经理都是从项目管理的实际工作中选拔、培养而成长起来的。

1) 项目经理的培养

在取得了实践经验和基本训练之后,对比较有理想和有培养前途的对象,企业应在经验丰富的项目经理的带领下,委任其以助理的身份协助项目经理工作,或者令其独立主持单项专业项目或小项目的项目管理,并给予适时的指导和考察。这是锻炼项目经理才干的重要阶段。对在小项目经理或助理岗位上表现出较强的组织管理能力者,可让其挑起大型项目经理的重担,并创造条件让其多参加一些项目管理研讨班和相关的学术活动,使其从理论和管理技术上进一步开阔眼界,通过这种方式使其逐渐成长为经验丰富的项目经理。

2) 项目经理的培训

除了实际工作锻炼之外,对有培养前途的项目经理人选还应有针对性地进行项目管理基本理论和方法的培训。项目经理作为一种通才,其知识面要求既宽又深,除了其已具备的专业知识以外,还应进行业务知识和管理知识的系统培训,内容涉及管理科学、行为科学、系统工程、价值工程、计算机及项目管理信息系统等,具体内容如下。

(1) 项目管理基本知识。其主要包括项目及项目管理的特点、规律,管理思想、管理程序、管理体制及组织机构,项目沟通及谈判等。

(2) 项目管理技术。其主要包括网络计划技术、项目预算、质量检验、成本控制、项目合同管理、项目协调技术等。

项目经理的具体培训方法应有以下两种。

(1) 在职培训。让选拔出的有前途的项目经理人选与有经验的项目经理一起工作,并被分配给多种项目管理职责,进行岗位轮换,这是一种正规的在职培训。与此同时,还应使得候选人参与多个职能部门的支持工作,并与客户建立联系。

(2) 概念培训/学校培训。让项目经理参加课程、研讨班以及讲座,具体上课方式采取讲授与交流及案例分析相结合的方式。对于项目管理基础知识和管理技术应采用系统的理论讲授方式。对于项目管理技术的应用,一般采取经验交流或学术会议的方式,通过研究讨论、成果发布、试点经验推广、重点项目参观等方式,把项目经理们组织起来,有针对性地进行专题交流。项目案例分析是培训的最好形式之一,由于项目的实施具有复杂性、随机性、多变性和灵活性,这些不是靠讲授系统的方法所能深刻领悟的,而对一个好的案例的深刻剖析,可以使学员从不同角度得到综合训练。在案例教学的同时还可以进行一些模拟训练,采取模拟项目实际情况的方式,让参与者分别扮演不同角色,身临其境,这样可以培养学员的综合判断能力和灵活应变能力。

2. 创造优秀项目经理的条件

随着项目管理理论、内容和方法的不断更新、变化,新情况、新问题、新思路、新经验不断出现。因此对现任在岗的项目经理来说,企业需要对他们进行再培养,促进他们不断学习,掌握新知识,更新观念。对于新的项目经理,企业也需要在基本理论的基础上,培养项目经理适应新形势的能力。企业可以从以下几个方面为优秀项目经理的成长创造条件。

(1)建立项目经理人才成长的激励和约束机制。项目经理是企业职工,但有其特殊性,用主人翁精神和企业文化要求他们固然重要,但不足以使其形成管理经营复杂项目工作的强大而持久的动力。因此,要让项目经理充分发挥作用,保持不断进取的动力,必须把他们的个人利益与项目的效益及企业绩效相联系,建立激励机制。当然,应当正确把握激励的力度,项目经理享有相当大的权力,但是这种权力不能没有制约,他要对客户负责,对企业负责,同时也要对团队成员负责。由此,必须建立一套完善的制约监督机制,对其行为进行有效的监督,防止权力的滥用。

(2)为项目经理的成长创造宽松的环境。从企业整体角度而言,要保证项目经理有职有权、权责对等。项目上的人、财、物的决策主要由项目经理负责,项目经理在项目管理过程中遇到问题,受到非议或不公正待遇时,应受到高层管理者的支持。企业高层管理者也应客观地协助项目经理处理工作中的困难。总之,优秀项目经理的成长需要多方的支持与协助。

3. 实现向项目经理的转变

对于大多数即将成为项目经理的人来说,他们曾经是技术专家或具有较强的技术能力。换句话说,有相当多的人成为项目经理的一个重要原因是因为他们具备完成项目任务所需的某项技术,且技术水平较高。

技术专家对项目组进行管理有明显的优势:他们熟悉本专业技术,因此能够指导下属的专业工作,易于和项目中占大多数的技术成员沟通并在他们中形成影响力、树立威信等。然而,这些技术型项目经理也存在一些劣势,他们容易过分关注本专业内的工作,或者以技术人员的心态去处理团队管理中的问题,不能有效区分技术工作与管理项目组工作之间的本质差异。因此,为了培养合格的项目经理,尤其是以技术背景选拔的项目经理,企业要在他们发展的过程中使其逐步完成由专业人员向综合项目管理人员的转化。

1)由关注技术转向关注拥有技术的人的行为

项目经理是借助团队成员的劳动来完成项目目标的。然而很多技术出身的项目经理很容易陷入做具体工作的陷阱之中,而忘记了自己的管理职责所在。项目经理在通过团队成员完成项目目标的过程中还要使团队成员产生认同感,要帮助团队成员寻找到项目工作的意义,在使项目成功的过程中,让团队成员也能体会到工作上的成就感。因此,项目经理必须将注意力从关注项目组成员的技术能力转移到调动团队成员的工作积极性上,寻求共同的价值观,形成团队的共同目标。只有这样,才能将他们的潜能激发出来。

2) 由理性向有限理性调整

量化管理基于逻辑思维方式,这与技术专家所受的教育与训练背景相关。缜密的系统分析和逻辑推理、决策是技术专家的突出特点。然而,作为管理者,需要具备系统的分析问题的能力,并对形势做出快速、及时有效的反应。这种能力需要培养直觉,这是建立在多年经验与训练基础之上的一种判断力,而直觉又无法通过客观的逻辑进行解释,由于项目组的任务面临许多不确定性,因此在团队管理中应当注重逻辑、经验和直觉相结合。项目经理必须将行为方式从完全理性调整到有限理性上来,以保证项目的流程符合基本制度标准,同时也能够借助经验,甚至直觉来处理一些突发事件。

3) 由追求完美转向追求满意

对管理者而言,只有是否合理、有效之分,而没有对错之分。管理没有标准答案,追求十全十美、完全正确的管理方式,不仅不经济,还不可能。技术专家型项目经理要想摆脱在管理中追求标准答案的陷阱,一种有效的途径是记住并灵活使用 20/80 原则,即 80% 的结果产生于 20% 的原因。对于团队管理工作,20/80 原理可以变形为:在制定激励政策时,如果不能做到面面俱到,就要尽量使团队中的关键成员,即那些认同团队价值观又很有能力的成员满意。在技术领域常用的使成果变得完美的方法是反复试验,但这在项目管理的过程中是行不通的,因为项目具有独特性,同时重复的实验会使项目团队成员丧失对项目经理的信任。因此项目经理必须由追求完美转向追求满意,以使项目的管理工作更有成效。

4) 由做自己感兴趣的事情转向做自己该做的事情

判断项目经理是否有效的标准是项目组的绩效而不是项目经理做了哪些工作。项目经理应侧重于"做对的事情",而不是像技术人员那样侧重于"把事情做对"。项目经理必须努力学会授权,特别是要将自己所熟悉的、所热爱的技术性工作让团队的其他成员来负责,自己将精力转移到系统思考、获取资源和人际协调等工作上来。

5) 由着眼于项目工作转向着眼于项目的商业价值

每个项目的启动都是为了达到一定的商业目标。即使项目是为了解决某个技术问题而发起的,项目经理也不能忽视为达到项目目标所需要的成本和究竟解决技术问题能给企业、客户以及其他利益相关方带来何种价值等问题。职业化的项目经理能够准确地把握项目对企业、客户和其他利益相关方的商业价值。如果项目经理习惯于从利益相关者的角度去思考项目价值,则其就具有了成功管理项目的前提。相反,技术专家会根据自己对技术假设的理解和爱好来推断客户同样有此类爱好或技术认同,因而他们容易因强调技术或质量特征而忽略财务等项目要素。项目经理必须将其着眼点放在项目整体的商业价值层面,系统分析项目内部各个要素间的关系,才能有效完成项目目标。

6) 由技术权威转向管理能手

由于项目活动对项目经理的综合要求,使其很难保证在某一技术领域的绝对领先地位。项目经理必须能够管理在某些专业知识方面超过自己的下属,要放弃通过技术优势获得权威认同的途径,寻求新的能够对团队成员产生影响力的方式。因此,项目经理在扮演谈判者、资源分配者、冲突处理者、评估者等多个角色,要努力提高项目在企业中的地位,使团队成员获得自豪感;要注重将合适的人分配到合适的任务中,并广泛获得团队外部资源;要建立一种团队秩序,处理好团队成员之间以及团队与外部之间的冲突;要公平、合理地评价每个团队成员的价值,并以适当的方式对其进行鼓励和认可。

3.3 项目团队

项目团队管理是指项目团队的组建与过程管理的相关过程。其目的是根据项目任务及其实施进度的需求,不断配置、整合项目的人力资源,使其能够密切配合,激发并保持团队成员对项目的忠诚与奉献精神,最大限度地提高其能力和挖掘其潜能,督促团队成员高效地完成各项工作,以实现项目目标。

3.3.1 项目团队概述

1. 项目团队的定义

团队是由两个或两个以上的人组成的一个共同体,该共同体拥有共同的目的、绩效目标及工作方法,具有自我约束力,并在工作中紧密协作,相互负责。也就是说,团队就是指由具有不同层次权力和责任的,通过分工与合作达到某一确定目标的一组人。

团队的概念包含以下含义:

(1) 必须有明确的目标。任何团队都是为了具体的目标而建立和存在的,目标是团队存在的前提。

(2) 分工与合作并重。分工使团队成员各自有明确的子目标;合作则体现团队的协作性和互补性,使其形成合力,共同完成项目目标。

(3) 团队应有不同层次的权力和责任。这是因为团队分工要求赋予每个成员相应的权力和责任,以便实现团队目标。

团队的形成是组织适应快速变化环境要求的结果。为了适应企业内、外部环境的变化,企业必须简化组织结构层级和提供客户服务的程序,将不同层级中提供同一服务的人员或服务于同一顾客的不同部门、不同工序的人员结合在一起,从而在组织内形成跨部门的团队,使组织的工作由以任务为中心的团队完成。

项目团队是为适应项目的有效实施而建立的团队。项目团队因项目性质、复杂程度、规模大小和持续时间长短的差异,其具体职责、组织结构、人员构成和人数配备等也不相同。项目团队的一般责任是项目计划、组织、指挥、协调和控制。项目团队要对项目的范围、费用、时间、质量、风险、人力资源和沟通等方面进行管理。

2. 项目团队的特点

高效的项目团队能够按时按量、在预算条件内高质量地完成项目目标,满足项目委托者的需求。正如项目本身的独特性一样,项目团队也有其自身的独特性,无论是项目经理的管理协调方式,还是团队成员的激励偏好、合作形式等都会有所差异。但是,高效的项目团队通常具有以下特征:

(1) 共同的目标。项目团队为使工作有所成效,应该明确项目的目标,并且要求每个成员对项目目标有着明确的理解、认识,向往这一目标的实现并愿意为之奋斗。

(2)因事设人、因才施用。团队能够清晰地明确团队成员各自的特长与能力,并能合理分工,知道何时需要什么样的人做什么样的事,能够保证每一个成员充分发挥其效力。

(3)角色分配平衡。项目团队应对项目各分解任务能够清晰识别,从实际出发平衡各种角色,以保证团队系统发挥最大效应。

(4)凝聚力高。团队在将能量集中用于解决问题时,分工的同时,团队成员应能互相帮助,视团队事业为己业,主动发现问题、解决问题。

(5)彼此信任,亲如一家。团队成员应相互关心,信任他人所做和所要做的事情,在和睦的气氛中发表看法、讨论问题。

(6)敢于尝试、勇于创新。团队应鼓励成员承担风险和发挥创造性。在团队中,错误应被看成是学习的机会而不是惩罚的原因。

(7)人文环境。团队应创造和谐的环境,关心成员的生活、成长,鼓励成员的"自我管理、自我实现"。

3.3.2 项目团队的发展

B. W. 塔克曼(B. W. Tuckman)将团队的发展成长划分为四个阶段:形成(Forming)、震荡(Storming)、正规(Norming)和表现(Performing)。但是为了更好地对应项目的生命周期的划分,保证项目团队生命周期的完整性,我们将项目团队在项目收尾期最后的解散过程也作为一个阶段,这样,项目团队的发展可分为五个具体阶段:形成、震荡、正规、表现和解散(Disbanding),如图3-17所示。

图 3-17 项目团队发展阶段

1. 形成

项目团队的形成阶段是该团队发展进程中的起始步骤。在团队形成过程中个体成员转变为项目团队成员,团队成员开始相互认识。

在这个阶段,团队成员总体上有积极的态度,急于开始项目工作,并试图对要完成的工作明确划分并制订计划。然而,这时由于团队成员不了解各自的职责及其他成员的角色定位,常表现出焦虑状态,几乎没有实际进行工作。

在项目团队形成阶段,项目经理要进行以下团队指导和构建活动:

- 说明项目目标,项目成功所产生的益处。
- 明确有关项目的工作范围、质量标准、预算及进度计划的标准和限制。
- 完成项目团队成员的角色定位,进行职责描述。
- 确立团队工作的初始操作规程,如沟通渠道、审批及文件记录工作。
- 与团队成员就团队管理的方式和期望进行商讨,并组织成员着手工作。

2. 震荡

在项目团队第二阶段震荡期过程中,团队成员对项目目标更加明确,开始运用技能着手执行分配到的任务。但项目组成员容易产生挫折、愤怒或者对立的情绪,由于该阶段团队关系未正式确立,每个成员会根据其他成员的情况,对自己的角色及职责产生疑惑,对自己的责任及其所对应的权力范围产生不满。

项目经理在此阶段仍应进行指导,但比形成阶段的力度要小:

- 对每个成员的职责及团队成员相互间的行为关系进行明确分类。
- 通过团队成员共同参与项目初期问题的解决和决策过程,明确团队成员的权力范围。
- 容忍团队成员的不满情绪,并积极创建一个理解和支持的友好型项目环境。

项目经理应努力解决震荡期中的矛盾,防止不满的集聚,不然可能导致项目功能震荡,使项目置于危险中。

3. 正规

经过震荡阶段后,项目团队进入正规发展阶段。团队成员之间、团队与项目经理之间的关系已确立,团队成员的个人矛盾已经得到基本解决,矛盾程度要远远低于震荡阶段。同时项目规程得到改进和规范化,控制决策权也由项目经理个人交出项目团队整体进行,团队凝聚力开始形成,团队意识逐渐形成,团队信任得以发展;项目团队中有大量的信息、观点和感情讨论过程,合作意识增强。

项目经理在此阶段应尽量减少指导性工作,更多地扮演支持者的角色,表现为:

- 组织团队成员对项目关键控制点的决策结果进行评估,并制定最终的决策方案。
- 在项目资源不足时,应及时协调沟通,支持项目团队的工作。
- 组织团队会议,听取项目工作报告,全面掌握项目信息。
- 定期对团队成员的工作完成情况进行绩效考核。
- 对于团队成员取得的成绩予以表扬。

4. 表现

该阶段项目团队工作积极性最高,急于完成项目目标,工作绩效也最高,团队表现出强烈的集体感和荣誉感。项目实施过程中,团队成员能够开放、坦诚地沟通,并能以团队、临时小组等方式进行工作,团队成员相互依赖度很高。团队成员能够感觉到高度授权,能够对工作中出现的突发事件或问题进行分析,提出可行的解决方案,同时成员会感觉到职业上的发展。

项目经理在该阶段应表现出完全授权、授责,给予团队足够的信任,表现为:

- 工作重点是帮助团队执行项目计划。
- 对团队成员的工作进度和成绩进行考核,并按照既定的激励机制给予奖励。
- 更多地关注项目预算、进度计划、工作范围等方面的项目业绩。
- 对于实际进度落后于进度计划的情况,项目经理要协助制定并执行应急方案。

5. 解散

对于项目团队而言，还存在解散阶段。在此阶段，项目团队的业绩已不是最高要求，反之其主要注意力已转向项目的收尾。各成员的心理反应也各不相同，有的成员会沉浸在项目团队的成就中，有的成员因为担心会失去在团队工作中建立的合作关系而沮丧。项目经理在该阶段既要考虑项目团队成员的感情，又要组织好项目的收尾工作。

图 3-18 形象地说明了在项目发展和成长的五个阶段，工作绩效和团队精神的不同水平。团队每个阶段所需要的时间和付出的努力受团队人员数量、经验、项目复杂程度和团队整体工作能力等因素的影响。

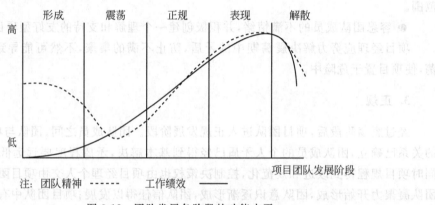

图 3-18 团队发展各阶段的功能水平

3.3.3 建立有效的项目团队

分析项目团队的发展阶段以及有效项目团队的特点后，如何在项目执行过程中有效建立和管理项目团队，使项目各周期与项目团队的发展相适应，是企业管理者以及项目经理所要完成的关键工作。

1. 项目团队的有效性

为使项目成员组成有效协作的团队，除了项目经理要付出努力外，也需要项目团队成员的支持。有效的项目团队具有以下特点：

（1）对项目目标的清晰理解。为使项目团队工作有效，要高度明确工作范围、质量标准、预算和进度计划。对于要实现的项目目标，每个团队成员必须对项目结果及由此带来的益处有共同的设想。

（2）对每位成员的角色和职责有期望。有效的项目团队的成员要参与制订项目计划，这样才能使团队成员能够了解彼此之间的协作关系，重视彼此的知识与技能，为实现项目目标所付出的劳动也能够得到肯定。每位成员都要承担相应的责任，完成特定的任务。

（3）目标导向。有效的项目团队中的每位成员都应强烈希望为取得项目目标的完成而付出努力。项目经理要为团队确定努力工作的标准,团队成员按计划完成各项任务,并接受项目经理的考核,及时修正项目计划以实现项目目标。总之,团队成员的所有工作重点都是为实现项目目标服务的。

(4) 高度合作互助。有效的项目团队通常要进行开放、坦诚和及时的沟通,成员乐于进行信息和感情的交流。团队成员不仅完成自己的任务,更希望其他成员也成功完成任务,并愿意在其他成员陷入困境或停滞不前时提供帮助。他们能互相做出和接受彼此的反馈和建设性的批评意见。基于这样的合作,团队才能在解决问题时富于创造性,并能及时做出决策。

(5) 高度信任。有效的项目团队中,团队成员理解他们之间的相互依赖性,承认团队中的每位成员都是项目成功的重要因素。每位成员都能够信任其他人可以按照标准完成任务。项目团队是通过及时反馈和积极正视问题来解决问题的。

2. 项目团队的构成

团队构成研究认为,无论从事何种工作,每个期望成功的团队都必须拥有一些角色,如创新者、协调者、监控评估者、完成者等,这些角色与团队规模无关,很多情况下一个成员要承担多个角色,且每个角色也可能不止一位成员担当。

但是,由于项目团队具有强目标导向、临时性和多变性等特点,即便在各个成员都按照角色偏好努力工作的情况下,项目的整体目标也不一定能够实现,项目团队的建立还应考虑项目本身的特征。项目描述、项目范围、项目管理过程都是项目团队建立的客观约束条件。在项目生命周期内,项目团队的构成应与这三个部分达到系统平衡,即如果任意一个部分发生变化,如项目客户对项目范围做出调整,项目描述、项目管理过程都会随之调整,而项目团队作为项目目标的具体执行组织,也要随之调整。同时,在项目的不同周期内,项目团队的特征也会有不同的表现。因此,我们要保证在项目实施过程中,项目需求与团队组成的一致性,如图3-19所示,是项目/团队一致性模型,反映了在项目全生命周期内,项目团队的建立与调整过程。

由项目/团队一致性模型可以看出,项目团队的建立过程与项目管理生命周期是紧密相关、彼此依赖的,只有将项目团队的建立、发展过程与项目管理过程进行匹配,项目团队才能体现出真正的有效性。

项目/团队一致性模型的建立经历了六个阶段,每个阶段基于项目管理过程对应,同时又体现了项目团队发展的五个阶段。

(1) 团队建设第一阶段,进行项目叙述性描述。以项目启动阶段交付的项目工作分解结构(WBS)所定义工作范围与内容以及项目利益相关者的工作要求作为创建项目描述过程的输入(A)。项目描述介绍了项目的基本特征,最终也与项目团队的特征相关联,只有当项目团队的创建是基于对团队所在项目的类型的考虑时,才能建立有效的项目团队。

(2) 团队建设第二阶段,创建理想项目团队描述。以项目描述作为建立理想项目团队描述过程的输入(B),理想项目团队是在项目描述中的工作分解和归类的基础上,分析确定完成项目任务所需的角色与职位以及它们之间的相互关系,将各角色的职责和报告

项目管理

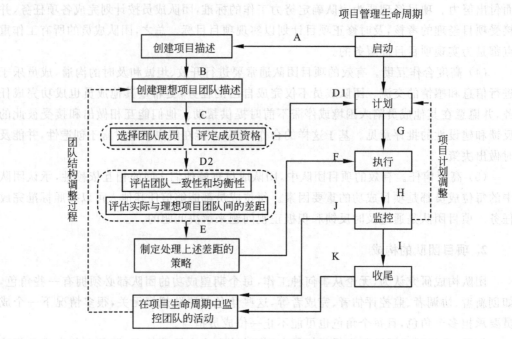

图 3-19 项目/团队一致性模型

关系形成组织结构图和职责描述表。

理想项目团队描述是对项目描述进行扩展,同时将注意力集中于项目团队上。理想项目团队描述是由项目描述导出的,在某种意义上理想项目团队的创建相当于设计一个系统,项目成功完成是系统所期望实现的功能。尽管理想项目团队可以用其成员的具体能力、熟练程度以及成员间的协作效果来定义,但由于项目资源的有限性,因而实际上根本无法形成理想项目团队,理想项目团队是团队建立的一个标准,或者说是一个组织目标。

(3) 第三阶段,形成实际项目团队成员。以理想项目团队描述结果作为形成实际项目团队的输入(C)。形成实际项目团队成员分为选择成员和评定成员资格两个环节。选择成员是指项目前期工作小组根据理想项目团队描述,查看现有人力资源的分配情况,选择可用的、符合能力要求的人员。在形成实际项目团队时最常遇到的问题是项目团队所需的人力资源不可用,而可用的人力资源能力水平又不能完全达到项目的实际要求,这时需要进行成员资格评定。评定成员资格一般是根据员工以往所承担的工作责任、绩效考核结果以及其所在的职能部门的部门经理的综合评价,进行客观公正的评估,以确定该员工是否适合项目工作。

在这一阶段后会并行地发生两个转换,一方面转向项目管理的计划阶段(D1),以实际项目成员的构成及其责任分配作为项目计划编制的依据;另一方面,继续项目团队的第四阶段建设。

(4) 第四阶段,评估实际项目团队的工作能力。以形成的实际项目团队成员结果作为评估实际项目团队工作能力的输入(D2)。评估实际项目团队的工作能力是指对现有项目团队的协作能力,优势互补能力进行一致性和均衡性分析,同时评估团队整体水平与项目实际需求的差距。评估实际项目团队工作能力是因为项目人力资源有限,形成的实际团队无法满足项目的全部要求,这时只能通过比较实际差距,寻找可开发策略或风险降低策略而不是改变团队成员资格来进行弥补,这也是团队建设的第五阶段。

(5) 第五阶段,制定处理上述差距的策略。以实际项目团队工作能力的评估结果作为制定处理差距策略的输入(E)。制定处理差距的策略主要分为两个层面:一是团队层面;二是个人层面。在团队层面,我们多关注于团队的策略制定过程、问题解决方式、矛盾处理方式、技巧和能力等,通过制定规范的沟通协调机制,从整体上改善团队成员的协作能力,弥补团队工作一致性和均衡性的差距。一旦实施了尽可能多的团队层面的规范策略,我们就可以转向个人层面,将重点放在个人培训计划上,从本质上提升团队成员的能力水平。

从团队整体和成员个人两个层面出发所制定的处理差距的策略对于项目的执行过程具有显著的指导作用(F)。对过程控制中由团队成员能力不足所导致的风险的早期预测,在实施过程中有很好的预警作用。至此,项目/团队一致性模型基本建成。

(6) 第六阶段,在项目生命周期中监控项目团队的活动。在项目的执行过程中,由于项目描述、项目计划以及项目团队人员的调整导致项目/团队一致性模型也要作出变动,这是一个"监督-反馈-调整-再监督"的循环过程。在图 3-19 中,项目的监控过程要随时监控项目任务的完成情况并进行相应的考核和反馈(J),如果项目范围或计划出现偏差或变更,并影响团队成员的责任分工或者团队成员不能满足当前的项目能力要求,则项目经理应快速反应并对项目团队的人员配置进行有效调整,使其与当前的项目描述相适应,再次完成项目/团队一致性构建。

在项目收尾阶段,项目团队还要接受项目的反馈信息(K)以对其团队的整体运作能力进行评估,形成相关的总结文档,可以作为后续项目团队建设的借鉴经验。

3. 项目团队沟通机制的建立

为保证项目团队管理的有效性,确保项目信息能够被及时收集、反馈和处理,以便顺利完成项目目标,项目团队应当在项目启动阶段建立有效的团队沟通机制。

项目团队沟通机制的建立过程应包括识别沟通干系人、完善沟通依据、确定沟通路径和方法等方面。

1) 识别沟通干系人

沟通干系人是沟通管理的执行者。由项目管理的特征可以看出项目团队的沟通具有范围广、信息量大、层级多、易产生冲突等特点,因此在项目沟通机制建立的最初阶段应识别项目沟通干系人,以明确项目沟通的主体,为后续沟通需求的识别以及沟通路径、方法等确定提供依据。项目沟通干系人的识别主要依据项目需求分析中的利益相关者分析以及与项目工作分解对应的项目组织分解结构。项目沟通干系人一般分为以下三个层面。

- 企业组织外部的沟通干系人。

该层面主要指项目团队所在母体组织之外的项目利益相关者,包括项目客户(或业主)、银行、项目监理方、项目专业咨询方、项目团队的外部合作方、下属承包商等。识别这部分干系人,并在项目生命周期内进行广泛的沟通,对项目团队明确项目需求、项目范围、项目目标、管理项目合同与变更等方面具有显著的作用。

● 企业组织内部的沟通干系人。

该层面主要指项目团队所在母体组织内的干系人,一般指企业高层管理者、项目管理办公室、各职能部门等。企业组织内部的沟通干系人是项目沟通机制中的关键因素,项目团队必须处理好与其母体组织之间的信息沟通,才可能在项目资源协调、项目采购组织、项目总费用控制等方面得到有效的配合与支持。

● 项目组织内部的沟通干系人。

该层面主要指项目团队成员。由于团队成员间的沟通是保证项目成功的关键要素,因此,从理论上说,团队全体成员都是项目组织内部的沟通干系人。项目组织内部的沟通干系人一般按照团队成员的角色职责划分,有利于项目的进度、质量、费用等方面的信息交流。

2) 完善沟通依据

除识别项目沟通干系人外,项目团队还要不断完善其他既定项目信息以保证项目沟通机制的有效性。沟通机制建立的依据包括:

● 项目沟通干系人。

根据沟通干系人确定沟通机制中的沟通对象,能够有效地避免信息沟通过程中的信息缺漏现象。

● 项目范围描述。

项目范围描述确定了项目沟通的主要范围,项目沟通机制中的沟通内容、形式、路径的确定都要在项目范围描述所界定的范围内,也就是说,项目沟通机制具有针对性,只有当项目范围描述发生变动时,项目沟通机制的界限才会发生变化,否则项目干系人间的任何沟通都是基于项目范围描述中的既定内容的。

● 项目工作分解结构(WBS)。

WBS能够清晰地反映项目的工作分解情况,分解后对于每个工作包的描述可以作为项目沟通的主要内容之一。项目团队通过沟通,掌握各个工作包的相关信息,对项目整体目标的实现有直接作用。

● 母体企业组织结构设计。

项目团队所在的母体企业的组织结构直接影响其职能权限的划分方式,进而影响项目经理的责任范围及其对于资源的调配能力,例如,项目经理控制资源的权力在强矩阵式组织和弱矩阵式组织结构中有明显的不同,与职能部门沟通的内容以及沟通的效用也有所不同。因此,依据母体企业的责任权力划分,明确项目资源的分布及获取方式是沟通机制有效的关键因素之一。

● 项目组织结构设计。

作为项目沟通的主要部分,项目团队内部的沟通机制主要依据项目内部组织结构来建立,如果项目内部的组织结构层级较多,则项目团队内的沟通复杂,涉及的沟通路径和反馈信息较多;如果项目内部组织结构趋于扁平化,则团队内的沟通简便易行,信息反馈发生错误或冲突的几率也会降低。为了更好地组织协调项目,项目组织结构更倾向于扁平化,这样可以在减少管理层次的同时降低沟通的复杂度。

● 责任分配矩阵。

责任分配矩阵清晰界定了每个成员的项目责任,为沟通过程的决策环节提供依据,因此项目团队必须要在项目启动阶段对各成员的责任划分明确,进而保证沟通的有效性。

3) 编制沟通计划

编制沟通计划,是为了使项目执行的不同阶段、不同任务、不同责任主体之间的信息交流标准化,尽量避免由于专业术语、标准以及业务人员自身能力问题所产生的信息不对称等障碍,从而有效控制项目的执行过程。项目沟通计划的编制包括项目各个阶段,尤其在项目执行阶段,项目团队还应不断确认沟通需求的变化情况,及时调整沟通计划。

一般来说,在项目启动阶段,项目团队成员要根据前文所述的六方面依据,充分识别项目全阶段的沟通需求,并制订初步沟通计划。沟通计划的内容包括沟通的具体内容、信息来源、信息接收方、沟通结果的主要用途、沟通频率、沟通方式以及沟通输出的相关文档(沟通决策),同时要设计与沟通计划相匹配的各种信息收集与汇总表单。在项目执行前,保证项目团队成员熟悉沟通计划并能够准确填写相应的表单。

(1) 沟通内容指需要沟通双方共享的信息,一般需要经过一个周期,信息收集者完成全面的信息收集且填写相关的表单。

(2) 信息来源指沟通内容的提供方,信息接收方指沟通内容的接收方,由于沟通具有矢量特征,所以明确信息来源和信息接收方是项目信息能够准确到达相关责任主体的关键。

(3) 沟通结果的主要用途与工作分解结构和责任分配矩阵相关联,信息接收方通过标准界面的沟通渠道获取信息是为了能够完成自己的工作任务,因此,团队成员对自身的任务和责任越明确,越有助于沟通机制的建立。

(4) 沟通频率根据项目控制的难度具体设计,非关键路径上的任务沟通频率相对低,关键路径上的任务沟通频率相对较高。

(5) 沟通方式指完成信息交流借助的工具,一般指纸质文档、电子邮件、会议方式和口头通知等。纸质文档方式一般用于严格标准化的项目信息,且沟通双方没有专业技术方面的障碍,只需要项目信息收集者定期提交文档,接收方可以根据文档内容完成后续任务,同时文档信息还可以作为项目相关信息备份。电子邮件形式的沟通包含两个方面,一方面等同于纸质文档的内容,这在一定程度上符合当前信息化管理要求,另一方面,电子邮件的联络方式受外部环境制约性小,因此可以更为随意,用于信息沟通双方的及时性处理过程,此种条件下,邮件内容不一定是标准表单格式,更侧重于关键信息。会议方式是处理多点间信息交互沟通的有效方式,项目团队需要对某些涉及多个部门、多项任务或者专业差异较大的项目信息进行集中处理,一般处理关键环节的信息决策,会议组织者可以是项目信息沟通的任何一方,但是会议必须有权力高于其他成员且能够做出相关决策的角色,以保证会议沟通的有效性。口头通知用于常规项目管理层面,是最简单的沟通方式,但其约束性较低。

在项目执行阶段,项目团队成员要按照初步沟通计划进行沟通,但由于项目具有风险,在应对风险时,项目经理为了能够实时控制项目状况,需要采用例外沟通,即重新识别沟通需求,在原有的沟通计划中加入更加密集的沟通节点;例外沟通以会议、文档等正式沟通形式为主;口头沟通则是项目经理及时跟进项目进度所采用的自发性活动。

此外,还要注意的是,沟通计划的编制要与项目组织内部结构与权力体系适应,涵盖横纵两个维度的矢量路径。横向沟通是项目团队内部管理的常规性活动,按照项目控制计划的要求,沟通较为频繁;在项目发生风险时,横向沟通也包含例外沟通,例外沟通的路径可以是重新设定的,如进度和质量的过程信息都要密集地向项目经理汇报。纵向沟通侧重于管理层对项目操作人员的管控,一般按照大的时间节点进行;当遇到风险事件时,纵向沟通可能与横向沟通相交叠,即组织的管理层直接接入到横向沟通过程中,参与项目过程决策,以便能够及时做出决定排除项目风险。

3.3.4 项目团队的管理

在项目/团队一致性模型中,项目生命周期中的项目监控和收尾阶段,项目经理都要对项目团队的活动进行监控,并采用必要的方法及时调整项目团队中的人员配置或协作关系,以保证项目目标能够有效实现。

1. 影响项目团队有效工作的因素

建立有效的项目团队会面临很多不确定性,项目团队会受到众多因素的影响导致不能按期、按质地完成项目目标。影响项目团队有效工作的因素主要有:

1) 目标不明确

项目团队失败最普遍的问题之一是团队成员对于项目目标缺乏明确的了解,在项目执行过程被阻碍,目标需求变更或是缺乏沟通时,团队冲突可能增加,项目产生的结果将会是不明确的。

2) 项目团队成员的角色和依赖关系不明确

团队依赖是指团队成员之间相互合作相互补充的关系。在项目管理中,项目成员必须依赖于其他成员相互合作才能达成项目目标。高效的项目团队是标准化的,在个人角色和职责的定义上几乎不存在模糊的情况,当团队成员的任务或指责不明确时,就容易产生冲突,造成时间浪费,影响项目进度。

3) 缺乏沟通

沟通不足可能有很多原因。团队成员职责或依赖关系的不明确,就可能造成沟通路径的不清晰,使团队成员不知道应该跟谁一起分享信息;同时,团队成员的信任感和凝聚力不强可能使团队成员不愿意与他人分享信息,这将严重阻碍团队沟通的顺利进行;另外,项目经理在团队组建初期没有建立成员之间信息共享的标准,以至团队成员之间由于不同背景不同专业的限制,在信息表达和信息交流的环节可能存在差异,造成信息表达不通畅,影响项目的跟踪控制工作。

4) 项目经理领导力不强

项目经理是团队的关键领导人物,所以项目经理的领导能力和领导方式可能会影响团队成员的绩效情况。如果项目经理没有根据项目目标的实际要求、团队成员的个性需求制定领导方法,可能导致项目团队成员对于项目经理的认可程度不高,不愿意服从其领导,使团队凝聚力下降,进而影响项目绩效。

5) 项目团队缺乏动力

项目团队绩效低的一个重要原因是由于团队成员缺乏工作动力。工作动力具有个人特性,一些因素(如技能挑战、晋升机会、薪酬奖励等)可能会激励团队成员积极工作,不同的成员对于激励的要求不尽相同。缺乏动力的原因可能是团队成员对项目本身没有信心,感觉目标不可能完成,另外还可能认为项目工作没有被认可,自己的工作没有必要性等。项目经理需要根据成员的特点以及项目的重要性设计合理的激励机制,以便持续地激励团队成员努力完成项目目标。

6) 项目结构不健全

项目经理应制定基本的工作规程,规定项目沟通的渠道、审批以及文件记录工作等事宜,并在项目会议中向团队成员解释说明。没有健全的项目结构可能使某些团队成员不能遵守项目计划要求,项目信息反馈效果不佳,项目经理管控有效性将大大降低。

7) 项目团队成员的流动

如果项目团队组成经常变动,新人员不断被分配到项目中,同时原有的人员离去,这种过于频繁的人员流动不利于团队凝结力的形成和稳定。一般一个任务期长、成员人数较少的团队,比任务期短、人数较多的团队更有效。尤其在职能型项目组织中,受职能部门经理的人员分配影响,团队成员可能兼职多项任务,因此对项目投入的精力也相对有限。

2. 有效授权

授权是管理人员与其他组织成员共同影响决策过程的管理风格,是授予员工在自己的职责范围内做出关键决定的权力。授权还能够使团队成员逐渐增强自我价值提升的意识,授权不是目的,而是一种手段,项目经理运用这一手段来释放团队成员本身所具有但未被利用的知识、经验和动力。有效授权过程应涵盖项目全过程,在项目启动阶段,项目经理根据项目范围描述、工作分解结构以及责任分配矩阵等界定标准,对项目团队成员进行授权;在项目执行阶段,项目经理还可能根据项目过程控制的具体情况,调整项目成员的权力范围,如应对突发质量风险事件,项目经理可能临时提升质量控制人员的权力范围,以使风险能够尽快排除,一般在突发事件结束后,项目经理还要重新调整权力范围。有效授权包括以下几个方面:

1) 创造授权文化

每个人都有一种实现自我价值的愿望,授权有利于团队成员接受富于挑战性的任务,使其能充分发挥自己的积极性和创造性,从而不断拓展自己的知识技能。每个项目的成功,不仅是项目经理管理的成功,还是所有实现自我价值的项目团队成员的成功。这就形成了一种授权文化,在这种文化的引导下,每个人都为实现自我价值而努力,最终实现项目的成功。但有时,项目经理在授权过程中会遇到一些阻碍,如项目经理想要表现自己,总想要亲自完成任务,这种情况下团队运行项目的能力可能会受到限制,以至阻碍了团队其他成员的能力发挥。同时团队成员也应敢于承担责任,建立自信。

2) 公开授权

授权不是漫无范围的分配权利,而应当明确范围。职权的分配是建立在任务的基础上的,授权范围过小,任务的执行过程可能受到限制,达不到授权的目的;授权过宽泛,任务执行中项目经理可能失去项目控制力,使项目运行风险增加。

同时,授权应是正式、公平的。授权的目的是进行权利、资源、信息和知识的合理平衡配置。授权的公正性可以避免成员之间心理的不平衡。因此授权要经过正式的委托和派遣,要使团队成员都了解授权的过程和权利的分配依据,这样才能得到团队成员的认同。

3) 沟通授权

有效的授权需要有效的沟通,项目经理要使团队成员充分认识到权利和责任的对称性,即要使团队成员明确他们取得的权利是什么,要履行的职责和要实现的目标包括哪些,同时还要明确这些职责的绩效考核标准。

4) 择人授权

授权要将任务委派给有能力、有经验的成员。授权本身也是使人发挥能力的过程,它能够提高团队成员的自我效能感,但要注意的是,项目经理有时会在很大程度上忽视了下属或团队成员的性格特征,而这对项目目标的实现常常有重要影响。

5) 择事授权

项目经理给团队成员授予权利,让其在执行任务时有相应的决策权,且尽可能不受到干扰。但这并不意味着所有的任务都可以授权给成员,项目经理是项目的最高决策者,对项目的全部目标承担责任,因此,项目经理要把集权和分权有效结合,择事授权,择时授权,授权有度。

6) 授权后跟踪和控制

授权一方面是将权利和责任转移给团队成员的过程;另一方面则是帮助成员发展自主管理所必须具备的能力的过程。因此,授权是相互影响是对权利进行创造性的分配,是共同承担责任。对授权进行有效地跟踪和控制才能实现上述两个过程,并在过程中进行调整,最终才能在团队中形成包容、民主的气氛。

3. 建立有效的激励机制

所谓激励,是指在一定的人性假设理论指导下,通过一定的策略和手段使员工的需要得到满足,从而调动他们的工作积极性,使其主动地把个人的潜能发挥出来,奉献给组织,确保组织达成既定的目标。激励能影响员工对一个组织或企业的适应。

无论是采用外包方式或合作方式,项目既定目标都必须由项目团队负责完成,对项目团队成员的激励也成为提高项目绩效的一个重要方面。实际上,项目团队作为一种组织类型存在,其项目团队的整体工作绩效取决于项目团队的综合努力程度,而项目团队的综合努力程度在本质上是由其项目团队各个成员的努力程度所产生的综合效应决定的。因此,深入探讨项目团队的激励机制,有利于提高项目团队成员的个体努力程度,进而提升团队的综合努力效应,这是保证项目顺利实施并取得良好绩效的关键之一。

1) 激励的原则

(1) 目标导向的原则。激励是为了让团队成员向实现团队目标的方向做出努力,是实现团队目标的一种手段。因此,判断激励是否有效,必须分析激励所产生的积极性是否有利于完成团队任务,实现团队目标。此外,激励目标的设定还应该满足团队成员的需要,否则无法提高成员的目标效价,达不到促使成员做出有效行为的目的。因此要将团队目标和成员目标结合好,使团队目标包含更多的成员目标,使团队成员目标的实现离不开为实现团队目标所做的努力,这样才会收到满意的激励效果。

（2）公平、公正原则。团队成员对个人所得的报酬是否满意不是只看其个人的收入绝对值,而是要进行社会比较和历史比较。每个人都对个人报酬与贡献的比率同他人的比率做比较,判断是否受到公平的待遇,以此来控制自己的工作行为。为实现公平、公正的原则,团队绩效不能平均分配。

（3）按需激励的原则。激励的起点是满足团队成员的需要,但成员的需要存在个体差异性和动态性,根据不同成员的特点和不同的时间阶段有所差异。团队领导在进行激励时,切不可只依据经验,制定同一标准,在实施激励时,必须深入地调查研究,不断了解员工的动态需求,有针对性地采取激励措施,才能收到事半功倍的效果。

（4）因人而异的原则。项目团队成员的情况千差万别,而且其主导需求各不相同,每个成员对于各种激励措施的反应程度也不一致,因此,采取激励措施必须要充分考虑成员各自的情况,区别对待,力争通过激励提高每个团队成员的积极性。

（5）物质激励与精神激励相结合原则。项目团队成员除了追求金钱财富增长以外,还有极多的精神方面的需求。因此,在设计激励机制时,需要把物质激励和精神激励有机地结合起来。

（6）长期激励与短期激励相结合原则。对团队成员进行激励的终极目标在于提升团队的核心竞争力和长期价值最大化,所以对他们的激励就不能仅仅考虑当前的需求,而应当把长期激励与短期激励结合起来,遏制利益驱动下的短期行为对长期目标的不利影响。

2）激励方式

激励的有效性是指通过激励手段能有效地实现预定目标。激励标准以及相应的绩效考核目标应在项目启动阶段由项目经理带领全体项目团队成员共同制定,并要获得全体项目成员的认可。激励是否有效关键在于激励方式能否充分调动团队成员的积极性使其完成任务,有效地实现预定目标。通常采用以下几种激励方式:

（1）物质激励与荣誉激励。这是项目团队中最基本、也是采用最多的一种激励手段。其中,物质激励包括工资和奖金等;荣誉激励是众人或组织对个人或群的高度评价,是满足人们自尊需要,激发人们奋力进取的重要手段。

运用物质激励时,要注意把报酬和团队成员的期望相联系,多采用浮动和分阶段标准的报酬分配制度,如可分为过程激励、关键节点激励和项目总体激励,并配置不同的奖励额度,这样可以鼓励成员提高效率,发挥潜能;同时还可以采用技能工资,鼓励员工扩展技能和成长;或运用灵活福利,满足不同成员的不同报酬组合差异。

（2）参与激励与制度激励。参与激励是指尊重员工、信任员工,让他们了解项目组织的真实情况,使其在不同层次和深度上参与决策,如参与项目设计方案的编制过程,从而激发成员的项目参与感,有利于知识型团队的成长。此外,项目团队的各项规章制度也是一种约束,成员在遵守规章制度的过程是约束和监理的双向激励。

（3）目标激励与环境激励。目标激励是由项目目标所提供的一种激励的力量。因为项目目标体现了项目团队成员工作和努力的意义,所以能够在理想和信念的层次上激励全体团队员工。明确工作职责和绩效目标是对项目团队成员进行的目标激励。目标管理强调把组织的整体目标转化成组织单位和个人的具体目标,通过目标具体性、参与决策、明确的规定和绩效反馈来减少角色模糊对成员工作的负面影响。良好的工作和生活环境可满足团队成员的保健需求,如设计合理的工作流程、提供先进的现代化办公设备等,以推动成员努力工作,所以具有很强的激励作用。

(4) 榜样激励与感情激励。榜样激励是通过满足项目团队成员的模仿和学习需求,来引导其行为达到项目团队目标的要求。感情激励是利用感情因素对人的工作积极性造成重大影响。感情激励是加强与团队成员的沟通,尊重、关心每一个成员,在成员间建立平等和亲切的感情。

4. 团队培训

培训的概念可以从狭义和广义两方面来定义。从狭义上讲,培训就是课堂讲授、案例研讨、游戏分享和角色扮演这一系列的活动。从广义上讲,培训则是指达到绩效提升的一个过程,它不仅包括狭义概念的内容,还包括其后的行为改善和绩效提升过程中的一系列工作。

一个完整的培训流程应该包括四个步骤:首先是分析培训需求,了解成员需要提高的技能与素质;其次是设定培训目标,设计培训的结果标准;再次是选择培训方式,以便使培训对象更容易达到培训目标;最后是培训评估,评价是否达到目标要求。员工培训应该是一个闭环流程。

1) 分析培训需求

培训需求分析是指在规划与设计每一项培训活动之前,由培训部门、主管人员、工作人员等采用各种方法与技术,对团队及其成员的目标、知识、技能等方面进行系统的鉴别与分析,以确定是否需要培训及培训什么内容的一种活动或过程。培训应贯穿于项目活动的全过程中,以及时发现问题,解决员工工作中的疑惑与困难。培训一般分为两种方法:工作任务分析法和工作绩效分析法。

(1) 工作任务分析法:评估新成员的培训需求。工作任务分析用以确定从事项目工作的新成员的培训需求。由于项目团队成员的流动性以及项目组织的动态性,使得人员上岗前必须要对他们进行相关的培训。在这种情况下,培训的目的是为了保证良好的工作绩效而进行必要的技能和知识开发,因此通常根据工作任务分析,确定培训内容。例如,工作的主要任务、执行任务的频率、各项任务的完成标准、在什么条件下完成工作任务以及每项任务所必需的技能和知识等。

(2) 工作绩效分析:确定在岗成员的培训需求。工作绩效分析是指检验当前工作绩效与要求的工作绩效之间的差距,并确定是应当通过培训来纠正这种差距,还是应通过其他方式(如工作调动、激励措施)来改进。工作绩效分析必须先确定希望成员达到的工作绩效标准是什么,然后对成员目前的绩效进行评估,找出存在的差距。需要注意的是,培训并不能解决所有的问题。工作绩效分析的核心是要区分开不能做和不愿做的问题,如果是不能做,则要具体了解原因(包括成员不知道要做什么或不知道标准、需要更多的辅助工具等),并根据原因制订相应的培训计划;如果是成员不愿做的,培训则不能解决问题,需要考虑改变奖励机制,或建立新的激励制度等。

2) 设定培训目标

完成需求分析后要对培训目标进行详细的说明,即要明确团队成员完成培训后能够做什么。培训目标包括学什么、到什么程度、在什么条件下进行培训等。目标的表达最好通过对可见的行为或表现进行描述。一般情况下,一个培训目标包括三方面的信息。

(1) 行为:可以通过一个动词来描述一个可见行为。如"操作"、"执行"等,对复杂的行为(如管理行为),则建议分为几句话描述。

(2) 标准:对上述行为动词进行程度性描述,如完成行为任务的时间、质量、数量和限制等。对应的问题是"多少"、"多快"、"多好"等。

(3) 工具:即完成上述行为的条件和可利用的资源。如手册、材料、辅助设备工具等。

3) 选择培训方式

按照时间划分,培训方式可分为新员工培训、在职培训、脱产培训和业余培训,主要是强调如何利用时间进行培训;还可以根据具体的实施手段将培训方式进一步细分如下。

(1) 讲授法。讲授法是人们最熟悉的培训方法,由培训者直接向受训者讲授知识。讲授法最大的优点是可以系统地将知识交给员工,只要内容选择恰当、讲授主次分明,就可以清晰地传授知识,并且可以将大量的知识在短时间内传授给员工,也可以将深奥的理论知识讲解清楚。培训者还可以采取提问和讨论等方式活跃气氛,引导受训者主动思考。但是讲授法常常被指责为是冗长而无实践的讲授,认为仅是系统地讲授知识,而没有提供实践的机会,可能使成员的知识只是停留在理论层面,缺乏对实践工作的操作性。

(2) 案例法。为了弥补单纯讲授法在具体情境方面的局限性,可以借助案例教学法,员工可以在具体的工作情境中分析问题、解决问题。案例教学法中向受训人提供关于某个问题的书面描述,这个问题可以是现实的,也可以是虚拟的,但都是对问题发生环境和冲突焦点的全面描述。受训人根据提供的资料,分析整个问题,并提出解决方案。案例法可以分组讨论,也可以独立完成。这种培训方法的好处在于可以大胆尝试解决各种问题,而不需要承担风险。因此可以多次分析,在不同的案例中培养员工分析、解决问题的能力,使其通过相互交流,激发灵感,打开思路,从而完善思维模式。

(3) 在职培训。在职培训指让受训者对熟练员工进行观察和提问。不同于前面两种方法,在职培训是一个在真实的工作环境中学习的过程,它是一种有效的培训方式。绝大多数工作都很难通过书面系统描述,并且很多工作细节也不可能在其他培训方法中详尽介绍,但通过在职培训可以观察到真实的工作情境,随时发现学习点,可以迅速地让员工掌握新的技巧和熟悉工作环境,这种方法可使企业节约培训成本,减少培训耽误的工作时间,且能对员工的学习情况进行及时反馈。但是在职培训中由于熟练员工不是专业的培训人员,因此对于受训者的要求有所提高,受训者要善于抓住培训中的关键点,及时提出问题。

(4) 其他培训方法。培训方法很多,公司可以根据员工的实际需要采用适宜的方法。其他培训方法包括角色扮演、程序化教学、自我指导学习、研讨会等。角色扮演指在设计的一个接近真实情况的场景中或情境下,让培训者扮演特定的角色,使其借助角色的演练来体验该角色处理问题的过程,从而提高解决该类问题的能力;程序化教学是用系统方法传授工作技能,先向受训者提出问题,让受训者回答,然后反馈信息,可以采用书或电脑作为教学手段;自我指导学习是让受训者自己全权负责的学习方式,不需要任何指导者;研讨会是由培训者组织的,对工作中的问题进行集中讨论,并共同得出结论的过程。

4) 培训评估

培训评估和反馈是不容忽视的。培训的评估一方面是对学习效果的检验;另一方面是对培训工作的总结。

(1) 培训评估的目的。培训评估的目的包括三个方面:第一,培训组织部门和相关部门经理通过评估培训对实际项目运作的改善程度,决策下一次培训的方式和内容;第二,培训负责部门通过评估培训结果,全面掌握和控制培训质量,对不合格的培训,应及时找到失误的地方进行纠正,并总结培训过程中的经验;第三,通过评估,对受训者的知识、技能、态度的接受能力和更新能力,综合素质与潜在发展能力有更好的评价。

(2) 培训评估的方法。评估方法分为过程评估和事后评估。前者重视培训活动的改善,从而达到提升实质培训成效的作用;后者则供人力资源管理部门的决策参考。企业应在培训过程中将两者有效地集合起来。

(3) 培训评估的层面。培训效果的评估,主要包括培训内容(学习资料、书籍等)、培训过程(演示、考试、讨论等)、培训行为(培训者行为、主管态度等)、培训结果(受训者的提升程度,企业进度、质量、成本等方面指标的提升)。

案例分析

五洲集团组织变革之路[①]

0. 引言

2008年,由于中国石油准备在国内A股整体上市,五洲集团作为其在A股上市的子公司引起社会的广泛关注。2008年11月20日起,五洲集团股票停牌,接受股权转让事项的研究、论证。2009年年底,五洲集团完成资产重组,正式退市。2010年中石油对下属企业实施产业链整合,将五洲集团从吉化集团剥离,重组至中石油东北建设工程有限公司旗下。

五洲集团是中国较早形成项目管理意识的企业之一,自2000年开始,公司业务发展迅速,在行业内的影响和地位得到了快速提升。近十年来,公司针对市场环境的变化和企业战略发展的需要,先后进行过两次大规模的组织变革。2010年公司被重组至东北建设工程有限公司后,原公司副总经理孙力被提任为公司总经理。孙力曾经担任过五洲集团西北区域公司的经理,业绩非常突出,在第二次组织改革中被提拔为副总经理。作为在五洲集团成长起来的公司总经理,他经历了公司的两次组织改革,也目睹了两次组织变革给公司带来的变化。他上任后面临的第一个问题,就是公司内部对再次实施组织变革的呼声越来越强烈,而公司内部中高层管理人员却分化出两种不同的变革倾向。作为刚刚提

---

① 本案例来自中国管理案例共享中心,由朱方伟、孙秀霞采编,案例部分内容进行了掩饰处理。

任的总经理,他必须及时对此次组织变革做出战略性的决策,因此他感到了一种前所未有的压力。

1. 公司简介

五洲集团工程有限公司(简称"五洲集团")是中石油东北建设工程有限公司旗下的二级公司,是中国化工建筑企业中资质类别最多、综合资质实力最强的企业之一。公司组建于 1950 年,原名为东北人民政府工业部化学工业管理局吉林工程公司;1965 年,更名为化学工业部第一化工建设公司;1991 年,划归吉林化学工业公司,更名为吉林化学工业公司建设公司;1992 年,吉林化学工业公司组建为吉化集团公司,公司随之更名为吉化集团公司建设公司;1998 年,随吉化集团公司划归中国石油天然气集团公司。2000 年 11 月,由吉化集团公司作为主发起人,联合吉林高新区华林实业有限责任公司、吉林市诚信房地产开发公司、宁波市富盾制式服装有限公司、上海华理远大技术有限公司共同发起设立了中油吉林化建工程股份有限公司。2003 年 7 月,公司 A 股股票在上海证券交易所发行上市。

五洲集团是国内首批获得化工石油工程施工总承包一级资质的企业之一,拥有五项施工总承包资质,分别为市政公用工程、房屋建筑工程、机电安装工程施工总承包一级、冶炼工程施工总承包二级、电力工程施工总承包三级。2007 年 3 月经国家建设部审核,公司获准晋升为"化工石油工程施工总承包特级资质",成为国内仅有的四家具有化工石油工程施工总承包特级资质的建筑业企业之一。除此之外,公司还拥有钢结构工程、机电设备安装工程专业承包一级,预拌商品混凝土专业承包二级,预应力工程、混凝土预制构件专业三级、轻型房屋钢结构专项工程设计乙级资质,并拥有 A 级锅炉安装、压力容器制造与安装、压力管道安装等许可证,以及对外经济合作经营资格证书和进出口企业资格证书。这些资质为公司广泛开拓市场奠定了坚实的基础。

五洲集团作为中石油东北建设工程有限公司的业务骨干单位,其核心产品为乙烯及其配套装置建设,先后新建、改扩建乙烯装置 10 多套,承担乙烯配套装置 100 余项,被誉为"乙烯建设专家型企业"。公司先后荣获中国建筑工程鲁班奖 2 项,荣获国家优质工程金、银质奖 10 余项,荣获省、部级优质工程奖 70 余项,创造了 10 项全国施工新纪录。其业绩遍及国内 20 多个省市、自治区以及美国、新加坡、利比亚、阿尔及利亚、俄罗斯等十几个国家和地区。公司成立以来,共建成 600 多项大中型工业生产装置及建筑工程。

公司拥有员工 1 781 人,平均年龄 37 岁;具有大专以上学历员工 1 216 人,占员工总数的 68.28%;具有中级以上职称人员 339 人,占员工总数的 19.03%。拥有国家一、二级项目经理(含注册建造师)277 名,国际杰出项目经理和全国优秀项目经理 32 名、取得 PMP、IPMP 国际项目经理职业资格认证 40 人,省部级优秀项目经理 35 名。拥有全国劳动模范 6 人,拥有以全国十大能工巧匠、全国十佳职业道德标兵、全国十大青年学习成才奖、全国技术能手、全国五一劳动奖章获得者等为代表的一大批高技能人才。公司先后被评为全国用户满意企业、中国建筑业领先企业、全国守合同重信用企业、全国最佳施工企业、全国质量效益型先进施工企业、全国实施卓越绩效模式先进企业、全国企业文化建设先进企业、全国工程建设信用 AAA 企业等。

多年来,公司坚持以"为世界建造最具价值的化工石油工程艺术品"为使命,以"成为化工石油建设领域全球闻名工程承包商"为愿景,逐步形成"人本为先、精品至上、和谐共赢、卓越共创"的核心价值观。通过不断地铸造价值观体系,谋划经营之道,培育高素质人才,塑造良好企业形象,打造一流品牌,形成了独具特色的企业文化。

2."99一号"成功带来的思考

1999年在五洲集团的发展历史上,是十分重要的一年。这一年,集团承接了一个30万吨乙烯装置工程项目,五洲集团称其为"99一号"项目。在此之前,五洲集团所承接的化工生产装置类项目通常为小型专项工程,技术要求低,更多的是来自吉化集团内部的工程任务,而"99一号"项目的工程量和复杂程度对五洲集团来说都是个挑战。然而,雄心勃勃的总经理王进却认为这个项目虽是挑战,也是个难得的机遇。担任总经理的王进化工专业毕业,毕业后分配到五洲集团,先后做过施工员、项目经理、部门经理,这一干就是近30年,再过10年他就到了退休的年龄。王总不但有扎实的理论基础,而且长期从事公司管理工作,工作经验非常丰富,也是一个富有改革意识和创新精神的管理者,他一直期待在自己任职期间带领五洲集团闯出一片新天地。

经过不懈努力获得"99一号"项目承包合同后,王总认为,如果"99一号"能够成功完成,一方面,将为五洲集团带来相当可观的利润,推动五洲集团的年利润值再创新高;另一方面,"99一号"项目的实施受到行业内外各方的关注,是树立五洲集团品牌、赢得市场信任、增强公司影响力,从而走出吉化开拓全国市场的绝佳良机。王进相信,在全公司的团结努力下,五洲集团一定能够出色地完成"99一号"项目,为五洲集团21世纪的腾飞赚下第一桶金。

当时,公司上下员工不过500人,各部门和专业公司分管不同的专业领域,五洲集团1999年的组织结构如图3-20所示。由于公司长期以来主要是依托吉化集团的内部工程业务发展,尽管有时也参与一些外部业务的投标,但总体比例非常小。因此,这个阶段各专业公司是公司核心业务资源,也是主要利润中心,公司利润指标具体分配到这些单位,而其他职能部门主要起协助、支持、监督和指导的作用。公司签订"99一号"项目总体施工合同后,考虑本项目涉及专业较多,同步施工也多,因此为了突出工程项目的战略重要

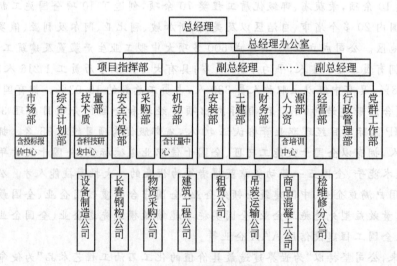

图3-20 1999年五洲集团的组织结构图

性,他们听取咨询专家的建议,在所有部门的上层临时设置了一个项目指挥部,委派公司相关副总经理在其中任职,这个项目指挥部并不是对项目进行实质性的指挥和控制,主要是当项目各参与部门间出现难以解决的协调困难时,出面做出行政性的协调决策。

为了更大把握地成功完成"99一号"项目,王总亲自上阵,组织和控制项目的整个实施过程。每天总有很多不同的事务需要他出面解决:召开相关负责人会议,听取项目进展中的困难,协调各部门的工作冲突,做出紧急事件的处理决策等。同时他还大量阅读和学习项目管理理论知识,探索五洲集团成功进行项目管理的思路、途径和方法。

果然不负众望,尽管项目进展艰难,"99一号"项目还是在王总的辛勤付出以及全公司的共同配合下,以较高的质量按时交付。项目的出色完成,不仅为公司带来了一笔丰厚的利润,还得到众多专家、同行们的肯定,赢取了当年的"中国建筑工程鲁班奖"。同时,项目的实施锻炼、培育了一批年轻员工,为公司的长远发展储备了人才。王进在感到无比欣慰的同时,回想整个过程的艰难以及在书中看到的先进管理模式,陷入了对公司今后发展方向的深入思考中。

一方面,类似"99一号"这样的大项目是可遇不可求的,但是大项目背后却隐含着巨大的市场危机——因为如果五洲集团继续坚守吉化市场,大项目完成后,公司就必然面对新一轮的发展低谷。王总认为公司未来的市场发展必须要走出吉化,但是目前公司的组织结构缺乏灵活自主性,重心在施工和生产单位,不能很好地适应项目化运行,传统的绩效考评和岗薪制也无法鼓励员工积极开发市场业务、自主提高专业技能,只是被动地接受高层的分配与领导。

另一方面,在"99一号"项目实施中,公司招募了大量的新员工,而项目结束后,人员安置和公司生计成为头等大事,五洲集团不能永远在吉化集团的框架内修修补补,要趁机开拓自己的市场,稳稳占领国内市场,并最终走向国际市场。并且,王总预测,伴随全球经济的快速发展,2000年以后我国石化产品市场将迎来发展的高峰,以炼油和乙烯为代表的化工石油工业建设将进入高潮期。

如此"天时地利人和",又恰逢五洲集团面临重组上市,王总认为,是时候对公司进行一次彻底的变革了,以便借助良好的经济发展环境,积极抓住市场机遇,稳固公司在化工建设领域的竞争优势。

3. 轰轰烈烈改革走出去

五洲集团的第一次组织变革从2000年的秋季正式启动。王总认为此次变革至少要解决两个问题,一是突出项目作为公司利润中心的核心地位;二是公司的优势资源要合理配置到项目中去。经过与其他高层管理者交流讨论,王总决定通过设立区域公司来开拓全国市场甚至国际市场业务,将公司内部的工程队伍、施工设备和生产单位等优势资源变成面向所有项目的公共资源,按照内部模拟市场结算向各区域项目公司转移,使项目成为公司新的利润中心;原来的专业公司在保证公司项目施工需要的前提下也同样可以对外承接项目,但是不再作为公司的利润考核中心。公司设想将年度预算指标分解分配至各区域公司,区域公司再通过开发市场、承接项目、设立项目团队,将所承担指标分配至各具体项目,最终形成以"公司—区域公司—项目团队"为主体的"三级管理、三级预算"目标管理体系。

组织改革思路基本确定后,王总率领公司主要管理人员对五洲集团现有市场和潜在

第3章 项目组织管理

市场进行了详细的市场细分,筛选出市场潜力较大的几个区域和城市,初步确定了五个主要的目标市场区域——东北区、华北区、西北区、西南区和中原区。接下来,在这五个地区设置区域公司,作为公司市场开发和项目管理的中心,公司每年年初为其设定收入目标、利润目标以及其他市场目标。

五洲集团总部主要负责公司的整体战略规划、重要资源协调、公司品牌和文化建设、公司资质管理等工作,将有关项目的大部分权限下放到各区域公司,原有的其他职能部门进一步精简,其主要职责是为各区域公司提供工作和资源支持。各专业公司依旧保留,在区域公司项目实施中承担相关专业的工程施工,与区域公司间构成一种内部的客户关系,实行内部市场化配置。区域公司和专业公司之间的供需平衡、利益分配以及矛盾冲突,由公司总部统一协调。

每个区域公司发展初期先配备市场、财务、技术等核心人员,在发展过程中,可根据自己的人员需求向总部提出申请,进行人员调度或社会招聘。后期公司总部甚至下放了人员招聘的权限,各区域公司可以根据自己的需要招聘员工。各区域公司经理还可以对自身所需的资源进行调配,与各职能部门进行协调,以获取最大的工作支持。第一次组织变革后的组织结构如图3-21所示。

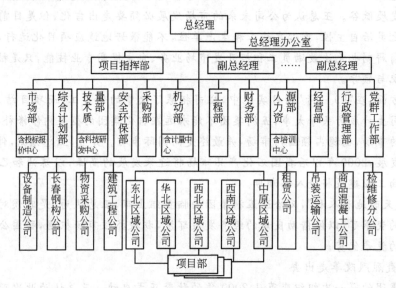

图3-21 第一次组织变革后的组织结构图

为了给各区域公司配置合格的管理团队,五洲集团开展了员工竞聘上岗。公司除了王进和其办公秘书之外,其余包括副总经理在内的所有员工都有机会通过竞争得到各区域公司经理一职。那些有志向、有能力、有信心能为公司成功开辟一片新领域的员工,纷纷向公司提出了申请。然后由公司高层领导和主要职工代表,对竞选者进行现场审核、评比。每一位竞选者提出自己的竞选目标,展示自己的未来管理规划和相应措施,并接受现场参与人员的提问,根据竞选者的资历和现场评分最终确定各区域公司的管理团队。

五洲集团在各区域公司间建立起竞赛机制,每月或每季度召开各区域公司工作汇报总结会,所有区域公司负责人将其年度目标完成情况、项目进展情况、出现的问题等进行交流,在公司整体形成了竞争氛围。在进行组织结构调整的同时,公司的薪酬制度也相应进行了调整,除了由岗位工资、年终工资、津贴构成的基本工资外,公司总部各职能部门的绩效工资与公司总体绩效关联;各区域公司增添了与经济指标、管理指标、财务指标完成情况相挂钩的效益工资;项目团队也拥有对项目超额利润一定比例的分配权(项目团队有项目超额利润的50%的分配权,即项目团队由于对项目管控到位,获得的超过项目预算之外的利润,项目团队可以留存超额利润部分的50%在团队内部分配)。这样各区域公司的市场开发情况、指标完成情况、项目利润情况都能直接反映到项目团队和相关管理人员、支持人员的工资报酬上,极大地带动了整个公司员工的干劲,公司也实质上形成了"公司—区域公司—项目团队"的三级管理体系和三级预算体系。

各区域公司成立后,各显神通,从一个项目开始做起,慢慢在当地扎根、发展壮大起来。随着区域公司市场业务的不断扩展,为了满足多项目并行的需求,各区域公司建立起不同的项目部,指定经验丰富的管理人员为项目经理,具体组织和跟踪项目的运行情况。区域公司将所承担的任务指标进一步下放,对多项目进行统筹协调和管理。项目一旦确立,实际操作都在项目部,项目经理对项目进度、质量和成本承担完全责任,也拥有一定的奖惩权利。

经过一系列的组织变革和管理措施的实施,五洲集团进入了高速发展阶段,公司的市场地位和各种盈利指标都得到了较快地提升。组织变革实施的第二年,五洲集团的主营业务收入实现了较高幅度的增长,增长率高达90%。同时2001年公司利润总额突破1亿元,是2000年利润总额的2.7倍。在良好的市场环境和变革影响的作用下,五洲集团在接下来的几年间,盈利水平实现了稳步提升。1999—2007年公司主营业务收入和利润总额的变化趋势如图3-22和图3-23所示。

除了获得良好的经济效益,这次组织变革对五洲集团的影响还体现在其主要业务的市场份额上。通过区域公司的设立,公司的主营业务量和市场占有率得到了大幅提升,基本覆盖了国内南方、北方、西北、西南等绝大部分地区,并在海外的中东地区和非洲地区有

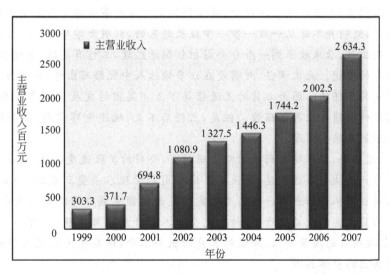

图3-22　1999—2007年五洲集团主营业务收入趋势图

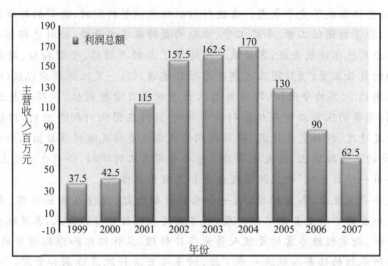

图 3-23　1999—2007 年五洲集团利润总额趋势图

所扩展。在此期间,所管辖的区域公司在最多时达到了 13 家的超大规模,包括海外的 2 家区域分公司,并在发展过程中配套增设了 9 家工程公司。五洲集团的发展速度在近十几年的国内化工建设领域算是一个飞跃的典型。

轰轰烈烈的组织变革也为企业的精神面貌和人才培养带来了改变。随着项目化运行机制的实施,公司上下深受鼓舞,尤其是以前总觉得才能没有机会好好展现的员工,开始对公司的各个项目跃跃欲试,公司中呈现出积极学习、互相竞争的良好氛围。在不断的市场开发和项目锻炼中,公司积累下一批经验丰富的实战人才,成为公司可持续发展的宝贵财富。

然而,在公司的业绩持续增长的关键时刻,总经理王进的身体却每况愈下,于 2006 年年底因病不能继续工作而被迫退居二线修养,总经理一职由从兄弟单位调任的刘明接任。

4. 新官上任后的问题暴露

刘明为人稳重,有多年的管理经验,最难得的是有着处事冷静又果敢坚毅的品质。与王总不同的是,刘明并不是从一线一步一步成长起来的,刘明大学毕业后就直接到了集团战略规划部门工作,后来被派到一个分公司担任副总经理,工作有思路、有魄力,很受吉化集团高层领导的重视。此次调任,刘明是在众多候选人中脱颖而出的,刘明当然也是满怀信心和希望走马上任的。因为之前对王进领导下五洲集团的发展历程有所耳闻,认为自己可以在前任的成绩之上再创辉煌。但是,上任后不久,他逐渐察觉到,公司高速运转的外表下实际隐藏着很多问题。

一方面,近些年,在市场与利益的双重驱动下,公司的扩张速度过快,很多区域管理人员的选拔并未严格执行筛选制度,这使得区域公司的管理水平受到威胁,一些急功近利、滥竽充数的项目团队开始出现。他们为了完成或者超额完成公司既定的业务目标,争取数目不小的项目奖金和效益工资,将精力完全投入到开发项目市场、拉订单、提升收入总额上,开始忽视项目的质量要求,降低对客户的服务水平,这在很大程度上影响了客户满意度和五洲集团的整体品牌。

另一方面,五洲集团所承接的项目开始变得鱼龙混杂,一些项目缺乏严格的项目合同审核,对于业主的信誉、资质等信息也放松了要求,最后造成大量的"烂尾"项目,项目款项拖欠甚至出现一些收回可能性极小的坏账。项目款项不能及时回收,影响了公司的偿债能力和流动资金周转,严重影响了五洲集团的财务和经营水平。

刘总认真分析了公司近些年的财务报告,发现2006年、2007年虽然主营业务收入保持增长,但是公司利润总额已经开始大幅下滑。他认为这其中的主要原因就是部分区域公司和工程公司在抢占和扩大市场的过程中,很多项目采用了让利中标的策略,又恰逢此期间人工、材料、机械等价格大幅度上涨,导致施工成本增加;还有部分项目出现延期、返修、索赔纠纷等情况,导致项目成本大大超支,而项目款不能及时收回。但是一些区域公司管理人员和公司总部一些管理人员却认为,公司利润率下降的主要原因是市场竞争越来越激烈,行业整体利润率在不断降低。

截至2007年年底,所有国内区域公司和工程公司中,只有两家区域分公司有较好的持续盈利能力,而其他分公司都出现不同程度的亏损;反而让他欣慰的是两家海外区域分公司业绩一直非常突出,而且发展势头良好,公司运作也严格按照国际惯例规范进行。

刘总意识到问题的严重性,认为必须采取有力的措施制止现状的进一步恶化,不能任由出现问题的区域公司和工程公司继续亏损下去。

5."三级到二级"的组织变革

眼前的一切与刘总最初的构想完全不同,他觉得眼下最紧要的是给五洲集团以明确的定位与战略规划,然后再一一解决现存的各种问题。公司的主营业务以石油化工建设类为主,此类项目具有投资大、安全风险高、专业性强、资金回笼周期长等特点,且易受外界环境影响,过程管控能力起到关键性作用。尤其是近些年国际油价大幅攀升,美元汇率持续波动,石化行业面临价格因素多变的局面,为整个化工建设领域带来了更多的不确定性和经营风险。国内石油化工建设高潮也已经接近尾声,各区域市场趋于饱和,市场竞争愈演愈烈。

综合评估五洲集团面临的机遇与挑战,刘总提出"整合"是五洲集团可持续成长的唯一出路,"眼下的五洲集团不应该继续分散力量,处处凿井,而应该重新优化整合公司资源,握紧拳头出重拳"。刘总规划了"三步走"战略目标,第一步,做精国内施工总承包,巩固行业领先地位;第二步,做大海外工程业务,形成跨地域发展;第三步,向上向下双向整合,做强EPC工程总承包,向化工建设行业高端发展。

基于战略调整的需要,刘总迅速在公司高层提议讨论调整公司组织结构体系。他认为,三级管理体系纵然能加大公司的市场开发力度,但是不能有效保证所承接项目都能有效完成,部分项目已经严重损害了公司的声誉,影响了公司的利润和可持续发展。尤其是众多区域公司并存的情况下,公司对于各项目团队的管控力度不够,各区域公司的管理水平参差不齐,导致目前项目管理过程不规范,损害公司利益的操作屡屡发生。因此,他提议公司应该实现资源高效集成管理和组织结构扁平化管理,将以往的"三级管理、三级预算"改成"二级管理、二级预算",砍掉原来的区域公司层次,将公司的各项预算指标直接分配至各具体项目,原区域公司的管理人员一部分向上分流到公司总部各职能部门,一部分向下分流到项目团队,同时充实公司总部职能部门管理力量和项目团队管理力量,然后由公司综合计划部与各项目团队共同协商确定每个项目的成本目标、利润目标,加强对项目的计划和控制力度。

这一提议遭到部分区域公司经理的抗议，认为公司这种改革会影响公司业已存在的有效市场拓展渠道，同时还会造成公司内部对项目的多头领导、协调混乱。但刘总的想法得到了集团总部多数高层管理者的认可，支持其按照自己的规划实施改革。但事实上，刘总在坚持整合调整的同时，在实际操作中采用了相对温和的两阶段过渡改革，先是从三级管理三级预算过渡到三级管理二级预算，撤掉了分公司层次的预算，然后再将人员向上向下整合，过渡到二级管理二级预算。

2008年初，公司对问题较多、出现利润亏损的区域公司开始实施撤销，仅保留区域内正在实施和业绩表现突出的项目团队。按照刘明的规划，各区域公司将被逐步取消，合并、缩减多余的工程公司，最终将所有项目收归至公司的直接控制之下，公司的收入、利润等预算指标直接分配至各项目部，项目部将成为公司的主要利润中心。在2009年年底，由"三级管理、三级预算"到"二级管理、二级预算"的组织变革全部完成。此次五洲集团改革完成后的组织结构如图3-24所示。

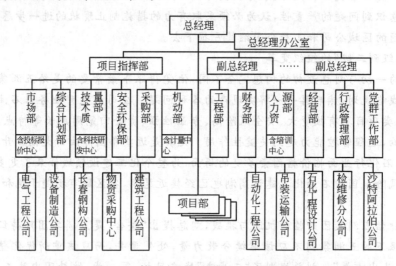

图3-24 第二次组织变革后的组织结构图

刘总将此次的组织变革定位于推行扁平化管理和规范化管理，使所有职能部门都积极地参与到项目的管理中去，实现全员管理的项目管理，增加公司对项目的管理规范性和控制力度。原来部分优秀的区域公司经理调回担任公司副总经理，负责若干区域的项目协调管理和相关职能部门的管理。项目经理成为公司创造利润的核心人物，在项目执行过程中，对于所需的资源与支持，直接向相关职能经理提出要求。各职能部门有责任积极配合项目工作的开展，并且要共同监督和控制项目的运行情况，对项目的实施和目标的完成承担一定的责任。按照刘总的设想，公司统一组织协调资源配置后，可以集中优势资源将重点项目做精、做强，更加灵活地应对市场需求变化。

为了防止公司内部不良竞争的再次出现，公司调整了效益工资的比例，压缩了不同岗位、不同级别之间的收入差距，并为项目经理规定了项目奖金最高限额，每个项目经理从所管理项目中获取的年度项目奖金之和不会超出最高限额。

2009年，各区域公司正在逐渐取消，所有项目管理的职权逐渐收归公司总部进行统一规范，曾经激烈的市场开发和项目承接逐渐放缓下来。五洲集团的市场份额开始出现萎缩，主营业务收入停滞不前，利润也没有出现增长的态势。私底下大家开始议论纷纷，有人甚至幸灾乐祸，说"早知道就会有这样的结果"。但是，刘总对自己的规划十分坚定，多次向大家声明，"公司目前是改革最艰难的时期，出现产值和利润波动是正常的。"

然而，组织变革的成果尚未见分晓，公司又经历资产重组、退市整合，五洲集团退市后被划归至东北建设旗下，再一次面临高层领导的换任。

6. 组织变革该向左还是向右？

调整后的新公司由原五洲集团副总经理孙力出任总经理一职。孙力是伴随五洲集团成长的老员工，从项目经理一步步被提拔起来。公司这些年的成长、调整，公司高层的更换，战略方向的变动，组织结构的变革，他都亲身经历。孙总曾经是王总时代的优秀区域公司经理，是刘总时代被提拔的副总经理，尽管他对裁撤区域公司有不同的看法，但他也认为那个阶段公司的飞速发展的确带来了不少的隐患。然而，他对五洲集团的明天仍充满信心，认为只要坚持"做强EPC，做大海外"的努力方向，五洲集团会重现辉煌。

但是，现在令他头疼的事情是，刘总"三级到二级"的组织变革仍未彻底完成，重组调整后公司有大量的人事调动，整个五洲集团组织体系结构混乱，人员职位权限模糊不清，亟需重新定位，清晰规划。而公司高层管理团队出现了两派截然不同的观点：左边坚持要回到王总时期的三级管理结构，右边认为坚持实施刘总的二级管理体系改革才是正确的选择。五洲集团下一步的组织结构应该如何选择，现存的组织问题又该如何解决，孙总在角色变化后不得不重新慎重考虑这些事关企业发展全局的问题。

案例启发思考题

1. 你认为中油化建是典型的纯项目驱动还是项目与作业双重驱动？

2. 从中油化建战略发展的角度，你认为总经理王进的第一次组织变革是一种什么模式的项目组织模式，改革起到了什么作用？

3. 你认为刘明总经理的变革措施能够解决中油化建快速发展中产生的问题吗？这次改革可能会带来什么样的不利后果？

4. 如果你是新上任的总经理孙力，你会如何设计接下来中油化建的组织结构，又会采取什么样的措施来保证公司的稳定发展？

案例分析

汉江服装公司的冲突[①]

放下北京凯隆服装商贸集团采购部刘经理的电话，东莞汉江服装有限公司董事长兼总经理李坤灿满脸无奈地长叹了一口气。最近一段时间来，随着公司业务的不断扩展，他

---

① 本案例来自中国管理案例共享中心，由朱方伟采编。

总是接到客户的这种关于交货期和质量的投诉电话,不少长期合作伙伴都对汉江公司最近一段时间来的交货速度和产品质量提出了严重质疑,甚至威胁说如果东莞汉江服装有限公司不能够迅速改变目前这种状况,他们将终止和汉江公司的合作关系。就在李总正考虑如何解决北京凯隆服装商贸集团合同拖期的问题时,织布二厂的谢经理向李总递交了辞职报告,辞职的理由是他无法按市场部签订的合同期限完成公司下达的生产任务。

面对这种内忧外患局面,李总意识到目前这种现状已经严重制约了公司的进一步发展,必须尽快找出造成这种局面的原因。因此,他马上叫来了秘书,安排从下午1点开始与公司的主要业务部门的负责人进行一对一的谈话。

1. 公司背景

东莞汉江服装有限公司是以开发、生产、经营高档毛衫及丝光棉男装为主的港资企业。公司成立于1992年,其前身为香港汉江公司,于1982年成立于香港。香港汉江公司成立之初是以棉纺织为主要项目,其后开办东莞工厂,并成立男装T类设计室。设计室成立前期,以学习心态,模仿世界知名男装设计风格,但因其未适应市场需要,产品销路受到影响。公司在20世纪90年代中期改变设计理念,采取以市场为主导的设计方针,并以其强大的生产能力,为多个知名品牌设计加工生产,合作对象包括华斯度,卡奴迪路,香港万邦旗下品牌LEO,捷宝等。东莞汉江服装有限公司一直以来是以对客户要求的迅速反应和高产品质量在业内赢得了自己的声誉,公司也因此在短短的十几年中得到了飞速的发展。

公司生产方面拥有配有德国MAYER大型电脑织布机,日本福源大型电脑织布机,宾德利小型提花机,平纹机等多款织布设备的织布厂。机种配备齐全,技术力量雄厚,可根据客户不同的要求,生产各种纱支不同针数的针织面料。2005年东莞汉江服装有限公司销售收入达到了1.8亿元,产量达到90万件,税后利润超过1500万元。但是这两年每年因为工期拖期和质量问题,公司为此付出的成本均在600万元左右。

东莞汉江服装有限公司的主要业务有两种来源:一是品牌服装生产商的外包生产,通常是国外知名服装品牌在国内拿到订单以后,委托汉江公司按照样品要求生产;二是公司先向国内外服装品牌企业提供设计产品样品,在产品有市场需求后再向服装品牌企业提供外包生产服务。尽管汉江公司有完整的产品设计、生产和市场开拓能力,但是却没有自己的品牌,公司的短期战略中也没有培育自己品牌的打算。公司的组织结构如图3-25所示,其中市场部主要负责公司业务拓展,目前市场部有员工8人,其收入采用底薪加提成的办法,提成按照合同计算。织布厂和制衣厂主要负责根据市场部签订的合同进行组织

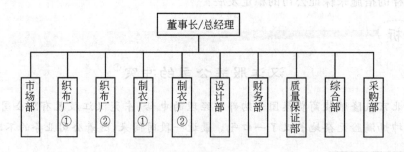

图3-25 公司的组织结构

生产,织布厂和制衣厂员工的收入分配方式主要采用计件制,负责人采取固定工资加年终奖金的薪酬模式,织布厂和制衣厂负责人年终奖金根据公司全年利润总额来确定。

2. 织布厂王经理的想法

李总决定这次对话由他自己直接和各部门负责人对话,而且他希望这次对话能够在宽松的环境中进行,从而能够找出真正的原因。所以本次谈话不在办公室,而是改在公司对面的茶馆中进行。

李总约谈的第一位部门负责人是织布厂①的王经理。李总安排他在茶馆和自己交流,王经理首先觉得十分意外,因为多年来李总为了公司的发展,总是非常忙碌,很少见到李总平时能够到茶馆享受这种悠闲。但当李总将话题引到公司最近的质量和交货期的问题时,他又非常敏锐地意识到这次李总是非常认真地来解决公司存在的问题了。作为公司的元老级人物,他是在公司成立之时进入公司工作的,并从普通的技术员一直做到织布厂①的经理,见证了公司十多年的成长过程,对公司有深厚的感情。因此,他决定这次自己必须将公司存在的各种问题好好地向李总反映。王经理先对自己的工作进行了反思,认为自己作为经理和企业的老员工对这两方面的问题都应该承担责任,在进一步分析原因时,王经理认为主要有三方面原因造成了公司不能按期交货和大量存在质量问题。首先,他认为之所以不能按期交货,关键是市场部在签订合同时,为了拿到公司的业务提成,不考虑公司的实际生产能力,盲目答应客户的不合理要求,在一开始就为合同工期埋下了隐患,市场部在签订合同时也不征求生产环节相关部门的意见,他们在前期的决策是权利过于集中。因此王经理向李总建议首先必须改革市场业务人员按合同提成的收入分配方式,其次市场部在签订合同前必须要有织布厂和制衣厂的签字同意。第二,王经理认为公司业务的季节性变化很明显,有时业务过于集中,即使工人24小时加班工作也不能按期交货,而且还容易出现质量问题,所以他建议是不是能够在市场部和织布厂、制衣厂之间增加一个协调规划部门,这样既能够协调各部门之间的业务关系又能够对公司的整体业务进行系统安排。第三,王经理觉得公司总是在根据上游企业的要求不断变化布匹的花色品种,而且平均批量都只有1万件左右,小合同甚至只有3千件左右,最大的批量也没有超过3万件,这种频繁的生产调整也影响了生产的进度和质量。王经理向李总建议说,我们不能总是为别人进行外包加工,我们有设计能力、织布能力、制衣能力,我们有完整的产业链条为什么不能建立自己的品牌,如果我们有自己的品牌,就能扩大单一产品的规模,也能缓解季节性变化的压力,同时还可以从被动应对向主动开拓发展。

李总对王经理的意见表示了赞同,但同时表示,公司这些年来的核心竞争力主要是对客户的快速反应能力,目前还不具备建立自有品牌的能力,当公司实力积累到一定水平时,我们就要考虑才能做这一战略调整。

3. 市场部马经理的想法

送走王经理后,李总又让秘书叫来了市场部的马经理。马经理4年前从一家电子产品公司的市场部来到汉江公司担任市场部经理,自从马经理主持公司的市场部工作以来,公司业务已经在4年内从不到8千万的总量增加到了近2亿元,而市场部的人员却并没有增加。李总在马经理到达茶馆后,就直接开门见山地提出了目前公司存在的问题,并进一步提出了业务员在开展业务时过于关注客户的需求而忽略了公司的实际生产能力是造成这一问题的原因。

马经理并不完全赞成李总的意见,他认为公司之所以出现这种问题,主要原因是生产部门的效率太低,有时他们甚至窝工。他说公司的经营理念就是以客户为中心,创造性满足客户的需求,因此这就要求市场部的业务员不能说"不",而要想方设法满足顾客的合理需求,这也正是我们的客户能够忠诚于公司的原因。当然,有时由于我们的业务量比较集中,会给生产部门带来加班的现象。马经理继续解释说生产过程中存在的这种问题既有主观上的原因又有客观上的原因。主观上,由于我们实行的是提成制,收入和业务量直接关联,而生产部门实行的是计件工资为主,整体绩效奖金为辅的收入分配方式,这种分配方式的差异总是给生产部门的员工造成一种误解,好像是我们在给他们生产系统制造麻烦;另外,我们的业务员大多数都来自生产部门,对生产环节十分熟悉,在合同谈判中我们也采用保守的工期估计,但事实上业务员的平均收入水平要高出生产部门负责人的收入,因此他们在心理上不平衡,于是就认为我们为了拿到提成就不惜以牺牲工期为代价。客观上,这几年公司业务发展速度非常迅速,生产环节的能力扩张并没有同步进行,生产管理方式相对滞后也是造成这一问题的原因之一。

马经理认为,要真正解决公司目前存在的问题并促进企业持续快速地发展,首要问题是公司所有部门都要具有市场意识,不能只有市场部关注市场,大家都要关注市场。因为市场是公司的不是市场部的,关系到公司的现实收益和长远发展;其次,在市场部和织布厂、制衣厂之间应该是一种内部市场关系,而且在他们之间还应该形成一种竞争关系,甚至可以在业务量比较集中的时候引进外部协作厂参与内部市场业务竞争来强化这种竞争关系。他进一步建议当公司业务紧张时,可以在公司内部的织布厂和外部的协作厂中对合同进行招标,这样他们将会把我们签订的合同当成一种市场资源和收入来源而不是纯粹的生产任务。

当李总正准备对马经理的建议表达看法时,秘书小何打来了电话说公司的管理顾问刘教授已经到了办公室,李总一看表,才发现和刘教授约好的四点已经到了,于是他匆匆结束了和马经理的谈话回到办公室。刘教授是李总大学时的老师,一直关心和支持李总创业企业的发展,经常和李总就公司经营管理和发展等问题进行交流。最近一年,由于刘教授一直在国外进行学术交流,因此没有机会到公司来,前天刘教授刚从美国回到香港就和李总通了电话并约好今天下午四点到东莞的公司。

见面互相问候后,刘教授马上就和李总开始探讨公司的经营与管理问题,李总向他介绍自己目前遇到的问题,并将自己刚才和两位中层核心管理人员的谈话情况向刘教授做了介绍,李总迫切地希望刘教授能够对公司目前的难题提出建设性的建议。

案例启发思考题

1. 你认为东莞汉江服装有限公司目前的管理模式是属于项目驱动还是属于作业驱动?为什么?
2. 你认为公司谁对客户的合同负责更为合理有效?
3. 你认为当前公司的市场部、织布厂、制衣厂之间的主要矛盾是什么?

4. 如果李总聘任你担任公司的总经理。你如何解决公司目前存在的问题?

本章思考与练习题

1. 项目组织规划的内容与流程是什么?
2. 组织设计的一般原则是什么?在进行项目组织设计时要遵循的要点有哪些?
3. 项目组织形式中,职能式、矩阵式及项目式组织形式各自有何优、缺点?
4. 项目组织内部有哪些结构形式?各有什么适用条件和优、缺点?
5. 优秀的项目经理应当具备的必要技能有哪些?如何培养这些技能?
6. 有效的项目团队具有哪些特点?这些特点在项目各个阶段是如何表现的?

第 4 章 项目范围管理

导读

项目范围管理就是对一个项目所涉及的项目产出物范围和项目工作范围所做的识别、界定、管理和控制工作。项目范围管理的根本目标是要保证项目交付物能够全面达到项目目标要求，同时要保证实现项目交付物的全部项目工作能够做到充分和必要。

1992年某企业决定建造一座38层大厦，预计投资2亿元，工期两年。半年后该公司决定改为54层。后来又因为同省另外一个城市计划建造63层全国最高的建筑，为了使该大厦成为企业所在地区的标志性建筑，该企业又改为建造64层。1994年，有人认为"64"不吉利，遂改为70层，投资增加到12亿元。1996年，该大厦完成基础工程，就出现资金告急，公司发生财务危机。1997年，因为大厦未能如期完工，购买者要求退款，大厦停工，最终导致该公司名存实亡。

这个案例是因项目范围管理不当而导致项目失败的典型表现。案例中项目范围一变再变，最终的项目范围远远超出了企业自身的控制能力。因为没有确定项目的范围，所以根本没有办法做出可靠的进度计划和成本预算，项目目标的实现失去了有效保障。由此而知，项目范围管理是影响项目成功的重要因素，是时间、成本、质量、风险等的管理基础。本章将对项目范围管理进行概述，并重点探讨项目需求识别、项目范围界定、工作分解结构以及项目范围控制几个过程所涉及的相关理论与方法。

4.1 项目范围管理概述

4.1.1 项目范围的概念

项目范围是指为了达到项目的目标，项目所规定要完成的工作。确定项目范围就是为项目界定一个界限，划定哪些方面是属于项目应该做的，哪些是不应该包括在项目之内的，定义项目的工作边界，确定项目的目标和主要的项目可交付成果。在项目环境中，"范围"一词可能指：

产品范围，即产品或服务中应包含有哪些功能和特征；
产品规范，即产品或服务所包含的特征和功能具体是怎样的；
项目工作范围，即为了交付具有一定特征和功能的产品或服务所应做的工作，就是项目应做些什么,如何做才能实现项目的目标。

由此可见,项目范围的基础是组成项目的所有产品或服务。例如,对于一个新的电话系统开发项目,要定义这个项目的范围,首先就要确定这个新的电话系统应具备哪些功能,定义产品规范;其次具体定义系统的各组成部分的功能和服务要求;最后明确项目需要做些什么才能达到这些功能和特征。

4.1.2 项目范围管理的过程及作用

项目范围管理包括确保项目做且只做成功完成项目所需的全部工作的过程,可以概括为项目需求识别、项目范围界定、工作分解和项目范围控制四个过程。项目范围管理通过明确项目的目标、定义项目的工作边界和主要项目可交付成果,保证了项目团队和利益相关者对作为项目结果的项目产品以及产生这些产品所用到的过程有一个共同的理解。

进行项目范围管理可以产生以下作用:

(1)提高时间、资源和费用估算的准确性。项目的边界定义清楚,项目的具体工作内容明确,便为项目所需的时间、资源、费用的估计打下了基础。

(2)确定进度计划和控制的基准。项目范围是项目计划的基础,项目范围的确定,为项目进度计划和控制形成了基准。

(3)有助于清楚地分配责任。项目范围的确定可以明确出项目的具体工作任务,为进一步分派任务奠定了基础。

项目范围管理对项目成功非常重要,如果项目的范围确定得不好,就会导致意外的变更,从而打乱项目的实施节奏,造成返工,延长项目完成时间,降低劳动生产率,造成项目的损失。

4.2 项目需求识别

4.2.1 需求识别的过程

项目需求识别是项目启动阶段首要的工作。需求识别始于需求、问题或机会的产生,结束于需求建议书的发布,并且通过需求建议书的编制,进一步明确项目目标的描述。

进行需求识别,是为了使项目能够更好地满足项目客户或者项目委托方所期望的目标。只有需求明晰了,项目团队才能准确地把握项目意图,更好地开展项目,这对各利益相关者都是大有益处的。

以客户委托的项目为例,需求识别是一个过程,需求产生之时也就是开始识别需求之始,因为尽管产生了需求,客户萌发了要得到什么的愿望,或感觉到缺乏什么,但这只是一种朦胧的念头,他还不能真正知道具体什么东西才能满足他这种愿望,他所期望的东西可能还只是一个范围,于是就要收集信息和资料,就要进行调查和研究,从而最终确定到底是什么样的一种产品、一项服务才能满足期望。

项目需求识别的过程需要考虑到一系列的约束条件,需求的识别并非想人非非、随意确定的。项目需求识别也并非客户的个体行为,项目团队应该充分利用项目经验或此方面的相关知识,在与客户的不断沟通中,引导和帮助客户清晰地表达需求。

当需求基本明确之后,需要客户开始着手准备需求建议书,这要求客户从自己的角度出发,全面详细地论述、表明自己所期望的目标或者希望得到什么,这种期望或希望实质上就是项目目标的雏形。当需求建议书准备完毕之后,项目团队需要根据客户的需求和目标,提供有针对性的、详细的项目解决方案。至此需求识别告一段落。

项目需求识别对客户和项目双方来说无疑都具有重要意义。在现实的生活中我们经常可以碰到这样的例子,当装修公司询问客户需要什么样的布局、风格时,客户却随便说:"你看着办吧,只要好就行。"结果如何呢?也许当房子装修完毕之后,客户却说:"你怎么装修得如此浮华俗气,你知道我是一个知识分子,房间的布局、风格应充满书香墨气,具有古典之美才对!"责任是很明确的:一方面是客户没有明确告诉委托人他所希望的目标;另一方面是委托人也没有进行充分的调查与研究,双方都具有一定的责任。因此,识别需求意味着从开始时就避免了项目开展的盲目性。一份良好的需求建议书便是客户与项目方沟通的基本前提条件,也是使项目取得成功的关键所在。

4.2.2 需求识别的方法技术

需求识别过程中,除了与各利益相关者的不断沟通外,还可以采用专业的需求识别方法技术。

(1) 访谈。访谈是一种通过与利益相关者直接交谈,来获得信息的正式或非正式方法。访谈的典型做法是向被访者提出预设和即兴的问题,并记录他们的回答。通常采取"一对一"的形式,但也可以有多个被访者或多个访问者共同参与。访谈有经验的项目参与者、利益相关者和专家,有助于识别和定义项目可交付成果的特征和功能。

(2) 焦点小组会议。焦点小组会议是把预先选定的利益相关者和专家集中在一起,了解他们对所提议的产品、服务或成果的期望和态度。由主持人引导大家进行互动式讨论。焦点小组会议往往比"一对一"的访谈更热烈。

(3) QFD 技术。对于产品类项目而言,可以使用"质量功能展开(Quality Function Deployment,QFD)"技术来帮助确定新产品的关键特征。QFD 的实质就是从顾客的需求出发,把顾客的语言(Voice of Customers)转换为工程设计人员的语言(Voice of Engineers)的过程。

QFD 技术包含两个要素:质量展开(quality deployment)和功能展开(function deployment)。质量展开即把顾客需求部署到设计过程中去,它保证产品的设计、生产与顾客需求相一致。功能展开即通过成立多学科小组,把不同的职能部门结合,再从产品设计到制造的各个阶段中促进小组成员的沟通。

QFD 技术中,顾客需求转化的核心是质量屋(House of Quality,HOQ)的构建。质量屋是一个用于描述顾客需求、设计要求、目标值和产品竞争能力评估的产品规划矩阵,是一种形象直观的二元矩阵展开图表(如图 4-1 所示),它主要包括以下 9 个要素:①顾客需求;②需求权重;③需求竞争性分析;④修正需求权重;⑤质量特性;⑥相关矩阵;⑦关系矩阵;⑧质量特性权重;⑨质量特性竞争分析。

以总承包项目为例,总承包商运用 QFD 工具可以比较分析出在工程项目的某些方

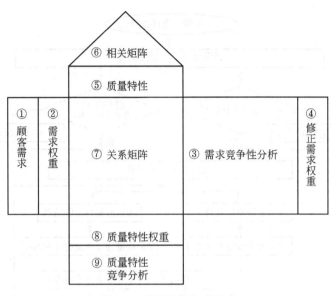

图 4-1 质量屋的构成要素

面满足业主需求时,他自身所处的地位,能够很快地找到在该项目的竞争中自己有什么优势和需要进一步改进的地方。

由于 QFD 技术在工程项目业主需求识别过程中主要实现业主需求的转化和详细设计阶段业主需求的识别,在此举例介绍一个详细设计阶段 QFD 技术应用的流程,如图 4-2所示。

4.2.3 项目需求识别的结果

项目需求识别最后的结果是产生需求建议书和对项目目标的进一步明确。需求建议书就是从客户的角度出发,全面详细地表达,为了满足其已识别的需求应做哪些工作,也就是说,需求建议书是客户向项目方发出的用来说明如何满足其已识别需求的建议书。与此同时,项目的目标也越来越趋于清晰,项目团队可以通过项目描述表来明确项目主要目标。

1. 需求建议书

一般而言,需求建议书应该能够全面准确地向项目实施方表达客户的意图,主要应包括以下内容:

(1) 项目工作陈述。客户在工作陈述中,必须概括说明项目的主要工作和任务范围,如果是一份关于装修的需求建议书,客户首先应清楚地说明项目工作是对旧房子还是新房子进行装修;其次应说明要装修的样式和风格;最后说明装修的大致范围内容。

(2) 项目的交付物。项目交付物是项目团队所提供的实体内容,也可以包括客户要求提供的定期进度报告或结束报告等。

(3) 项目目标的规定。此规定要求设计进度、费用、功能等解决方案必须满足的物理

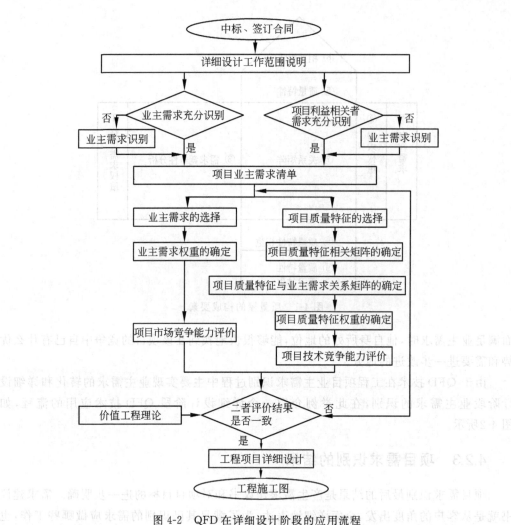

图 4-2 QFD 在详细设计阶段的应用流程

参数和操作参数。

(4) 客户供应。客户供应主要涉及项目实施上客户提供的保障及物品供应等,例如,在销售手册中,客户的需求建议书中必须表述出将提供的用于手册上的标识语等。

(5) 客户的付款方式。付款方式为分期付款还是一次性付款,付款时间点的确定等。

(6) 进度要求。项目的进度通常是客户最关注的方面,它影响着客户的利益,因此客户一般都会在需求建议书中对项目的进度以及重要时间点做出明确的要求。

(7) 对交付物的评价标准。项目实施的最终目的是客户满意,否则项目很难获得所期望的利润,因此,客户对交付物的评价标准是需求建议书的重要内容。

(8) 有关承包商投标事项。一些大型客户往往采用招投标的方法来选择承包商,通过对若干个承包商的投标方案进行比较来确定最后的承包商,这需要客户在需求建议书中对有关投标的事项做出一定的约定。

(9) 投标方案的评审标准。客户将用它来评审相互竞争的承包商的申请,以便从众多承包商中挑选出一个来执行项目。

2. 项目目标的描述

通过项目需求识别以及对于需求建议书的分析,项目经理能够更加准确地界定项目的总目标,并且通过对总目标的分解便可得到项目实现的目标体系。项目目标确定的结果应该是一个目标体系,它们分别涉及了项目的时间、费用、质量或功能三个方面,每个方面都可能有一些具体的要求及相对应的目标体系,这也体现了目标的层次性。为此,在对项目描述的时候就应该确定项目的总体目标,而总目标的描述应该具体、明确,并尽可能定量化。项目总目标的确定,通常包括:

(1) 工作范围。即可交付成果,交付物的描述,主要是针对项目实施的结果。
(2) 进度计划。说明实施项目的周期、开始及完成时间。
(3) 成本。说明完成项目的总成本。

4.3 项目范围界定

4.3.1 项目范围界定的概念

项目范围界定就是确定项目范围并编制项目范围说明书的过程。详细项目范围说明书的编制,对项目成功至关重要。应该根据项目启动过程中确认的主要可交付成果、假设条件和制约因素,来编制项目范围说明书。

项目范围说明书说明了为什么要进行这个项目,形成项目的基本框架,使项目利益相关者能够系统地、逻辑地分析项目关键问题及项目形成中的相互作用要素,并在项目实施前对项目的基本内容和开展方式达成一致。

通过项目需求识别过程,对项目有了更多的了解,所以应该更具体地界定与描述项目范围。应该分析现有风险、假设条件和制约因素的完整性,并在必要时补充其他的风险、假设条件和制约因素。

4.3.2 项目范围界定的方法技术

项目范围界定是一项非常严密的分析、推理和决策工作,因此需要采用一系列的逻辑推理的方法和分析识别的技术。这项工作中经常使用的关键技术方法主要包括:

(1) 专家判断。专家判断常用来分析制定项目范围说明书所需的信息。专家判断和专业知识可用来处理各种技术细节。专家判断可来自具有专门知识或经过专门培训的任何小组或个人,可从许多渠道获得,例如,组织内的其他部门、顾问、客户和发起人、专业与技术协会等。

(2) 产品分析。对于那些以产品为可交付成果的项目(区别于提供服务或成果的项目),产品分析是一种有效的工具。每个应用领域都有一种或几种普遍公认的、把概括性的产品描述转变为有形的可交付成果的方法。产品分析技术包括产品分解、系统分析、需求分析、系统工程、价值工程和价值分析等。

(3) 备选方案识别。备选方案识别是用来为项目工作提出不同执行方法的一种技术。许多通用管理技术都可用于备选方案识别，如头脑风暴、横向思维和配对比较等。

(4) 项目利益相关者的参与。通过邀请主要的项目利益相关者一起参加会议，对项目目标、项目范围、项目需求进行讨论与界定。通过会议讨论可以快速发掘并修正利益相关者的需求，协调各利益相关者之间的需求差异。由于群体互动的特点，被有效引导的讨论会有助于建立信任、促进关系、改善沟通，从而有利于参加者达成一致意见。该技术的另一好处是，能够比单项会议更快地发现和解决问题，更有效地界定项目范围。

4.3.3 项目范围界定的结果

项目范围界定的主要成果便是项目范围说明书（也称为项目描述表或工作说明）。项目范围说明书详细描述项目的可交付成果，以及为提交这些可交付成果而必须开展的工作。项目范围说明书也表明项目利益相关者之间就项目范围所达成的共识。范围说明书的主要内容包括：

(1) 项目的合理性说明，即解释为什么要进行这一项目。项目合理性说明为以后权衡各种利弊关系提供依据。

(2) 项目成果的简要描述。确定项目成功所必须满足的某些数量标准，通常这些标准应包括费用、时间进度和技术性能或质量标准。且尽可能是量化标准，未被量化的目标往往具有风险。

(3) 项目可交付成果。一份主要的、具有归纳性层次的产品清单，这些产品完全、满意的交付，标志着项目的完成。例如，某一软件开发项目的主要可交付成果可能包括可运行的电脑程序及用户手册等。

(4) 项目目标的实现程度。

(5) 辅助性细节，包括项目的有关假设条件及制约因素的陈述。

项目范围说明书起到如下四个方面的作用：

(1) 形成项目的基本框架，使项目所有者或项目管理者能够系统地、逻辑地分析项目关键问题及项目形成中的相互作用要素，使得项目的有关利益人员在项目实施前或项目有关文件书写以前，能就项目的基本内容和结构达成一致。

(2) 产生项目有关文件格式的注释，用来指导项目有关文件的产生。

(3) 形成项目结果核对清单，作为项目评估的一个工具，在项目终止以后或项目最终报告完成以前使用，以此作为评价项目成败的依据。

(4) 可以作为项目整个生命周期中监督和评价项目实施情况的背景文件，作为有关项目计划的基础。

4.4 工作分解结构

工作分解结构简称 WBS(Work Breakdown Structure)，是将一个项目分解成易于管理的几个部分或几个细目，以确保识别完成项目工作范围所需的所有工作要素。在工作分解结构最底层是完成项目所必需的全部工作包。WBS 是一种在项目全范围内分解和界定项目全部工作包的方法。WBS 按照项目发展的规律,依据一定的原则和规定,进行系统化的、相互关联和协调的层次分解。结构层次越往下则项目组成部分的界定越详细,WBS 最终形成一份层次清晰,可作为组织项目具体实施工作依据的文件。WBS 包括的基本要素有:

(1) 工作:通过不断的体力或脑力的努力、付出,或运用技术来克服困难并实现目标。通常用来指一项具体的活动、职责、功能,或某个较大任务的一部分或一个阶段的任务,以及通过努力、付出或运用技术生产或实现的事物。本书中工作是指经过努力所取得的成果,如可交付成果,而非"努力"本身。

(2) 可交付成果:任何一项可测量的、有形、可证实的结果或可见效果,或者一件为完成整个部分的项目所产出的成果。常用来较狭隘地特指对外提供的交付成果,由项目发起人或客户批准。

(3) 工作包:工作分解结构内每个分支的最低层次的可交付成果或项目工作组成部分,如一个报告、一项设计、一个硬件或一项服务。工作包为定义活动或特定地向个人和组织分配责任提供了逻辑基础。

(4) WBS 层次:一个 WBS 必须清楚地说明实施项目工作将要实现的目标及完成的可交付成果。大多数 WBS 都包括多个层次,对实施组织所要完成的整个项目范围进行描述。WBS 的深度取决于项目的规模和复杂程度,以及项目计划和管理对层次的需求。然而,具体的层次数应适当,以满足对具体项目的有效管理为目的。

4.4.1 以 WBS 为主线的集成项目管理

1. 项目集成管理中的 WBS

任何流程或业务在实际过程中始终都有一个主线,例如,ERP 的数据基础是 ITEM(物料项目)和 BOM(材料单),主线是需求订单→MRP→生产计划和采购计划。而对于项目管理其基础是 WBS,其主线是项目结构→项目→WBS 工作分解结构→活动或任务→工作包。

WBS 作为项目管理主线的中心环节,起到了非常重要的承上启下的作用,并直接涉及 PMBOK 里面的范围管理和进度管理两方面的内容。范围管理最终的输出是范围说明书和 WBS,而 WBS 又作为进度管理的输入项,即在 WBS 中进行活动定义分解、排序,在此基础上进一步得到项目进度计划。

WBS 的制定不仅仅涉及范围管理和进度管理两方面,在进行活动或任务的定义和分解过程中,同时也涉及成本管理、质量管理、人力资源管理、沟通管理、风险管理、采购管理等其他项目管理领域。这些管理领域都有各自的管控内容和节点,例如,风险管理的关键点包括风险识别、风险评价、风险监控和风险应对等,质量管理包括质量规划、质量保证、质量控制等关键环节,这些关键管控内容和节点可能彼此存在交叉(在填写工作包描述表时明确各活动的范畴和内容),但都在项目执行过程中以项目具体活动任务的形式被项目管理者执行。因此,这些管理性任务活动与项目具体事务性任务活动一样,是 WBS 不可或缺的组成部分。即一个完善的 WBS 分解需要兼具项目事务性活动与项目管理性活动。从 PMBOK 各个过程域中各个过程组的 I/O 可以发现，很多过程的输入都有 WBS，足以见得 WBS 在整个项目集成管理的基础和核心作用。总而言之，在 PMBOK 的九大项目管理知识领域中，WBS 是一个十分有用的工具，它为联系所有的项目管理功能和具体的项目工作提供了一个框架，详见图 4-3。

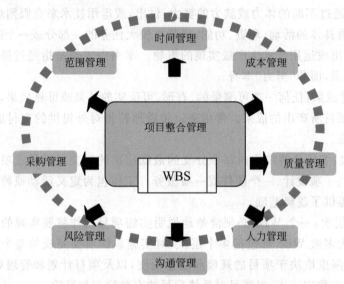

图 4-3　以 WBS 为主线的集成项目管理

2. 工作分解结构的作用

工作分解结构在项目开展的各个阶段都起着重要的作用，项目计划阶段工作分解结构是进度计划、成本计划、资源计划、风险管理计划、质量管理计划等各分项计划制定的基础；项目执行阶段工作分解结构是项目团队成员开展工作的基础；项目收尾阶段，工作分解结构还可以作为企业知识资源积累沉淀下来，为下一个项目提供宝贵经验。工作分解结构的具体作用主要包括以下几个方面：

（1）保证项目结构的系统性和完整性。工作分解的结果应包括项目所包含的所有工作、任务和活动，不能有遗漏。这样才可能在计划、实施中保证项目的完整性。

（2）通过结构分解，把项目分解开来，使人们对项目一目了然，使项目的概况和组成明确、清晰、透明。这使项目管理者，甚至不懂项目管理的项目最终使用者、投资者也能把握整个项目，方便地观察、了解和控制整个项目过程。并且，工作分解结构反过来可以分析可能存在的项目目标的不明确性。

（3）建立完整的项目保证体系。将项目任务的重点、质量、工期、成本（投资）目标分解到各项目单元，这样可以制订更详细的子计划，实行更有效的控制和跟踪。对项目各单元进行工作量计算，确定实施方案，并在工作分解结构的基础之上实施成本计划、工期计划、资源计划、风险分析等。

（4）工作分解结构能明确地划分各单元和各项目参加者之间的界限，能方便地进行责任的分解、分配和落实,即对每个项目单元应能具体地落实责任者,并进行各部门,各专业的协调。例如,业主责任和各协助单位责任,使各方面能有效地合作。

(5) 方便网络计划的制订和分析,可用于进度控制。

(6) 工作分解结构是项目报告系统的基础。例如,费用结算、进度报告、账单、会谈纪要、文件的说明等,常常以项目工作分解结构的各个子单元为对象进行编制。

(7) 方便建立项目组织和相应的责任体系。即将项目系统与组织结合起来形成责任体系,作为委托或下达任务、进行沟通的依据。

(8) 方便目标的协调,使项目的形象透明,方便控制。

4.4.2　工作分解结构制定的原则和方法

1. 工作分解结构的表现形式

WBS 的表现形式有多种,常常表示为一个任务导向的活动家族图,它通常是围绕着项目产品或项目阶段展开的,类似于组织结构图,从 WBS 可以看到整个项目的每一个子项目的组成部分,图 4-4 就是一个企业内部网站建设项目的 WBS 示例。

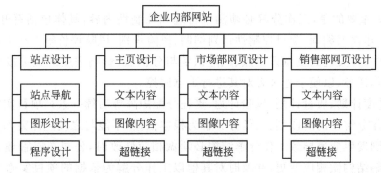

图 4-4　结构图形式的项目 WBS 示例

工作分解结构也可以用表格的形式来表示,表 4-1 是另一个企业内部网站项目的工作分解结构示例,其中序号以及任务项的缩进表示了该项目 WBS 结构,这种形式应用得很广泛,例如在合同中就经常应用到。

2. 制定工作分解的总体原则

制定工作分解的总体原则如下。

(1) 与公司项目组织管理结构相匹配。

(2) 与项目实际运作、管控流程相适应。

(3) 各层工作任务的划分和设立要便于数据与信息搜集,可定量检查。

(4) 分解后的单位工作任务工期不宜过长,应满足便于对进度进行控制和纠偏的需求。

(5) 与投资控制与付款进度的要求相适应。

(6) 项目分解后的每一项工作,都应有一个明确的实施负责单位或负责人。

(7) 各子任务需涵盖总任务的完整过程。

表 4-1　编号形式的项目 WBS 示例

1.0　概念分析
1.1　评价现有系统
1.2　确定系统需求
1.2.1　确定用户要求
1.2.2　确定内容要求
1.2.3　确定系统要求
1.2.4　确定服务器要求
1.3　确定特定功能
1.4　定义风险和风险管理办法
1.5　制订项目计划
1.6　组建网站开发小组
2.0　站点设计
3.0　站点开发
4.0　网站试运行
5.0　网站维护

（8）尤为重要的是，工作分解必须涵盖管理和控制性内容，具体包括召开启动会、需求识别、需求建议书编制、项目控制性计划编制、风险识别、风险评价等。在工作分解制定的实际过程中，将关键的质量评审点、风险识别与分析点、影响进度的关键接口工作单独作为一项工作任务，以便于管理者对其进行重点监控。

另外，进度计划、质量计划、风险计划、责任分配矩阵等后续一系列项目实施方案的制定都要以工作分解中的阶段划分、任务分解为根本依据，不能与之发生冲突和矛盾。

项目范围发生变更导致工作分解结构必须做相应修改时，公司高层管理者要慎重考虑对工作分解结构做相应变更，并及时对其他以工作分解为依据的项目实施方案做相应调整，以保持前后一致。

3. 制定工作分解结构的方法

制定工作分解结构的方法通常有类比法、由上而下法、由下而上法等几种。

1）类比法

类比法是指用一个类似项目的 WBS 作为起点，例如，某 IT 企业曾经开发过很多软件项目，为客户设计过多种类型的软件，每当接到一个新的设计软件的任务时，就要为新的设计方案制定 WBS，在设计新的 WBS 时，项目组成员总是根据以往的经验来开始新的工作，以过去设计的软件设计项目的 WBS 作为新的软件项目范围定义和成本估算的起点，所用的方法就是类比法。

2）由上而下法

大多数项目经理将由上而下的 WBS 构建方法视为常规方法，由上而下法就是从项目最大的任务开始，逐步将它们分解成下一级的多个子项目，这个过程需要增加级数，细化工作任务。例如，图 4-2 中描述了企业内部网站项目任务是如何分解到第三层各个细目的,一般是把最底层的细目称做工作包,在完成项目分解的整个过程之后,所有的项目资源都必须被安排到工作包一级的各项工作中,由于项目经理具备广泛的技术知识和整体视角,这种由上而下的方法对他们来说是最好的。

3）由下而上法

由下而上法要让项目组人员一开始就尽可能地确定项目有关的各项具体任务,然后再将各项具体任务进行整合,并归总到一个整体活动或WBS的上一级内容当中。例如,可能会有一个小组的人来负责企业内部网站项目的WBS的制定工作,这里并不是一开始就考察WBS制定的指导方针或是参考其他类似项目的WBS,而是尽可能详细地列出那些他们认为该项目需要做的工作,在列出详细的工作任务之后,他们对所有工作进行分类,这样他们就可以将这些详细的工作归入上一级的大项中。

4. 制定工作分解的步骤

在进行项目工作分解的时候,一般遵从以下几个主要步骤:

（1）先明确并识别出项目的各主要组成部分,即明确项目的主要可交付成果。一般来讲,项目的主要组成部分包括项目的可交付成果和项目管理的本身。在进行这一步时需要解答的问题是:要实现项目的目标需要完成哪些主要工作?一般情况下,项目的主要工作是指贯穿项目始终的工作,它在项目分解结构中主要被列在第二层。

（2）确定每个可交付成果的详细程度是否已经达到了足以编制恰当的成本和历时估算。"恰当"的含义可能会随着项目的进程而发生一定的变化,因为对于将来产生的一项可交付成果进行分解也许是不大可能的。对每个可交付成果,如果已经足够详细,则进入到第四步,否则接着进入第三步——这意味着不同的可交付成果可能有不同的分解层次。

（3）确定可交付成果的组成元素。交付成果组成元素应当用切实的、可验证的结果来描述,以便于进行绩效测量。与主要元素一样,组成元素应该根据项目工作实际组织和完成过程来定义,切实、可验证的结果既可包括产品,又可包括服务。这一步要解决的问题是:要完成上述各组成部分,有哪些更具体的工作要做。对于各组成部分的更小的构成部分,应该说明需要取得哪些可以核实的结果以及完成这些更小组成部分的先后顺序。

（4）核实分解的正确性。即需要回答下列问题:

最底层项对项目分解来说是否是必需而且充分的呢?如果不是,则必须修改组成元素(添加、删除或重新定义)。

每项的定义是否清晰完整?如果不完整,描述则需要修改或扩展。

每项是否都能够恰当地编制进度和预算?是否能够分配到接受职责并能够圆满完成这项工作的具体组织单元?如果不能,需要做必要的修改,以便于提供合适的管理控制。

5. 实际操作中应注意的问题

对于实际的项目,特别是对于较大的项目而言,在进行工作分解的时候,要注意以下几点:

（1）要清楚地认识到,确定项目的分解结构就是将项目的产品或服务、组织和过程这三种不同的结构综合为项目分解结构的过程。项目经理和项目的工作人员要善于将项目按照产品或服务的结构进行划分、按照项目的阶段划分以及按照项目组织的责任进行划分等有机地结合起来。

组织分解结构(OBS)是项目组织结构图的一种特殊形式,描述负责每个项目活动的具体组织单元,WBS是实现项目组织结构分解的依据。费用分解结构(CBS)是按照与WBS和OBS相适应的规则将费用进行分解而形成相应的、便于管理的分解结构。账目分解结构(ABS)是组织单元承担分项工作而对其费用进行管理的一种工具,可以作为项目费用测定、衡量和控制的基准。

如图4-5所示,WBS、CBS、ABS与OBS合在一起,就提供了费用估算的结构,构成费用控制立方体(Cost Control Cube)。其实,任何两个分解结构结合在一起,都可以形成一个矩阵:WBS与OBS形成责任矩阵,OBS与ABS形成账户代码,WBS与CBS形成费用估算表。

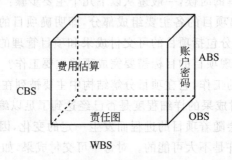

图4-5　WBS、OBS、CBS、ABS之间的关系

(2) 对于项目最底层的工作要非常具体,而且要完整无缺地分配给项目内外的不同个人或者是组织,以便于明确各个工作块之间的界面,并保证各工作块的负责人都能够明确自己的具体任务、努力的目标和所承担的责任。同时,工作如果划分得具体,也便于项目的管理人员对项目的执行情况进行监督和业绩考核。

(3) 实际上,进行逐层分解项目或其主要的可交付成果的过程,也就是给项目的组织人员分派各自角色和任务的过程。

(4) 对于最底层的工作块,一般要有全面、详细和明确的文字说明。因为,对于项目,特别是较大的项目来说,或许会有许多的工作块,因此,常常需要把所有的工作块的文字说明汇集到一起,编成一个项目工作分解结构词典,工作分解结构词典中一般包含工作包描述以及计划编制信息,如进度计划、成本预算和人员安排,以便于在需要时随时查阅。

(5) 并非工作分解结构中所有的分支都必须分解到同一水平,各分支中的组织原则可能会不同。任何分支最低层的细目叫做工作包。工作包是完成一项具体工作所要求的一个特定的、可确定的、可交付以及独立的工作单元,需为项目控制提供充分而合适的管理信息。任何项目也并不是只有唯一正确的工作分解结构,例如,同一项目按照产品的组成部分或者根据生产过程分解就能作出两种不同的工作分解结构。

4.4.3 工作分解结构的适配性

1. 组织分解结构与工作分解结构的适配性

工作分解结构(WBS)是将一个项目逐层逐级地分解成易于管理的几个部分或细目,以便确保找出完成项目工作范围所需的所有工作要素。一般说来,WBS分解可以从项目技术系统和项目过程两个方面进行分解。技术系统的分解主要指对项目可交付成果即工程系统的分解,如图4-6(a)所示;按项目过程分解先从项目的主要实施阶段流程来分解,如图4-6(b)所示。

组织分解结构(OBS)看上去与WBS很相似,但它不是根据项目的可交付物进行分解,而是根据组织的部门、单位和团队进行分解,在项目管理中以树形图的形式描述团队中的角色和关系。一般说来,OBS分解可以从项目组成系统和专业分工两个方面进行分解。前者是指以项目及其子项目为单位进行组织和协调,如图4-6(c)所示;后者是指以项目实施主要过程、阶段或流程为单位进行组织和协调,如图4-6(d)所示。无论哪种分解方式,OBS都是把项目组织逐级分解直到其最基层可以作为对WBS最基层实施管控的责任主体为止。

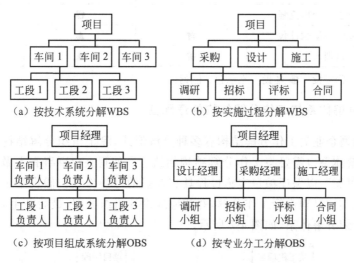

图4-6 组织分解结构与工作分解结构的分解

在实际工作过程中,WBS与OBS并不是孤立存在的,项目经理或项目计划经理要将项目WBS、OBS按照项目组织的责任划分有机地匹配起来,形成项目的WBS-OBS分解矩阵,亦可称为项目的责任分解矩阵(RBS)。即"采用图4-6(a)所示按技术系统分解WBS要与采用图4-6(c)所示按项目组成系统分解OBS相匹配","采用图4-6(b)所示按实施过程分解WBS要与采用图4-6(d)按专业分工分解OBS相匹配"。只有WBS的分解形式与OBS的分解形式相匹配,才能实现"事事有人管,人人有事管",使得各级组织能够从责任分解矩阵上清楚地看见自己所承担的工作内容,以及需要配合和协调的工作内容,达到提高项目管理效率的目的。

责任分配矩阵是一种将所分解的工作任务落实到项目有关部门或个人,并明确表示出他们在组织工作中的关系、责任和地位的一种方法和工具。一般情况下,它以组织单元为行,工作单元为列;矩阵中的符号表示项目工作人员在每个工作单元中的参与角色或责任。用责任分配矩阵来确定项目参与方的责任与利益关系,不但易于制作和解读,还能够较清楚地反映出项目各工作部门或个人之间的工作责任和相互关系。表 4-2 为一个以符号表示的责任分配矩阵实例。

表 4-2 责任分配矩阵实例

WBS		组织责任者	项目经理	项目工程师	程序员
		确定要求	○	▲	
		设计	○	▲	
开发		测试外购软件包	□	○	▲
		测试内部程序	□	○	▲
		测试手工操作流程	□	○	▲
测试		修改外购软件包	□	●	▲
		修改内部程度	□	●	▲
		修改手工操作流程	□	●	▲
安装完成		完成安装新软件包	●	▲	
		培训人员	●	▲	

注:▲负责　○审批　●辅助　△承包　□通知

2. 计划分解体系与工作分解结构的适配性

项目驱动型企业的工作分解结构有多种分解形式,除了组织分解结构要与之协调对应外,计划分解体系也需要与工作分解结构相适应。使得在"事事有人做"的同时,能够"事事有计划可循",以保证项目实施过程具有较强的可操作性。假设某工程总承包建设项目按照项目实施过程进行工作分解,并相应地设计组织分解,最后产生与 WBS 层级相匹配的三级计划分解体系,如图 4-7 所示。

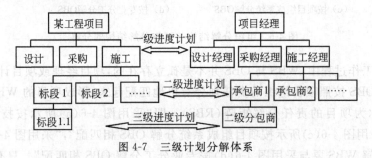

图 4-7 三级计划分解体系

1)里程碑节点计划

里程碑节点计划也叫重大里程碑计划或节点计划,里程碑计划和网络计划是两种制订项目计划的方法。里程碑计划是目标导向,以目标分解结构(OBS)为基础,而网络计划是任务导向,以工作分解结构(WBS)为基础,有时两种方法可以混合使用,如在网络计划中设置里程碑。通常里程碑节点计划是由客户或项目委托方,根据实际需求确定的阶段性关键节点,明确关键节点的时间、项目完成情况等要求与项目实施团队共同商定里程碑节点计划,即一级进度计划,作为各承包商、分包商计划编制的基础依据。

2) 总体实施计划

总体实施计划是项目团队根据里程碑节点计划而做出的用于指导项目实施过程进度基准的全面计划。总体实施计划通常由项目经理负责编制,在详细审查项目的工作分解结构(WBS)的合理性和全面性、每项工作的持续时间、各工作之间的逻辑关系的基础上,以横道图或网络图来表示进度计划,使用项目管理软件 Project 编制。总体实施计划经项目经理审查通过后,可以作为二级进度计划,为项目进度管理提供主要依据。

3) 详细实施计划

详细实施计划根据总体实施计划来编制,是对总体实施计划的细化。详细计划编制完成后需由项目经理进行审批。详细计划可以作为三级进度计划,成为项目具体实施过程的依据,并随总体实施计划的改变而做相应调整。同时,三级进度计划应满足进度检测的需要,使其具体检测数据能够进行直接汇总到二级进度计划。

在项目实施过程中,计划的制订可能将细化至作业计划(即四级进度计划),四级进度计划是在第三级进度计划的进度安排及工作结构框架下,分别由各工作包负责人制订的详细作业计划。例如,对于设计来说是每一工作项(图纸、数据表、规格书、专业条件等)的开工、完工时间,对于采购来说是每一采买工作包的采购工序,如询价、评标、签订合同、交货等的具体时间安排,对于施工来说是各主要专业分项工程的作业时间安排。

项目管理过程中,对于关键工作任务的管理,通常需要深化到四级进度计划。

4.5 项目范围控制

一般来说,项目会因为范围的变更而产生一种延长时间的自然倾向,人称"范围蔓延"现象。在通常情况下,范围蔓延会带来许多不利的后果,例如,范围蔓延会直接导致项目不能在规定的时间内完成,有可能导致违约和信誉度的下降;同时范围蔓延会造成额外的费用花销,增加项目成本,会导致项目资金周转不灵;范围蔓延还可能会破坏原有的任务分解结构,打乱原有的计划,可能还会影响整个团队的热情和积极性。此外,范围蔓延还会影响项目的质量。

范围的变化反映了客户要求和团队工作内容的变化,往往造成时间和成本的增加,因此,对范围变化进行控制是非常重要的,控制项目的范围变更的目的在于:

(1) 确认项目范围变动是否已实际发生,以及这些变动的风险和内容。

(2) 确定影响项目范围变动的因素和环境条件,寻求变更产生的源头。

(3) 管理和控制那些能够引起项目范围变动的因素和条件,保证项目各项工作的顺利开展。

(4) 提出合理、可行的项目变更要求,努力消除项目范围变动的不利影响。

项目条件和环境的变化会使项目范围发生变动,并造成项目工期、成本或质量等的改变,所以必须对项目范围变动进行严格的控制。

4.5.1 影响范围变更的因素

项目范围变更的要求可能由不同的干系人提出,以不同的形式出现,口头的或书面的,直接的或间接的,外部提出的或内部提出的,法律强制性的或可选择的等,变更可能是扩展项目范围,也可能是缩小项目范围,影响项目范围变更的因素主要有五点:

(1) 项目要求发生变化。项目要求发生变化是范围变化中最常见的一种情况,主要源于项目客户、业主对项目的需求和期望发生了变化。就商务电子化项目来说,他们可能要求增加所建设的商务电子化系统某一方面的性能或特征,也可能由于客户财务状况恶化而降低了对项目的要求和期望。

(2) 工艺技术环境发生了变化。在项目实施阶段,可能会出现了新的生产技术、手段或方案等,如果采用,那么对项目会产生较大的影响,一般都会导致项目范围发生一定程度的改变。例如,在某企业商务电子化项目开始后,发现了可以大幅度降低计算机系统费用或提高性能的新的处理器或外围设备,导致项目团队和客户都希望采用新的技术。

(3) 人员变化。在项目实施过程中,可能会发生人事变动、组织结构调整等,项目经理、项目技术人员可能会被调离,项目发起人也有可能发生变化,因此项目的要求、设计、技术以及经营理念都会随之调整。

(4) 项目设计变化。在项目实施过程中,可能会出现种种困难,这往往会激励设计人员改进设计方案,提出实现项目目标的更好方法。这类变化一般是在项目实施以及设计思维逐渐成熟的过程中产生的。

(5) 经营环境变化。项目外部环境的动态开放性,会引发项目经营环境的变化,例如,当客户发现其竞争对手或其供应链上的其他企业采用某种新的先进手段以后,要求其项目团队调整项目构思和方案设计,以应对竞争对手的变化,这样,原来约定的项目范围就会发生变化。

范围变更并不一定意味着不良后果,也可能会产生好的结果,但尽管如此,项目经理和项目团队,应尽量控制项目的变更,因为过多的变更或者一个显著的变更都会影响项目的工期进度、成本和质量,应该对项目的变更加以管理,并根据组织机构的相关政策来监视变更的实施情况。

4.5.2 范围变更控制方法

范围变更控制的工具和方法主要有:范围变更控制系统、绩效测量以及补充计划编制。

1. 范围变更控制系统

范围变更控制系统定义了控制项目范围变更的有关程序,包括文档工作、跟踪系统及对于授权变更所需的审批层次等,其中文档工作是指一些有文档记录的过程,说明了如何提交变更申请、如何管理变更申请以及由于这些变更附属于相关的项目而带来的管理方面的影响,跟踪系统会跟踪变更申请的状态,包括其批准状态,一些变更申请可以根据项目管理者的决定得到批准,有些则需要更正式的批准或者需要经过多级批准,如项目主管、行政长官等。并非所有的变更申请都可以得到批准,没有得到批准的变更也会被跟踪并且记录在项目记录簿中以便于将来参考。

当项目在合同形式下进行时,范围变更控制系统必须符合有关的合同条款。

2. 绩效测量

绩效测量是用于帮助分析评估发生的偏差,范围变更控制的一个重要部分就是确定引起偏差的原因,并且决定这种偏差是否需要采取纠正措施,绩效测量技术有很多种,例如,绩效审查、偏差分析、趋势分析、挣值分析等。

为了测量绩效,项目必须系统地加以跟踪和观测,这需要建立一个项目监控功能,这一功能可以由两项活动组成:数据搜集和信息汇合,为此,在控制的第一阶段就应建立一个数据采集和信息报告系统,测量数据和报告可以按月、周、日进行定期提交。

3. 补充计划编制

很少有项目能够非常精确地完全按照计划进行,补充计划编制就是对由预期的范围变更所引起的对 WBS 的修改进行记录,或者对替代方法进行分析,范围变更出现后,应及时修改有关技术文件和项目计划,并通知有关项目利益相关者,及时对范围变更采取相应措施,进行处理之后,将造成范围变更的原因、采取的措施以及采取此等措施的理由、从这些变更中吸取的教训等都记录在案,形成书面文件,存入本项目和其他项目的数据库。

由于项目总处在一个不断发展变化的环境之中,因此,客户的要求发生各种各样的变化是在所难免的,项目团队也会经常需要对项目进行这样那样的修改,这些变化和修改都会导致范围的变更,对项目范围变更进行控制并不是一味反对变更,而是对项目中存在的或潜在的变化,采用正确的策略和方法成功地进行处理,在进行范围控制时,要以工作分解结构、项目绩效报告、来自项目内外的变更请求和范围管理计划为依据,利用范围变更控制系统、绩效测量和补充计划编制作为变更控制的工具。

例如,为了控制项目利益相关者的变更项目范围,项目团队可以采取这样一些措施来对变更要求进行管理。

(1) 制定并遵循一个要求的管理程序,包括项目最初要求的确定程序。

(2) 透彻理解客户的要求。

(3) 对所有要求都记录在案,并确保这些信息易于流传和获得,可以借助计算机建立数据库来进行记录和管理。

(4) 进行充分的测试,确保项目产品能够符合客户的期望和要求。

(5) 运用评审过程,从系统的观点进行评审,提出变更要求。

(6) 当客户提出变更要求时,让他们在项目基准计划与变更要求之间进行权衡。

4.5.3 范围控制的结果

范围控制的结果将以文档的形式输出,范围控制中产生的文档管理是范围变更控制系统的重要内容,也渗透到绩效测量和补充计划编制的全过程。

虽然范围变更过程可以是正式的或者非正式的,这对于只有一两个项目利益相关者的项目还可行,但对于大型或者复杂的项目,则一定要对所有的变更都采用正式的形式,也就是说,所有的变更都应采用正式的变更申请表,以书面形式提出,并且记录所做的变更会造成什么影响,所做的变更通常会影响到项目的进度、成本和质量,当然有时也会影响其他方面,应该把这些变更记录下来,并且在整个项目开展的过程中进行跟踪,有些变更可能不会得到批准,但可能在下一个项目中发挥作用,因此记录这些请求并把这些请求储存在项目信息中,将会有助于今后项目的进行。

在项目范围控制过程中需要建立的文档可能有以下几种。

1. 范围管理计划

范围管理计划标识出如何管理项目范围以及哪些变更如何在项目中采纳,该文档评价范围变更的可能性、频繁程度以及造成的影响,并对变更的程序进行规范化。

2. 信息控制制度

信息控制制度是为了各部门或各利益相关者之间相互配合、沟通信息而建立的制度,目的在于控制信息流通,使各类文件的传递程序化,信息控制制度有两个方面的内容:一是文件发放表;二是图纸发送规定。文件发放表是一份简单的表格,其中规定了分发文件的对象和数量,也规定了文件是原件还是复印件,它不但能保证文件分发的秩序,而且能帮助人们找到有关信息。图纸发送规定主要是规定发送的数量、图纸类别和发送对象。

3. 资源清单

把所有项目中需要的所有资源的名称和编号按一定格式和顺序印制成册,形成资源清单,可以为项目控制提供翔实的依据。

4. 账户编号

账户编号的原则是要符合预算和决算的会计项目以及成本核算的要求,把不同的账户分类编号,列成表格,作为控制成本的工具或作为下一个项目的建设及不同项目相同账户之间的比较。

所有在控制过程中用来分析项目进展情况的绩效测量也应该建立相应的文档,此外还包括项目的各项计划文件及实施项目范围控制的各种文件、标准、报表和图表等,所有这些文件都应该是最新的并且是准确的,有关项目的记录必须准确地识别出项目要产出的产品或服务的最终技术指标。

所有这些文档应该整理有序,并编制索引以便随时查看,并且存放在一个安全的地方,电子数据库和电子文档也应作为项目文档加以备份和储存。

当项目范围发生变更,与原先计划出现偏差的时候,应该把有关偏差的分析和调整情况等内容用文字记录下来,作为项目管理文档的一部分,并通知项目的利益相关者,在征得全部相关人员的一致同意之后,才可以确定项目范围的变更,并采取合理的措施,项目范围变更及控制措施一旦确定,要更新相关文件,则应以文件形式对其加以确认。

案例分析

创意服务企业项目管理面临的难题[①]

0. 引言

今天是 HD 地产公司田园之都开盘的日子，HD 地产是大连市数一数二的地产开发商，此次的楼盘更是 HD 公司的开年之作，为此公司专门找来专业数字设计公司——SJ 公司，来制作本次楼盘的宣传影片，售楼处鞭炮声、音乐声此起彼伏，走进售楼大厅，3D 环绕型的屏幕不停地播放楼盘建成后的样子：一栋栋高楼在蓝天下拔地而起，小区处处绿树环绕，鸟语莺啼，潺潺的流水贯穿了整个园区……人群中传出阵阵感叹。负责此项目的 SJ 公司项目经理李伟也来到了现场，亲自检查影片的最后效果，望着熙熙攘攘的人群，他脸上虽挂着一丝笑意，内心却是五味杂陈……

1. 项目背景

SJ 公司成立于 1995 年，并于 2006 年落户大连，是一家专门以数字化三维技术为核心，提供数字视觉服务解决方案的数字设计公司，公司涉及的技术领域涵盖影视特效、3D 动画、多媒体、影像数据库等多个专业，现主要业务集中在为房地产商和政府部门进行相关设计工作。公司从最初仅有几十人的规模，发展成为大连市数一数二的数字科技公司，现有员工 200 余人。

公司组织架构分为三层，最上层为总经理，负责公司战略决策和重要问题的解决，下设销售部、地产部、政府部、人力资源部、财务部和客服部。其中地产部（主要负责房地产行业的业务）和政府部（主要负责政府市场业务）下又分别设有各自的项目部门，以地产部为例，下设地产营销部、地产影视部、地产制作部。地产营销部主要负责项目整体的创意策划；地产影视部主要根据整体策划方案提供影片制作方案；影视部中设有文案、导演、分镜三个职位。每个部门设部分经理及其下属员工，各部门经理为部门直接负责人，直接对总经理负责。如图 4-8 所示。

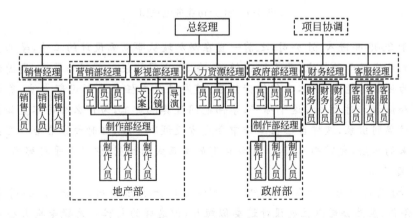

图 4-8 SJ 公司组织架构图

[①] 本案例来自于中国管理案例共享中心，由朱方伟、王昭采编，案例部分内容进行了掩饰处理。

项目管理

SJ 公司采用职能加项目式的组织结构模式，企业承接项目后，由各职能部门抽调部门员工组成项目团队，该项目团队一般包括：项目经理、销售部员工、营销部员工、影视部员工与制作部人员，核心项目成员主要包括项目经理、销售人员和制作人员。客户部、营销部与影视部主要负责协助项目的进行。项目初期，由销售部负责与客户联络，并达成业务意向，随即将客户资料交由客服部进行存档；中期，销售部与导演，共同与客户代表讨论交流，随后导演根据客户需求编制初步脚本，文案负责宣传文字部分，根据脚本内容进行合同谈判；合同签订后，分镜员根据脚本制作分镜，制作部按照分镜头开始制作短片，产品完成后由销售部人员与客户进行交付。可以说，导演一职在整个项目运行中，负责整个项目方案的设计、控制、沟通等方面，实质是整个项目的项目经理。在项目进行中，由销售部主要负责与客户沟通，沟通信息经销售部与项目经理决策后，反馈由制作部实际制作，出现问题或修改时，项目经理负责制作部与销售部之间的沟通，而销售部负责对外与客户进行协商，项目的最终结果由项目经理和各部门负责人共同负责。如图 4-9 所示。

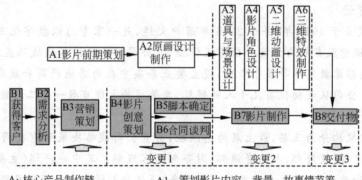

A：核心产品制作链
B：企业核心业务链

A1　策划影片内容、背景、故事情节等
A2　美术准备，设计物体的结构、形态等
A3　设计影片中的道具和场景
A4　设计影片中的人物身份、形象、比例等
A5　设计Flash动画等
A6　利用3D软件对原画进行设计

图 4-9　SJ 公司业务流程图

李伟于 2009 年进入 SJ 公司，之前一直在新加坡从事动画设计的工作，李伟具有技术人员典型的扎实肯干的特点，为人沉稳低调，在 SJ 公司担任一年制作员后，周围的领导和同事都认为他设计能力出色，工作任劳任怨，随即被公司任命为影视部导演，负责整个项目的控制和协调。对于导演这个称呼，李伟也问过其他员工，为什么公司不直接把项目经理这一职位单列出来，这样自己在工作中会更方便调取资源，当时大家哈哈一笑："这是公司一直以来的叫法，大家都习惯了，你现在有的是正式的权利，何必在乎在那名分呢。"

2．项目开始

不久，SJ 公司迎来了一位大客户——HD 房地产有限公司，这是 SJ 公司第一次与 HD 公司合作，虽然公司以往也设计过类似短片，但这样的大客户无疑是提升公司影响力的一次绝好机会，HD 公司派出了专门的销售代表负责与 SJ 公司交流，负责传达 HD 公司高管的相关意见。据 HD 公司销售代表介绍，本次 HD 要开发价值一百多万的楼盘，由于楼盘还未竣工,开盘销售时,小区的整体功能不能直接体现,为此HD公司销售总监提出希望制作一段视频短片,主要突出展示楼盘建成后的完整样貌与功能,使得客户能有身临其境的感觉,从而产生购买欲望。公司领导都十分重视这次项目,经过反复商量,老总和影视部经理都觉得李伟平时做事踏实认真,因此决定由他来负责本次项目。

李伟得知这个消息的时候,干劲十足,他觉得这是证明自己能力的好机会,在公司的沟通流程中,外部与客户沟通全部由销售部门负责,所搜集到的信息再由销售部传递给其他部门。为此他首先找到负责本次项目的销售人员。在销售部,李伟了解到项目的基本情况:HD公司营销方案中需要制作时长约10分钟左右的短片,用于楼盘前期宣传,由于楼盘开盘在即,李伟心里不禁捏了一把冷汗,10分钟的影片在宣传片中属于较长时间了,制作部的工作量会很大,这次的任务,无论工期和质量要求都非常高。

在与客户签订项目合同前,李伟团队要做的一项很重要的工作就是确定影片脚本。脚本是细化的制作方案,包括了影片的风格、主体内容,时长等方面,是制定项目质量、成本、进度计划的依据,以往公司都是由导演根据个人经验和公司现有的材料,与客户进行沟通修改来确定。李伟一刻不敢懈怠,将公司类似项目的资料全部调取出来,找出与HD此次楼盘风格接近的样片,并依次分类。随即与销售部一起,约见HD公司的销售代表,会上李伟播放了搜集的样片和图片,HD公司选择了几种认为接近本次设计风格的样片,双方就风格、时长、颜色等方面达成了一致。几次沟通后,HD公司与SJ公司签订了项目合同,李伟不禁暗暗松了口气,他认为基本架构敲定后,接下来的制作工序会相对简单一些。

3. 问题出现

谁知,真正的噩梦才刚刚开始,当脚本分割为不同的分镜部分,交接到制作部时,制作员们纷纷找到李伟,制作员小王满腹怨气:"李导,这么短的时间要达到这样的效果,难度太大了啊,能不能适当地去掉一些要求?"李伟很奇怪:"当时客户是根据销售部播放的A项目效果来要求的啊? 之前A项目你不是也参与了么?"小王回答道:"销售部不了解当时的情况,A项目当时是公司的精品项目,投入了我们制作部将近一半的人力,现在这么短的时间内,人力又这么紧张,销售部还拿A项目的效果来要求,这不是强人所难么?"这时,一旁的制作员小马也说道:"他们销售人员不了解我们制作的技术要求,脚本里这种投射效果,制作技术非常复杂,其实用另一种方法是可以取代的,这种要求实在是有点困难。"李伟一时无言以对,前期销售部与客户进行沟通时,与制作部的交流的确有限,现在客户的期望已被拉高,只能按照纸质的合约来进行制作,李伟只得找到了制作部的王经理,希望可以由他出面来协调和帮助业务人员,王经理为此专门召开了部门动员会议,这才安抚好制作部门。

谁知没过几天,HD公司的销售代表提出:"我认为现在这种效果不能很好地展现楼盘宏伟的气势,能不能专门强化一下光线的处理?"李伟有些为难,目前制作人员已基本饱和,这就意味着还得再调用一名制作员。李伟尝试性地和王经理进行沟通,王经理这次有些不高兴:"李导啊,之前你答应了客户这么高的要求,我们也接了,现在我们制作部还跟进了好几个单子,不能专门因为你把其他项目的人调来啊,这样影响了其他客户的进度,谁来负责?"李伟心里很无奈,自己名义上负责整个项目,但是前端销售部负责一切对外事务,最后沟通结果仅仅是通知李伟,再由他转达制作部;后端面对制作部,自己对人员的调配也是毫无权利。到头来,销售部认为自己办事效率不高,导致客户不满意;制作部认为自己一味满足客户要求,让他们承担最终压力,自己是两头都不讨好。

4. 矛盾激化

接下来的制作过程更是举步维艰,修改的次数越来越多,李伟耳边不断重复着这样的话语:"李导,这影片画面效果氛围销售部开始说明要大气,随后又说要宏伟,到底要按照哪种来修改?""客户要求这段要节奏稍慢,到底应该具体到什么程度?""怎么又要改,销售部说这种树木选形和动画不符合客户要求,但是他们又描述不出具体细节,这样一次次修改,要改到什么时候?"

这天李伟突然接到了HD公司的电话,原来HD销售部总经理看后,表示这样的设计风格和原先构想的有一定差距,表示希望加强某些动画效果。原来,在前期沟通中,李伟团队只是同前来的HD公司销售代表进行沟通,一些想法经过了HD公司总经理—HD销售代表—SJ公司销售部—李伟—制作部传递之后,出现了不同程度的不一致,这次制作部门王经理专门找到李伟,"小李,现在片子基本成型了,要还修改的话,制作工期需要延长才可以。"李伟找到HD公司进行协商,得知项目需要延期,HD公司销售代表非常不满意,"当初已经确定清晰的工期和费用,现在出现变化,如果耽误了最后的开盘,这个责任谁来承担?"李伟这下可犯愁了,工期一旦延长,制作费用也要相应的增加,而当初在合同中已经明确规定了时间和费用,现在要增加的部分,到底应该由谁来承担?

万般无奈下,李伟向公司总经理求助,为此总经理在办公室专门约谈了各部门的负责人,制作部王经理首先站起来:"王总,这次的项目,我们制作部已经非常配合了,还专门抽调人手来协助李导,但是客户的很多意见,当初根本没有通过我们嘛,如果销售部一开始就把问题弄清楚,也不至于出现这么多修改,是需求没有识别到位,这个责任不在我们。"听到这里,销售部马上反击道:"王总,有些问题是在制作过程中间出现的,我们也不可能全部都提前预计到,而且客户的一些宏观性的意见,我们当初也都通过李导和制作部交代过啊,现在客户提出的这个要求,也是因为制作部的制作效果达不到客户满意,这个责任我们不能承担。"这下王经理不高兴了:"是你们根本没有和我们说清楚具体是什么效果啊。李导,你来评评理?"李伟此时左右为难,自己也不清楚究竟是哪个环节出现了遗漏,只是觉得在项目运行中,凭借自己个人的能力已经逐渐无法控制所有的沟通,就在这时总经理发话了:"现在的关键,是要保证尽快完成项目,HD公司那边有我去协调,尽可能争取更多时间,费用部分争取双方共同协商解决,销售部马上和客户沟通,这次要直接面对上层获得客户需求,制作部抽调一切可能的人手,全部投入这个项目。"接下来由总经理亲自与HD公司进行沟通,适度延长了一周工期,而为了保持今后良好的合作关系,SJ公司承担了大多数增加的费用。

5. 尾声

项目在磕磕碰碰中,总算走到了尾声,由于中间出现了几次大的修改,导致最后的完成日期超出了原定工期近十天。这天,李伟接到了总经理的电话,尽管做好了挨训的准备,但李伟从总经理办公室出来的时候还是垂头丧气的,总经理的话还回荡在耳边:"李伟啊,这个项目是你接的第一个大型项目,你也确实付出了很多努力。但是HD是我们的大客户,这次他们对我们的制作效率并不是很满意,制作部的王经理也来找我谈过,表示公司的制作人员也非常辛苦,出现这么多问题究竟是什么原因,你自己回去好好想想吧。"

回到办公桌前,李伟不禁回想这几个月的辛苦,他以前做过很多的项目,也出现反复修改的情况,但是从来没有一个项目像这次的这个项目这么复杂和麻烦。到目前为止,由自己签字确认的修改有8次,由总经理签字确认的修改也有3次,也就是说,体现在项目流程中的修改已经有11次之多。这些还不算一些不需要确认的,根据客户意见随时做的修改。

虽然不排除这次的客户是大企业,各方面要求比较细致的原因,李伟决定好好坐下来思考一下,他找到所有做过的项目的资料,总结和归纳后发现,从做导演带领项目组开始,3年期间共做过项目22个,其中只有1个项目没有发生确定性的更改,其余都在项目流程信息记录中有详细的记录,最少的更改过一次,最多的更改过9次。越是大型的项目,牵涉部门人员越多,项目越容易出现问题,耗费的时长越多,自己和公司其他的员工明明很努力,却还是出现这么多问题,这究竟是什么原因呢?李伟怎么也想不明白……

案例启发思考题

1. SJ公司在项目执行过程中,都出现了哪些问题,出现的原因是什么?
2. SJ公司项目管理过程中出现这些问题的根本原因是什么?
3. 如果你是公司的总经理,你会怎么解决这些问题?
4. 结合案例的背景,为SJ公司确定一套适合公司的沟通体系。

案例分析

"ZL省毕业生就业网"项目的范围管理①

2004年8月份,王新参与了"ZL省毕业生就业网"项目的建设。在项目中担任项目经理一职。该项目作为加快毕业生就业信息化进程中的关键工程,受到社会各界的关注与支持。系统建成后将集就业指导、政策宣传、人才交流、就业手续办理、政府宏观管理于一体。回想整个项目管理过程,王新对该项目的范围管理感触颇深,因为项目涉及的利益相关者多,关系复杂,所以项目范围的确定出现了种种困难,然而项目团队通过各种途径寻求解决措施、方法,最终为项目的成功实施奠定了基础。

1. 项目概述

随着高等教育和高(中)等职业教育的快速发展,高校毕业生数量逐年增加,就业压力逐年加大,就业形势日趋严峻,毕业生就业工作日益繁重,倚靠传统的手工操作已经不能适应新形势、新任务的要求。"ZL省毕业生就业网"项目(以下简称"就业网项目")便是产生于这个背景下。就业网项目于2004年8月份正式启动。项目总投资200万元,要求在2005年4月1日前全面竣工并投入使用。

---

① 本案由孙秀霞根据《项目管理者联盟》网站文章整理,部分内容进行了掩饰处理。

项目的技术与功能目标有以下几点。

(1) 系统要求采用先进的技术手段，以 Internet 为载体，以大中专毕业生就业创业为导向。

(2) 面向全省各级人事部门，大中专院校，人才中介机构，用人单位和毕业生。

(3) 连接人事部、教育部和其他兄弟省市就业主管部门、高等院校；构筑一个大容量，宽辐射的全省毕业生就业创业公共服务平台。

(4) 为全省广大毕业生和用人单位提供全面、便捷、快速的人事人才服务。

(5) 为大中专院校提供学生学籍管理与就业相关工作的办公自动化平台。

(6) 为各级人事部门提供毕业生就业指导、政策宣传、就业相关手续办理业务、毕业生就业交流监控与宏观管理、决策支持为一体的功能全面的电子政务办公平台。预计系统建成后将成为 ZL 省第一个面向全省的、大容量的、跨区域的毕业生就业创业电子政务应用服务平台。

通过公司的项目经理竞争上岗机制，王新获得了公司领导与业主的信任，成为该项目的项目经理，全面主持项目的管理工作。

在业主的通力配合下以及项目管理团队的共同努力下，就业网项目的建设历时 8 个月，在 2005 年 3 月 15 号全面通过验收，比计划提前了 15 天。项目总成本也严格控制在计划范围内，并且略有剩余。总之，项目取得了全面的成功。

2. 就业网项目的范围管理

谈及项目的经验教训时，王新直率地说："项目过程中也遇到过很多问题，其中之一便是项目范围管理问题。但由于此次项目团队成员经验比较丰富，及时地采取了解决方法，对项目的后期开展很有帮助。就业网项目的成功，我认为一部分原因是得益于有效的项目范围管理机制。"

王新认为，范围管理是项目管理的基础，也是项目管理工作的重点和难点。含糊的需求和频繁变更的范围让项目的甲乙双方吃尽了苦头。如何做好项目的需求管理与范围管理常常是项目经理最头疼的问题。如果项目范围管理做到位，明确界定项目的范围，能够促进项目计划、执行和控制的有效实施，进而保证项目目标的成功实现。

3. 就业网项目的特点

(1) 项目利益相关者多。就业网是面向全省的各级人事单位(省、市、县三级近100个人事行政单位)、大中专院校(近200所)、人才中介机构(200多家)、用人单位(近百万家)、毕业生的大型电子政务项目。项目涉及面广、用户量大。在项目管理中王新带领的项目团队必须收集广大用户的意见，获得广大项目利益相关者的支持。只有这样才能打造一个用户乐于使用的电子政务平台，为项目的使用推广打下基础。

(2) 业务涉及面广。毕业生就业网集毕业生就业、创业指导、政策宣传、咨询、人才与用人单位的双向交流互动、网上人才市场、毕业生就业手续办理、院校学生学籍管理与就业管理、就业工作监控管理与宏观管理、资源收集整理于一体。涉及毕业生就业工作与人才管理工作的方方面面。

(3) 全省毕业生就业工作流程不一致。就业网项目涉及 ZL 省各级人事部门，但由于政府人事工作的区域性，各设区、市都有各自不同的人事制度与毕业生引进制度。造成

ZL省各设区、市人事部门毕业生就业工作流程的不一致。

就业网项目涉及ZL省所有大中专院校。各个学校也均有各自的就业管理工作方法和习惯。

就业网项目需要对ZL省的毕业生就业工作流程进行BPR。需要改造各个学校的原有的工作方法和体制。

（4）各级政府部门、院校信息化程度参差不齐。全省各设区市经济条件不一样，信息化程度更是参差不齐。大中型城市信息化程度比较高，地级及以下城市信息化较为落后。有些单位甚至没有一台电脑。

4. 就业网项目范围管理的方法

就业网项目的特点使王新对项目的范围管理绞尽了脑汁。通过专家顾问的指导与项目团队全体成员的共同努力，在采取了相关措施、方法之后，才使得项目的范围管理工作容易开展。

（1）利益相关者参与的项目启动大会。考虑到项目的涉及面广，利益相关者众多。项目正式启动之初，在项目委托方省人事厅的通力配合下，他们召集了全省各级人事部门、大中专院校负责毕业生就业工作的领导和业务办理同志，重点中介机构和省直重点单位的人事主管三百多人参与项目的启动大会。

在这次大会上他们还邀请了主管人事工作的副省长发言。向各项目利益相关者强调毕业生就业工作信息化的重要意义；让各项目利益相关者充分认识到就业网的重要性和便利性。通过省长的讲话，项目利益相关者都纷纷表示要好好学习这次会议的精神，极力配合项目工作。

在这次会议上，王新作为项目经理向各项目利益相关者，就项目的主要目标、范围、范围管理计划、进度计划安排、沟通方式作了详细介绍，并希望各项目利益相关者能够积极配合项目团队的工作。王新也保证，将尽量满足各项目利益相关者的要求，将就业网建设成为他们乐于使用的、能确实帮助他们的网站系统。

在这次项目上各项目利益相关者都热情高涨，纷纷提出了很多很好的建议，也让王新充分认识到了项目利益相关者的问题、难处。会后王新收集整理了近200条有效建议。通过分析这些建议，项目团队加深了对需求的把握；删去或调整了之前许多想当然的需求，增加了许多对用户特别有帮助的需求，特别是对细节的把控。同时调整了项目团队的工作过程及项目计划。

（2）有效的项目管理工具。这个项目可以说是王新在通过PMP后，第一次将项目管理知识体系灵活运用于实践之中。

在项目管理中王新采用了MS Project2003作为项目管理工具。通过Project，他们建立了项目的WBS。对WBS的每个任务明确了其可交付物。对每一个任务他都要求细化到每个人在一周内可以完成。保证每一项任务都是可控的。

同时他们还制订了完善的项目范围管理计划、WBS字典、范围变更计划及规程和项目核实标准（含质量控制标准）。并交由业主、项目监理单位审核后，由业主和项目监理单位共同实施。

（3）多次的项目评审大会。在项目进度计划中项目团队确定了五个重要里程碑。在这些里程碑结束后,他们邀请相关项目利益相关者参与项目的评审工作。目的是为了防止需求偏差、遗漏和收集新的需求。

第一个重要里程碑是系统原型完成之后,邀请了所有项目利益相关者代表参与了原型的评审工作。

第二个重要里程碑是政府人事部门业务平台完成之后,邀请了相关政府人事部门的相关业务负责人参与项目评审工作。

第三个重要里程碑是院校端业务平台完成之后,邀请了各重点高校、中等职业学校的相关业务代表参与了项目的评审工作。

第四个重要里程碑是网上人才市场平台完成之后,邀请了重点中介机构,省直重点单位、毕业生代表参加项目的评审工作。

第五个重要里程碑系统基本成型之后,他们再一次组织了全体项目利益相关者,参加项目评审会议。

每一次的项目评审都给项目团队带来了很多很好的建议,让他们充分发现了系统的不足之处,发现了许多业务上的偏差。当然也有许多项目利益相关者提出了系统易用性上的建议。会后,他们按照项目范围变更计划,和业主、监理单位一起对这些建议作了逐一评估,将那些有益的建议更新到项目范围管理计划中。

(4)项目利益相关者的共同努力。王新认为,这个项目的成功实质上是全体项目利益相关者的成功,是全体项目利益相关者努力的结果。在项目进行过程中许多单位都给项目团队提出了很多很好的建议;许多院校负责就业工作的老师,各级人事部门的负责同志都纷纷给他们提建议、出点子。他们还编制了调研问卷,收集毕业生的建议。

5. 存在的问题

项目最终的结果十分成功,但是项目过程中仍然不可避免地出现了种种问题,比如没有充分考虑到各设区市业务流程的差异性,造成毕业生就业手续办理流程模块的全面返工;没有充分考虑到各设区市信息化程度的差异,造成许多技术和设备落后的设区市、县无法真正使用就业网系统。

无论如何,这次项目的经历对于王新来说,都是一笔宝贵的财富。在今后的项目管理实践中,他将会继续寻求成功实施项目范围管理的方法与工具,解决就业网项目遗留的众多问题。

案例启发思考题

1. 结合案例与所学知识,你认为项目范围管理的意义体现在哪些方面?
2. 你如何评价王新在就业网项目范围管理中所运用的方法,请谈谈你认为做好项目范围管理的方法途径。
3. 对于就业网项目存在的问题,请提出你的解决方案。

本章思考练习题

1. 项目范围管理的主要过程是什么,有什么样的作用?

2. 进行项目需求识别可以使用哪些方法技术，分别有什么特点？
3. 项目需求建议书的主要内容包括哪些方面？
4. 什么是项目范围说明书？它的主要内容和作用是什么？
5. 如何理解 WBS 是集成项目管理的主线环节？
6. 制定工作分解结构需要遵循哪些基本原则？一般包括哪几个主要步骤？
7. 组织分解结构是什么？它与工作分解结构有什么联系和区别？如何实现组织分解结构与工作分解结构之间的适配性？
8. 影响项目范围变更的因素主要包括哪些方面？如何对项目范围变更进行有效控制？

第 5 章 项目进度管理

> **导　读**
>
> 在项目的所有资源中,时间是个具有特殊意义的资源。它不能储存,不可再生,不能中断,不能逆转,不能控速,甚至不能回避,人类在面对时间资源的时候,无法采取主动姿态,从来都是被动的。正因为上述特点,项目进度管理变得尤为困难。项目进度管理就是要解决项目的时间管理:制订一个进度计划,加强进度控制,使之不偏离项目的运行轨道,顺利交接,省时完成。
>
> 　　小刘算是个资深的项目经理,他认为按时交付项目是衡量一个项目成功与否的重要标准,也是项目管理过程中最具挑战性的问题之一。最近他又接手了一个新项目,要求将某新建小区的 1 200 套房按某种选定样板间的类型进行装修,项目周期为 5 个月。对于这个新项目,小刘还是比较有信心的,因为他之前参与过类似的房屋装修项目,积累了一些经验教训。他认为此次项目的关键在于能否在资源有限,控制成本的前提下,保证装修工程在 5 个月或提前完工。此时的小刘,脑海中显现的是 MBA 课堂上学到的进度管理的几个主要过程,他简单梳理了一遍,觉得可能遇到的问题将会不少,尤其项目进度的计划与控制需要他格外关注。
>
> 　　本章将从项目进度管理的内涵和重要性出发,详细探讨进度管理计划与控制的主要过程,以及管理中所需要的依据、工具方法和产生的影响结果。

5.1　项目进度管理概述

5.1.1　项目进度管理的内涵

1. 项目进度管理的含义

　　项目进度管理又叫项目时间管理或项目工期管理,是为确保项目按时完工所开展的一系列管理活动与过程,是项目管理的重要组成部分之一。传统的项目管理中仅包括项目的进度、成本和质量的管理,目前项目管理知识体系中的其他组成部分是后来随着项目范围的扩大和需要考虑因素的增多才逐步发展起来的。

　　进度目标、成本目标和质量目标构成了项目的三大目标,如图 5-1 所示,它们之间相互制衡、对立统一。一般来说,加快项目实施进度就要增加项目投资,但项目提前完成又可能提高投资效益;严格控制质量标准可能会影响项目实施进度,增加项目投资,但严格的质量控制又可避免返工,从而防止项目进度计划的拖延和投资的浪费。因此可将进度、成本与质量三者之间这种相互制衡的关系比喻成项目管理中的"铁三角"。

图 5-1　项目管理中的"铁三角"

项目进度管理是在项目实施过程中,为了确保项目能在满足其时间约束条件的前提下实现总体目标,对项目各阶段的进展程度和最终完成的期限所进行的管理。项目进度管理需要采用一定的工具和技术对项目范围所包括的活动及它们之间的相互关系进行分析,对各项活动所需要的时间和资源进行估算,并在项目的时间期限内合理有效地安排和控制活动的开始和结束时间。显然,进行项目进度管理对保证项目按照期限要求在预算成本内完成项目全部可交付物工作具有重要的作用。

2. 项目进度管理的主要内容

经验告诉我们,在画一头大象之前,最好对它的整个全貌有一个宏观的了解,以免掉进盲人摸象、以偏赅全的陷阱。因此,在介绍项目进度管理的具体执行步骤之前,对进度管理的主要内容有一个全面的了解非常必要。

项目进度管理包括保证项目按时完成的各过程。在 PMBOK 中,项目进度管理被分为六个过程,分别是定义活动、排列活动顺序、估算活动资源、项目活动时间估算、制订进度计划、控制进度。

具体说来,定义活动即识别为完成项目可交付成果而需采取的具体行动的过程,是进度管理中活动排序和工时估算的依据,因此,它也是进度管理的启动步骤;排列活动顺序即识别和记录项目活动间逻辑关系的过程;估算活动资源即估算各项活动所需材料、人员、设备和用品的种类和数量的过程;项目活动时间估算是根据资源估算的结果,估算完成单项活动所需工作时段数的过程;制订进度计划即分析活动顺序、持续时间、资源需求和进度约束,编制项目进度计划的过程;控制进度即监督项目状态以更新项目进展、管理进度基准变更的过程。

需要注意的是,项目进度管理的六个过程虽然在理论上以界限分明、相互独立的形式出现,但在项目管理的实践中,它们通常是相互影响、相互交叠的,很难进行明确的区分界定。在一些小型项目中,定义活动、排列活动顺序、估算活动资源、估算项目活动时间以及制订进度计划等过程之间的联系非常密切,甚至可以合并在一起视为一个阶段,由一个有经验的人快速、独立地完成。尽管如此,在理论上将这些过程区分开来进行分别讨论,还是很有必要的,因为各个过程中所使用的工具和技术是不同的。

5.1.2　项目进度管理的重要性

在市场经济条件下,时间就是金钱,效率就是生命。一个工程项目能否在预定的工期内竣工交付使用，这是投资者最关心的问题之一，也是项目管理工作的重要内容。项目进度管理具有很重要的现实意义。以建设电厂为例，一个120万千瓦的发电厂，每提前一天发电，就可生产3 000万度电，创造利润数十万元。因此，按期建成投产是早日收回投资、提高经济效益的关键。

然而项目进度问题的发生非常普遍。在清楚项目必须完成的任务和期限时，已经没有足够的时间了。这就是管理者们经常碰到的进度问题之一。当然，控制项目的进度并不意味着一味追求进度，同时还要满足质量、安全和经济的需要。

项目进度管理应围绕项目目标的完成，系统地确定项目的任务、安排任务进度、编制完成任务需要的资源预算等，从而保证项目能够在合理的工期内，用尽可能低的成本完成并获得尽可能高的质量。其实质是把各活动的时间估计值反映在逻辑关系图上并通过调整，使得整个项目能在工期和预算允许的范围内最好地安排任务。项目进度管理的主要目的是控制项目时间和节约时间，而项目的主要特点之一，就是有严格的时间期限要求，由此决定了进度管理在项目管理中的重要性。项目进度管理的作用如图5-2所示。

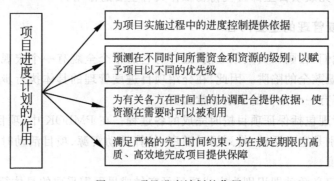

图5-2 项目进度计划的作用

5.2 项目进度计划

项目进度计划的编制过程分为定义活动、排列活动顺序、估算活动资源、估算项目活动时间和制订进度计划五个步骤。项目愈复杂，专业分工愈细，就愈需要全面的综合管理，需要有一个总体协调的项目进度计划，否则就不可能对整个项目系统的建设进度进行控制。

5.2.1 项目活动定义

在前面工作分解结构的制定中，我们可以识别出工作分解结构中底层的可交付成果——工作包。要实现有效的项目进度管理，项目经理和项目管理人员还必须对这些项目工作包进一步地细分，得到为完成这些工作包而必须开展的工作，我们称之为活动。这些活动的开展需要消耗资源并占用一定的时间，活动的完成情况直接决定了项目的成功与否。

项目活动定义是指识别和界定为完成项目目标所必需开展的所有工作或任务。项目活动定义通常要求项目组织制定更加详细的工作分解结构和辅助资料说明。该过程的目的在于确保项目组织对他们各自为实现项目目标而必须完成的所有工作有一个完整的理解。

1. 项目活动定义的依据

为了尽可能地正确识别出实现项目目标必需进行的所有活动,定义活动过程必须有充足、有效的依据,这些依据通常包括项目目标描述、工作分解结构、历史信息、项目的约束条件和项目的假设前提等。

1) 项目目标描述

在进行定义活动之前,重新回顾项目的目标,是为了在定义活动的过程中,始终体现项目目标的要求,对项目整体有一个总体性的认识,并以此为依据制订项目进度计划和进一步进行工作分解。目标描述可以用文字或图表的形式,可以是项目的约束性目标,也可以是成果性目标。由于项目具有多目标性,主要体现在时间、质量和成本三个方面,并且这些目标之间是相互制衡的关系,因此一个项目的成功往往不是某个目标的完成,而是以主要目标为核心,在多目标的约束条件下实现的。在进行项目活动的定义时首先需要分析项目的目标,而不是上来就细化工作分解,那样很可能导致活动定义的结果缺乏全局意识,不分主次。

2) 工作分解结构

工作分解结构是进行活动定义最基本、最重要的依据。定义活动便是在项目工作分解结构的基础上,运用特定的技术和经验将项目工作分解成更小、更具体、更容易管理的可交付单元。以工作分解结构为基础进行分解,可以最大限度地避免出现遗漏工作任务的情况。工作分解结构对于定义活动的重要性还体现在,它可以建立并跟踪项目实施的时间、成本和质量等情况,可以为每个活动分配责任并建立相应的责任矩阵,这些均是定义活动时重要的考虑因素,是进行项目进度管理的基础工作。

3) 历史信息

在定义项目活动时,应该参考和分析项目组织过去开展的类似项目的信息,那些在以前类似项目实际运作中必需的活动,对于现在的活动定义具有很大的借鉴意义。这些信息不仅包括项目中的成功经验,还包括错误、遗漏或是定义不当等失败情况,都会从不同角度给活动定义工作提供有效的依据。从项目的历史信息中学习经验教训,这既能够避免重犯别人所犯的错误,又可以站在历史的基础上提升起点的高度,这便涉及项目信息积累的问题。随着组织项目的增多和项目管理难度的提高,项目经验或知识的积累越来越引起项目管理人员的重视,系统的知识管理体系在项目型组织中的建立成为一种必然趋势。

4) 项目的约束条件

每个项目都有其特定的运行环境,并且几乎所有项目都面临资源有限的境况,所以,项目存在各种约束条件的限制是无法避免的。常见的约束条件有人力资源、成本费用、技术要求以及设备情况等。这些约束条件在项目的不同阶段会体现出不同的强度和优先等级,也有些约束条件是伴随项目始终的。在定义活动的过程中,必须将这些约束条件考虑进去。

5) 项目的假设前提

假设前提是为了编制计划而将某些不确定的因素看作是事实、现实或确定性的因素。项目在实施之前,有很多不确定的情况,设定一些假设前提对项目活动定义是必需的,否则活动定义工作将无法开展。例如,某户外工作需要两个人在10天内完成,这个活动定义的假设前提是这10个工作日都是晴朗的,可以进行户外工作的。但是很显然,这种假设必然会带来一定的风险。

2. 项目活动定义的工具与技术

项目活动定义所使用的工具与技术主要包括活动分解技术、滚动式规划技术、模板法以及专家判断法。

1) 活动分解技术

活动分解技术是把项目工作包细分为更小部分,以便更好地管理和控制。它是建立在工作分解的基础上,通过进一步分解和细化,将项目的工作分解成具体活动的一种结构化、层次化的方法。活动分解技术类似于建立工作分解结构的工作分解技术,但二者仍存在区别。工作分解技术是将项目分解为有内在联系的若干工作包的技术,这里的工作包是实现项目目标所要完成的相关活动的集合;而活动分解技术则是在工作分解结构的基础上,将工作分解结构所产生的工作包打开并继续细分为具体工作单元的技术。其区别主要体现在:工作分解的最后成果是项目可交付物,用工作分解结构来体现;而活动分解的最后成果是一系列活动,可以用活动清单来描述。

2) 滚动式规划技术

滚动式规划技术是一种渐进明细的规划方式,对项目前期可预见范围内的工作进行详细规划,将可能开展的活动全部进行定义;而对项目中后期不可预见范围的工作暂时只在工作分解结构的层面上进行活动定义。因此,在项目生命周期的不同阶段,工作分解的详细程度是不同的。随着项目的向前推进,项目管理人员不断更新、细化原有的活动定义。滚动式规划技术考虑了项目运行中不可控的风险问题,能够很好地应对突发事件的发生,保证活动定义的准确性。

3) 模板法

在定义项目活动时,模板法是一种简洁、高效的方法。具体来说,模板法是使用标准活动清单或以往项目的部分活动清单作为新项目活动定义的参考模板,依据参考模板中的活动定义及属性,并结合现行项目的独特环境,在模板的基础上增减或修改项目活动,从而定义出新项目的各项活动。虽然每个项目都是独一无二的,但许多项目之间仍然存在着某种程度的相似相通。旧项目的经验对于一个新项目来说是非常宝贵的,提高项目经验资源的利用率将在很大程度上促进项目目标的实现。

4) 专家判断法

在定义活动过程中,如果能够有经验丰富、对项目整体流程比较熟悉的项目人员或专家参与,那么定义活动的效果将事半功倍。因为这些专家有类似项目的成功或失败经验,有制定类似项目范围说明书、工作分解结构和项目进度计划的经历，他们可以为定义活动提供专业、高效的指导。

3. 项目活动定义的结果

项目活动定义的结果主要是指项目活动清单、活动属性说明以及更新的工作分解结构。

1）项目活动清单

活动清单是一份包含项目范围中需要进行的全部活动的清单。与工作分解结构类似，活动清单中应该包括对每个活动的说明，确保项目团队成员理解自己应当完成哪些工作。项目活动清单作为工作分解结构的补充，确保涵盖了项目所要进行的所有活动，并且排除任何超过项目范围的不必要活动。表5-1是一份简单的项目活动清单。其中，"输入"一列填写完成该工作所要求的前提条件及依据，如设计文档、技术文件及资料等；"输出"一列填写完成该工作后应输出的信息及结果，如产品、图样、技术文件以及对输出信息的规范和内容定义等。

表 5-1 项目活动清单

活动代码	活动名称	输入	输出	内容	负责单位	协作单位	备注

2）活动属性说明

活动属性说明是用来扩展对每项活动所具有的多种属性的描述，它将与活动相关的假设和约束条件联系形成相应的文件，以便在项目管理的其他过程中作为参考依据使用。项目运行的不同阶段，活动属性表现出不同的形态和详细程度。在项目初始阶段，活动属性可以是对活动名称、活动标志的说明；当活动完成时，活动属性则可能是对活动编码、活动描述、紧前活动、紧后活动、资源需求、时间控制情况的描述。活动属性说明可以在进度活动的排序、进度计划的制定过程中作为依据。

3）更新的工作分解结构

在项目活动定义过程中，项目成员可能会发现原有工作分解结构遗漏了一些可交付成果，或者某些可交付成果存在错误或不合理的地方，需要进行更正或修订，应该及时对原有的工作分解结构进行更新。

5.2.2 项目活动排序

通常情况下，很多工作的执行必须依赖于其他工作的完成，也就是说它的执行开始于某些工作完成之后,这体现了工作的先后依赖关系。项目活动排序就是识别和确定各活动之间的依赖关系,并根据这些关系安排各项活动的先后顺序。活动必须准确排序,只有这样才能保证制订出的进度计划切实可行,富有成效。活动排序可使用项目管理软件,借助计算机或自动化技术来实现。即便如此,准确判断活动之间的关系并做出合理的排序,也是件极富挑战的工作。

1. 项目活动排序的依据

项目活动排序过程的依据主要包括活动清单、活动属性说明、活动间的依赖关系以及一些约束条件与假设。其中,活动清单和活动属性说明是活动定义过程的输出结果,是项目活动排序的基础和重要依据。约束条件和假设,是我们在进行排列活动顺序时必须考虑的重要因素,基于此才能作出更加合理的排序。以上三个依据本节将不再详细阐述,下面重点研究项目活动排序时的重要依据——各活动之间的依赖关系。

活动之间的依赖关系主要分为三种:强制性依赖关系、选择性依赖关系和外部依赖关系。

1) 强制性依赖关系

强制性依赖关系是合同所要求的或工作之间本身存在的、无法改变的依赖关系。这种关系是活动排序的基础,主要是根据项目的工艺、技术、空间位置关系等因素加以确定的,因此它通常比较明显,容易被确认。例如,在软件系统开发项目中,必须在代码写出来后,才能对其进行检验;建一座高楼,首先应进行基础施工,然后才能进行主体施工。

2) 选择性依赖关系

在项目活动排序过程中,项目管理人员应明确哪些依赖关系是选择性的。选择性依赖关系是指两项活动可先可后,具有活动排序的随意性。这类关系随着人为约束条件的变化而变化,随着实施方案、人员调配、资源供应条件的变化而变化。例如,一项任务有三项工作 A、B、C,假设 A、B、C 之间不存在强制性依赖关系,则要完成这一项任务,这三者之间的关系有多种不同的方案。虽然不同的方案最终都能完成该任务,但效果可能大不相同。对选择性依赖关系的确定,可以参考专门应用领域的"最佳实践",也可以根据项目环境、目标要求进行人为的选择。该类工作关系的确定结果会影响总浮动时间,并最终影响进度计划的总体水平。可见,优化工作之间的关系主要就是指优化这些可选择的依赖关系。

3) 外部依赖关系

以上两种依赖关系仅限于项目内部两个活动之间。外部依赖关系是项目活动与非项目活动之间的依赖关系。有些依赖关系涉及与本项目之外的其他项目的联系,例如,某种新产品开发项目可能需要将某个原型机提供给交易会展出;有些依赖关系涉及非本项目活动的同一个或多个干系人的联系,例如,向其提交项目实施的财务资料。

2. 项目活动排序的工具方法

在确定了活动间依赖关系的基础上,就可以运用一定的方法工具来进行活动排序了。项目活动排序最为常用的工具和技术是箭线图法(ADM)和前导图法(PDM),它们是目前主要的网络图绘制方法。进度网络模版的使用也可以用于项目活动排序。

1) 箭线图法

箭线图法(Arrow Diagramming Method,ADM)又称为双代号网络图法(Activity-on-Arrow,AOA),这是一种用箭线表示活动、节点处将活动联系起来表示依赖关系的项目进度网络图绘制法,在我国这种方法应用较多。

双代号法绘制的网络图由三大要素构成,分别是节点、箭线和线路。任何一项活动,均由两个节点和一条箭线共同表示,其中,位于箭线尾部的节点表示该活动开始的时间,位于箭线头部的节点则表示该活动结束的时间,两个时间节点间的箭线表示活动的整个过程。所有的节点均表明一些特定的时刻,因此,也称时间节点。每条箭线的上方标注出该活动的名称,下方标注完成该活动所需要的时间。各活动间的逻辑关系,通过箭线的先后顺序表达清楚。由于网络图可以清楚有效地表述出整个项目的工作内容,以及各工作之间的逻辑关系和活动的时间,全面地反映原问题的所有信息,因此,网络图成为构成网络计划技术的基础。

在绘制网络图时,应该遵循以下原则:

(1) 网络图的开始节点与结束节点均应是唯一的,详见图 5-3。

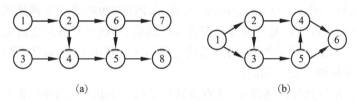

图 5-3 双代号法网络图画法说明(1)

绘制网络图的目的在于对整个项目的计划工作有所帮助,从制订计划的角度出发,项目的开始与结束时间只能各有一个,因此,绘制出多个开始时间节点或多个结束时间节点的网络图,不仅增加了计划工作的工作量,同时还不符合常理。所以图 5-3(a)的画法不正确,图 5-3(b)的画法是正确的。

(2) 在相邻的两个时间节点之间,最多只能有一条箭线,如图 5-4 所示,图 5-4(a)为错误画法,图 5-4(b)为正确画法。

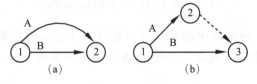

图 5-4 双代号法网络图画法说明(2)

(3) 网络图中不能出现循环回路。如果网络图中出现了循环回路,则意味着图中的逻辑关系表达上出现错误,因为网络图是有向图形,各时间节点表示的时间必须顺着箭线的箭头方向有序地增加。如图 5-5 所示,出现了循环回路,考虑到 B 作业必须在 A 作业完成后才能开工,以及 C 作业必须在 B 作业完成后才能开工的要求,必然能推导出在进行 C 作业之前 A 作业必须完成的结论,但图 5-5 又标明 A 作业是 C 作业的后续作业,这

第 5 章 项目进度管理

样就出现了活动先后顺序上的混乱,明显是错误的。

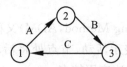

图 5-5 双代号法网络图画法说明(3)

(4) 在对网络图的时间节点编号的过程中,必须按照箭线箭头的指向,升序排号,保证时间节点的序号与先后关系保持一致。

(5) 在完成网络图的逻辑关系描述后,应该将各活动的工时数据标注在表示该活动的箭线的下面,才能得到完整的网络图。

(6) 正确使用虚工序。虚工序是绘制逻辑关系复杂项目的网络图的辅助工具,其本身不占用任何时间,但可以有效地反映出各工序衔接活动间的前后关系。在选用虚工序时必须谨慎,如果不用虚工序也能表示清楚的问题,应该尽可能不用虚工序,以便简化问题,提高解题效率。

2) 前导图法

前导图法(Precedence Diagramming Method,PDM)也叫单代号网络图法或节点图法(Activity-on-node,AON),是一种使用节点表示活动、箭线表示活动之间关系的项目进度网络图绘制法。与双代号网络图一样,单代号网络图也是由节点、箭线、线路所组成,但其含义则与双代号网络不完全相同。

(1) 节点。在单代号网络图中,节点及其编号用于表达一项工作,节点一般用矩形或圆圈表示。节点必须编号,节点号即为工作的代号。由于工作代号只有一个,所以称为"单代号"。节点编号标注在节点内,可连续编号,也可间断编号,但不允许重复编号,箭线箭尾节点的编号最好小于箭头节点的编号。一项工作必须有唯一的一个节点和唯一的一个编号,如图 5-6 所示。

图 5-6 单代号法网络图画法说明(1)

(2) 箭线。单代号网络图中的箭线表示相邻工作之间的逻辑关系。箭线可画成直线、折线,箭线的水平投影方向应自左向右,表示工作的进展方向。单代号网络图中不设虚箭线。

(3) 线路。单代号网络图线路的概念与双代号相同。单代号逻辑关系表达为:单代号网络图中,箭尾节点表示的工作是箭头节点的紧前工作;反之,箭头节点所表示的工作是箭尾节点的紧后工作。

单代号网络图的绘图规则与双代号网络图基本相同,主要规则有:

① 单代号网络图必须正确表达工作的逻辑关系;

② 单代号网络图中严禁出现循环回路;

③ 单代号网络图中不能出现双向箭头或无箭头的连线;
④ 单代号网络图中不能出现无箭尾节点的箭线或无箭头节点的箭线;
⑤ 绘制网络图时,箭线不宜交叉,若交叉不可避免,可采用过桥法或指向法,如图 5-7 所示;
⑥ 单代号网络图中,只能有一个起始节点和一个终止节点,当网络图中出现多项无内向箭线的工作或多项无外向箭线的工作时,应在网络图的右端或左端分设一项虚工作,作为该网络图的起始节点和终止节点,如图 5-8 所示。

绘图时,应从左向右,逐个处理项目工作列表中的关系,只有紧前工作都绘制完成后,才能绘制本工作,使本工作与紧前工作相连。当出现多个起始节点或多个终止节点时,增加虚拟的起始节点或中止节点,并使之与多个起始节点或中止节点相连,形成符合绘图规则的完整图形。绘制完成后,应进行检查、调整,使之进一步完善。

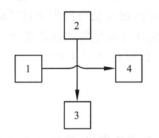

图 5-7　单代号法网络图画法说明(2)

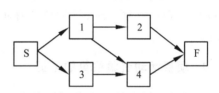

图 5-8　单代号法网络图画法说明(3)

3) 进度网络模板

可以利用标准化的进度网络模板,来加快项目活动网络图的编制速度。网络模板可以包括整个项目或项目的一部分子网络。如果一个项目包括若干个相同的或者是相近的部分,它们就可以用类似的子网络来表示,子网络对整个项目网络的编制十分有用。例如,建筑项目中具有相同活动及活动联系的各楼层面施工,药品研发项目中每次重复的临床试验等。

3. 项目活动排序的结果

根据项目活动之间的各种关系、项目活动清单以及项目的各种约束和假设条件,通过反复试验确定出项目活动的顺序,结果输出的是一系列描述活动排序的网络图或描述文件,当然,简洁明了的网络图则更受欢迎。

1) 项目进度网络图

项目进度网络图是展示项目各进度活动及其相互之间依赖关系的图形。它可以通过手工绘制,也可以借助项目管理软件用计算机绘制。该图既可以包括项目的所有活动,又可以包括项目的主要活动。项目进度网络图中带有项目活动的编号和项目活动的命名,以便唯一定义每个项目活动。同时,图中还应该附有简要的说明,描述有关进度和资源方面的信息。对于其中任何特别的排序都应作出详细说明,以便项目相关人员更好地理解和操作。

2) 更新的项目活动清单及活动属性

在项目活动排序的网络图编制过程中,可能会发现必须对某些活动进行再分解、重新定义或者补充,此时,项目相关人员必须对之前的活动清单及活动属性进行更新,从而获得一份更新后的项目活动清单和活动属性说明。根据更新后的项目活动清单,必须再重新检查活动之间的依赖关系以及相应的活动顺序排列,并更新项目进度网络图的绘制。可以看出,这是一个连贯、循环、周而复始的提升过程。

5.2.3 项目活动资源估算

项目活动资源估算是指分析和识别项目的资源需求,确定项目所需投入资源的种类,如人力、设备、材料、资金等,并估算每项活动所需资源的数量和资源投入的时间的过程。几乎每个项目都面临资源有限的境况,所以项目活动资源估算是开展项目活动持续时间的估算和安排项目进度计划的基础。如果一个项目的资源估算不恰当或配置不合理,就会使项目工期拖延或使项目成本超支。例如,项目进度计划可能会因为项目活动资源估算不足而无法实现或工期拖延,项目成本会由于项目活动资源估算疏漏而额外增加却无法筹集。因此,必须合理、科学地估算项目活动资源,以保证项目进度和成本等目标的实现。

1. 项目活动资源估算的依据

项目活动资源的估算必须根据活动清单和活动属性说明做出,这是因为完成项目活动就必须投入各种资源,不同的项目活动会有不同的资源需要。同时,活动资源估算的依据还包括项目资源的可用性情况、项目环境因素、组织资源政策等。

1) 项目资源的可用性情况

任何项目活动资源的估算都必须考虑各种项目活动所需资源的可用性情况,因为项目实际运行中任何项目活动所需资源的供应都是有限的,所以进行项目活动资源估算时必须充分了解项目活动所需资源在种类、数量、特性和质量等方面的供给可行情况。可以针对某个活动或整个项目建立资源日历,在资源日历中列出各种资源的属性、资源的来源地和资源可用时间范围等。例如,可用人力资源的经验或技能水平方面的信息。

2) 组织资源政策

项目组织的资源政策主要是关于人员配备的政策和程序,关于租用、购买物品和设备的政策和程序等,具体内容包括项目组织的企业文化、项目组织的组织结构、项目组织获得资源的方式和手段方面的方针策略以及项目组织在项目资源管理方面的有关方针政策等,这些也是进行项目活动资源估算所必需的依据。另外,在项目活动资源估算中还需要参考各种国家、当地政府和企业自身发布的有关项目工作量和资源消耗量的定额、标准和计算规则等,这些也是项目管理人员在进行项目活动资源估算时所需要的依据。

3) 项目历史信息

历史项目的资源需求信息是指以前的同类项目在项目所需资源、项目活动资源估算和项目活动实际消耗资源等方面的历史信息。这种信息可作为新项目活动资源估算的依据和参考资料,项目人员可以借鉴这些项目在活动资源估算方面的经验和教训,使当前进行的项目活动资源估算更加科学和符合实际。

2. 项目活动资源估算的工具方法

项目活动资源估算的方法主要有如下几种。

1）专家判断法

项目活动资源估算经常需要利用专家的经验和判断来进行,具有资源规划与估算专业知识的任何小组或个人,都可以提供这种专家判断。可以采用专家小组座谈会的方式通过共同探讨而估算出项目活动所需资源,也可以借鉴德尔菲法,由一名协调者组织专家们独立进行项目活动所需资源的估算,然后汇集专家意见整理出项目活动资源的估算。专家判断法可以依靠专家经验和判断而基本不需要历史项目的信息资料,适合于全新的开放性项目活动的资源估算。但是如果专家的水平有差距或专家对项目活动的理解不一致就会使资源估算过程产生矛盾和偏差。

2）标准数据估算法

国家、地方或企业权威部门通常会定期发布一些资源估算数据,会涉及门类众多的劳务、材料和设备,以及在既定的技术装备与组织条件下完成某项目活动所需消耗的资源质量标准和数量额度等。这些标准数据提供了一种估算项目活动所需资源的尺度,项目管理人员只要套用这些统一标准定额就能编制出项目活动资源的估算。但是由于这种方法相对比较固定,无法适应目前市场环境中技术装备、工艺和劳动生产率快速变化的形势。

3）自下而上估算法

如果因信息不足而无法以合理的可信度对活动进行估算,则应将活动进一步细分,分解给出项目活动的各个步骤,然后估算每个步骤的资源需求,接着再把这些资源需求汇总起来,向上汇集而给出项目活动所需资源的估算。这种方法是一种结构化分解和估算的方法,很大程度上增加了活动资源估算的工作量,但是其估算的准确度可以得到保证。

4）项目管理软件

项目管理软件中的项目估算系统有助于规划、组织与管理可用资源,以及编制资源估算。利用先进的软件,不但可用来确定项目活动所需资源、项目活动所需资源日历计划,而且还可以确定项目资源分解结构、项目资源的供应结构以及项目资源成本的估算,从而有助于优化资源使用。

3. 项目活动资源估算的结果

项目活动资源估算工作的主要结果包括以下几个方面:

1）项目活动资源需求

项目活动资源估算过程的主要成果就是识别出工作包中的每项活动所需的资源类型和数量。项目管理人员汇总这些资源需求之后就可以得到整个项目的资源需求估算了。在每项活动的资源需求文件中,都应说明每一种资源的估算依据,以及活动中所需的资源类型、可用性和所需数量做出的具体估算,作为后期活动持续时间估算和项目进度计划制订的依据。

2）资源分解结构

资源分解结构是按照项目资源种类和形式而划分的项目资源需求层级结构。资源种类包含人力、材料、设备和用品等。资源形式包括技能水平、等级水平或适用于项目的其他类型。在掌握了详细的项目活动资源需求信息以后，按照类似工作分解结构的操作方法，以一定的层次化和结构化方法对整个项目所需资源进行的结构化分解。

3）资源日历更新

在项目活动资源估算的过程中，会出现对资源进行更细化地分解或发生变更情况，因此，需要及时地更新资源日历，以便正确地指导活动持续时间的估算和进度计划的制定。项目资源日历是在项目管理过程中项目人员使用项目资源的日历时间来记录描述各种资源（如人力或物力资源）的具体日期，但是它不是使用多少个工作日的方式给出的项目所需资源的供应时间，而是使用给定时点的日历时间给出的项目所需资源的供应时间。

5.2.4 项目活动时间估算

项目活动时间估算是根据资源估算的结果，由项目团队中熟悉该活动特性的个人或小组估算完成活动所需时间的长短，估算完成单项活动所需工作时段数的过程。为了估算的时间现实、有效并能保证质量，进行活动持续时间估算时需要全面考虑活动工作范围、所需资源类型、所需资源数量、人员的能力因素以及环境因素等，并且应该适当考虑风险因素对项目进度的影响。活动持续时间的估算是项目计划制订的一项重要的基础工作，它直接关系到各事项、各活动网络时间的计算和完成整个项目任务所需要的总时间。若活动时间估计得太短，则会在工作中造成被动紧张的局面；相反，若活动时间估计得太长，就会使整个工程的完工期延长。随着时间的推移和经验的增多可供使用的数据将越来越详细，越来越准确，持续时间估算的准确性也会越来越高。

1. 项目活动时间估算的依据

在进行活动持续时间估算的时候，除了要考虑项目活动清单、活动属性描述、项目约束和限制条件外，还需要依据以下几方面的信息。

1）项目活动资源需求

活动资源的估算会对项目活动时间估算产生影响，因为大多数活动持续的时间将受到分配给该活动的资源情况以及该活动实际占有的资源情况的影响。例如，当某个活动的人力资源由于突发事件而减少一半时，活动的持续时间一般将会随之增加一倍。如果新增资源对活动情况不熟悉，那么就需要增加沟通、培训和协调工作，从而可能导致活动持续时间增加。

2）资源能力

项目活动时间估算很大程度上需要考虑分配给它们的人力和物力的资源能力，这些资源通常包括人员、设备、机器、工具、仪器等。在项目活动资源估算过程中编制的资源日历中便可以看出人力资源的种类、可用性与能力。例如，一位经验丰富的人员和一名新手都全职从事某项工作，前者通常在较短时间内完成该工作。采用了更高效能的设备也可以明显地缩短活动持续时间。

3）历史信息

过去项目的历史信息对于当前进行项目的活动时间估算具有非常好的借鉴价值。项目文档是组织完成一个项目后所保留的有关该项目的结果和珍贵经验的总结,其中保存了有关项目活动的详细记录,这些记录有助于当前项目活动的时间估算。项目队伍成员可能还记得以前同类项目的实际的或估算的活动时间,在进行项目活动时间估算的时候,有必要征询一下有着相关项目经验的人员,这对于时间估算是非常有益的,但与通过文档记录的信息比较起来,其可靠程度要低一些。

2. 项目活动时间估算的工具方法

进行活动持续时间估算的方法有很多种,下面主要介绍专家判断、类比估算、参数估算和三点估算四种方法,实际操作中需要根据具体情况来决定采用其中哪一种。

1) 专家判断

专家判断主要依赖于历史的经验和信息,判断出活动持续时间的一个大致范围。专家判断也可用于估算方法的选择,以及分析协调各种估算方法之间的差异。当项目涉及新技术的采用或者某种不熟悉的业务时,项目成员往往不具有做出较好估算所需要的专业技能和知识,这时就需要借助专家给出意见和判断。由于这种方法个人主观性比较强,所以必然存在一定的不确定性和风险,最好是获取多个专家的意见,这些专家可以来自研究机构、咨询公司、专业的技术组织等。

2) 类比估算

在估算持续时间时,类比估算是指以过去类似项目的实际持续时间为依据,来估算当前项目的持续时间。当项目的一些详细信息获得有限的情况下,这是一种最为常用的方法,相对于其他估算技术,类比估算通常成本较低、耗时较少,但准确性也较低。如果要进行的时间估算的活动和先前活动是本质上的相似而非表面上的相似,并且从事估算的项目团队成员具备必要的专业知识,那么类比估算就更为可靠了。

3) 参数估算

参数估算是通过将需要完成的工作量乘以完成单位工作量所需的工时来定量估算活动时间的方法。这种方法需要利用历史数据、变量的统计来估算诸如成本、预算和持续时间等活动参数。例如,根据每张设计图纸需要的作图时间,每米电缆的安装时间就可估算出包含500张图纸设计的活动时间和安装1000米电缆的时间。

4) 三点估算

项目活动的持续时间是一个随机变量,在某种活动重复进行时,实际完成时间一般会表现为一种随机分布的形式。这种随机分布可能集中在一个特定值的周围,也可能比较分散。三点估算法就是针对这种情况提出的。它通过考虑估算中的不确定性和风险,提高了活动持续时间估算的准确性。其基本思路是确定使用以下三种可能的持续时间来估算。

最可能时间——基于最可能获得的资源、最可能取得的资源生产率、对资源可用时间的现实预计、资源对其他参与者的可能依赖以及可能发生的各种干扰等,所得到的活动持续时间。如果某项活动已经发生过多次,则其最经常发生的持续时间可以看做该活动的最可能时间。最可能时间的最小值一定大于等于最乐观时间;同时最可能时间的最大值也一定等于或小于最悲观时间。

最乐观时间——基于活动的最好情况,所得到的活动持续时间。通常只有很小的可能性,项目的完工时间比最乐观时间早。

最悲观时间——基于活动的最差情况,所得到的活动持续时间,通常是某项活动在遇到突发性困难的情况下完成活动的时间。同样,只有很小的可能性,项目的完工时间比悲观时间晚。

这种估算方法下,活动持续时间的分布特征与 β 概率分布十分吻合,具有唯一众数和明确的端点,并且是不对称的,因此,假设最可能时间、最乐观时间和最悲观时间满足 β 分布,如图 5-9 所示。

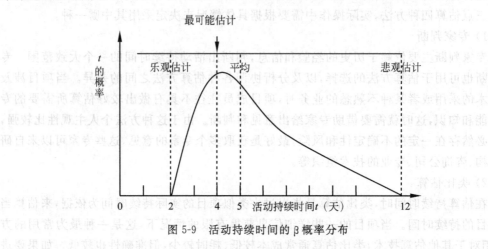

图 5-9 活动持续时间的 β 概率分布

得到三种时间估计后,对其进行加权平均,来计算预期活动持续时间,计算公式如下：

$$t_E = \frac{t_o + 4t_M + t_P}{6}$$

通过三点估算的方法,使得进行活动持续时间估算时把不确定因素也考虑了进去。

3. 项目活动时间估算的结果

项目活动时间估算的结果主要包括以下几个方面：

1) 各项活动持续时间的估算

对于项目各项活动持续时间的估算,不仅包括对完成某项活动所需时间的量化估计,还应该指明持续时间估算的变动区间。例如,某活动的持续活动时间估算为 2 周±2 天,表明活动至少需要 8 天,最多不超过 12 天(假定每周工作 5 天)；推算某项目活动持续时间超过 3 周的概率为 15%,表明该活动将在 3 周内(含 3 周)完工的概率为 85%。

2) 活动持续时间估算的依据

活动持续时间估算的依据在 5.4.2 节中已经详细介绍过,所有的依据都应当作为项目持续时间估算的输出,作为活动持续时间估算的说明文件。这些依据包括项目持续时间估算中所使用的各种约束条件、假设条件和参考用的项目历史信息。

3) 更新的项目文件

在项目的每一个运行阶段,都可能会在后续估算项目活动持续时间的过程中,发现之前计划工作中存在的遗漏或矛盾之处,需要及时更新相关的项目文件。经常需要更新的文件包括项目活动清单、活动属性说明,以及活动间的逻辑关系安排等。

5.2.5 项目进度计划制订

项目进度管理的核心内容为项目进度计划制订与进度计划的控制,之前几个小节的内容都是为这两项工作提供信息和依据的。制订进度计划是通过分析项目活动定义、项目活动排序、项目活动工期持续时间和所需资源的估算,编制项目进度计划的过程。运用项目进度计划编制的工具与方法,处理各种活动、持续时间和资源信息,就可以得到列明各项目活动的开始时间、持续时间、完成时间以及所需匹配资源的项目进度计划。作为进度控制的基准,项目进度计划的制定是确保项目在规定的合同期限内完成的重要保证。

1. 制订进度计划的依据

在完成了定义活动、项目活动排序、项目活动资源估算和活动持续时间的基础上,即可制订项目的进度计划。项目进度计划制订的依据应该是此前开展的这些活动所有输出结果中的文件、信息,主要包括:

1) 项目活动清单以及活动属性说明

在定义活动过程中,主要的输出便是项目活动清单和活动属性说明,以此依据我们可以明确项目运行中必须完成哪些工作,这些工作有什么具体要求。

2) 项目进度网络图

通过活动顺序的排列,我们绘制出项目进度网络图,对于活动间的依赖关系和逻辑顺序可以清晰地从图中看出,遵循这些逻辑关系进行进度计划的制订,可以保证合理、高效的进度安排。

3) 项目活动资源需求

绝大多数项目是在资源有限的情况下运作的,在进度计划阶段同时考虑到活动资源的需求,即项目运行的每一阶段需要什么样的资源,什么资源在什么时候是可用的,是项目进度计划制订的基础。

4) 各项活动持续时间的估算

这是进行项目时间安排的主要依据,在各项活动持续时间的估算基础上,综合考虑活动间的关系、资源等因素,便可制订出项目进度计划。活动间估算的准确度直接影响了项目进度计划的可行性。

5) 限制和约束条件

在项目的实施过程中,总会存在一些限制因素和约束条件。例如,项目活动的强制日期或时限、项目利益相关者提出的里程碑事件等,这些都是项目运行过程中必须考虑的。

2. 制订进度计划的工具方法

在制订项目进度计划的过程中,需要计算很多时间,对于这些时间参数的认识是安排项目进度的基础,详见表 5-2。

表 5-2 时间参数及其概念解释

时间参数	概念解释
开始时间	在计算工期时,必须确定项目的预计开始时间,并写进项目合同
结束时间	在计算工期时,必须确定项目的要求完成时间,并写进项目合同
最早开始时间	最早开始时间是指某一活动能够开始进行的最早的时间点,可以在项目的开始时间和相关活动的时间估算的基础上计算出来
最早结束时间	在某活动的最早开始时间和活动时间估算的基础上,可以计算出该活动的最早结束时间
最迟开始时间	在某活动的最迟结束时间和活动时间估算的基础上,可以计算出该活动的最迟开始时间
最迟结束时间	最迟结束时间是指为了使项目在要求完成时间内完工,某活动必须结束的最晚时间,可以在项目要求的完成时间和相关活动的时间估算的基础上计算出来
总时差	项目最后一项活动的最早结束时间和项目要求的结束时间之间存在的时间差,称为此项目的总时差
自由时差	在不影响紧后活动按最早开始时间开始的前提下,某活动具有的那一段时间差,称为该活动的自由时差

制订项目进度计划所使用的方法主要有如下几种。

1) 关键路径法

关键路径法(Critical Path Method,CPM)最早出现于 1956 年,由美国杜邦公司提出并加以运用。它是在不考虑任何资源限制的情况下,沿着项目进度网络路径进行顺推与逆推分析,计算所有项目活动的最早开始时间、最早结束时间、最晚开始时间和最晚结束时间以及总时差等时间参数,通过分析各项活动时间相对的紧迫程度及重要程度,确定关键路径,并安排和编制项目进度计划。

这种方法的关键是找出项目的所有路径,通过计算时差,确定哪些活动的进度安排灵活性最小,以此确定出关键路径。对最早开始与完成日期、最晚开始与完成日期的计算,可能受活动时差的影响。活动时差的存在使进度计划富有弹性,在任何项目活动路径上,进度安排的弹性大小由最晚与最早日期间的正差值决定,该差值即为"总时差"。一旦计算出路径的总时差,也就能确定相应活动的自由时差。正常情况下,关键路径的总时差为零。关键路径上的进度活动称为"关键活动"。关键路径法的主要目的就是确认项目中的关键活动,并在实施过程中重点关照,以此保证项目的按期完成。

在使用关键路径法时,以下几个要点必须了解:第一,关键路径上各活动的总时差为零,自由时差亦为零。第二,关键路径是由起点至终点所有线路中活动持续时间最长的线路,工期的长短取决于关键路径的长短,想要缩短工期必须想方设法调整关键路径。第三,关键路径不一定只有一条,可能有数条,关键路径越多,说明计划安排得越紧凑,当然也增加了计划实现的风险性。第四,非关键路径如果用掉了活动时差,很可能会变成关键路径。

以下将介绍关键路径法的几种常用计算方法。

(1)作图法。首先,利用正推计算确定活动的最早结束时间。在制订计划过程中,计划者首先希望获得的信息是完成整个项目需要多长时间。利用在网络图上作标记计算的方法,可以快捷准确地获得项目总工期的信息。其具体方法是,首先从网络图的起点入手,然后顺着时间节点编号升序方向,计算每个时间节点前面的活动全部完成的最早时间,并记录在相应的时间节点△内。

表 5-3 是某项目各项任务的工序与时间安排,网络图如图 5-10 所示。

表 5-3 某项目各项工作时序安排

工作	紧前工作	时间(小时)
A	—	4
B	A	8
C	A	2
D	B	3
E	B	5
F	C	6
G	C	8
H	E、F	15
I	D	4
J	G	6

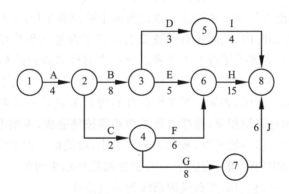

图 5-10 网络图示意

时间节点①为项目的起点,在△内计入 0;时间节点②之前只有一项活动 A,需时 4 小时,故在此节点处的△内计入 4,表示时间节点②前的所有工作,到 4 小时时可以完成;依次类推时间节点③处△内计入 12;时间节点④处△内计入 6;时间节点⑤处△内计入 15,时间节点⑥处△内计入 17,时间节点⑦处计入 14,时间节点⑧处计入 32。从而得出整个项目需要 32 小时才能完成的结论。这里需要特殊说明的是,在时间节点⑥有 E 和 F 两项紧前工作,它们分别可以在 17 小时与 12 小时完成,因为△内标注的时间是该节点的最早结束时间,故只能填入17,节点⑧也是同样原理。计算表示如图5-11所示。

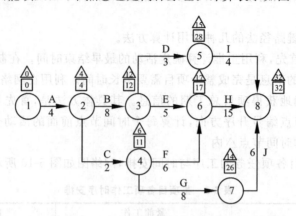

图 5-11　网络图图解法计算说明

第二步,利用逆推计算确定活动的最晚开始时间。在获得最短的总工期信息后,计划者往往希望进一步了解确保项目能在最短时间内完成的把握性,并希望知道项目中哪些活动一旦拖延,将导致整个项目完工时间的延误,以便抓住项目控制的关键。解决上述问题,可以采用在网络图上做逆推标记的方法。

整个项目最快需要32小时完成,由于工作H至少需要15小时,则必须至少提前15小时开始,即最迟在17小时时必须开始工作H。于是,在相应的时间节点⑥处的□内计入17。这意味着以⑥为结束节点的工作E和工作F的最晚结束时间为17小时。同理,工作I最迟到28小时时必须开始做,在相应的时间节点⑤处的□内计入28。依此类推,以确保32小时做完全部项目,各时间节点□内计入的数字如图5-11所示。

第三步,确定关键工作与关键线路。通过前两个阶段的工作,获得了各时间节点的最早结束时间与最晚开始时间,此两种时间被分别记录于符号△和符号□内。观察两种时间的关系,不难发现后者或等于或大于前者。当一个时间节点的最早结束时间等于最晚开始时间时,意味着该时间节点的紧前工作完成后,必须马上开始后续工作,否则将导致整个项目的工期延误。同样,如果一项工作在开始时间节点处和结束时间节点处的最早结束时间与最晚开始时间均相等,意味着该工作必须按期完成,否则也会影响到整个项目的总工期。由于这些工作不能延误,被称为关键工作,由关键工作串接而成的线路被称为关键线路。以上例题中的时间节点①②③⑥⑧处的最早结束时间与最晚开始时间相等,此五项工作为关键工作,它们串接而成的路线为关键路线。

(2)表格计算法。与作图法相比,表格计算法不如作图法直观易懂,但由于其有比较固定的计算程式,因而有助于提高计算速度。下面继续以表5-3的项目为例来进行说明。

第一步,构建计算表格,计算表格的格式如表5-4所示。

第二步,将网络图的全部信息,通过依次填入各工作名称、工作开始节点编号、工作结束节点编号以及工作时间的方式,储存到计算表格中。所谓依次填入,要求所有的工作,先按开始节点由小到大的顺序排列,在两个工作的开始节点相同时,选择结束时间节点较小的优先填入。

表 5-4 表格计算法

工作	节点编号 i-j	作业工期 $t(i,j)$	最早开始 $t_{ES}(i,j)$	最早结束 $t_{EF}(i,j)$	最晚开始 $t_{LS}(i,j)$	最晚结束 $t_{LF}(i,j)$	总时差 $S_t(i,j)$	关键工作 cp
A	1-2	4	0	4	0	4	0	√
B	2-3	8	4	12	4	12	0	√
C	2-4	2	4	6	9	11	5	
D	3-5	3	12	15	25	28	13	
E	3-6	5	12	17	12	17	0	√
F	4-6	6	6	12	11	17	5	
G	4-7	8	6	14	18	26	12	
H	6-8	15	17	32	17	32	0	√
I	5-8	4	15	19	28	32	13	
J	7-8	6	14	20	26	32	12	

第三步,进行正推计算,正推计算从表格的最上端开始,计算出每项作业的最早开始时间 t_{ES} 与最早结束时间 t_{EF},具体计算公式为

$$t_{ES}(i,j) = \text{Max}\{t_{EF}(-,i)\}$$
$$t_{EF}(i,j) = t_{ES}(i,j) + t(i,j)$$

式中,$t_{ES}(i,j)$——开始与结束节点分别为 i,j 的工作的最早开始时间;

$t_{EF}(i,j)$——开始与结束节点分别为 i,j 的工作的最早结束时间;

$t(i,j)$——开始与结束节点分别为 i,j 的工作的持续时间;

$\text{Max}\{t_{EF}(-,i)\}$——结束节点为 i 的各工作中的最早结束时间的最大值。

第四步,进行逆推计算,逆推计算是在假定项目必须按照正推计算出的最短总工期完工条件下,计算出各工作最晚开始时间与结束时间。计算从表格的最下端开始,先将项目中最后作业的最晚结束时间人为地限定为第三步计算出来的总工期。然后,依次计算出每项作业的最晚结束时间 t_{LF} 与最晚开始时间 t_{LS},具体计算公式为

$$t_{LF}(i,j) = \text{Min}\{t_{LS}(j,-)\}$$
$$t_{LS}(i,j) = t_{LF}(i,j) - t(i,j)$$

式中,$t_{LS}(i,j)$——开始与结束节点分别为 i,j 的工作的最晚开始时间;

$t_{LF}(i,j)$——开始与结束节点分别为 i,j 的工作的最晚结束时间;

$t(i,j)$——开始与结束节点分别为 i,j 的工作的持续时间;

$\text{Min}\{t_{LS}(j,-)\}$——开始节点为 j 的各工作中的最晚开始时间的最小值。

第五步,计算各工作的总时差 S_t,在获得各工作的最早开始与结束时间以及最迟开始与结束时间后,需要通过比较的方式计算出总时差。其计算公式如下。

$$S_t(i,j) = t_{LS}(i,j) - t_{ES}(i,j)$$
$$= t_{LF}(i,j) - t_{EF}(i,j)$$

式中：$S_t(i,j)$——开始时间节点为 i，结束时间节点为 j 的工作总时差；

其余符号与前面公式中符号意义相同。

第六步，确定关键工作与关键路径，工作总时差为零的工作为关键工作，表格计算法的最后一个工作，便是在表格上将关键作业用√标注出来，至此，关键路径一目了然。

实践表明，关键路径法具有以下优点。

（1）关键路径法能够清楚地表示项目各项工序之间的逻辑关系。

（2）通过在网络图上对各参数进行计算，可以得知关键路线和关键工序，项目管理者据此可将资源集中利用到这些关键因素上。

（3）可以计算出各工序的机动时间即自由时差，有利于项目管理者利用这些机动时间调配工序，以达到资源的合理配置和节约成本的效果。

（4）关键路径法是运用计算机处理项目进度计划的理想模型，所以在信息化时代，该方法的应用会更加广泛并起到更加突出的作用。

但是，关键路径法也存在以下缺点：

（1）关键路径法只考虑了不受资源约束下的工序之间的逻辑依赖关系，而现实中往往会发生资源冲突现象。如果存在资源冲突，用关键路径法确定出的关键路线将失去价值；关键路径法为了避免项目的延迟，就必须将优先的资源分配给关键路径上的活动，这就需要加大资源的投入量，如果没有考虑资源的限度，就会造成资源的过度负载。

（2）关键路径法对项目的控制主要通过跟踪项目的基准计划来实现。由于某些不确定性影响，在项目执行过程中，某些非关键任务可能会转换成关键任务，关键路径将发生变化。对于这些变化，关键路径法只能通过不停地修正项目计划来反映这种变化，这会导致项目计划不停地被修改，项目经理疲于应付。

（3）关键路径法的计划刚性大，没有考虑人的主观能动性，刚性的计划往往压制了人的作用的发挥。

（4）关键路径法原则上认为工序一定不能延误。因为计划的刚性使得工序一旦延误就得不到改善，并且这种延误会依次传递到下一道工序，产生多米诺骨牌效应。但是在项目实际执行过程中，各种风险因素导致部分工序延误是不可避免的，关键路径法没有一种计划调剂机制来处理这种随机因素产生的影响。

（5）关键路径法鼓励工序越早开始越好，而现实中工作提前开始有可能打破计划的节奏，因为如果资源准备不充分就匆忙上阵开始作业往往不能提高项目的效率。

2）计划评审技术

计划评审技术（Program Evaluation and Review Technique，PERT）是一种应用活动前后依赖关系及活动不确定时间表示的网络计划技术，其基本的形式与关键路径法大致相同，最大区别在于，项目的活动时间存在着很大的不确定性，CPM 仅需要一个确定的活动时间，而 PERT 需要活动的三个时间估计，包括最短时间 T_a、最可能时间 T_m 及最长时间 T_b，然后按照三个时间的加权平均，用概率方法进行估计。

活动的期望时间为 t，则 $t = \dfrac{t_0 + 4t_M + t_P}{6}$

其中，t_0 为最乐观时间；t_M 为最可能时间；t_P 为最悲观时间。

活动时间的标准差：$\sigma = \dfrac{T_b - T_a}{6}$

活动的期望时间表示项目活动持续时间的长短，活动的标准差表示活动在期望时间内完成的概率大小，标准差越小完成工作的可能性越大，标准差越大完成工作的可能性就越小。

虽然关键路径法与计划评审技术是先后独立发展起来的两种方法，但它们的基本原理是一致的。其不同在于关键路径法采用的是确定的工期估计，而计划评审技术采用的是不确定的时间估计，且是基于概率统计的。因此，关键路径法把缩短工期和降低成本同时考虑，且把降低项目成本作为主要目标；而计划评审技术则以缩短工期为主要目标。

计划评审技术当然也存在一些缺点，其中有些缺点与关键路径法相似，这里不再赘述，计划评审技术最大的缺点是：运用其进行工期估算时，项目管理者一般会偏向悲观估计，计划评审技术从理论上不能消除这个影响，这种情况必然影响了任务或工序工期估算的准确性。随着关键路径上任务时间的逐级累加，项目必然超期。计划评审技术的工期估计方法很大程度上取决于项目管理者的历史经验，而对新项目的实际情况考虑不够，因此，项目管理者的工作能力和不确定性因素对计划评审技术的预测结果有很大的影响。

3）关键链法

关键链法是一种按照项目资源限制来制定项目进度计划的方法，这是一种将确定性分析和不确定性分析相结合的方法。首先，需要根据持续时间估算、给定的依赖关系和制约因素，制作项目进度网络图；然后，找出项目进度网络图中的关键路径，这些项目活动路径必然存在资源约束和资源共享等问题；在确定了关键路径之后，再考虑项目活动所需资源的可用性，将项目活动间的依赖关系和确定的资源限制因素作为条件输入到项目关键路径的计算中，重新制订出资源约束型进度计划——该进度计划中的关键路径常与先前的不同。这条资源约束型关键路径便是关键链。

关键链法考虑了时间和资源的双重约束。资源是否按时到位、是否超负荷工作等都会制约项目的工期。关键链法是在改进关键路径法和计划评审技术等方法存在的缺陷的基础上提出的一套理论和方法，它具有以下特点。

(1) 识别制约项目的瓶颈。关键链项目管理方法认为资源的制约与时间的控制同等重要。关键链项目管理理论假设：找出满足资源约束的可行性方法是首先找出关键路线，然后进行资源平衡和优化配置，进一步优化和调整关键路线，最后选取满足工艺逻辑和资源供应量等各种项目约束条件的最长路线作为项目的关键链。

(2) 关键链理论将整个项目比作一个链条，链条的强度取决于其中最脆弱的环节。项目管理者的最重要任务就是找出项目中最薄弱的环节——制约因素，即瓶颈。利用各种管理方法和工具来提高管理项目瓶颈的能力，一切的计划和工作都围绕着瓶颈管理来开展，并且要时刻重视瓶颈的动态转换，注意新瓶颈的出现，关注非关键链路变成关键链路的可能性。

(3) 消除传统项目管理存在的安全时间。关键链项目管理方法与传统项目管理方法的一个重要的不同之处就是工期估计的原则不同，关键链项目管理方法是用50%的概率估计可能完成的工期，该思想是将单个工序的风险因素放到关键链的末尾缓冲区里集中考虑和管理以缩短工期。例如,如果用计划评审技术的三点估计法估计一个项目完工需要 40 天,概率为 80%,用关键链方法估计整个项目则需要 20 天左右,概率为 50%。关键链项目管理方法采用 50% 的完工概率估计工序的工期,人为地去掉了大量安全时间。

(4) 在关键链后设置项目缓冲区(Project Buffer)。在工期估计中人为去掉安全时间后,由于存在各种难以预料的不确定性因素,项目的风险加大了,极易出现工期延误。为解决这一问题,关键链项目管理方法在项目的关键链末尾设置项目缓冲区(简称 PB),将各种延误集中控制在预期的缓冲范围内,即整个项目的风险在项目缓冲区中得到控制和消除减弱,如图 5-12 所示。

图 5-12　项目缓冲区设置示意图

(5) 在关键链工序汇入处设置汇入缓冲区。当几个工序并行汇入下一道工序时,关键链项目管理方法为防止汇入关键链的非关键工序给关键链上的工序带来延误,设置了汇入缓冲区(Feeding Buffer,FB)。汇入缓冲区是设置在非关键链与关键链的接口处的缓冲时间,能消化汇入关键链的工序带来的延误,保证非关键链按时完成,不影响关键链的正常进行,如图 5-13 所示。

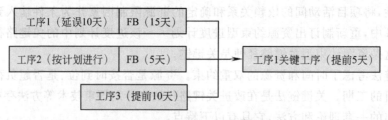

图 5-13　汇入缓冲区设置示意图

通过在单个工序后设置汇入缓冲区以化解各种延误风险因素使得非关键链的任务不影响下道关键链工序的开始时间,也就不会发生风险传递现象。

(6) 通过建立缓冲区预警机制以控制项目整体进度。关键链项目管理从全局的角度出发,把各道工序的安全缓冲时间统一到时间缓冲区内进行管理,管理人员通过对缓冲区的监控就能控制整个项目的执行。项目进度的延误会被项目缓冲区和汇入缓冲区吸收,提前时间又会被加入到缓冲区内,从而使得项目的进度得到有效的监控和管理。

3. 制订进度计划的结果

项目进度计划编制的结果是给出一系列项目进度计划文件,可以是概括的,也可以是详细的,可以使用文字描述形式给出,也可以使用图表的形式给出,但图表形式更为常见。项目进度计划编制可以采用以下一种或多种图形:

1）带有日历的项目网络图

带有日历的项目网络图可以清晰方便地看出项目任务执行的具体开始及结束日期，如图 5-14 所示。

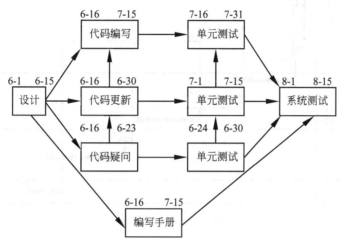

图 5-14　带有日历的项目网络图

2）时间坐标网络图

时间坐标网络图是在计划网络图的基础上加入了时间坐标轴，如图 5-15 所示。

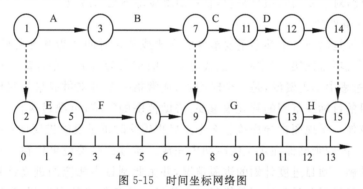

图 5-15　时间坐标网络图

3）甘特图

甘特图也叫横道图，是在 1917 年由亨利·甘特开发的，其内在思想简单，基本是一条线条图，横轴表示时间，纵轴表示活动（项目），线条表示在整个期间上计划和实际的活动完成情况。它直观地表明任务计划在什么时候进行，及实际进展与计划要求的对比，管理者由此极为便利地弄清一项任务（项目）还剩下哪些工作要做，并可评估工作是提前还是滞后，亦或正常进行，是一种理想的计划与控制工具。图 5-16 为某项目的甘特图示例。用甘特图表示的建设工程进度计划，一般包括两个基本部分，即左侧的工作名称及工作的持续时间等基本数据部分和右侧的横道线部分。该计划明确地表示出各项工作的划分、工作的开始时间和完成时间、工作的持续时间、工作之间的相互搭接关系，以及整个工程项目的开工时间、完工时间和总工期。

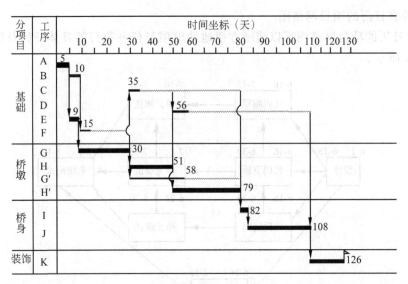

图 5-16 甘特图示例

甘特图的特点是简单、明了、直观、易于编制,因此它成为小型项目管理中编制项目进度计划的主要工具。即使在大型工程项目中,它也是高级管理层了解全局、基层安排进度时有用的工具。但是,由于甘特图不表示各项活动之间的关系,也不指出影响项目工期的关键所在,因此,对于复杂的项目来说,甘特图就显得不足以适应。

4)里程碑事件图

里程碑计划是以项目中某些重要事件的完成或开始时间作为基准所形成的计划,是一个战略计划或项目框架,以中间产品或可实现的结果为依据。里程碑是项目中的重大事件,在项目过程中不占资源,是一个时间点,通常指一个可支付成果的完成。编制里程碑计划对项目的目标和范围的管理很重要,协助范围的审核,给项目执行提供指导,好的里程碑计划就像一张地图指导您该怎么走。里程碑同时也是反映进度计划执行中各个阶段的控制目标,因而须确保在规定的时间内完成。通过这些关键事件在一定时间内的完成情况可反映施工项目进度计划的进展情况,并由此制订出相应的进度计划。里程碑计划的特点是它显示了项目为达到最终目标必须经过的条件或状态序列,描述了项目在每一个阶段应达到的状态,而不是如何达到。图 5-17 为某项目的里程碑事件图。这种方法不能单独使用,必须和横道图或网络图等其他方法联合使用。

编制里程碑计划最好是由项目的关键管理者和关键项目利益相关者召开项目启动专题会议共同讨论和制定,并不是由一个或者少数几个人拍脑袋来确定的,里程碑目标一定要明确。通过这种集体参与的方式比项目经理独自制订里程碑计划并强行要求项目组执行要好得多,它可以使里程碑计划获得更大范围的支持。一般启动专题会议参会人数不应超过 6~10 人,人太多了不利于意见的统一。编制里程碑计划的具体步骤一般如下:

(1)讨论确定最终的里程碑:与会人员一致就最终里程碑取得共识。

(2)集体讨论所有可能的里程碑:与会成员通过头脑风暴法,把所有可能的里程碑事

里程碑事件	一月	二月	三月	四月	五月	六月	七月	八月
转包签订			▲					
计划书的完成				▲				
设计检查					▲			
子系统监测						▲		
第一单元实现						▲		
产品计划完成								▲

图 5-17 里程碑事件图

件——记录上,以便选择最终的里程碑。

(3) 审核备选里程碑:从所有备选里程碑中选择最终的里程碑,备选里程碑中有的是另一个里程碑的一部分;有的则是活动,不能算是里程碑,但这些活动可以帮助我们明确认识一些里程碑。当整理这些里程碑之间的关系时,应该记录下您的判断,尤其是判定那些具有包含关系的里程碑时。

(4) 对各结果路径进行实验:把结果路径写在白板上,把每个里程碑置于路径中进行分析,按照它们的发生顺序进行适当的调整和改变。

(5) 用连线表示里程碑之间的逻辑关系:从项目最终产品开始,用倒推法画出它们的逻辑关系。这个步骤有可能会促使您重新考虑里程碑的定义,也有可能是添加新的里程碑、合并里程碑,甚至会改变结果路径的定义。

(6) 确定最终的里程碑计划,提供给项目重要利益相关者审核和批准。然后把确定的里程碑用图表的方式张贴在项目管理办公室,以便大家时时能把握。

4. 项目进度计划及其支持细节说明

项目进度计划是关于如何应对项目进度计划变更和如何开展项目工期控制工作的计划安排。这一部分内容既可以整理成正式的项目进度管理计划书,又可以作为项目进度计划书的附件,或者只给出一个大体框架的说明即可。其通常还包含对于项目进度的支持细节至少应该说明的有关假设和约束,此外还应包括各种应用方面的详细说明。例如,对于建筑项目,多数情况下应该包括各种资源的直方图、费用流预测,以及订货和交货计划;对于电子项目,通常主要包括资源直方图。

5. 其他文件的更新结果

这主要包括在项目进度计划制订中根据项目进度计划的要求和已批准各种项目变更请求等信息,对项目集成计划的更新、项目范围管理计划、项目工作分解结构、项目活动清单及其细节说明文件的更新、项目应用日历的更新(包括班次安排、节假日、周末以及无工作班次的时间的变更等)。

5.3 项目进度控制

项目进度控制是指在限定的工期内,以事先拟定的合理且经济的项目进度计划为依据,对整个项目过程进行监督、检查、指导和纠正的行为过程。项目管理者根据项目跟踪提供的信息,对计划进度目标与实际进度完成目标值进行比较,找出偏差及其原因,采取措施调整纠正,从而实现对项目进度的控制。

项目进度控制的特点有:

(1) 项目进度控制是目标控制。它以事先拟定的合理且经济的项目进度计划实现的工期目标为依据。

(2) 项目进度控制是不断循环的过程。进度控制从进度计划的下发开始,然后由执行部门具体实施,发生进度偏差时,及时上报并做出相应调整,调整后重新交回执行部门执行。由此可以看出,这是一个不断反复循环的过程。

(3) 项目进度控制是一种全过程控制。在项目进度计划的实施中,控制循环过程包括执行计划的事前进度控制,体现对计划和执行进行预测的作用;执行计划的过程进度控制,体现对进度计划执行的控制作用,在执行中及时采取措施纠正偏差的能力;执行计划的事后进度控制,体现对进度控制每一循环过程总结整理的作用和调整计划的能力。

5.3.1 进度控制的影响因素

影响进度的因素很多,如人为因素、技术因素、材料和设备因素、资金因素、环境因素等。其中,人为因素是主要的干扰因素。常见的干扰主要有以下几种情况。

(1) 错误估计了项目的特点及项目实现的条件。其中包括低估了项目实现在技术上的困难;忽略了解决某些问题所必需的科研和实验;低估了多个单位参与项目所产生工作协调的困难;对环境因素了解不够;对物资供应的条件、市场价格的变化趋势了解不够等。

(2) 项目团队的工作错误。其通常包括设计者拖延设计进度;实施单位没有及时做必要的决策;总包实施单位将任务分包给不合格的分包实施单位;国家、地方管理部门及监督机构拖延审批时间等。

(3) 不可预见的事件发生。其通常包括罢工、事故、企业倒闭,以及恶劣气候和政变、战争等天灾人祸事件的发生。

这些不确定的因素往往会对项目进度造成极大的影响。

5.3.2 进度控制的方法技术

常用的进度控制的方法有跟踪观测法、横道图检查法、S型曲线比较法、香蕉曲线法和前锋线比较法,下面进行一一介绍。

1. 跟踪观测法

在项目的运行过程中,为了收集反映项目进度实际状况的信息,以便对项目进展情况进行分析,掌握项目进展动态,应对项目进展状态进行跟踪。进度跟踪的核心在于及时反映项目变化,对影响项目目标实现的、可能发生变化的因素进行跟踪、信息收集、分析。

对于项目进展状态的观测,可以采用日常观测和定期观测两种方法进行,并将观测到的结果用项目进展报告的形式加以描述。日常观测就是随着项目的进展观测进度计划中所包含的每一项工作的实际开始时间、实际完成时间、实际持续时间、目前状况等内容,并加以记录,以此作为进度控制的依据。记录的方法有实际进度前锋线法、图上记录法、报告表法等。而定期观测是指每隔一段时间对项目进度计划执行情况进行一次较为全面、系统的观测、检查,主要包括:观测、检查关键工作的进度和关键路径的变化情况,以便更好地发掘潜力,调整或优化资源,以保证关键工作按计划实施;检查工作之间的逻辑关系变化情况,以便适时进行调整;收集有关项目范围,进度计划和预算变更的信息。

2. 横道图比较法

横道图比较法是一种反映进度实施进展状况的方法。在项目实施中检查实际进度收集的信息,经整理后直接用横道线并列标于原计划的横道线处,进行直观比较的方法。根据工程项目实施中各项任务的速度不同,以及提供的进度信息不同分为:匀速横道图比较法、双比例单侧横道图比较法、双比例双侧横道图比较法。

匀速进展是指工程项目中,每项任务的实施进展速度都是均匀的,即在单位时间内完成的任务都是相等的,累计完成的任务量与时间成线性变化。该方法只适用于任务从开始到完成的整个过程中,其进展速度是不变的,累计完成的任务量与时间成正比。若任务的进展速度是变化的,用这种方法就不能进行实际进度与计划进度之间的比较。

双比例单侧横道图比较法是适用于任务的进度按变速进展的情况下,实际进度与计划进度进行比较的一种方法。该方法在表示任务实际进度的涂黑粗线的同时,标出其对应时刻完成任务的累计百分比,通过该百分比与其同时刻的计划累计百分比来比较任务的实际进度与计划进度。这种比较法,不仅适合于进展速度是变化情况下的进度比较,还能提供某一指定时间二者比较的信息。当然,这要求实施部门按规定的时间记录当时的任务完成情况。

双比例双侧横道图比较法将表示任务进度的涂黑粗线,按检查时间和完成的百分比交替绘制在计划横道线上下两侧,其长度表示该时间内完成的任务量。任务计划完成累计百分比标于横道线上方,任务实际完成累计百分比标于横道线下方的检查日期处,通过两个上下相对的百分比来比较该任务的实际进度与计划进度。

3. S型曲线比较法

S型曲线比较法与横道图检查法不同,是一个以横坐标表示时间,纵坐标表示任务量完成情况的曲线图。对于大多数项目来说,单位时间的资源消耗,通常是中间多而两头少,即前期资源消耗较少,中间阶段单位时间投入的资源量较多,在到达高峰后又逐渐减少直至项目完成,累加后的曲线呈S型变化。在S型曲线图上有两条曲线,一条是按计划时间累计完成任务量的S型曲线;另一条是按项目的各检查时间实际完成的任务量绘制的S型曲线。

4. 香蕉曲线比较法

香蕉曲线实际上是由两条 S 型曲线组成的闭合曲线，且这两条 S 型曲线具有同一开始时间和同一结束时间的特点。其中一条是以各项任务的计划最早开始时间安排进度而绘制的 S 型曲线，称为 ES 曲线；另一条是以各项任务的计划最迟开始时间安排进度，而绘制的 S 型曲线，称为 LS 曲线，在项目实施过程中，理想的状况是任一时刻按实际进度描出的点应落在这两条曲线所包含的区域内。

5. 前锋线比较法

前锋线比较法是指在时标网络计划中，从检查时刻的时标点出发，首先连接与其相邻任务的实际进度点，由此再去连接与该实际进度点相邻任务的实际进度点。依此类推，将检查组成一条折线的前锋线。然后根据一定的步骤，通过项目实际进度前锋线来比较和分析实际进度与计划进度的偏差。

5.3.3　进度控制的实施

进度控制的实施主要可以分成四个步骤：计划、执行、检查和行动。在任务委派完成后，就应该确定进度控制实施的计划方案，明确进度控制责任主体。执行过程中项目经理与各控制责任主体及时沟通情况和交流进展，调度和协调资源，处理变更和应付意外。

检查可以在执行过程中的检查点进行，也可以在特定的时点进行。检查的目的是比较实际情况与计划差异，以确定当前的状态。比较正式的检查方式有例会、周报、汇报；非正式的方式包括口头询问、非工作时间的交流。另外，交付物的质量和提交情况、变更记录也是重要的检查手段。

检查后如果发现"变化"就要行动，常用的调整措施包括：增加投入——增加人力资源或加班，或指派更有经验的人，一般会带来成本的上升；减少工作范围产出——这需要征得客户的同意；采用新的方法和技术——可能会带来新的风险。调整的过程中需要注意及时的原则，即优先调整近期开始的任务，不让风险后移；优先调整工期长的任务；要全面评估对时间、质量、成本和风险等方面的影响，避免顾此失彼；进行调整后可能产生新的工作计划，至此项目又会进入新一轮过程。项目的进度控制正是不断重复着两个动作：向后看确定当前的状态，如果不知道当前的状态，计划是不会起作用的；向前看调整和更新计划。

5.3.4　进度控制的结果

进度控制实施的输出结果包括：
1）更新的项目进度计划

项目进度在控制过程中通常需要根据执行情况对计划进行调整。如果涉及项目范围、活动资源或活动持续时间等方面的变更，则需要对进度基准做相应变更。有时可能需要更新成本基准，以反映因进度压缩或赶工而导致的成本变更。要求将这些变更调整进行记录,并及时通知相关各方,以便为接下来的工作提供现实可靠的数据依据。

2) 项目进展报告

项目进展报告是记录观测检查的结果、项目进度现状和发展趋势等有关内容的最简单的书面形式报告。其内容主要包括项目实施概况、管理概况、进度概要；项目实际进度及其说明；资源供应进度；项目近期趋势,包括从现在到下次报告期之间将可能发生的事件等内容；项目费用发生情况；项目存在的困难与危机。

3) 进度控制中的经验教训

项目进度控制过程中,需要采取各种纠偏措施保证项目的工期计划进度和项目的按时完工,所以项目进度计划控制中所采取的纠偏措施以及各种经验教训也是项目进度计划控制工作的重要结果之一。这包括有关项目进度计划变更及其原因、项目进度控制中所采取的纠偏措施、项目进度计划失控而造成的各种损失,以及从中可以吸取的经验和教训等,这些都应该成为当前项目和今后其他项目的参考数据与资料。

4) 其他的更新工作

进度数据在进度控制过程中需要及时得到更新,通过重新制定项目进度网络图,以反映经批准的剩余持续时间和对工作计划所做的修正。有时,项目进度延期非常严重,以至必须重新估算开始与完成日期,制订新的目标进度计划,才能为指导工作以及测量绩效与进展提供有实际意义的数据。另外,进度控制过程中的更新工作还有项目集成计划的修订、项目范围管理计划的修订、项目工作分解和活动清单的更新等项目管理文件的更新,以及项目的事业环境因素和组织过程资产的更新和修订。

案例分析

宏远房地产绿野新城项目开发的进度计划制订[①]

0. 引言

李经理是宏远房地产公司的计划部经理,在参加完公司总经理召开的部门经理以上人员参加的公司工作会议后,急匆匆赶回计划部。公司总经理要求他尽快制订绿野新城项目的进度计划,工作重点是公司一级计划的编制。李经理主管公司的项目计划工作已经 5 年,先后管理过公司 44 个房地产项目的计划工作,这 44 个项目的累计开发面积达 500 万平方米,产值约 100 亿元。然而,公司总经理会后的专门叮嘱却使李经理感到这次任务的压力很大:"老李,公司几十个项目的计划都是你们计划部制订的,有些项目按照项目进度计划完成了,有些项目却与进度计划相差较大。上个项目发生了在预期的开盘日期却无法开盘的情况,公司蒙受比较大的损失,这里面有你们计划部的责任。这次一定要吸取教训,特别是要把开盘前的计划做好。"

李经理知道,公司总经理在这个项目上压力也很大。一方面,目前整个房地产行业处于调整时期。另一方面,绿野新城项目也面临着和其他公司的竞争。

1. 行业背景及公司简介

---

① 本案例来自中国管理案例共享中心,东北财经大学。

房地产行业作为国民经济的重要支柱产业,随着国民经济的高速发展和人民收入水平的大幅提高也得到了迅猛发展,显著表现为房地产开发投资的持续快速增长。然而,由于众多开发商受利益的驱使,对房地产进行了非理性的开发,同时还出现了市场调节机制失灵的现象,房地产行业出现了较大的泡沫。因此,近年来国家加大了对房地产行业的宏观调控力度,目前整个房地产行业处于调整时期,国房景气指数被公众认为是最能代表行业发展趋势的先行指标,今年以来该指数已经连续五个月下滑。

宏远房地产公司在行业内一直以快速、大规模开发见长。但即使如此,也感到房地产行业调整所带来的压力。过去,房地产企业把拿地作为第一要务,认为只要拿到地就可以高枕无忧;然而,现在随着市场的规范和土地成本的提高,许多项目通过竞标环节之后,地价已经高高在上,项目成本也随之大大抬高。另一方面,消费者有房价下跌的预期,企业还面临很大的融资期限、融资成本压力。因此,如何在保证质量的前提下,缩短工期和降低开发成本就成了房地产企业亟待解决的重要问题。

宏远房地产公司的项目计划管理能力在行业内具有一定的领先水平。该公司对项目开发计划实行分级管理,将计划分为公司级计划和部门级计划两类。公司级计划主要包括从项目启动到项目交付全过程中,开工、施工、亮相、开盘等几十个关键节点,由公司计划部负责编制、检查、考核;除公司级之外的计划为部门级计划,大约几百个节点,由各部门在公司级计划的基础上,自行编制、检查、考核。部门级计划以公司级计划为依据,并接受公司计划部的指导。

2. 绿野新城项目情况

2007年3月,宏远房地产公司通过拍卖取得绿野新城项目。该项目位于城市北三环内侧,用地面积86 009m^2(合129亩),总建筑面积约40万 m^2,总产值预计可达14亿元。项目定位为城市首座大型东南亚滨海风情文化社区、实用居家典范。文化定位为源自槟榔屿的浪漫风情、温馨生活。项目整体运作策略为:严格控制户型与面积,控制房屋总价;通过大量采用空中庭院、低于2.2米灰空间、入户花园等创新元素,实现户型创新,以提高产品溢价空间;通过突出东南亚槟榔屿滨海风情文化特色,实现文化主题差异化;充分利用城市三环路绿化带和代征地绿化带,将代征地绿化带打造为坡地休闲公园;通过高效率运作、快速开发、快速销售,以实现现金流快速回收。

绿野新城项目地处城市的改造启动区内,项目周边集结了众多中小楼盘,因此存在较大的竞争。另外,该项目自身的建筑体量较大、户数较多。针对这种情况,必须充分把握区域市场供给及需求特征,采用有效的营销策略方式,真正把握并引导客户的消费,尽快开盘,实现项目快速销售,创造合理的利润空间。

作为公司计划部经理,李经理当然清楚项目进度计划在项目管理中的重要作用,尤其记得公司总经理对项目开盘前进度计划的强调。回到办公室,经过一番思考,李经理召集计划部工作人员开会布置工作:"绿野新城项目对公司十分重要,公司高层很重视该项目的计划工作,特别是项目开盘前的进度计划工作。如果计划过于宽松,会延长回款周期;如果计划过于紧张,则可能导致无法在预期开盘时间开盘。大家还记得上个项目吧?对,就是B项目,销售广告已经在电视上滚动播出、在报纸上连续刊出,但到了预期的开盘日子却无法按期开盘。不但浪费了大量的广告费,而且导致客户抱怨,影响了公司声誉。我们一定要吸取上个项目的教训,把绿野新城项目开盘前的进度计划制订得符合项目的实际情况。经研究,决定成立绿野新城项目进度计划小组,由老张任组长,小关任副组长,成员包括小彭、小黄、小王。一星期后,要拿出项目开盘前的进度计划来。"

3. 绿野新城项目进度计划的制订

老张最早是公司工程部的技术人员,后来调到计划部工作,已经历了十多个项目的计划工作,经验丰富。小关原来也是工程部的技术人员,在职读完MBA后,调到公司计划部工作,也经历了三个项目的计划工作。B项目的计划工作是由老吴负责的,老张没有参与,小关参与了。李经理清楚地记得,在B项目计划工作的最后一次讨论会上,小关还曾提出B项目的进度计划存在较大的风险。也许正因为这些,再考虑到老张的资历、经验等因素,李经理才作出上面的任务安排。

老张在与小组成员商量后,决定让小王通知综合管理中心、事业部、工程部、产品策划中心、规划创意中心、营销CRM中心、经营成本中心负责人明日在计划部召开协调会,研究绿野新城项目开盘前进度计划的制订问题。

第二天的协调会上,各部、各中心负责人进行了一些讨论、协商,计划小组很快完成绿野新城项目开盘前阶段的工作分解结构,列出了主要任务(这里的任务其实是一个个的任务包,内部又包含若干的子任务,作为公司级的项目进度计划制订,可以分解到这个层次)、确定了任务之间先后关系。接着老张让大家根据项目的实际情况(资源、能力等)逐一对各主要任务估计工期,结果见表5-5。

表5-5 绿野新城项目开盘阶段子任务一览表

序号	编号	任务名称	紧前任务	估计工期(工作日)
1	A	方案设计		30
2	B	初步设计	A	35
3	C	施工图设计	B	45
4	D	确定总包单位	C	42
5	E	规划许可证	C	14
6	F	施工许可证	D、E	14
7	G	基础施工	F	62
8	H	开盘销售	G、L	1
9	I	售楼中心设计	A	20
10	J	售楼中心建设	I	150
11	K	项目亮相	J、N	1
12	L	客户积累	K	28
13	M	样板房设计	A	20
14	N	样板房施工	M	152

项目管理

老张很高兴,根据这些结果,如同以往的项目一样,计划小组很快就会制订出项目开盘前的网络计划。然而就在这时,小关却提出了自己的意见:"老张,我们必须明确这里各任务的估计工期指的是什么,是指最可能完成时间吗?"老张征询大家意见后,回答道:"是啊,这有什么问题吗?"

小关:"老张,除了最可能完成时间,我们还需要大家估计每个任务的乐观时间、悲观时间。"

老张:"你具体说说。"

小关:"乐观时间是指任何事情都顺利的情况下完成某项任务的时间,悲观时间是指在最不利的情况下完成某项任务的时间。"

老张:"我们有最可能完成时间就足够了,这些时间是大家根据项目实际情况估计的,可以作为任务的估计工期,下一步根据这些结果已经可以制订出项目开盘前的进度计划了。"

老张接着说:"好了,时间差不多了,散会。"

散会后,老张给小彭、小黄、小王交代了下一步的任务:"小王整理会议结果,小彭、小黄根据会议的整理结果制订项目开盘前的网络计划,确定出关键路径和开盘工期,明天给我。"

第二天下班前,小彭、小黄把他们制订的项目开盘前的网络计划交给老张,计划如表5-6所示。

表5-6 绿野新城开盘前的网络计划

序号	任务	工期	最早开始时间	最早完成时间	最迟开始时间	最迟完成时间	TF
1	方案设计	30	2008-01-01	2008-01-30	2008-01-01	2008-01-30	0
2	初步设计	35	2008-01-31	2008-03-06	2008-02-03	2008-03-09	3
3	施工图设计	45	2008-03-07	2008-04-20	2008-03-10	2008-04-23	3
4	确定总包单位	42	2008-04-21	2008-06-01	2008-04-24	2008-06-04	3
5	规划许可证	14	2008-04-21	2008-05-04	2008-05-22	2008-06-04	31
6	施工许可证	14	2008-06-02	2008-06-15	2008-06-05	2008-06-18	3
7	基础施工	62	2008-06-16	2008-08-16	2008-06-19	2008-08-19	3
8	开盘销售	1	2008-08-20	2008-08-20	2008-08-20	2008-08-20	0
9	售楼中心设计	20	2008-01-31	2008-02-19	2008-02-02	2008-02-21	2
10	售楼中心建设	150	2008-02-20	2008-07-19	2008-02-22	2008-07-21	2
11	项目亮相	1	2008-07-22	2008-07-22	2008-07-22	2008-07-22	0
12	客户积累	28	2008-07-23	2008-08-19	2008-07-23	2008-08-19	0
13	样板房设计	20	2008-01-31	2008-02-19	2008-01-31	2008-02-19	0
14	样板房施工	152	2008-02-20	2008-07-21	2008-02-20	2008-07-21	0

项目开盘前的关键线路:方案设计-样板房设计-样板房施工-项目亮相-客户积累-开盘销售。开盘前的总工期:232 天。

然而,小关看到计划后,却对老张说:"老张,我不得不说,按照这个进度计划,到期无法开盘的风险比较大。"

老张:"没有问题,以前的项目进度计划都是这么做的,公司也要求尽快开盘。"突然,他又想到也许小关的话也有道理,小关这几年读 MBA 还真学到不少东西。思考了一会儿,老张又说:"这样,留 3 天机动时间,项目开盘前的总工期调整为 235 天。"

老张把修改后的项目开盘前进度计划报给了李经理。李经理看后想了解一下计划的制订过程,于是把老张、小关、小彭、小黄、小王都叫进他的办公室。小关先说了:"李经理,我先说说我个人的意见,我认为按照这个进度计划,到期无法开盘的风险比较大。"

老吴打断小关的话:"李经理,这个计划没有问题,我们已经留了 3 天机动时间,再保险点,我们可以再留 3 天。"

李经理笑了笑:"别慌,让小关把话说完。"

小关:"李经理,我想先问一问,你要求的项目按期开盘的把握性至少要达到多少?"

李经理思考了一会儿,然后说道:"计划太紧容易造成无法按期开盘的局面,计划太松又达不到公司要求尽快开盘销售的要求,综合起来看,项目按计划开盘的把握性达到 85% 以上比较合适。"

小关:"现在这个计划是按照网络计划中的关键线路法制订的,其中各任务的估计工期都是最可能完成时间。即使留 3 天或 6 天机动时间,也不可能使得项目按期开盘的可能性达到 85%。"

李经理:"那么,你认为该怎么做呢?"

小关:"我们应该按照计划评审技术的方法来制订项目开盘前的进度计划,首先需要召集事业部、工程部和各中心的负责人,共同确定每个任务的三个完成时间:乐观时间、最可能时间、悲观时间。然后由我们计划小组按照计划评审技术的方法来制订项目开盘前的进度计划。"

李经理:"嗯,小王,通知综合管理中心、事业部、工程部、产品策划中心、规划创意中心、营销 CRM 中心、经营成本中心各负责人下午在计划部开会。"

4. 尾声

下午的会议,小关解释完乐观完成时间、最可能完成时间、悲观完成时间后,各部门负责人经过讨论、协商,确定出绿野新城开盘前各子任务的乐观完成时间、最可能完成时间、悲观完成时间,如表 5-7 所示。

会后,李经理叫住小关:"小关,你按照你的方法制订一个项目开盘前的进度计划,两天后给我,还需要什么数据、信息告诉我,我来协调。"

小关满怀信心地接受了任务:"好的,李经理。"

表 5-7　绿野新城开盘前各子任务的完工时间

序号	任务	乐观完成时间	最可能完成时间	悲观完成时间
1	方案设计	25	30	38
2	初步设计	28	35	38
3	施工图设计	38	45	50
4	确定总包单位	35	42	45
5	规划许可证	12	14	16
6	施工许可证	12	14	21
7	基础施工	50	62	75
8	开盘销售	1	1	1
9	售楼中心设计	15	20	25
10	售楼中心建设	135	150	160
11	项目亮相	1	1	1
12	客户积累	21	28	35
13	样板房设计	18	20	25
14	样板房施工	145	152	170

案例启发思考题

1. 小关认为老吴所做的计划有什么问题，你赞同他的观点吗？为什么？
2. 请按照小关的思路，将这个项目的进度计划制订完成，需最终提交项目进度甘特图、项目进度网络图、里程碑图事件图以及相关说明。
3. 如果你是绿野新城项目组成员之一，你认为这个项目还存在其他风险吗？你还会提出哪些建议呢？

本章思考练习题

1. 如何理解进度目标、成本目标和质量目标三者之间相互制衡、对立统一的关系？
2. 进行项目活动定义的依据是什么？输出结果是什么？
3. 项目活动之间的依赖关系包括哪几种？各自的内涵是什么？
4. 项目活动资源的估算必须考虑哪些因素的影响？
5. 关键路径法的主要过程是什么？在使用关键路径法时，需要注意哪几个要点？
6. 编制里程碑计划的具体步骤一般包括哪几步？
7. 进度控制的常用的方法有哪些？
8. 任选生活、学习中的一个活动项目，尝试制订其进度计划，并绘制出项目进度网络图。

第 6 章 项目成本管理

导 读

　　任何一个项目，都是在一定的约束条件下完成的，而最突出的就是成本预算的约束。要在成本约束的条件下完成项目，首先要做的工作就是获取完成项目所需资源，在使用项目资源时，要在保证实现项目目标的前提下做好资源使用计划，做到"物尽其用"，力求节约。其次，要在项目的具体进展过程中，减少由于人员、设备和材料之间的搭配不合理，而在项目的关键时段发生延误所增加的项目成本。例如，某药剂公司项目经理郭峰，专门负责项目的整体把控，在项目制订进度计划之后，公司应该根据进度安排进行资源分配，后期在项目进行时实时监控预期的成本与当前成本之间的差别。郭峰发现由于在前期进行产品研发时，对产品包装的技术产生了变动，而公司没有及时对成本进行控制，直接导致后期预计的产品生产、营销方案变化较大，前期的一些资源投入成为了沉没成本，导致项目成本发生较大波动。所以在进行项目进度计划时，必须重视成本管理，努力降低由于资源利用不善而产生的各种成本费用。项目成本管理主要是在批准预算的条件下，确保项目保质按期完成，其主要包括成本管理概述、项目成本计划和项目成本控制等。

6.1 成本管理概述

6.1.1 成本管理的含义

1. 资源的概念

　　资源可以理解为一切具有现实价值和潜在价值的东西。在项目管理中，对所使用的资源进行分类的方法很多，常见的有以下几种。

　　（1）根据会计学原理分类。根据会计学原理对资源分类，可将项目实施所需要的资源分为劳动力（人力资源）、材料、设备、资金等。这是划分项目资源最常见的方法。其优点是通用性强，操作简便，易于被人们接受。本章就按此分类来讨论项目资源计划编制及资源价格。

　　（2）根据资源的可得性分类。根据资源的可得性分类，资源可分为：①可持续使用的资源。可持续使用的资源能够用于相同范围的项目各个时间阶段，例如，固定的劳动力。

②消耗性资源。这类资源在项目开始阶段,往往以总数形式出现。随着时间的推移,资源逐渐被消耗掉,例如,各种材料或计算机的机时。③双重限制资源。双重限制资源是指此类资源在项目的各个阶段的使用数量是有限制的,并且在整个项目的进行过程中,此类资源总体的使用量也是有限制的。在项目的实施过程中,资金的使用就是一种典型的双重限制资源。

(3) 根据资源的自然属性分类。根据资源的自然属性分类,资源可分为:①可耗尽资源。可耗尽资源一旦被使用,就不能再用于其他项目工作中,因为这种资源无法进行再补充。②可补充资源。能够从市场购买的原材料和零部件等属于可补充资源。③可重复使用资源。可重复使用资源是指那些应用于项目工作中,但在项目任务完成后仍可继续使用的资源。

(4) 根据项目使用资源的特点分类。根据项目使用资源的特点分类,可分为:①没有限制的资源。这类资源在项目的实施过程中没有供应数量的限制。例如,没有经过培训的劳动力或通用设备。②价格非常昂贵或项目期内不可能完全得到的资源。例如,在项目实施过程中使用的特殊试验设备,每天只能进行 4 小时工作;或某些技术专家同时负责多个项目的技术工作。一般情况下,在制订计划的过程中,对于那些消耗性的资源和有限制的、需要定期使用的资源,应予以单独考虑。此外,资源还可以分为自然资源和人造资源、内部资源和外部资源、有形资源和无形资源。

2. 成本的概念

关于成本的概念,存在不同的看法。管理会计学认为,成本是为达到一个特定的目标而牺牲或放弃的资源。而财务会计学则认为,成本是取得资产的代价。根据马克思主义政治经济学原理,成本是商品价值的重要组成部分,是为了获得某种产品,在生产经济活动中发生的人力、物力和财力的耗费,其实质就是以货币表现的、为生产产品所耗费的物化劳动的转移价值和活劳动的转移价值之和。上述定义尽管有所不同,但都提到,成本是资源耗费,这种资源耗费可以用货币来表现。

综合来说,可以这样定义成本:成本就是为达到一定目标(如生产产品等)所耗费资源的货币体现。任何项目的建设实施都要耗费资源。项目成本则是围绕项目发生的资源耗费的货币体现,包括项目生命周期各阶段的资源耗费。项目成本通常可以用元、美元、欧元或英镑等货币单位来衡量。

3. 成本管理的概念

项目成本管理是指为保障项目实际发生的成本不超过项目预算,使项目在批准的预算内按时、按质、经济、高效地完成既定目标而开展的项目成本管理的活动。项目成本管理体现在整个项目的实施过程中,为确保项目在批准的成本预算内尽可能好地完成而对所需的各个过程进行管理和控制。通过对项目的成本管理可以实现对整个项目实施的管理和监督,及时发现和解决项目实施过程中出现的各种问题。具体来说,项目成本管理包括在批准的预算内完成项目所需的每一个过程,即资源计划编制、成本估算、费用预算和成本控制。

项目成本管理的一般过程也体现在《项目管理知识体系指南》(Project Management Body of Knowledge)中,其将项目管理的基本过程划分为启动、计划、执行、控制、收尾五个阶段。项目成本管理包括确保在批准的预算内完成项目所需的诸过程。这些过程包括:①资源计划编制。②成本估算。③成本预算。④成本控制。

项目成本管理要求人们不能只考虑对于项目成本的节约,还必须考虑对于项目价值(经济收益)的提高。因此,项目成本管理的内容必须为实现项目成本最小化和项目价值最大化的根本目标服务,所以它需要包括以下两个方面的工作:①如何通过这种管理来实现以最低的资源消耗和占用(成本)去完成项目所需的项目管理活动;②如何通过这种管理确保项目交付物质量和项目的工期等。目前国际上通行的是按照美国《项目管理知识体系指南》(第4版)(Project Management Body of Knowledge)将项目成本管理过程定义为项目成本估算、项目成本预算、项目成本控制过程,如图6-1所示。项目成本估算是估计完成项目所需资源成本的近似值,从而得到项目成本的估计值和项目成本管理计划。项目成本预算是将整体成本估算配置到各单项工作,以建立一个衡量成本执行绩效的基准计划。项目成本控制是控制项目预算的变化,执行成本预算,完工结算,总结经验教训等。

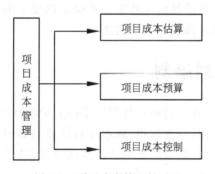

图 6-1　项目成本管理的过程

6.1.2　项目成本管理的作用

项目成本管理有如下两方面的作用。

1. 项目成本管理是资源限制性的需要

由项目成本管理的定义可知,任何项目都具有资源的约束性,项目中所涉及的资源包括所需的资金、材料、员工等。这些项目所需资源的价值正是一个项目成本形成的根源。在项目的立项阶段,业主就会根据自己现有的资源情况,在资源允许的范围内选定项目,所以项目成本的大小就成了项目可行性的根本指标之一。同时,人们在实施项目时必须对项目的成本进行严格的控制,否则,在项目实施过程中,实际成本一旦超出最初确定的项目成本预算,就会导致人们面临没有足够资源去完成项目,而最终导致项目失败的结果。实际上,项目成本管理的重要性主要与项目所需资源的稀缺性有关。对于任何一个项目而言,它都需要消耗或占用某些资源。世界上的任何一种资源其本身都具有稀缺性和价值性两大基本特性,而且是资源的稀缺性决定了资源的价值性。正是由于项目要消耗和占用资源,而资源又具有稀缺性和价值性,所以才形成了项目的成本,因而才需要对项目成本进行管理。

2. 项目成本管理是项目盈利和成功的关键

对于任何项目,其最终的目的都是想要通过一系列的管理工作取得良好的经济效益。一般而言,项目可以分为营利性项目和非营利性项目,而绝大多数项目都是以盈利为目标的,要实现项目盈利的一个重要途径就是尽可能地节约项目成本。而在项目实施的每个阶段,其成本具有很大的不确定性,项目成本的不确定性是绝对的,确定性是相对的。因此,要取得理想的经济效益,就需要对项目成本进行全面的管理和控制。

受各种因素的影响,项目的总成本一般都包含三种成本。其一是确定性成本,它数额大小以及发生与否都是确定的。其二是风险性成本,对此人们只知道它发生的概率,但不能肯定它是否一定会发生。另外还有一部分是完全不确定性成本,既不知道它们是否会发生,也不知道其发生的概率分布情况。这三部分不同性质的成本合在一起,就构成了一个项目的总成本。由此可见,这就要求在项目的成本管理中除了要考虑对确定性成本的管理外,同时还必须加强对风险性成本和完全不确定性成本的管理。众多项目的实践经验表明,只有加强成本管理才能获得项目的成功。

6.2 项目成本计划编制

编制项目的成本计划是在项目资源计划的基础上对项目进行成本的估算和预算的过程。以完成项目所需的资源计划为依据,成本计划需要估算完成每项计划活动所需的资源的近似成本并确定衡量项目绩效情况的总体费用基准,考虑成本偏差出现的风险及原因,同时提出相应的应对措施。

6.2.1 项目资源计划编制

项目资源计划包括项目实施中需要的人力、设备、材料、能源及各种设施等。项目资源计划需要决定在项目每一项工作的执行过程中采用什么样的资源(人力、设备、材料)以及多少资源,因此它必然是与费用估计相对应起来的,是项目费用估计的基础。例如,对于一个建设项目组,项目经理应该熟悉当地的建筑规范。如果使用当地提供的劳动力是没有多少费用的,但是在当地劳动力极端缺乏的情况下,对于要求具有一些特殊建筑技术的人,这时支出一些额外的费用来聘请一个顾问可能是了解当地建筑规范的最为有效的方式。

1. 项目资源计划编制的依据

资源计划(Resource Planning)编制就是确定完成项目活动需要物质资源(人、设备、材料)的种类,以及每种资源的需要量。因此,项目资源计划主要是关于权衡的分析,这些权衡从两个方面进行:一是在为了适应资源短缺所设计的各个进度计划方案的成本之间权衡;二是在使用各种资源方案的成本之间权衡。例如,加班以实现进度计划或分包以适应进度计划变更。这种分析会受到资源可行性、预算分配和任务截止期限等约束条件的限制。其编制的主要依据有工作分解结构、项目进度计划、历史资料、项目范围说明书、资源安排描述和组织策略。

1) 工作分解结构

工作分解结构(Work Breakdown Structure,WBS)是以产品为中心的"家谱",它组织并定义了项目的整个范围。工作分解结构是进行项目成本估算、预算和控制的基础。由于项目既可按内在结构,又可按实施顺序分解,加上项目本身的复杂程度、规模大小各不相同,可能形成不同的工作分解结构图。有时项目分解的层次会较少,有时会较多。图6-2为工作分解结构的基本层次。

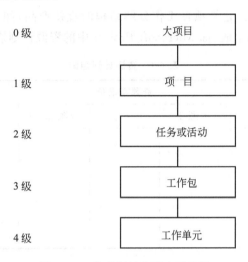

图 6-2 工作分解结构层次示意图

2) 项目进度计划

项目进度计划是项目计划中最主要的,是其他各项项目计划的基础,是分析活动顺序、持续时间、资源需求和进度约束的过程。资源计划必须服务于工作进度计划,什么时候需要何种资源是围绕工作进度计划的要求而确定的。

3) 历史资料

历史信息记录了先前类似工作使用资源的情况,在可能的情况下,如果这些资料可以获得的话,无疑对现在的工作资源需求确定有很大的参考作用。

4) 项目范围说明书

范围说明书确定了项目管理过程中主要可交付成果,包括项目合理性说明和项目目标。根据对范围说明书的分析,可进一步明确资源的需求数量和范围,划定了哪些方面是属于项目应该做的,而哪些工作是不包括在项目之内以及对项目目标的描述,这些在项目计划的编制过程中应该特别加以考虑。

5) 资源安排的描述

什么资源(人、设备、材料)是可以获得的,这是项目资源计划所必须掌握的,特别的数量描述和资源水平对资源安排描述是特别重要的。例如,工程设计项目执行的早期阶段可能需要大量的高、中级工程师,而项目的后期阶段常缺乏关于如何以项目早期的情况判断项目结果的人员。

6) 组织策略

在资源计划的过程中还必须考虑人事组织、设备租赁和购买策略等。例如,工程项目中劳务人员是外包工还是本企业职工,设备是租赁还是购买等,都会对项目的资源计划的编制产生影响。

2. 项目资源计划编制工具和方法

1) 工具

(1) 资源计划矩阵。它是项目工作分解结构的直接产品,如表 6-1 所示。该表可以由项目管理软件来自动生成,如 Microsoft Project 中的资源计划表。

表 6-1 资源计划矩阵

项目活动	资源需求量					相关说明
	资源 1	资源 2	...	资源 m−1	资源 m	
活动 1						
活动 2						
⋮						
活动 n−1						
活动 n						

(2) 资源数据表。它与资源计划矩阵的主要区别在于它所表示的是在项目进展各个阶段的资源使用和安排情况,而不是对项目所需资源的统计汇总说明,如表 6-2 所示。该表也可以在项目管理软件 Microsoft Project 中生成。

表 6-2 资源数据表

资源需求种类	项目进展各阶段资源使用状况					资源需求总量
	1	2	...	T−1	T	
资源 1						
资源 2						
⋮						
资源 m−1						
资源 m						

(3) 资源甘特图。资源需求甘特图直观地表示了资源在项目进展各个阶段的耗用情况,它借助甘特图的原理,描述完成具体活动所需资源在时间上的分布,比资源数据表更加直观和简洁。该图也可以在项目管理软件 Microsoft Project 中生成。如图 6-3 所示为资源需求甘特图实例。活动 A 需要 5 个工作日,由办公室经理负责;活动 B 从第 2 周开

始,需要 4 个工作日,由秘书负责;其他依次类推,该资源需求甘特图清晰地显示了项目各成员在各个时间的工作情况。

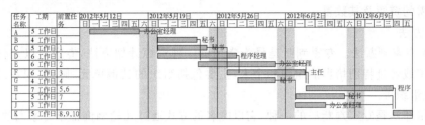

图 6-3 资源甘特图

(4) 资源负荷表。资源负荷表清晰地显示了各个时间段资源的负荷情况。如表 6-3 所示实例,资源负荷表的横轴代表项目延续时间,纵轴代表项目延续期间的资源负荷量,该表显示指定时间资源的平均负载。活动 A 的持续时间是第 1 天到第 5 天,每天消耗 6 单位资源,在这 5 天只有活动 A 开始,因此第 1 天到第 5 天的资源负载都是 6;活动 B 持续 4 天,每日消耗资源 2 单位,活动 C 持续 5 天,每日消耗资源 4 单位,活动 D 持续 6 天,每日消耗资源 3 单位,因此第 8 天的资源负载=2+4+3=9,第 9 天的资源负载 =2+4+3=9,第 10 天的资源负载 =2+4+3=9,第 11 天的资源负载=2+4+3=9,第 12 天的资源负载=4+3+3=10(中间第 6 天和第 7 天表示休息日);其他依次类推,就可以计算出每日的资源负载。

表 6-3 资源负荷表

活动	1	2	3	4	5	8	9	10	11	12	15	16	17	18	19	22	23	24	25	26	27	28	29	30	31
A	6	6	6	6	6																				
B						2	2	2	2																
C						4	4	4	4	4															
D						3	3	3	3	3															
E										3	3	3	3	3	3										
F										2	2	2	2	2	2										
G										4	4	4	4												
H																	3	3	3	3	3	3	3	3	3
I																4	4	4	4	4					
J																2	2	2							
K																									
合计	6	6	6	6	6	9	9	9	9	10	8	9	9	9	9	8	9	9	7	7	3	3	3	3	3

资源负荷表直观且便于使用,因而在项目管理实践中经常用到,可以对项目的资源情况加以监督,从而便于进行资源平衡。

资源计划编制使用的其他工具如专家判断法、资料统计法,是利用有类似项目经验和专长的人员以及类似项目的资料来进行的,它们和这一特定项目的执行组织一起,有助于决定必需的资源及其数量。

2) 方法

(1) 专家判断法。专家判断是最为常用的一种资源计划方法,专家可以是任何具有特殊知识或经过特别培训的组织和个人,主要包括组织的其他单元、顾问、职业或技术协会、工业组织等。

德尔菲法是专家判断法的一种,它以匿名的方式通过几轮函询征求专家们的意见,专家们互不见面。这种方法需要成立一个预测领导小组,负责草拟预测主题,选择专家以及对预测结果进行分析、整理、归纳和处理。

(2) 选择确认。制订多种资源安排计划,以供专家选择确认,最常用的方法是头脑风暴法,通常项目团队在制订项目资源需求计划时一起讨论和检查计划是否完备,是否与其他项目冲突等。在头脑风暴会议开始前,团队成员应尽可能多地搜集前期相关信息,做到有备无患。

(3) 数学模型。为了使编制的资源计划具有科学性、可行性,在资源计划的编制过程中,往往借助于某些数学模型,如资源分配模型、资源均衡模型等。

3. 项目资源计划的结果

依据工作分解结构、历史资料、项目范围说明书和组织方针,通过对专家的判断和数学模型进行选择确认,资源计划的结果是制订资源的需求计划,对各种资源需求及需求计划加以描述,资源的需求安排一般应分解到具体的工作上,以上结果主要用各种形式的表格予以反映。项目资源计划矩阵如表 6-4 和表 6-5 所示。

表 6-4 某项目资源计划矩阵

任　　务	方法学家	课程专家	评估员	科学专家	数学专家	印刷设备	计算机主机
识别需求	S	P					
设计预备课程		P		S	S		
评价设计	S	P	P				
开发科学课程	S	S		P			
开发数学课程		S			P		
测试综合课程	S	S	S				S
印刷与分销		S				P	

注:P 表示主要,S 表示次要。

6.2.2 项目成本估计

成本估算(Cost Estimating)是指为实现项目的目标,根据项目资源计划所确定的资源需求,以及市场上各种资源的价格信息,对完成项目所需成本进行的估计。

表 6-5 某项目资源数据表

资源	时间/周																		
	1	2	3	4	5	6	7	8	9	10	11	12	13	14	15	16	17	18	19
方法学家	1.5	1.5	1.5			1	1	1	1	1									
课程专家	1	1	1	1	1	1	1	1	1	1	1	1	1	1	1	1	1	1	1
评估员												2	2						
科学家						0.7	0.7	0.7	0.7	0.7	0.7			2	2	2	2	2	2
数学家						0.7	0.7	0.7	0.7	0.7	0.7			2	2	2	2	2	2
印刷设备																		0.3	0.3
大型计算机主机																		0.1	0.1
合计	2.5	2.5	2.5	1	1	3.4	3.4	3.4	3.4	3.4	3.4	3	3	5	5	5	5	5.4	5.4

由于项目经常发生变更,而且在项目的整个生命周期内宏观环境的变化(导致利率、通货膨胀率发生变化)、资源价格的变化(人力资源的成本、原材料、设备等价格变化)、经营成本的变化、成本估计中相关关系人行为的变化,以及项目活动进行中项目团队的学习曲线的变化等,导致项目成本估算在一个不确定性程度很高的环境下进行,使之成为一个很复杂的工作。项目成本估算的主要内容如表 6-6 所示。

表 6-6 成本估算的主要内容

输　入	工具与方法	输　出
项目工作分解结构(WBS)	专家判断	估算文件
资源需求计划	类比估算	估算依据
资源单价	自下而上估算	项目资源成本管理计划
项目进度计划		
历史资料		
法规、文献		

1. 项目成本估计的依据

进行项目的成本估算,要考虑很多因素,这些因素包括项目工作分解结构、资源需求计划、资源单价、项目进度计划、历史资料、法规、文献等,如表 6-7 所示。

2. 项目成本估计的工具与方法

1) 专家判断

影响成本估算的变量众多,如人工费率、材料成本、通货膨胀、风险因素和其他因素。通过借鉴历史信息,专家判断能对项目环境进行有价值的分析,并提供以往类似项目的相关信息。专家判断也可用来决定是否联合使用多种估算方法,以及如何协调这些方法之间的差异。

表 6-7　项目成本估算依据

成本估算依据	说　　明
项目工作分解结构（WBS）	WBS是项目成本估算的主要依据，它反映了项目任务的性质和难度，同时WBS中完备的任务清单可以保证已定义的所有项目工作所需要的资源都能得到估算
资源需求计划	资源需求计划确定了项目活动所需要的资源种类和数量，是项目成本估算的主要依据
资源单价	在对项目中的每个活动的成本估算时，资源单价是其中之一
项目进度计划	项目工作所需的资源种类、数量和使用时间，都会对项目成本产生很大影响
历史资料	历史资料作为知识积累，当前的成本估算所需要的部分信息可以从中获取
法规、文献	法规、文献作为宏观约束，是需要项目成本估算者考虑的因素

2）类比估算

成本类比估算是指以过去类似项目的参数值（如范围、成本、预算和持续时间等）或规模指标（如尺寸、重量和复杂性等）为基础，来估算当前项目的同类参数或指标。在估算成本时，这项技术以过去类似项目的实际成本为依据，来估算当前项目的成本。这是一种粗略的估算方法，有时需根据项目复杂性方面的已知差异进行调整。

在项目详细信息不足时，例如，在项目的早期阶段，就经常使用这种技术来估算成本参数。该方法综合利用历史信息和专家判断。

相对于其他估算技术，类比估算通常成本较低、耗时较少，但准确性也较低。可以针对整个项目或项目中的某个部分，进行类比估算。类比估算可以与其他估算方法联合使用。如果以往活动是本质上而不只是表面上类似，并且从事估算的项目团队成员具备必要的专业知识，那么类比估算就最为可靠。

3）自下而上估算

自下而上估算也称为工料清单估算法。它是从WBS的底层开始进行的自下而上的估算形式，底层工作人员先估算各个活动的独立成本，然后层层累加汇总到WBS更上层的概要任务，最后加上管理费、项目储备金等，从而得到完成整个项目的总成本。

自下而上估算法的优点在于它是一种参与式管理的估算方法，比起那些没有亲自参与项目实际工作的上级管理人员而言，那些在一线工作的项目人员往往对资源的需求状况有着更为准确的认识。此外，底层的项目人员直接参与到估算工作中，可以促使他们更愿意接受成本估算的最终结果，提高工作效率。共同参与也是一种良好的管理培训技术，会使底层管理人员在做估算和预算准备工作以及相关知识方面获得更多的宝贵经验。可以说，自下而上法对细节部分的估算更为精确，同时这种全员参与式的管理有助于成本估算。

但是，自下而上估算法的缺点也非常明显。它的最大缺陷在于：自下而上估算法存在一个独特的管理博弈过程，下层人员可能会过分夸大自己负责活动的预算，因为他们不仅担心高层管理人员会削减他们的估算成本，还害怕以后的实际成本高于估算成本将受到惩罚，同时希望以后的实际成本低于估算成本而获得奖励，但是高层管理人员会按照一定比例削减下层人员所作的成本估算,从而使得所有的参与者都陷入一个博弈怪圈。此外,采用自下而上估算法估算项目成本时,由于参加估算的部门较多,必须把不同度量单位的资源转化成可以理解的单位形式(货币形式),因此用于估算的时间和成本就会增加。

虽然自下而上估算法估算项目成本的结果比较准确,但在实际工作中这种方法很少被使用,因为上层管理人员一般不会相信下层管理人员汇报上来的成本估算,认为他们会夸大自己所负责活动的资源需求,片面强调自己工作的重要性。另外,有些高层管理人员认为成本估算是组织控制项目的最重要的工具,也不信任下属的工作能力和经验。

3. 项目成本估计的结果

1) 活动成本估算

活动成本估算是对完成项目工作可能需要的成本的量化估算。成本估算可以是汇总的或详细分列的。它应该覆盖活动所使用的全部资源,包括(但不限于)直接人工、材料、设备、服务、设施、信息技术,以及一些特殊的成本种类,如通货膨胀补贴或成本应急储备。如果间接成本也包含在项目估算中,则可在活动层次或更高层次上计列间接成本。

2) 估算依据

成本估算所需的支持信息的数量和种类,因应用领域而异。不论其详细程度如何,支持性文件都应该清晰、完整地说明成本估算是如何得出的。活动成本估算的支持信息可包括:

关于估算依据的文件(如估算是如何编制的);

关于全部假设条件的文件;

关于各种已知制约因素的文件;

对估算区间的说明(例如,"10 000 美元±10%",就说明了预期成本的所在区间);

对最终估算的置信水平的说明。

3) 项目文件

可能需要更新的项目文件包括(但不限于)风险登记册。

6.2.3 项目成本预算

进行成本估算后,对项目所需的成本有了比较准确的了解,但是这些成本在项目进行过程中何时支出呢?成本预算就是解决这个问题的。

成本预算(Cost Budget)是指将估算的成本按照时间段配置到项目各个活动中去,并建立一个衡量绩效的基准计划。

成本估算和成本预算既有区别,又有联系。成本估算的目的是估计项目的总成本和误差范围,而成本预算是将项目的总成本分配到各工作项上。成本估算的输出结果是成本预算的基础与依据,成本预算则是将已批准的估算(有时因为资金的原因需要砍掉一些工作来满足总预算要求,或因为追求经济利益而缩减成本额)进行分摊。

尽管成本估算与成本预算的目的和任务不同,但两者都以工作分解结构为依据,所运用的工具与方法相同,两者均是项目成本管理中不可或缺的组成部分,如表 6-8 所示为项目成本预算的主要内容。

表 6-8 项目成本预算主要内容

输 入	工具与方法	输 出
项目成本估算	成本汇总	成本绩效基准
估算依据	储备分析	项目资金需求
范围基准	专家判断	更新的项目文件
项目进度计划	历史关系	
资源日历	资金限制平衡	

1. 项目成本预算依据

类似估算,项目成本预算作为估算后的流程,需要考虑到成本估算的结果与依据,范围基准、进度计划和资源日历等,如表 6-9 所示。

表 6-9 项目成本预算依据

成本预算依据	说 明
项目成本估算	各工作包内每个活动的成本估算汇总后,即得到各工作包的成本估算
估算依据	成本估算的支持细节和基本假设
范围基准	范围说明书、工作分解结构和工作分解结构词典
项目进度计划	项目活动的计划开始与完成日期、里程碑的计划实现日期,以及工作包、规划包和控制账户的计划开始与完成日期
资源日历	从资源日历中了解项目资源的种类和使用时间。可根据这些信息,确定项目周期各阶段的资源成本

表 6-10 表示的是部分项目预算。初始预算的目标是识别直接成本和日常开支费用。有时候,有必要进一步分解日常开支成本,以说明各自的预算曲线。例如,调查的日常开支费用是 500 美元,它可能包括健康保险、退休补贴以及其他形式的费用,这些费用都可以分解成更详细的项目预算。

2. 项目成本预算的工具与方法

1) 成本汇总

首先,以 WBS 中的工作包为单位对活动成本估算进行汇总,然后再由工作包汇总至 WBS 的更高层次(如控制账户),并最终得出整个项目的总成本。

表 6-10　项目预算示例

活　动	预　算		
	直接成本	日常开支	总成本
调　查	3 500	500	4 000
设　计	7 000	1 000	8 000
站点清理	3 500	500	4 000
站点建立	6 750	750	7 500
构架系统	8 000	2 000	10 000
测量和布线	3 750	1 250	5 000

2）储备分析

通过预算储备分析，可以计算出所需的应急储备与管理储备。应急储备是为未规划但可能发生的变更提供的补贴，这些变更由风险登记册中所列的已知风险引起。管理储备则是为未规划的范围变更与成本变更而预留的预算。项目经理在使用或支出管理储备前，可能需要获得批准。管理储备不是项目成本基准的一部分，但包含在项目总预算中。管理储备不纳入挣值计算。

3）专家判断

在制定预算的过程中，应该根据项目工作的需要，基于所在应用领域、知识领域、学科、行业等专业知识做出专家判断。这些专业知识可来自受过专门教育，或具有专门知识、技能、经验或培训经历的任何小组或个人。

4）历史关系

有关变量之间可能存在一些可进行参数估算或类比估算的历史关系。可以基于这些历史关系，利用项目特征（参数）来建立数学模型，预测项目总成本。数学模型可以是简单的（例如，建造住房的总成本取决于单位面积建造成本），也可以是复杂的（例如，软件开发项目的成本模型中有多个变量，且每个变量又受许多因素的影响）。

5）资金限制平衡

应该根据对项目资金的任何限制，来平衡资金支出。如果发现资金限制与计划支出之间的差异，则可能需要调整工作的进度计划，以平衡资金支出水平。这可以通过在项目进度计划中添加强制日期来实现。

3. 项目成本预算的结果

项目成本预算的主要结果是获得费用线，费用线将作为度量和监控项目实施过程中费用支出的依据，通常的费用线随时间的关系是一个 S 型曲线。如表 6-11 和图 6-4 至 6-5 所示是某项目费用预算的几种表现形式。

表 6-11 某项目费用预算表

工作名称	预算值	进度日程预算（项目日历月）										
		1	2	3	4	5	6	7	8	9	10	11
A	400	100	200	100								
B	400		50	100	150	100						
C	550		50	100	250	150						
D	450			100	100	150	100					
E	1 100					100	300	300	200	200		
F	600								100	100	200	200
月计	3 500	100	300	400	500	500	400	300	300	300	200	200
累计		100	400	800	1 300	1 800	2 200	2 500	2 800	3 100	3 300	3 500

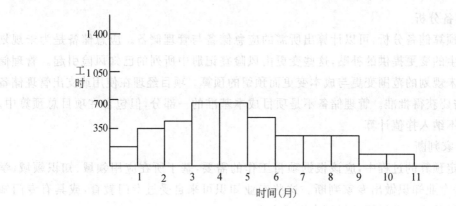

图 6-4 某项目费用负荷曲线

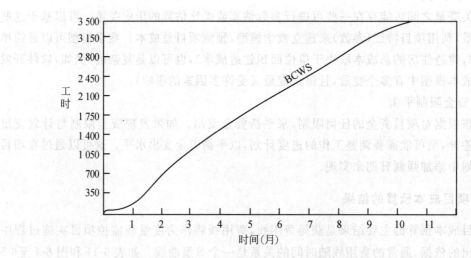

图 6-5 某项目费用累积负荷曲线（预算基准线）

6.3 项目成本控制

6.3.1 项目成本控制概述

项目成本控制(Cost Control)是按照项目成本预算过程所确定的成本预算基准计划,通过运用多种恰当的方法,对项目实施过程中所消耗的费用的使用情况进行管理控制,以确保项目的实际成本限定在项目成本预算所规定的范围内的过程。

项目成本控制的主要目的是对造成实际成本与基准计划发生偏差的因素施加影响,保证其向有利的方向发展,同时对与成本基准计划已经发生偏差和正在发生偏差的各项成本进行管理,以保证项目顺利进行。项目成本控制主要包括如下内容。

(1) 检查成本执行情况,监控成本执行绩效。

(2) 发现实际成本与计划成本的偏差。

(3) 确保所有正确的、合理的、已经核准的变更都包括在项目成本基准计划中,并把变更后的项目成本基准计划通知相关的项目关系人。

(4) 分析成本绩效从而确定是否需要采取纠正措施,并且决定要采取哪些有效的纠正措施。

项目成本控制的过程必须和项目的其他控制过程(如项目范围变更控制、计划进度变更控制和项目质量控制等)紧密结合,防止因单纯控制成本而出现项目范围、进度、质量等方面的问题。

开展项目成本控制的直接结果是项目成本的节约和项目经济效益的提高。开展项目成本控制的间接结果是生成了一系列的项目成本控制文件。这些文件主要有:项目成本估算的更新文件、项目预算的更新文件、项目活动改进的文件等。

6.3.2 项目成本控制依据

成本控制依据是费用基线、绩效报告、变更申请和费用管理计划。

(1) 费用基线。费用基线是一项面向阶段时间的预算,主要用于测量和监控项目费用执行情况,将按阶段估算的费用汇总后进行制定,一般用 S 型曲线表示。这里的阶段时间可以按里程碑之间的时间来计算,也可以按一定的日历来计算,或按工作包工期来计算等。

(2) 绩效报告。提供费用执行方面的信息,如哪些预算已经完成,哪些尚未完成等,还可以提醒项目团队注意将来可以引起麻烦的问题。该报告可以使用多种方法来报告费用信息,较常用的是开支表、直方图和 S 型曲线等,任一报告均可全面地或针对一个例外编写。

(3) 变更申请。可以以多种形式出现,口头的或书面的,直接的或间接的,外部的或内部的,强制性的或可选择的,除紧急情况下,口头变更申请必须在处理之前形成书面文件。

(4) 费用管理计划。说明了如何让管理费用偏差(例如,对大问题和小问题的应对措施各是什么等)。费用管理计划根据项目利益相关者的需要,可以是正式的,也可以是非正式的；可以是非常详尽的，也可以是只有大体框架的。

6.3.3 项目成本控制工具与方法

项目成本控制的工具和方法包括项目成本变更控制系统、绩效度量、补充计划编制和计算机工具，具体分析如下。

1. 成本变更控制系统

成本变更控制系统是一套变更项目计划时应遵循的程序，其中包括书面文件、跟踪系统和变更审批制度，这一系统规定了改变项目成本基线的程序，包括文书工作、跟踪系统和批准更改所必须的批准级别。

在多数情况下，执行组织通常采用变更控制系统，然而当现有系统不再满足系统的需求时，管理小组则应开发出一个新的系统，以适应新的情况，根据系统论的观点，无论是哪种系统，都应该包括措施、信息和反馈三大要素，并且这三大要素之间形成一个循环的闭环关系，从而确保对项目变更的有效控制，如图 6-6 所示。

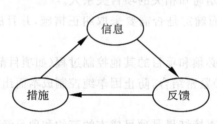

图 6-6 变更控制系统三要素

循环由措施开始，产生关于措施的实施效果的信息，这些信息经过处理又作为反馈信息呈送给决策者，便完成了一次循环。如果反馈的信息表明一切正常，项目经理就可以指导项目团队按原定的项目计划继续进行；如果反馈的信息预示着要发生问题，项目经理就要采取补救措施，或调集资源或调整计划，使项目得以顺利进行，在补救过程中又会产生新的信息。通过这三个要素之间的循环，也可以将实际的变更控制过程表示出来。

因此，要实施有效的变更控制，项目团队必须建立一套完整的变更控制系统，许多变更控制系统都成立了一个变更控制委员会，负责批准或拒绝变更需求，变更控制委员会的主要职能就是为准备提交的变更申请提供指导，对变更申请做出评价，并管理批准的变更的实施过程。变更控制系统应该明确变更控制委员会的责任和权限，并得到所有项目利益相关者的认可，对于大型的复杂项目而言，可能要设多个变更控制委员会，以担负不同的责任。变更控制系统还应该有处理自动变更的机制。

2. 绩效度量——挣值管理

挣值管理（EVM）是一种常用的绩效测量方法，可采用多种形式。它综合考虑项目范围、成本与进度指标，帮助项目管理团队评估与测量项目绩效和进展。挣值测量是一种基于综合基准的项目管理技术,以便依据该综合基准来测量项目期间的绩效。EVM 的原理适用于任何行业的任何项目。它针对每个工作包和控制账户,计算并监测以下 3 个关键指标:

1) 计划价值

计划价值(PV)是为某活动或工作分解结构组成部分的预定工作进度而分配且经批准的预算。它应该与经批准的特定工作内容相对应,是项目生命周期中按时段分配的这部分工作的预算。PV 的总和有时被称为绩效测量基准(PMB)。项目的总计划价值又被称为完工预算(BAC)。

2) 挣值

挣值(EV)是项目活动或工作分解结构组成部分的已完成工作的价值,用分配给该工作的预算来表示。挣值应该与已完成的工作内容相对应,是该部分已完成工作的经批准的预算。EV 的计算必须与 PV 基准(PMB)相对应,且所得的 EV 值不得大于相应活动或 WBS 组成部分的 PV 预算值。EV 这个词常用来描述项目的完工百分比。应该为每个 WBS 组成部分制定进展测量准则,用于考核正在实施的工作。项目经理既要监测 EV 的增量,以判断当前的状态,又要监测 EV 的累计值,以判断长期的绩效趋势。

3) 实际成本

实际成本(AC)是为完成活动或工作分解结构组成部分的工作,而实际发生并记录在案的总成本。它是为完成与 EV 相对应的工作而发生的总成本。AC 的计算口径必须与 PV 和 EV 的计算口径保持一致(例如,都只计算直接小时数,都只计算直接成本,或都计算包含间接成本在内的全部成本)。AC 没有上限,为实现 EV 所花费的任何成本都要计算进去。

实际绩效与基准之间的偏差也应监测:

1) 进度偏差

进度偏差(SV)是项目进度绩效的一种指标。它等于挣值(EV)减去计划价值(PV)。EVM 进度偏差可用来表明项目是否落后于基准进度,因此是一种有用的指标。由于当项目完工时,全部的计划价值都将实现(即成为挣值),所以 EVM 进度偏差最终将等于零。最好把进度偏差与关键路径法(CPM)和风险管理一起使用。其公式为 $SV = EV - PV$。

2) 成本偏差

成本偏差(CV)是项目成本绩效的一种指标。它等于挣值(EV)减去实际成本(AC)。项目结束时的成本偏差,就是完工预算(BAC)与实际总成本之间的差值。由于 EVM 成本偏差指明了实际绩效与成本支出之间的关系,所以非常重要。负的成本偏差一般都是不可弥补的。其公式为 $CV = EV - AC$。

还可以把 SV 和 CV 转化为效率指标,以便把项目的成本和进度绩效与任何其他项目作比较,或在同一项目组合内的各项目之间进行比较。偏差和指数都能说明项目的状态,并为预测项目成本与进度结果提供依据。

1) 进度绩效指数

进度绩效指数(SPI)是比较项目已完成进度与计划进度的一种指标。有时与成本绩效指数(CPI)一起使用,以预测最终的完工估算。当 SPI 小于 1.0 时,说明已完成的工作量未达到计划要求;当 SPI 大于 1.0 时,则说明已完成的工作量超过计划。由于 SPI 测量的是项目总工作量,所以还需要对关键路径上的绩效进行单独分析,以确认项目是否将比计划完成日期提早或延迟完工。SPI 等于 EV 与 PV 的比值。其公式为 SPI=EV/PV。

2) 成本绩效指数

成本绩效指数(CPI)是比较已完成工作的价值与实际成本的一种指标。它考核已完成工作的成本效率,是 EVM 最重要的指标。当 CPI 小于 1.0 时,说明已完成工作的成本超支;当 CPI 大于 1.0 时,则说明到目前为止成本有结余。CPI 等于 EV 与 AC 的比值。其公式为 CPI=EV/AC。

对计划价值、挣值和实际成本等参数,既可以分阶段(通常以周或月为单位)进行监测和报告,又可以针对累计值进行监测和报告。图 6-7 以 S 型曲线展示某个项目的 EV 数据,该项目预算超支且进度落后。

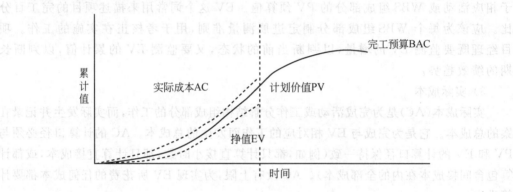

图 6-7 挣值、计划价值和实际成本

3. 预测

随着项目的进展,项目团队可根据项目绩效,对完工估算(EAC)进行预测,预测的结果可能与完工预算(BAC)存在差异。如果 BAC 已明显不再可行,则项目经理应预测 EAC。预测 EAC 是根据当前掌握的信息和知识,估算或预计项目未来的情况和事件。预测根据项目执行过程中所产生的工作绩效信息来进行,并在必要时更新和重新发布预测。工作绩效信息包含项目过去的绩效,以及可能在未来对项目产生影响的任何信息。

在计算 EAC 时,通常用已完工作的实际成本,加上剩余工作的完工尚需估算(ETC)。项目团队要根据已有的经验,考虑实施 ETC 工作可能遇到的各种情况。把 EVM 方法与手工预测 EAC 方法联合起来使用,效果更佳。由项目经理和项目团队手工进行的自下而上的汇总方法,就是一种最普通的 EAC 预测方法。

项目经理所进行的自下而上 EAC 估算,就是以已完工作的实际成本为基础,并根据已积累的经验来为剩余项目工作编制一个新估算。这种方法的问题是,它会干扰项目工作。为了给剩余工作制定一份详细的、自下而上的 ETC,项目人员就不得不停下手头的项目工作。通常都不会为估算 ETC 这项活动安排独立的预算,所以为估算出 ETC,项目还会产生额外的成本。

其估算公式为 EAC＝AC＋自下而上的 ETC。

可以很方便地把项目经理手工估算的 EAC 与计算得出的一系列 EAC 作比较,这些计算得出的 EAC 分别考虑了不同程度的风险。尽管可以用许多方法来计算基于 EVM 数据的 EAC 值,但下面只介绍最常用的 3 种方法:

假设将按预算单价完成 ETC 工作。这种方法承认以实际成本表示的累计实际项目绩效(不论好坏),并预计未来的全部 ETC 工作都将按预算单价完成。如果目前的实际绩效不好,则只有在进行项目风险分析并取得有力证据后,才能做出"未来绩效将会改进"的假设。其公式为 EAC＝AC＋BAC－EV。

假设以当前 CPI 完成 ETC 工作。这种方法假设项目将按截至目前的情况继续进行,即 ETC 工作将按项目截至目前的累积成本绩效指数(CPI)实施。其公式为 EAC＝BAC/累计 CPI。

假设 SPI 与 CPI 将同时影响 ETC 工作。在这种预测中,需要计算一个由成本绩效指数与进度绩效指数综合决定的效率指标,并假设 ETC 工作将按该效率指标完成。它假设项目截至目前的成本绩效不好,而且项目必须实现某个强制的进度要求。如果项目进度对 ETC 有重要影响,则这种方法最有效。使用这种方法时,还可以根据项目经理的判断,分别给 CPI 和 SPI 赋予不同的权重,如 80/20、50/50,或其他比率。其公式为 AC＋[(BAC－EV)/(累计 CPI×累计 SPI)]。

上述 3 种方法可适用于任何项目。如果预测的 EAC 值不在可接受范围内,就是对项目管理团队的预警信号。

4. 完工尚需绩效系数

完工尚需绩效指数(TCPI)是指为了实现特定的管理目标(如 BAC 或 EAC),剩余工作实施必须达到的成本绩效指标(预测值)。如果 BAC 已明显不再可行,则项目经理应预测完工估算(EAC)。一经批准,EAC 就将取代 BAC,成为新的成本绩效目标。基于 BAC 的 TCPI 公式为(BAC－EV)/(BAC－AC)。TCPI 的概念可用图 6-8 表示。

其计算公式在图的左下角,用剩余工作(BAC 减去 EV)除以剩余资金(可以是 BAC 减去 AC,或 EAC 减去 AC)。如果累计 CPI 低于基准计划,那么项目的全部未来工作都应立即按 TCPI(BAC)执行,以确保实际总成本不超过批准的 BAC。至于所要求的这种绩效水平是否可行,这需要综合考虑多种因素(包括风险、进度和技术绩效)后才能判断。一旦管理层认为 BAC 已不可实现,项目经理将为项目制定一个新的完工估算(EAC),一经批准,项目将以这个新的 EAC 值为工作目标。这种情况下,项目未来所需的绩效水平就如 TCPI(EAC)线所示。基于 EAC 的 TCPI 公式为(BAC－EV)/(EAC－AC)。

5. 绩效审查

绩效审查的对象包括:成本绩效随时间的变化、进度活动或工作包超出和低于预算的情况,以及完成工作所需的资金估算。如果采用了 EVM,则需进行以下分析:

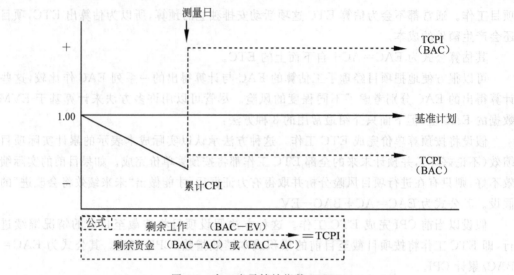

图 6-8 完工尚需绩效指数（TCPI）

（1）偏差分析。在 EVM 中，偏差分析是指把实际项目绩效与计划或预期绩效相比较。成本与进度偏差是通常最需要分析的两种偏差。

（2）趋势分析。趋势分析旨在审查项目绩效随时间的变化情况，以判断绩效是正在改善或正在恶化。图形分析技术有助于了解截至目前的绩效情况，并把发展趋势与未来的绩效目标进行比较，如 EAC 与 BAC、预测完工日期与计划完工日期的比较。

（3）挣值绩效分析。挣值管理将基准计划与实际进度及成本绩效相比较。

6. 偏差分析

使用成本绩效测量指标（CV、CPI），来评估与成本基准之间的偏差大小。分析偏离成本绩效基准的原因和程度，并决定是否需要采取纠正或预防措施，这是项目成本控制的重要工作。随着项目工作的逐步完成，偏差的可接受范围（常用百分比表示）也逐步缩小。项目开始时可允许较大的百分比偏差，然后随着项目逐渐接近完成而不断缩小。

7. 项目管理软件

项目管理软件常用于监测 PV、EV 和 AC 这 3 个 EVM 指标，画出趋势图，并预测最终项目结果的可能区间。

8. 价值工程

价值工程是进行项目成本控制的一种重要的工具。现在在项目管理中已经越来越受重视，并得到了越来越广泛的应用。

价值工程是通过集体智慧和有组织的活动对产品或服务进行功能分析，使目标以最低的总成本,可靠地实现产品或服务的必要功能,从而提高产品或服务的价值。

价值工程的主要理念是通过对选定研究对象的功能和费用分析,提高对象的价值,这里的价值,指的是反映费用支出与获得之间的比例,用数学公式表达如下：

价值＝功能/成本

价值工程实施的程序如下：

（1）选定价值工程的对象,一般来说,价值工程的对象是要考虑社会生产经营的需要以及对象价值本身可被提高的潜力。例如,选择占成本比例大的原材料部分如果能够通过价值分析降低费用提高价值,那么这次价值分析对降低产品总成本的影响也会很大,当面临一个紧迫的境地(例如生产经营中的产品功能、原材料成本都需要改进时),研究者一般采取经验分析法、ABC分析法、百分比分析法及用户评分法。

（2）收集选定对象的项目情报,包括用户需求、销售市场、科学技术进步状况、经济分析以及本企业的实际能力等。价值分析中能够确定的方案的多少以及实施成果的大小与情报的准确程度、及时程度、全面程度紧密相关。

（3）价值工程功能分析。要进行功能的定义、分类、整理、评价等步骤,经过分析和评价,分析人员可以提出多种方案,从中筛选出最优方案加以实施。

（4）确定具体的实施计划,即提出工作的内容、进度、质量、标准、责任等方面的内容,确保方案的实施质量。

6.3.4 项目成本控制的结果

1）工作绩效测量结果

WBS各组成部分(尤其是工作包与控制账户)的CV、SV、CPI和SPI值,都需要记录下来,并传达给相关干系人。

2）成本预测

无论是计算得出的EAC值,还是自下而上估算的EAC值,都需要记录下来,并传达给相关干系人。

3）更新组织过程资产

可能需要更新的组织过程资产包括(但不限于)：

（1）产生偏差的原因。

（2）采取的纠正措施及其理由。

（3）从项目成本控制中得到的其他经验教训。

4）变更请求

分析项目绩效后,可能会就成本绩效基准或项目管理计划的其他组成部分提出变更请求。变更请求可以包括预防或纠正措施,需经过实施整体变更控制过程的审查和处理。

5）项目管理计划

项目管理计划中可能需要更新的内容包括(但不限于)：

（1）成本绩效基准。在批准对范围、活动资源或成本估算的变更后,需要相应地对成本绩效基准做出变更。有时成本偏差太严重,就需要修订成本基准,以便为绩效测量提供现实可行的依据。

（2）成本管理计划。

6）更新项目文件

可能需要更新的项目文件包括（但不限于）：

（1）成本估算。修订后的成本估算就是对用于项目管理成本信息所做的修正，必要时，必须通知项目的利益相关者，修正后的成本估算可能要求，也可能不要求对整体的项目计划的其他方面进行调整。

（2）估算依据。

案例分析

ZJ安装公司的项目责任成本管理[①]

0. 引言

2005年，ZJ工业设备安装有限公司（以下简称"ZJ安装"）开始在全公司范围内推行项目责任成本承包的制度，其中吉林广电中心的机电安装项目（以下简称"吉林广电项目"）作为首批试点项目被寄予厚望。经过一系列责任成本承包条款的确定和首次实行的模拟股份制风险抵押金的缴纳，责任成本承包制度正一点一点地在吉林广电项目中实践。正在大家都为新的成本管理制度在公司内顺利推行充满信心时，项目实施过程中的主要原材料铜的采购价格大幅上涨让项目管理团队和公司都有些措手不及，在公司责任成本承包制度和集中采购制度下，原材料市场价格变动带来的采购成本风险到底应该由谁来承担呢？

项目团队从项目的利益出发，向东北公司提出了解决这一成本责任模糊问题的建议和方案，建议由于公司负责铜材的集中采购，项目团队只是提出采购计划，因此市场价格上涨导致的采购成本变更应该由公司来承担。同时针对业主的变更还提出了将索赔款项作为项目收益的建议。面对项目团队提出的一系列请求，以及责任成本承包制度顺利试行的压力，东北公司的总经理陷入了责任成本承包制度的责任、风险分担与收益分配的困境，到底应该怎么解决这个突出的项目成本"责权利"不匹配的问题呢？如何才能使这一刚刚开始试点的责任成本承包制度顺利地推行下去呢？

1. 项目背景

1.1 公司的发展现状

ZJ工业设备安装有限公司是按照现代企业制度组建的国有独资的现代化建筑安装施工企业。公司始建于20世纪50年代初，具有石油化工工程施工总承包、机电安装工程施工总承包一级资质及化工石油设备管道安装工程、机电设备安装工程、钢结构工程、管道工程等多项专业承包一级资质和化工、石化、医药行业甲级设计资质，主要的业务范围涉及化工石油、机电安装、市政工程、钢结构制作安装、化工石油医药设计五大支柱板块，具备EPC的工程总承包能力。

公司总部驻地南京，下设山东、苏州、上海、广州、西北、东北、西南、中原等十多个区域

[①] 本案例选自中国管理案例共享中心，由朱方伟、于森采编，部分内容进行了掩饰处理。

公司以及石化设计院、储运工程公司、锅炉压力容器公司、计量检测中心、钢结构厂、钢结构安装公司、大件吊装公司、工程公司等专业公司,公司的组织结构如图6-9所示。各区域公司和专业公司作为独立的利润中心,直接对所属项目的盈亏负责。

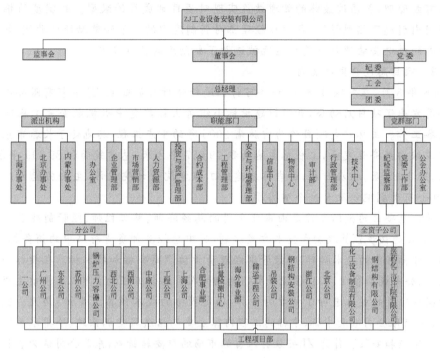

图6-9 ZJ工业设备安装有限公司的组织结构图

作为典型的项目驱动型企业,ZJ安装的项目成本管理模式主要体现为三级的项目管理,公司总部、区域公司/专业公司和项目部各司其职,一同保障项目成本的有效管理。公司合约成本部主要负责制定成本管理文件,对区域/专业公司和项目部成本管理业务的指导、督促、协调、服务、检查和考核;区域/专业公司成本管理部门主要贯彻执行公司项目成本管理办法,接受公司合约成本部的指导、监督、检查和考核,并负责对项目的成本管理业务进行指导、督促、协调、服务、检查和考核;项目部则要贯彻执行公司、区域/专业公司的各项管理制度,在项目进行过程中做好项目商务筹划工作、开源节流,完成成本管理目标。

为充分发挥三级管理模式的有效性和公司总部的规模采购效应,对于各个项目通用且使用量大的项目原材料物资,实行集中采购的模式,项目部只需要在项目计划阶段上报材料的需求计划,包括材料的型号、规格、数量、技术要求、使用时间等信息,由公司总部物资中心来统一负责向供应商进行采购配送,并在物资需求节点前将采购的物资运送到项目的施工现场。

1.2 责任成本管理制度的推行

2005年,为了提高公司的项目成本管理水平,最大限度地提升项目管理效益,ZJ安装公司总部向全公司范围内下发推行了《项目责任成本管理办法》(见附件1),其中首次制定了公司项目责任承包制度和风险抵押金缴纳制度(模拟股份制),要求全公司范围内的新开工项目及在建尚未承包的项目一律按照本办法执行项目的成本管理。

公司推行责任成本承包制度的目的就是要提高项目管理人员的积极性,将项目的成本责任和风险交由项目团队来承担,将项目全体成员纳入到成本管理体系中,实现对项目成本的有效管理,并通过最终的管理效益实现对项目部成员的激励。新制度的推行在全公司范围内引起了热烈讨论,各项目经理都对新制度中的承包和奖励跃跃欲试,其中吉林广电中心的机电安装项目更是幸运地被选做了新制度的试点项目。

1.3 项目总包合同的签订

2005年3月,在对项目技术、经济可行性进行分析的基础上,ZJ安装有限公司下属的东北公司发出了项目启动令,开始组建投标小组对吉林广电中心机电安装工程项目进行投标准备工作。吉林广电项目作为吉林省2005年的重点工程,其地处于长春市东南方向的净月潭旅游经济开发区,工程总占地面积79 057平方米,总建筑面积89 399平方米,地下一层,地上21层,裙房6层,由吉林省建筑工程学院设计院设计,主要功能为广播电视制作,包含有大剧院以及十余个演播厅。

吉林广电项目的投标工作是由东北公司的总经济师、总工程师、经营副经理牵头组织的,包括项目的初步预算编制和技术方案编制,其中总经济师负责标书中的商务标部分,总工程师负责标书中的技术标部分,经营副经理负责协调商务标和技术标。在投标小组的带领下,东北公司成本管理、工程管理等部门的相关人员结合工程量清单以及当前主材的市场价格对投标项目的成本进行了初步的估算,确定投标的成本预算为4 500万元。2005年4月,ZJ安装有限公司顺利中标,中标的工程内容主要包括通风空调系统、给排水系统以及电气系统的供应和安装。作为ZJ安装打入吉林市场的重要转折点,东北公司认为吉林广电项目的社会效益远大于其目前的经济效益,所以在投标报价时采取的是低价报价策略,最终获得了项目的承包权。项目中标的合同价款为4 847万元,项目基本能够保持盈亏平衡。项目签订的合同工期为27个月,即从2005年的4月1日至2007年的7月1日,项目周期较长。

由于此次中标的是机电安装工程,大量的母线、电缆(原材为铜线)成为了工程的重要组成部分。同时基于本建筑的功能特性要求,演播室还需要时刻保证电力的供应,所以在机电安装过程中还要充分保证电缆的可靠性。电缆母线的质量和成本控制成为影响吉林广电项目管理效益的关键因素。

2. 项目责任成本承包制度的初步试运行

2.1 项目部责任成本承包合同的签订

ZJ公司与业主签订总包合同后,东北公司进行了试点项目的项目经理选拔,最终任命了小林出任吉林广电项目的项目经理,小林不仅专业基础扎实,项目管理经验也非常丰富,尽管年龄不大,但是成功的项目经历不少,最关键的是在领导眼中,他能够顾全大局,对内能处理好团队内部关系,对外也能处理好和客户之间的关系。项目经理任命一发布,小林就在公司的支持下迅速组建了项目团队,如图6-10所示。由于项目规模较小,项目的商务经理兼任了项目的技术负责人,负责项目的成本管理和工程管理。

项目的责任成本承包实践中最关键的问题是确定项目成本管理的目标,并将完成目标的责、权、利一同下放到项目团队,以项目团队为项目成本管理的主体,形成公司内部的项目承包制。对作为责任成本承包制试点项目的吉林广电项目部而言,首要的工作是对项目进行总体分析,尤其是要对项目施工成本预算进行详细的测算,与东北公司成本管理部门一同确认项目承包责任成本以及上交的利润率,由项目经理代表项目团队实现责任成本承包合同的签订,真正地落实项目成本承包责任制度。具体步骤如下。

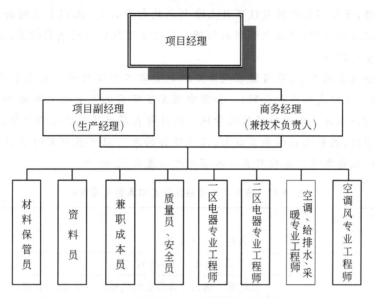

图 6-10　吉林广电项目的项目组织结构图

第一步,要确定吉林广电项目的预算成本。在东北公司成本管理部门制定项目施工预算成本的基础上,项目团队进行了对工程量清单的重新计算以及施工组织设计的规划,结合建材市场中的主材价格,依托一系列成本测算方法重新测算出了项目的施工预算成本。由于项目团队测算的施工预算成本与东北公司的投标预算成本有所差异,所以双方针对差异点进行了协商谈判,最终双方认可的项目施工预算成本为 4 478 万元,略低于投标时的预算成本。随着预算成本测算方法的日益成熟和规范,ZJ 安装公司的预算准确性越来越高,项目部和区域公司的分歧也越来越小。

第二步,确定项目的成本降低率。由于确定的项目施工预算成本是客观测算的,是任何一个项目组织均能够实现的预算成本,不能充分调动项目部成本降低的积极性,实现成本管理水平的提高,因此在项目责任承包合同中,必须要确定项目预算成本的降低率(项目管理效益率),以测算项目部最终要承担的责任成本目标。基于在国内十余家建筑型企业进行的调研结果,结合人工、材料、机械的可降低成本,公司总部事先选定 8% 作为首批试点项目成本降低比率的均值。加之本试点项目配备的经验丰富的项目经理小林,吉林广电项目最终确定的项目部和东北公司均认可的项目管理效益率为 8%,即项目部要在之前确认的施工预算成本基础上再降低 8% 的成本,最终保证项目的施工成本目标和控制基准为 4 119.76 万元。项目部对于责任成本的确认意味着成本管理的目标确认,项目部作为一个责任主体开始正式承担了相应成本降低的责任,风险和责任一并由公司转移到了项目部。

第三步,确定项目的上缴利润比率。公司成本管理办法对此也具有比较科学的测算公式。基于预算降低成本的确定,项目上交的利润=中标价-项目责任成本,上缴利润率即计算上交的利润在竣工结算造价(此时为中标价)中的比例即可。通过计算,吉林广电项目最终确定的利润上交比例为15%。上缴利润及利润率的确定是项目考核和奖励分配的重要依据,项目部实现的超过项目上缴利润的部分,60%比例上交到公司,40%则将作为奖励分配给项目部,因此上缴利润的确定与项目团队的奖惩息息相关,是提升项目成员积极性的重要指标。

完成责任成本测算后,项目经理代表某机电安装工程项目部与东北公司成本管理部门签订了《项目责任成本承包合同》。合同中确定了项目的主要承包指标和奖惩办法,确定了项目部作为项目管理主体的风险责任。项目部在项目实施的过程中要严格控制项目的现场管理费用,控制项目的施工成本,保证项目的质量以降低项目的质量成本,要对这些成本费用的偏差负责。本项目具体各项指标如表6-12所示。

表6-12 吉林广电项目责任成本承包合同指标

	指标	合同要求
1	工程质量	合格并争创鲁班奖
2	工期	27个月,2005.4.1~2007.7.1
3	施工安全	杜绝重大伤亡事故和重大机械设备事故,轻伤率≤4‰
4	文明施工	(公司、局、总公司、市、省)文明工地
5	CI战略	(公司、局、总公司)级达标
6	科技进步率	1.8%
7	工程款回收率	执行业主合同中的相应条款
8	总分包结算	单位工程完工后70天内办理完分包结算(包括财务结算);竣工后180天内按总包或业主合同约定完成总包结算(包括财务结算)
9	重大经济纠纷	无
10	劳务作业层招议标率	100%
11	物资招议标率	100%
12	合同签订率	100%
13	交工资料归档率	竣工后1个月内归档率100%
14	费用上缴	按照竣工工程结算造价的15%上缴费用
15	责任成本	本项目施工预算成本4 478.00万元,预算成本降低率为8%,成本降低额为358.24万元,责任成本4 119.76万元(工程量发生增减责任成本作相应调整)

2.2 项目成员责任成本指标和风险抵押金的落实

为了将成本承包责任制度落到实处,公司成本管理办法要求必须将项目的责任落实到每一个项目团队成员身上,同时采取类模拟股份制的风险抵押金缴纳制度,依托项目利益分配控制成本承包制度的效果。在项目经理小林与公司签订完吉林广电项目部的承包合同之后,小林和商务经理、生产经理一同组织项目团队,召开了岗位责任分配会议,与项目部的每一个成员协商岗位责任合同的具体指标,确定每个人的岗位职责、责任成本目标以及将缴纳的风险抵押金数额。

吉林广电项目经理小林作为岗位责任合同的甲方,分别跟项目副经理(生产经理)、项目商务经理(兼技术负责人)、项目技术员、质量安全员、预算员、成本员、材料保管员等全部项目管理、执行人员签订了岗位责任合同。针对每个岗位的工作性质,合同中详细说明了甲乙双方的职责和义务,各个项目成员要确认项目部的整体承包责任、确认各个岗位成本降低指标和降低率,以用作过程和竣工决算考核的重要依据。岗位责任合同的完成情况直接关系到项目的效益和奖惩,为加大新制度推行的力度,公司特别规定不签订岗位合同的人,将不能参加项目计提奖励的分配,提高新制度在项目团队中的接受度。

ZJ安装公司的风险抵押金制度作为责任成本承包落实的重要支撑,是指各个项目部在签订责任承包合同后需要根据项目的合同造价系数缴纳的一种项目责任承担的保证金。作为首次推行项目风险抵押金制度的试点项目,此次吉林广电项目的风险抵押金制度将起到非常关键的约束与激励的作用。项目部总体应缴纳的风险抵押金有明确的计算方法,具体到个人缴纳的风险抵押金,需要项目经理根据岗位责任同成员协商确定。项目风险抵押金设立单独的账户,待项目考核结束后决定返还或扣减。

此次吉林广电项目风险抵押金的缴纳,依据ZJ安装推行的《项目责任成本管理办法》的标准和要求,项目部需要缴纳的风险抵押金全额为37.32万元。但为调动试点项目人员的积极性,项目部人员只需按风险抵押金全额的60%缴纳,即22.39万元,剩余的40%按预发计提奖励的方式由东北公司垫付。依据项目成本管理办法,其中项目经理的风险抵押金的最低额为项目部风险抵押金总额的30%,即不得低于6.72万元;项目副经理、技术负责人和商务经理的风险抵押金最低额为项目经理缴纳的50%,即不得低于3.36万元;剩余的风险抵押金由项目部其他成员按照岗位成本目标、职责上缴。最终吉林广电项目成员所缴纳的风险抵押金情况如表6-13所示。

表6-13 某机电安装项目的风险抵押金缴纳情况

管理岗位	风险抵押金缴纳金额(万元)	金额百分比
项目经理	6.79	30.34%
项目副经理	4.00	17.86%
技术负责人兼商务经理	4.00	17.86%
空调、给排水、采暖工程师	2.30	10.26%
B区电气专业工程师	1.30	5.81%
A、C区电器专业工程师	1.00	4.47%
空调风专业工程师	1.00	4.47%
质量员、安全员	1.00	4.47%
材料报关员	0.50	2.23%
资料员	0.50	2.23%
合　计	22.39	100%

项目竣工考核后完成相关指标要求的,经批准后将返还或扣减项目部缴纳的风险抵押金。根据新的成本管理办法的要求,本项目在项目责任承包合同中确定的风险抵押金返还的标准如下:竣工结算后,满足承包合同指标,完成8%的成本降低率和15%的项目上缴利润率的,经考核后可全额返还项目部的风险抵押金,同时超额部分的40%将作为项目部的计提奖励;未完成8%的成本降低率,但完成成本降低率指标70%和相应的上缴利润率的,经考核后可返还个人上缴的风险抵押金,但不计提项目的超额奖励;未完成8%的成本降低率,仅完成40%到70%成本降低率目标和相应上缴利润率目标的,按比例部分返还风险抵押金;不能完成成本降低率目标的40%,或施工项目已经造成亏损的,不返还项目缴纳的风险抵押金,同时无论兑现与否都对项目要立项审查重点查处,追究相关人员责任。此时计算的上缴利润率指标及风险抵押金返还标准是在竣工结算价等同于中标价的前提下计算的,不考虑竣工结算发生变动所带来的上缴利润率的实际变动。最终上缴的利润率仍将按照初始计算的指标考察。

风险抵押金的缴纳和返还制度严格地约束了项目部的成本目标和上缴利润目标,对项目团队形成了一定的成本管理压力。为充分发挥风险抵押金的模拟股份制的激励效果,项目上缴的风险抵押金除了涉及返还和扣减外,还跟项目的效益计提奖励分配有关。项目部上缴的超额利润的40%将作为奖励分配给项目部成员,对于这40%的超额利润的分配,其中40%由项目经理按照岗位绩效进行分配,另外的60%则按照风险抵押金的缴纳比例返还,以体现出项目风险和收益的匹配。

3. 项目成本风险凸显

3.1 铜材市场价格的高速上涨危机

作为责任成本承包制试点项目,吉林广电中心的机电安装项目受到公司大力的支持和关注,正逐步按照项目计划和责任成本承保目标按部就班地进行各项成本的控制。项目经理为最大限度地保证试点项目的顺利执行,在初次组织项目会议时就号召项目团队积极响应公司新实行的成本管理制度,在项目实行过程中形成项目成本管理的核心意识。在实施过程中,项目经理、技术负责人和生产经理带领项目团队积极制定了项目实施计划,分析项目实施过程中可能的降低成本的控制点,并严格按照成本实施计划进行执行。然而,令项目团队和公司都没料到的是,占据项目成本相当大比例的铜材的市场价格竟然在项目实施的过程中持续地大幅增长,且完全没有回落的趋势,渐渐显现的铜材采购成本风险越来越脱离了可控范围。

此次项目作为室内的机电安装项目,需要大量的母线、电线和电缆,而这些基础的材料全部都需要靠金属铜来实现二次加工。吉林广电中心的机电安装项目在中标时,东北公司的市场营销部门和成本管理部门在建材市场中获得的铜的单价为28 000元/吨,出于公司总部的长期供应合作伙伴关系以及材料批量采购优势的考量,投标小组编制的铜材的预算为26 000元/吨,每吨铜能够保证2 000元左右的盈利。再加上铜材到电缆的二次加工过程中还能产生一部分的利润,这样计算下来,28 000元/吨的中标价格还能保证一定的盈利。

中标后,由于ZJ安装的材料采购采用的是项目部上报所需材料清单及时间,由公司总部进行统一采购和材料调配的物资采购方式,所以吉林广电的项目部仅上交了物资需求的清单和使用的计划。且项目将于2007年才竣工完成,而使用电缆、母线的运行期主要集中在2006年的下半年配合装修进行,因此公司总部对铜材的采购并没有提前进行,而是一直处于观望之中。

没料到的是,持续的观望背后暗藏着风险。本项目从2005年4月份开始正式启动运行,到2005年7、8月份,铜材的价格开始爆发式上涨,下半年的建材市场的铜价竟涨到了35 000元/吨,虽然11月份又回落到了30 000元/吨,但这种情况一直持续到了2006年的6月份。在此过程中,公司总部的物资采购部一直在犹豫该不该进行铜材的预订,还抱有铜材价格能有所下降的期望。直到2006年6月份,项目部又向公司提出了申请,必须要考虑是否进行铜材的采购。此时进行采购的话,对照合同成本,一吨铜将亏损4 000元左右,但此时如果不进行采购预订的话,铜材的价格还可能继续上涨,公司的物资采购部陷入到了进退两难的境地。

3.2 业主变更的工期拖延

正当公司总部的物资采购部门难以抉择时,业主方面又传来了另一个意外的消息,由于业主方面出现了大的人事变动,更换了新的领导人,其对工程总体的要求发生了变化,要求进行设计变更,项目的机电安装工程进度也要进行调整。

项目整体设计的变更直接导致了机电安装施工图以及施工组织设计的变更,重新计划组织的过程直接影响了项目原有的施工计划,整个施工过程受到一定程度的影响。然而,业主的设计变更不仅影响了施工的进度,还使得项目母线、电缆的安装使用时点和使用量也发生了变化。但是,谁也没有想到铜材的价格竟然能达到一发不可收拾的地步。从2006年的9月一直到2007年初,铜材的上涨趋势更是远远大过之前的峰值35 000元/吨,最高时达到了76 000元/吨,并长时间地居高不下。在此期间,总部仍然是迟迟不敢采购铜材。但是到了2007年3月份,由于项目的施工安装需要,必须要进行铜材的采购,否则项目的工期就要受到极大的影响。尤其是在2007年的10月、11月,吉林省还要在广电中心举办一系列的庆典活动,工程的竣工节点必须保证在此之前。采购成本和工期的双重压力无疑使得项目成本目标的实现雪上加霜。

3.3 项目部的担忧与提议

此时,虽然项目的物资采购是由公司总部来统一实施的,但采购的成本直接影响着项目的实际成本,也就影响着项目部承担的责任成本的完成情况以及后续的风险抵押金的返还和项目利润的分配。对照2005年中标时的1 300多万电缆、母线等与铜材相关的材料成本,2007年3月份铜材的价格保持在50 000元/吨,同等的材料成本将上升到2 500多万,也就也为这仅铜材这一项成本就使得项目亏损1 200多万元。

另一方面,由于东北公司与业主签订的是工程量清单合同[①],对于主材部分是不可调单价的,即项目使用的铜材量越大,项目面临的亏损越多。因此,铜材的成本偏差已经必然存在和不可控了,对项目部而言,这样的材料价格变动风险他们是无法接受的。如果按照这样的价格进行采购,那么对项目部而言,项目不可能存在盈利的情况,同时对应此次

---

① 使用工程量清单的合同,明确标明了项目的各项工程量及其单价和总价,一般工程量的单价将不允许再发生变化,而工程量则可以随工程的实际情况有所增减。

实行的成本承包责任制中的奖惩措施,项目部需要承担责任成本不能完成的责任也不可能实现,不仅项目部上交的风险抵押金都要被扣除,同时项目部还要承担相当程度的项目亏损。在这种形势下继续实施项目对项目团队而言新的成本管理办法已经变得毫无必意义,更谈不上激励性。

为了保证项目部成员的整体利益以及项目的顺利进行,吉林广电中心机电安装项目的项目经理小林和项目的商务、技术负责人代表项目部向东北公司表达了想法。虽然,按照公司此次推行的《项目成本管理办法》和吉林广电项目签订的《项目责任承包合同》,确认了项目部对项目的管理成本、施工成本以及质量成本控制的责任,但是对于采购成本责任与风险确实没有详细的划分。对于此次材料价格上涨不可控情况的出现的成本超支,项目部认为自己是要承担一部分责任,但是这种成本风险更多的是外部市场不受控制以及公司采购时机失误的直接后果,确实由于ZJ安装采用的是集中采购的方式,项目部只需要及时上报采购计划,即采购建材的品牌和使用的时间、数量,公司总部完全享有采购实施的决策权,所以此次采购时机的延误公司总部要承担绝对主要责任甚至是完全责任。否则对于项目部而言非常不公平,项目部也不可能在这种情形下继续开展项目,责任承包制度的落实也就没有了实际的意义。因此,项目团队希望按照现行的物资采购价格情况重新调整预算成本、责任成本并重新签订《项目责任成本合同》,对于责任成本和标价之间的差额亏损,应由实施采购的公司物资采购部负责。项目经理小林在汇报的过程中还指出,此次吉林广电中心的机电安装项目作为新制度的试点项目,如果就不能良好运行的话,不仅对本项目团队实行责任成本承包制的信心造成了冲击,还会对承包制度在后续项目中的推广造成负面的影响,形成对项目成本承包制的恐惧。

针对商务经理对业主设计变更情况进行的分析,项目经理小林代表项目团队向东北公司提出了建议,项目团队可以努力争取进行业主的变更索赔,但是变更索赔回的款项应算作项目的管理效益,纳入到项目团队的收益分配体系中核算。

4. 艰难的抉择

面对项目部提出的申请,东北公司也陷入了困境。目前吉林广电项目的解决迫在眉睫,关系到公司推行责任成本承包制度的效果。但是对于此项目的铜材采购成本,到底应该如何划分责任主体,应该由谁来承担这种成本变动的风险是新制度制定的过程中所不曾考虑到的。这种情况下对于东北公司总经理而言需要怎样决策才能获得项目团队和公司总部的认可呢?面对业主变更索赔的机会,索赔成功的话固然好,但是索赔回来的款项是要抵消采购成本的亏损还是直接算作团队的项目管理效益呢?东北公司总经理在公司利益和项目利益之间进退两难,到底应该采用什么标准、原则来保证合理的项目责任成本风险分担和利益分配呢?他一方面希望公司的责任成本制度顺利地推行下去;另一方面他又不希望这一特殊情况为以后项目成本责任制得实施埋下隐患。

或许,此次的试点项目只是责任成本承包制度不断完善的开端。

案例启发思考题

1. 项目责任成本合同中,公司的利润构成结构?

2. 在项目成本承包责任制实施的过程中,有哪些实施的关键点?
3. 如何将项目成本承包责任制有效地融入项目的成本管理流程和内容中,如何保证成本承包责任制的优越性?
4. 采用项目成本承包来解决成本管理问题可能带来哪些风险?
5. 项目管理团队在成本管理中的责任和权利?
6. 假如你是东北公司的总经理,你认为项目经理提出的方案和建议是否合理?

案例分析

某小区1 200套清水房产业化装修项目[①]

豪家地产公司为响应市场需求推出精装修经济适用小户型楼盘,该楼盘现有1 200套清水房(也叫毛坯房或初装修房)亟待装修。为保证装修的进度、成本和质量目标顺利完成,公司拟采用产业化装修方式,成立装修项目小组完成此任务。

公司从几个部门抽调人手,组织项目团队的成立,其中负责施工管理的经理王玉被指派为项目经理,负责协调项目组内外的部门关系和资源,项目团队内部分为设计部、采购部、施工部与验收部等部门,其中施工部需要带领水电作业队、木工作业队、瓦工作业队、油工作业队、卫生作业队等专业施工队伍实施装修。

现在项目团队已经成立,但是装修工作还未展开,公司拟在半年后(26周)将钥匙交给房主,因此项目进度时间较为紧张,项目经理小王决定立刻开始产业化装修项目。在咨询了各部门经理、专家之后,项目经理王玉列出了项目需要完成的主要工作以及各工序工期,如表6-14所示。

表6-14 项目主要工作及工期

序号	工序名称	工期(周)
1	装修施工图设计	2
2	装修合同签订	0.5
3	材料采购	2
4	砌墙找平	12
5	水电改造	12
6	卫浴防水工程	12
7	卫浴瓷砖	8
8	卫浴安装	8
9	吊天花板,石膏角线	12
10	木质门柜制作	18
11	木质品刷漆	8

---

① 本案例由孙秀霞、朱方伟采编,案例部分内容进行了掩饰处理。

续表

序号	工序名称	工期(周)
12	墙面粉刷	12
13	地板铺设	12
14	门窗安装	12
15	灯饰安装	12
16	卫生清理	6
17	质量验收	2
18	交付	结束

最后,项目经理王玉必须得到一个资源估计,他决定通过做出一个活动清单,并在向每个参与部门询问其人员输入水平后做出这个估计。调查结果如表6-15所示。

表 6-15 劳动力需求(人·周)

	项目经理	设计部	采购部	施工部	验收部	财务部	瓦工	木工	焊工	安装工	水电工	油工	基建	卫生	其他费用
装修施工图设计	1	5	0	0	0	2	0	0	0	0	0	0	0	0	0
装修合同签订	1	2	0	0	0	1	0	0	0	0	0	0	0	0	0
材料采购	1	0	8	2	0	1	0	0	0	0	0	0	0	0	0
砌墙找平	0	0	0	2	1	0	4	0	0	0	0	0	0	0	0
水电改造	0	0	0	2	1	0	0	0	0	2	4	0	0	0	0
卫浴防水工程	0	0	0	2	1	0	0	0	0	0	0	0	0	0	0
卫浴瓷砖	0	0	0	2	1	0	2	0	0	0	0	0	0	0	0
卫浴安装	0	0	0	2	1	0	0	0	0	0	0	0	0	0	0
吊天花板,石膏角线	0	0	0	2	1	0	0	0	0	2	2	0	0	0	0
木质门柜制作	0	0	0	2	1	0	0	6	0	0	0	2	0	0	0
木质品刷漆	0	0	0	2	1	0	0	0	0	0	0	4	0	0	0
墙面粉刷	0	0	0	2	1	0	0	0	0	0	0	4	0	0	0
地板铺设	0	0	0	2	1	0	2	0	0	0	0	0	5	0	0
门窗安装	0	0	0	2	1	0	0	0	0	4	0	0	0	0	0
灯饰安装	0	0	0	2	1	0	0	0	0	4	0	0	0	0	0
卫生清理	1	0	0	2	1	0	0	0	0	0	0	0	0	0	0
质量验收	1	0	0	2	5	0	0	0	0	0	0	0	0	0	0
交付	1	0	0	2	5	0	0	0	0	0	0	0	0	0	0

处于整体计划的考虑,财务部说明一个人一周按800元/人·周的标准估算成本。项目经理此时明确了整体项目的基本资源需求,按照公司的惯例,在项目开工之前,项目经理王玉要提交以下内容交给董事会。

1. 项目描述表;
2. 范围说明书;
3. 工作分解结构(WBS);
4. 网络图,可以是CPM,也可以是PERT;
5. 关键线路与其总时间;
6. 最早开始进度计划,不考虑资源限制,每个活动按最早开始时间开始;
7. 一份预留期为10天的进度计划;
8. 项目资源计划;
9. 项目成本预算。

案例启发思考题

该如何准备所需的9份资料,请根据案例背景分别进行编制。

本章思考练习题

1. 如何理解成本管理与进度管理之间的关系?
2. 项目经理的成本管理的责任边界如何确定?
3. 成本估计的主要依据是什么?
4. 成本变更的决策流程是什么?
5. 如何理解成本控制结果与项目绩效的关系?

第 7 章 项目采购与合同管理

> **导　读**
>
> 项目采购管理是现代项目管理的重要组成部分,采购管理对项目的成本和利润起着决定性的直接影响作用。成功的项目采购管理可以有效地降低项目成本,从而使项目资金达到最优的配置。用有限的资金获取尽可能多的资源,这是项目采购管理中所应实现的成本目标。此外,合理、严谨的招标采购程序是项目成功的重要保证,规范、合法的采购与招投标过程可以更有效地提高项目效率。
>
> M 公司就其所需医疗设备进行公开招标采购。根据招标公告,此次采购使用综合评分法进行评审。中标结果公告中,广东 A 公司为此次医疗设备采购的中标人。北京 B 公司就价格分只占 20% 违反法律规定提出质疑,但未被招标公司受理,遂向当地财政部门投诉。当地财政部门在受理投诉后,根据相关法律法规责令此项目依法重新组织采购。从这个小案例中我们可以知道,招标采购的规范性以及对采购管理知识体系的理解程度直接影响了整个项目的运作。本章将从采购管理、招标投标管理和合同管理三个方面来介绍项目采购的相关理论与实务。

7.1　项目采购概述

7.1.1　项目采购的内涵

采购是从系统外部获得货物、土建工程和服务的完整的采办过程。采购贯穿于项目生命周期的全过程,能否在指定时间和成本内保质保量地完成采购任务,将直接影响项目的完成。实践证明,许多项目的失败不是失败于项目实施中,而是在采购环节出现问题造成的。因而,采购管理是项目管理中非常重要的一环,其对项目的成功完成起着决定性的作用。

按不同角度可将采购分成不同的类型,如按采购的类型可分为有形采购和无形采购;按采购的内容可分为货物采购、土建工程采购和咨询服务采购;按采购方式可分为招标采购和非招标采购。

1. 按采购的内容划分

1) 货物采购

货物采购属于有形采购,是指通过招标或其他方式采购项目建设所需投入物的活动。

例如,机械、设备、仪器、仪表、办公用品、建筑材料等。

2) 土建工程采购

土建工程采购也属于有形采购,是指通过招标或其他方式选择工程承包单位的活动,即选定合格的承包商承担项目施工工程和与之相关的服务,如人员培训、维修等。在建设项目中,土建工程采购占有相当大的比例。例如,水利工程建设的土建工程、房屋建设工程、修建机场、高速公路等。

3) 咨询服务采购

咨询服务采购属于无形采购,是指聘请咨询公司或专家,就项目中的技术、经济、法律、政策等问题进行咨询和服务。

咨询服务的范围大致可分为如下几类:

(1) 项目投资前期准备工作的咨询服务,如做项目可行性研究、项目的环境评估和工程项目现场勘察、设计、市场调查、法律咨询等,一般是为项目决策提供依据。

(2) 工程设计和招标文件编制服务。

(3) 项目管理、施工监理等执行性服务。

(4) 技术援助和培训服务。

(5) 项目验收、鉴定和后评价服务。

2004年5月出版的《世界银行借款人使用咨询服务专家指南》中规定了咨询服务的办理程序。

2. 按采购的方式划分

1) 招标采购

招标采购是由需求方提出采购的内容和招标条件,由众多符合条件的供应商在规定的时间和地点,按一定的程序竞争采购合同的采购方式。通过招标,需求方能够获得更为合理的价格,更为优惠的条件的供应。

招标采购主要包括无限竞争性的公开招标和有限竞争性的邀请招标。

(1) 公开招标是由招标单位通过报刊、广播、电视等媒体工具在国内发布招标广告,凡对该招标项目感兴趣又符合条件的法人,都可以在规定的时间内向招标单位提交意向书,由招标单位进行资格审查,核准后购买招标文件,进行投标。

公开招标依据其招标范围又分为国际竞争性招标和国内竞争性招标。

公开招标的最大特点是一切有资格的潜在投标人均可参加投标竞争,都有同等的机会。故公开招标的优点是招标人有较大的选择范围,可在众多的投标人中选到报价较低、工期较短、技术可靠、资信良好的中标人,竞争性好、透明度高等。其缺点是投标资格审查及评标的工作量很大、耗时较长、费用较高。招标采购工作量大,时间与费用消耗均高于非招标采购。公开招标方式下,业主从发布招标公告到确定中标人至少需要一个月以上的时间,而一个不复杂的中小型工程整个施工时间也就半年左右。这种情况下,如果采用公开招标方式,采购时间在整个项目周期中所占比例过大,致使项目周期拉长,不符合效率性原则。

(2) 邀请招标又称为有限竞争性招标或选择招标,是招标人根据项目的特殊性,有针对性地选择一些合格的单位发出邀请,应邀单位(必须在三家以上)在规定时间内向招标单位提交投标意向,进行招投标活动。这种招标方式有其显著的优点:应邀投标者的技术水平、经济实力、信誉等方面具有优势,基本上能保证招标目标顺利完成。但这种方式的缺点是,有可能使一些更具有竞争力的投标单位失去竞争机会,招标的竞争性、公正性不如无限竞争招标方式强。

邀请招标的优点是:应邀投标者的技术水平、经济实力、信誉等方面具有优势,基本上能保证招标目标顺利完成。邀请招标不需要发布招标通告和资格预审,简化了预审手续,因而节省了费用和时间,提高了效率;同时,由于对承包商比较了解,减少了因承包商违约带来的风险。

邀请招标的缺点是:其竞争性、公正性不如无限竞争招标方式强,可能将一些技术上、报价上都很有竞争力的投标人排除在外。邀请招标过程不规范,如有的企业项目招标文件内容不全、要求不清或不准确;对招标活动中发生的重要事件缺少文字记录。

2) 非招标采购

一般对少量货物、特殊货物、特殊咨询服务等,由于受采购的客观条件限制,不易形成竞争招标,因而可以采用非招标的方式。非招标采购主要包括询价采购,直接采购和自营工程等。

(1) 询价采购。又称"货比三家",即采购方利用比价方式选择合适的供货商。它一般用于项目采购时即可直接取得的现货采购,或价值较小,标准规格的产品采购。

(2) 直接采购。直接采购是指在特定的采购环境下,不进行竞争而直接签订合同的采购方法。它主要适用于不能或不便进行竞争性招标,竞争性招标优势不存在的情况下,例如,有些货物或服务具有专卖性质,只能从一家制造商或承包商处获得。

(3) 自营工程。自营工程是土建工程中的一种采购方式,是指业主不通过招标或其他采购方式而直接使用自己的施工队伍。自营工程适用于工程量事先无法确定,工程的规模小而分散,地点偏僻,没有其他承包商感兴趣的工程。

非招标采购的优点是:不必通过招标公告、资格预审、标底制作、评标等过程,节省了时间与相应的费用,符合经济性与效率性的原则。

非招标采购的缺点是:不便于公众监督,容易产生非法交易和"暗箱"操作,竞争性与透明性较差。此外,因采购信息不公开,参加采购活动的供应商数量有限,直接影响竞争的激烈程度,并容易使供应商形成"轮流坐庄"的默契,抬高采购价格,损害采购人的利益。

7.1.2 项目采购的原则

根据项目本身具有特殊性的特点,不同的项目可依据项目的资金状况、项目规模、项目周期、项目来源等,采用不同的采购方式。但无论采用何种方法,都必须满足项目采购的经济性、效率性、公正性和竞争性等原则。

1. 经济性原则

采购是项目实施中的主要环节,是项目资金支付的主要手段,因而,能否保质保量、经济地采购到合适的货物和服务,将直接影响项目的成功。在项目采购中应特别注意采购的经济性。

2. 效率性原则

项目采购的效率性直接决定了项目发展的动力强大与否。失去项目采购效率,将直接导致整个项目没有生命力,降低项目的整体效率,在一定程度上增加了项目成本。

3. 公正性原则

采购必须在公正、透明的前提下进行,只有保证采购过程的公正性,才能合理竞争,实现经济和效率的原则,避免腐败现象的出现。

4. 竞争性原则

采购过程实质上是一个选优的过程,在众多供应商中选择价格合理,品质优良的产品和服务,而这一过程必须在完善的市场环境中,通过公平竞争才能实现。

7.1.3 项目采购的重要性

1. 采购是企业在一定的条件下从供应商购买产品或服务作为企业资源的整个过程

采购过程包含了制订并实施采购方针、策略、目标及改进计划并进行采购及供应商绩效衡量,建立供应商审核及认可、考核与评估体系,开展采购系统自我审核及评估,同其他单位的采购进行行业水平比较提高整体采购水平,建立培养稳定有创造性的专业采购队伍,与其他单位共享采购资源、开展"杠杆采购"等。

采购的基本任务是保证本单位所需物料与服务的正常供应,不断改进采购过程及供应商管理过程以提高原材料质量,控制、减少所有与采购相关的成本,包括直接采购成本和间接采购成本,管理、控制好与采购相关的文件及信息,如程序性文件、作业指导书、供应商调研报告、供应商考核及认可报告、图纸及样品、合同、发票等。

2. 采购作为保证企业生产及经营活动正常开展的一项企业经营活动,它是企业供应链管理过程中的主导力量

企业的利润是同制造及供应过程中的物流和信息流的流动速度成正比例的。从整体供应链的角度来看,企业为了获取尽可能多的利润,都会想方设法加快物料和信息的流动,这样就必须依靠采购的力量、充分发挥供应商的作用,因为占成本60%以上的物料以及相关的信息都发生或来自于供应商。

供应商提高其供应可靠性及灵活性、缩短交货周期、增加送货频率可以极大地改进生产制造企业的企划表现,如缩短生产总周期、提高生产效率、减少库存、加快资金周转、增强对市场需求的应变力等。

3. 采购是企业产品质量的基本保证

产品价值的60%是经过采购由供应商提供,毫无疑问产品"生命"的60%应在来货质量控制中得到确保,也就是说企业产品质量不仅要在企业内部控制好,更多的控制是在供应商的质量管理过程中,这也是"上游质量控制"的体现。

供应商上游质量控制得好,不仅可以为下游质量控制打好基础,同时可以降低质量成本,减少企业来货检验费等。

4. 采购部门不是成本中心,而是企业真正的利润中心之一

采购在绝大多数的企业里面,被视为一个花钱的部门,是企业活动中的成本中心,同时,企业也在不断地要求采购部门降低采购成本,从而减小开支,提高企业利润,从此可以看出,企业还是把采购作为提高企业利润的一个重要途径。

采购是能为公司带来利润和增值的部门——杰克·韦尔奇。花钱并不可怕,既然每个公司都要在采购上花钱,那么,如何通过专业能力和谈判技巧,相对竞争对手少花钱,这也是树立竞争优势的有效手段。据统计数据表明,生产制造企业外购的材料及零部件占企业采购成本的 40%~60%,而材料价格每降低 1%,在其他条件不变的前提下,企业的净资产回报率可增加 15%。

采购作为企业的生命源泉,保障了生产的顺畅,同时保障了产品的质量。无论是从采购的理论角度,还是从在实际工作所扮演的角色,它对企业的利润是不可估量的。

7.2 项目采购管理

7.2.1 项目采购流程

采购的流程依项目的大小、采购的内容的多少而异,但一般包括采购规划、采购实施、采购跟踪与变更控制以及结束采购等过程,项目采购流程如图 7-1 所示。

1. 采购规划

在采购过程中,最基本、最重要的是采购规划。采购规划是记录项目采购决策、明确采购方法、识别潜在卖方的过程,它识别哪些项目需求最好或必须通过从项目组织外部采购产品、服务或成果来实现,而哪些项目需求可由项目团队自行完成。在采购规划过程中,要决定是否需要取得外部支持。如果需要,则还要决定采购什么、如何采购、采购多少,以及何时采购。如果项目需要从执行组织外部取得所需的产品、服务和成果,则每次采购都要经历从规划采购到结束采购的各个过程。如果买方希望对采购决定施加一定影响或控制,那么在规划采购过程中,还应该考虑对潜在卖方的要求。同时,也应考虑由谁负责获得或持有法律、法规或组织政策所要求的相关许可证或专业执照。

在采购规划过程中,首先应该了解行业政策、程度和指导方针,以及分析所在的市场条件等环境因素,结合项目范围说明书、项目工作分解结构、活动资源需求、项目进度计划、活动费用估算、活动费用基准(费用预算),以及识别出的风险的风险登记册以及与风险相关的合同协议,通过制订采购管理计划、合同工作说明书以及自制或购买决策以完成采购规划,形成采购计划。通过采购文档、评估标准、合同工作说明书进行询价,最终形成合格卖方清单、采购文件包以及建议书。

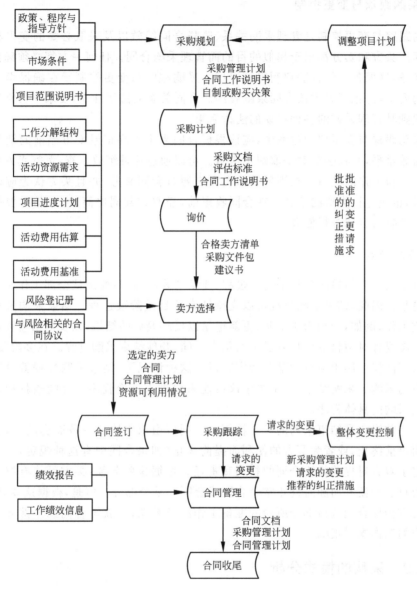

图 7-1 项目采购流程

2. 采购实施

采购实施是获取卖方应答、选择卖方并授予合同的过程。在本过程中,团队收到投标书或建议书,并按事先确定的选择标准选出一家或多家有资格履行工作且可接受的卖方。对于大宗采购,可以反复进行寻求卖方应答和评价应答的全过程。可根据初步建议书列出一份合格卖方的短名单,随后再对他们所提交的更具体和全面的文件进行更详细的评价。

3. 采购跟踪与变更控制

采购跟踪与变更控制是管理采购关系、监督合同绩效以及采取必要的变更和纠正措施的过程。买方和卖方都出于相似的目的而管理采购合同。任何一方都必须确保双方履行合同义务，确保各自的合法权利得到保护。采购跟踪与变更控制旨在确保卖方的绩效达到采购要求，并且买方也按合同条款履约。合同关系的法律性质，要求项目管理团队清醒地意识到其管理采购的各种行动的法律后果。

在采购跟踪与变更控制过程中，应该根据合同来审查和记录卖方当前的绩效或截至目前的绩效水平，并在必要时采取纠正措施。可以通过这种绩效审查，考察卖方在未来项目中实施类似工作的能力。在需要确认卖方未履行合同义务，并且买方认为应该采取纠正措施时，也应进行类似的审查。在合同收尾前，经双方共同协商，可以随时根据合同的变更控制条款对合同进行修改。

4. 结束采购

结束采购是完结单次项目采购的过程，要结束采购，就需要确认全部工作和可交付成果均可验收。因此，结束采购过程可以支持结束项目或阶段过程。结束采购过程还包括一些行政工作，例如，处理未决索赔、更新记录以反映最后的结果，以及把信息存档供未来使用等。需要针对项目或项目阶段中的每个合同，开展结束采购过程。在多阶段项目中，合同条款可能仅适用于项目的某个特定阶段。这种情况下，结束采购过程就只能结束该项目阶段的采购。采购结束后，未决争议可能需要进入诉讼程序。合同条款和条件可以规定结束采购的具体程序。

合同提前终止是结束采购的一个特例。合同可由双方协商一致而提前终止，或因一方违约而提前终止，或者为买方的便利而提前终止（如果合同中有这种规定）。合同终止条款规定了双方对提前终止合同的权利和责任。根据这些条款，买方可能有权因各种原因或仅为自己的便利而随时终止整个合同或合同的某个部分。但是，根据这些条款，买方应该就卖方为该合同或该部分所做的准备工作给予补偿，并就该合同或该部分中已经完成和验收的工作支付报酬。

7.2.2 采购的模式分析

采购管理作为工程项目管理的重要组成部分，是工程项目建设的物质基础。采购模式的战略选择对于组织的长远发展、组织供应链、提高组织采购效率，降低采购成本、实现采购多方的互赢，对多项目的顺利实施和项目增值有着重要意义。

1）集中采购模式

集中采购也称为中央采购，是指将中小批量的各方采购需求汇总，并联合起来进行集中采购，从而争取获得较优的采购价格和较好的供应服务。集中采购可以实行一个项目管理公司内部的多个项目的联合采购。对于大型的项目管理公司，同期可能有多个不同的工程项目，在各个工程项目单独运作实施的过程中，公司设立采购部门，负责整合各项目的需求，负责各项目的统一采购活动。集中采购还可以通过不同公司成立采购联盟的方式来实现。多个独立的建筑公司由于各自的数量优势小而联合起来成立采购联盟,获取在供应商面前的数量优势,获取价格优势和大客户服务优势。这种规模优势,在当前全球采购战略下,具有较大的吸引力。

集中采购的方式可以降低供应商的生产成本、供货成本和存货成本,而且对于工程项目来说也可以降低其存货成本,可以利用经济订货量来实施,并能够通过降低整个供应链的运输成本,从而降低采购成本。但这种采购模式的组织障碍在于,它的实施需要建立在采购方与供应商、各承包商、采购方与承包商等供应链成员相互信任合作协调的基础上。另外,如何充分有效地利用网络形成共通的信息共享平台也是该采购方式的技术障碍。为更好解决这些障碍,公司应设立调解组织间矛盾的协调人员,达成良好有效的协议,并建立有效的网络平台。

2) 协同采购

协同采购是指企业和供应商在共享库存、需求等方面的信息基础上,企业根据供应链的供应情况实时在线地调整自己的计划和执行交付的过程。只有通过组织内部协同(包括正确的物料、合适的数量、正确的交付时间和交付地点等)以及与外部的采购协同作业(包括预测协同、库存信息协同、采购计划协同等),供应链系统方可准时响应组织的需求,同时降低库存成本。

协同采购作为一种新型的采购模式,其理论体系不够成熟,同时协同采购需要供应链各方的高度互动,敏捷的反应,精确的需求计划等,还需要在供需双方(或多方)之间建立大型的电子信息交换平台。

3) 准时采购模式

准时采购即 JIT(Just In Time)采购,它是由准时化生产管理思想演变而来的。定义为"一种能够把采购过程中浪费和无效率剔除掉的技术和概念的集合"。其基本思想是:把合适数量、合适质量的物品在合适的时间供应到合适的地点,最好地满足用户需要。其原理主要表现在:用户需要什么,就送什么,品种规格符合客户需要;用户需要什么质量,就送什么质量,品种质量符合客户需要,拒绝次品和废品;用户需要多少就送多少,不少送,也不多送;用户什么时候需要,就什么时候送货,不晚送,也不早送,非常准时;用户在什么地点需要,就送到什么地点。其主要优点包括:有利于暴露生产过程隐藏的问题;消除生产过程中的不增值过程;进一步减少并最终消除原材料和外购件库存,降低企业原材料库存,这不仅取决于企业内部,还取决于供应商的管理水平;使企业真正实现柔性生产;有利于提高采购物资的质量;有利于降低原材料和外购件的采购价格。

但是,对于 JIT 采购模式,将其从制造业全面运用到建筑业是有一些困难的,这主要来自于建筑产品和制造业产品的较大差别。建筑产品由于生产期长,部件标准化相对较低,产品更复杂,参与方多,约束条件多,且受到各方因素的影响较多,工作间存在未知的灰色地带,从而存在更多的不确定性。因此在工程项目的实施中做好 JIT 采购需要处理好:进度计划的时间预留幅度,形成时间缓冲,较好地估计出不确定性的程度及其与流程中资源使用数量间的关系。预留可变更性,形成计划缓冲,并在实施前做好可行计划;尽可能使时间缓冲能转化为计划缓冲。

7.2.3 项目经理在采购过程中的权力和责任

1. 项目经理在采购过程中的权力

（1）人事权。项目采购部门的组成人员的选择、考核、聘任和解聘，对部门成员的任职、奖惩、调配、指挥、辞退，在有关政策和规定的范围内选用和辞退劳务队伍等。

（2）财权。项目经理必须拥有承包范围内的财务决策权，在财务制度允许的范围内，项目经理有权安排采购费用的开支，有权在工资基金范围内决定项目采购部门内部的计酬方式、分配方法、分配原则和方案，推行定额工资、岗位工资和确定奖金分配。对风险应变费用、赶工措施费用等都有使用支配权。

（3）控制权。在公司有关规定的范围内，决定项目的一些细节，还可自行采购零星物资。但主要材料或项目的采购权不宜授予项目经理，否则可能影响公司的效益，由材料部门供应的材料必须按时、按质、按量保证供应，否则项目经理有权拒收或采取其他措施。

2. 项目经理在采购过程中的责任

1）项目经理的一般职责

项目经理的主要职责是按照技术规范和合同要求，在目标和限定时间内交付项目，并实现规定的效益。项目经理的基本职责包括计划、组织、决策、控制、协调等通用管理职责，以及项目具体职责。

（1）计划安排项目工作、最终结果，包括作业分析、编制进度计划和提出预算。

（2）组织、选择和安排项目小组，协调任务和配置资源。

（3）同项目的有关方面如专业经理、承包商、顾问、用户和上级管理部门等，进行洽商和协调，沟通。

（4）有效地激励项目小组和每个成员开展工作。

（5）监控项目进展状况。

（6）鉴别项目的技术和功能问题。

（7）解决问题或知道如何解决问题。

（8）处理各类危机和解决各种矛盾。

（9）当目标不能实现时建议终止或更改。

2）项目经理的对内职责

（1）配备资源。在项目开始之前准备好所需人、财、物等资源。

（2）执行计划。计划的制定与合同文件的匹配，制定保证项目实施的准则和规范。当计划无法实现时，及时提出调整方案并执行修正后的计划。

（3）协调控制。协调项目目标中的进度、质量和成本，控制项目的平稳向前发展，同时注意项目中结合部的衔接。

（4）上下沟通。关注项目进展过程中的各种问题，联络上下，目标一致，精诚合作，关注项目成员的思想情绪，维护项目组织的团结。

（5）人才开发。把握时机，给项目成员以充分的发挥空间，这既是人才开发的过程，又是项目得到最佳实现的契机。

(6) 预防可能出现的问题。项目本身的独特性决定了其不可避免的风险性,项目经理应该时刻关注危机的出现,并且对可能出现的问题做好事先的预防和解决准备,以降低项目成本。

3) 项目经理的对外职责

(1) 与顾客及各方联系。项目经理要注意保持与顾客的良好关系,加强与顾客的联系,充分理解顾客意图、要求,为其提供各种服务。保持与项目各参与方的良好联络,有利于项目的顺利进展。

(2) 项目运行中的谈判。在项目运行中,项目经理对谈判负责,需要根据项目的特征来把握机会。

(3) 做好与其他项目的协调。项目经理应当以全局为视点,在为本项目努力争取的前提下,把握好与其他项目的资源分配,也把握好本项目的资源取舍。

7.3 招标投标管理

7.3.1 招标投标的基本概念

招标投标是由招标人和投标人经过要约、承诺、择优选定、最终形成协议和合同关系的、平等主体之间的一种交易方式,是"法人"之间达成有偿、具有约束力的法律行为。

招标投标是目前在大宗物资采购和工程采购中广泛使用的一种采购方式。世界银行于 1951 年将国际竞争性招标作为一种极好的采购方式加以推广。自那时以来,绝大部分世界银行贷款项目的采购都采用了这种方式。实践证明,采用这种方式进行采购,能够很好地达到世界银行对采购的基本要求。

在西方发达市场经济的国家,由于政府及公共部门的采购资金主要来源于企业、公民的税款和捐赠,为提高采购效率,节省开支,因而要求政府公开、公平、公正地实行招标、投标方式进行采购,所以招标投标采购方式在西方市场经济国家就成为一种普通采用的采购制度。

我国从 20 世纪 80 年代初开始引入招标投标制度,先后在利用国外贷款、机电设备进口、建设工程发包、科研课题分配、出口商品配额分配等领域推行,取得了良好的经济和社会效益。

为了规范投标招标活动,保护国家利益、社会公共利益、提高经济效益,我国于 2000 年 1 月 1 日开始施行《中华人民共和国招标投标法》,《中华人民共和国招标投标法》规定,凡在中华人民共和国境内进行的:(一)大型基础设施,公用事业等关于社会公共利益、公众安全的项目;(二)全部或部分使用国有资金投资或者国家融资的项目;(三)使用国际组织或者外国政府贷款、援助资金的项目等工程建设项目,包括项目的勘察、设计、施工、监理以及与工程建设有关的主要设备、材料等的采购,必须进行招标。

招标投标是商品经济发展到一定阶段的产物,是一种最高竞争性的采购方式。能为采购者带来既经济又高质量的工程、货物或服务。因此,在政府及公共领域招标投标制,有利于节约国有资金,提高采购质量。

1. 招标投标的原则及特点

依照《中华人民共和国招标投标法》规定,招标投标活动应当遵循公开、公平、公正和诚实信用的原则。

(1)公开原则。所谓公开,就是要求招标投标活动具有高的透明度,实行招标信息、招标程序公开,即公开发布招标公告,公开开标,公开中标结果,使每一投标人获得同等的信息,知悉招标的一切条件和要求。

(2)公平原则。所谓公平,就是要求给予所有投标人平等的机会,使其享有同等的权力,并履行相应的义务,不得歧视任何参与者。

(3)公正原则。所谓公正,就是要求评标时按事先公布的标准对待所有的投标人。

(4)诚实信用原则。所谓诚实信用原则,也称诚信原则,要求招标、投标双方,应以诚实、守信的态度行使权力和履行义务,不允许在招标投标活动中,以欺诈的行为获取额外的利益,以维护招标、投标双方当事人的利益,社会的利益和国家的利益。诚实守信原则还要求招标、投标双方在招标投标活动中不允许损害第三方的利益。

项目招标投标有如下特点:

(1)程序规范。在招标投标活动中从招标、投标、评标、定标到签订合同,每个环节都有严格的程序和规则。这些程序和规则具有法律约束力,任何当事人不能随意更改、编制招标文件。

(2)编制招标、投标文件。在招标投标活动中,招标人必须编制招标文件,投标人据此编制投标文件参加投标,招标人组织评标委员会对投标文件进行评审和比较,从中选出中标人。因此,是否编制招标、投标文件,是区别招标与其他采购方式的最主要特征之一。

(3)公开性。招标投标的基础原则是"公开、公平、公正",将采购行为置于透明的环境中,防止腐败行为的发生。招标投标活动的各个环节均体现了这一原则。

(4)一次成交。在一般的交易活动中,买卖双方往往要经过多次谈判后才能成交,招标则不同。投标人递交投标文件后在确定中标人之前,招标人不得与投标人就投标价格等实质性内容进行谈判。也就是说,投标人只能一次报价,不能与招标人讨价还价,并以此报价作为签订合同的基础。以上四要素,基本反映了招标采购的本质,也是判断一项采购活动是否属于招标采购的标准和依据。

2. 招标、投标的程序

招标投标活动一般分为四个阶段,即:

(1)招标准备阶段。此阶段主要是招标方依据《中华人民共和国招标投标法》填写招标申请书,报相关部门审批,组织招标班子和评标委员会,制定招标文件和标底,发布招标公告,审定投标单位资格,发放招标文件,组织招标会议,接受招标文件。

(2)投标准备阶段。此阶段指投标方依据招标公告或招标单位的邀请,选择合适的项目,向招标单位提交投标意向并提供资格证明文件和相关资料,接受资格审查;资格审查通过后,组织投标班子,购买招标文件;参加投标会议,进行现场勘察;编制投标文件,并在规定的时间内报送给招标单位。

(3) 开标评标阶段。按招标公告规定的时间、地点,由招标方和投标方选派代表并在公证人员的公证下,当众开标;招标方对投标者进行资料候审,询标并组织专家进行评标;投标方做好询标解答准备,接受询标质疑,等待评标决标;

(4) 决标签约阶段。评标委员会提出评标意见,报送给决定单位确定;确定中标单位,并向其发出《中标通知书》;中标单位在接到通知书后,在规定的时间内与招标单位签订合同;招标方向未中标单位发出通知,并退还投标保证金。

7.3.2 招标程序

项目招标指招标方通过发布招标信息,征集项目的投标人,并对投标人及其投标书进行审查、评比和评选的过程。这是一个公平竞争优中选优的过程。招标过程包含以下内容。

1. 编制招标计划

招标计划,也称招标规划,是招标的基础和指导性文件。招标人依据需采购的物质、工程或服务的内容,在制订项目规划的同时制定项目的采购规划,在采购规划中确定需要招标采购部分的招标计划,招标计划应包含招标采购的范围、招标的时间和招标的方式、招标的代理机构等。

2. 组织招标班子

招标人依法组建招标班子,招标班子一般由招标方的相关专家组成,也可以选择招标代理机构,委托其办理招标事宜。招标代理机构必须是依法设立,从事招标代理业务并提供相关服务的社会中介组织。根据《中华人民共和国招标投标法》的规定,招标代理机构应当具备下列条件:

(1) 有从事招标代理业务的营业场所和相应资金。
(2) 有能够编制招标文件和组织评标的相应专业力量。
(3) 有可以作为评标委员会成员人选的技术、经济等方面的专家库。

3. 申请批准招标

《中华人民共和国招标投标法》第九条规定:招标项目按照国家有关规定需要履行项目审批手续的,应当先履行审批手续,取得批准。招标人应当有进行招标项目的相应资金或者资金来源已经落实,并应当在招标文件中如实载明。

4. 编制招标文件和标底

对经批准的项目招标,进行招标文件的编制。招标文件应当包括招标项目和技术要求、对投标人资格审查的标准、投标报价要求和评标标准等所有实质性要求以及拟签订合同的主要条款。招标文件一般包括以下几部分:

(1) 招标邀请书,招标人须知。
(2) 合同的通用条款,专用条款。
(3) 业主对货物、工程与服务方面的要求一览表格式、技术规格(规范)、图纸。
(4) 投标书格式、资格审查需要的报表、工程清单、报价一览表、投标保证金格式以及其他补充资料表。
(5) 双方签署的协议书格式,履约保证金格式,预付款保函格式等。

标底又称底价,是招标人对招标项目所需费用的自我测算的期望值,它是评定投标价的合理性、可行性的重要依据,也是衡量招标活动经济效果的依据。标底应具有合理性、公正性、真实性和可行性。其构成一般应包括三部分,即项目采购成本、投标者合理利润和风险系数。标底直接关系到招标人的经济利益和投标者的中标率,应在合同签订前严格保密。如有泄密情况,应对责任者严肃处理,直至追究其法律责任。

5. 发布招标公告

招标文件编好后,即可根据既定的招标方式,在主要报刊上刊登招标公告或发出投标邀请通知。

招标公告和投标邀请通知的主要内容包括项目采购类目、项目资金来源、招标内容和数量、时间要求、发放招标文件的日期和地点、招标文件的价格、投标地点、投标截止日期(必须具体到年、月、日、时)和开标时间(一般与招标截止日只相差1小时至24小时)、招标单位的地址、电话、邮编、传真、E-mail。

6. 资格预审

资格预审是对申请投标的单位进行事先资质审查。其主要内容有投标者的法人地位、资产财务状况、人员素质、各类技术力量及技术装备状况、企业信誉和业绩等。例如,工程项目招标,对于要求资格预审的应编制预审文件,资格预审文件包括的内容。除上述的资格预审通知外,还包括如下的资格预审须知、资格预审表和资料、资格预审合格通知书等。

1) 资格预审资料表要求

为了证明投标单位符合规定要求投标合格条件和履约能力,参加资格预审的投标单位应提供如下资料。

(1) 有关确定法律地位原始文件的副本(包括营业执照、资格等级证书及非本国注册的施工企业经建设单位行政主管部门核准的资质文件)。
(2) 在过去3年内完成的与本合同相似的工程的情况和现在履行的合同的工程情况。
(3) 提供管理和执行本合同拟采用的施工现场、施工现场的管理人员和主要施工人员情况。
(4) 提供完成本合同拟采用的主要施工机械设备情况。
(5) 提供完成本合同拟分包的项目及其分包单位的情况。
(6) 提供财务状况,包括近两年经审计的财务报表,下一年度财务预测报告。

（7）有关目前和过去两年参与或涉及诉讼案的资料。

如果参加资格预审施工单位是有几个独立分支机构或专业单位组成的,其预审申请应具体说明各单位承担工程的哪个主要部分。所提供的资格预审资料仅涉及实际参加施工的分支机构或单位,评审时也仅考虑这些分支机构或单位的资质条件、经验、规模、设备和财务能力、以确定是否能通过资格预审。

2）对联营体资格预审的要求

（1）对联营体的每一个成员提交同单独参加资格预审单位一样要求的全套文件。

（2）提交预审文件时应附联营体协议。

（3）资格预审后,如果联营体的组成和合格性发生变化,应在投标截止日期之前征得招标单位的书面同意。

（4）作为联营体的成员通过资格预审合格的,不能认为作为单独成员或其他联营体的成员是资格预审的合格者。

3）其他要求

（1）在资格预审合格通过后改变分包人所承担的分包责任或改变承担分包责任的分包人之前,必须征得招标单位的书面同意,否则,资格预审合格无效。

（2）将资格预审文件按规定的正本和副本份数和指定时间、地点送达招标单位。

（3）招标单位将资格预审结果以书面形式通知所有参加预审的施工单位,对资格预审合格的单位应以书面形式通知投标单位准备接标。

7. 现场勘察和文件答疑

1）现场勘察

业主在招标文件中要注明投标人进现场勘察的时间和地点。并按照国际惯例,投标人提出的标价一般被认为是审核招标文件后并在现场勘察的基础上编制出来的。投标人应派出适当的负责人员参加现场勘察,并做出详细的记录,作为编制投标书的重要依据。通常,招标人组织投标方统一进行现场勘察并对招标项目进行必要的介绍。投标人现场勘察的费用将由投标人自行承担。一般来讲,工程项目的招标单位应向投标单位介绍有关施工现场如下的情况：

（1）是否达到招标文件规定的条件。

（2）地形、地貌。

（3）水文地质、土质、地下水位等情况。

（4）气候条件（包括气温、湿度、风力、降雨、降雪情况）。

（5）现场的通信、饮水、污水排放、生活用电等。

（6）工程在施工现场中的位置。

（7）可提供的施工用地和临时设施等。

2）文件答疑

标前会议是招标方给所有投标者的一次质疑机会。投标人应消化招标文件中提到的各类问题,整理成书面文件,寄往招标单位指定地点要求答复,或在会上要求澄清。会上提出的问题和解答的概要情况,应做好记录,如有必要可以作为招标文件补充部分发给所有投标人。

7.3.3 项目招标文件的编制

现以工程项目施工招标为例,介绍招标文件的编制。

根据建设部发布的《建设施工招标文件范本》的规定,对于公开招标的招标文件,分为四卷共十章:

第一卷		投标须知、合同条件及合同格式
	第一章	投标须知
	第二章	施工合同通用条款
	第三章	施工合同专用条款
	第四章	合同格式
第二卷		技术规范
	第五章	技术规范
第三卷		投标文件
	第六章	投标书及投标书附录
	第七章	工程量清单
	第八章	辅助资料表
	第九章	资格审查表
第四卷		图纸
	第十章	图纸

邀请招标的招标文件的内容除去上述公开招标文件的第九章资格审查表以外,其余与公开招标文件的内容完全相同。我国在施工项目招标文件的编制中除合同协议条款较少采用外,基本都按《建设工程施工招标文件范本》的规定进行编制。

1. 投标须知

投标须知是招标文件中很重要的一部分内容,投标者在投标时必须仔细阅读和理解,按须知中的要求进行投标。其内容包括总则、招标文件、投标报价说明、投标文件的编制、投标文件传递、开标、评标、授予合同等八项内容。一般在投标须知前有一张"前副表"。该表是将投标须知中重要条款规定的内容用一个表格的形式列出来,以使投标者在整个投标过程中必须严格遵守和深入考虑。

2. 合同条件及格式

建设部颁布的《建设工程施工招标文件范本》中,对招标文件的合同条件规定采用1991年由国家工商行政管理局和建设部颁布的《建设工程施工合同》。该合同有两部分组成,第一部分即《建设工程施工条件》有的时候则用其他的标准合同来代替。

对于《建设工程施工合同文本》,在总结实施经验的基础上已做出了进一步的修改。并已于1999年2月公布实施。新修订的施工合同文本由《协议书》、《通用条款》、《专用条款》三部分组成,可在招标文件中采用。

合同格式包括以下内容,即合同协议书格式、银行履约保函格式、履约担保书格式、预付款银行保函格式。为了便于投标和评标,在招标文件中都用统一的格式。

3. 技术规范

技术规范主要说明工程现场的自然条件、施工条件及本工程施工技术要求和采用的技术规范。

(1) 工程现场的自然条件。应说明工程所处的位置、现场环境、地形、地貌、地质与水文条件、地震烈度、气温、雨雪量、风向、风力等。

(2) 施工条件。应说明建设用地面积,建筑物占地面积,场地拆迁及平整情况,施工用水、用电、通信情况,现场地下埋设物及其有关勘探资料等。

(3) 施工技术要求。主要说明施工的工期、材料供应、技术质量标准有关规定,以及工程管理中对分包、各类工程报告(开工报告、测量报告、实验报告、材料检验报告、工程自检报告、工程进度报告、竣工报告、工程事故报告等)、测量、试验、施工机械、工程记录、工程检验、施工安装、竣工资料的要求等。

(4) 技术规范。一般可采用国际国内公认的标准及施工图中规定的施工技术要求。

在招标文件中的技术规范必须由招标单位根据工程的实际要求,自行决定其具体的内容和格式,由招标文件的编写人员自己编写,没有标准化内容的格式可以套用。技术规范是检验工程质量的标准和质量管理的依据,招标单位对这部分文件编写应特别重视。

4. 投标书及投标书附录

投标书是由投标单位授权代表签署的一份投标文件,是对业主和承包商双方均具有约束力的合同的重要部分。与投标书同时递交的还有投标书附录、投标保证书和投标单位的法人代表资格证书及授权委托书。投标书附录是对合同条件规定的重要要求的具体化,投标保证书可选择银行保函、担保公司、证券公司、保险公司提供担保书。

5. 工程清单与报价表

1) 工程量清单与报价表的用途

工程量清单与报价表有三个主要用途:一是为投标单位按统一的规格报价,填报表中各栏目价格,按价格的组成逐项汇总,按逐项的价格汇总成整个工程的投标报价;二是方便工程进度款的支付,每月结算时可按工程量清单和报价表的序号,以实施的项目单价或价格来计算应给承包商的款项;三是在工程变更或增加新的项目时,可选用或参照工程量清单与报价表单价来确定工程变更或新增项目的单价和合价。

2) 工程量清单与报价表的分类

工程清单与报价表可分为两类,一类是按"单价"计价的项目,另一类是按"项"包干的项目。在编制工程量清单时要按工程的施工要求进行工作分解来立项。

3) 工程量清单与报价表的前言说明

在招标文件中,工程量清单与报价表的前言中应做以下说明:

（1）工程量清单应与投标须知、合同条件、技术规范和图纸一起使用。

（2）工程量清单所列工程量系投标单位估算和临时作为投标单位共同报价的基础而用的，付款以实际完成的工程量（即由承包单位计量、监理工程师核准的实际完成工程量）为依据。

（3）工程量清单中所填入的单价和合价，对于综合单价应说明包括人工费、材料费、机械费、其他直接费、间接费、有关文件规定的调价、利润、税金以及现行收费中的有关费用、材料差价以及采用固定价格的工程预算的风险等全部费用。对于工料单价应说明是按照现行预算定额的工料消耗及预算价格确定，并作为直接费计算的基础，其他在直接费、间接费、有关文件所规定的调价、利润、税金、材料差价、设备价、现场因素费用、施工技术措施费用以及采用固定价格所测算的工程风险金等按现行计算办法计取，计入其他相应的报价表中。

4）报价表格

在招标文件中一般列出投标报价的工程量清单和报价表有：

（1）报表汇总表。

（2）工程量清单报价表。

（3）设备清单及报价表。

（4）现场因素、施工技术措施及赶工措施费用报价表。

（5）材料清单及材料差价。

6. 辅助资料表

辅助资料表是为了进一步了解投标单位对工程施工人员、机械和各项工作的安排情况，便于评标时进行比较，同时便于业主在工程实施过程中安排资金计划，而在招标文件中统一拟定各类表格或提出具体要求让投标单位填写或说明。一般列出的辅助资料表有：

（1）项目经理简历表。

（2）主要施工管理人员表。

（3）主要施工机械设备表。

（4）拟分包项目情况表。

（5）劳动力计划表。

（6）施工方案或施工组织设计表。

（7）计划开工、竣工日期和施工进度表。

（8）临时设施布置及临时用地表。

7. 资格审查表

对于未经过资格预审的，在招标文件中应编制资格审查表，以便进行资格后审。在评标前，必须首先按资格审查表的要求进行资格审查，只有资格审查通过者，才有资格进入评标。

资格审查表的内容如下：

(1) 投标单位企业概况。
(2) 近三年来所承建工程情况一览表。
(3) 在建施工情况一览表。
(4) 目前剩余劳动力和机械设备情况表。
(5) 财务状况（包括固定资产、流动资产、长期负债、流动负债、近三年完成的投资,经审计的财务报表等）。
(6) 其他资料（各种奖罚）。
(7) 营体协议和授权书。

8. 图纸

图纸是招标文件的重要组成部分,是投标单位拟定施工方案,确定施工方法,提出替代方案,确定工程量清单和计算投标报价不可缺少的资料。

图纸的详细程度取决于设计的深度与合同的类型。实际上,在工程实施中陆续补充和修改图纸,这些补充和修改的图纸必须经监理工程师签字后正式下达,才能作为施工和结算的依据。

地质钻孔柱状图、水文地质和气象等资料也属于图纸的一部分,建设单位和监理工程师应对这些资料的正确性负责,而投标单位自己据此做出的分析判断,拟定的施工方案和施工方法,建设单位和监理工程师则不负责任。

7.3.4 项目投标管理

1. 投标人及其条件

投标人是响应招标、参加投标竞争的法人或者其他组织。投标人应具备下列条件：

(1) 承担招标项目的能力。国家有关法规或者招标文件对投标人资格有规定的,投标人应当具备规定的资格条件。

(2) 两个以上法人或者其他组织可以组成一个联合体,以一个投标人的身份共同投标。

联合体各方均应当具备承担招标项目的相应能力,国家有关法规或者招标文件对投标人资格有规定的,联合体各方均应当具备规定的相应资格条件。由同一专业的单位组成的联合体,按照资质等级较低的单位组成资质等级。联合体各方应当签订共同投标协议,明确约定各方拟承担的工作和相应的责任,并将共同投标协议连同投标文件一并提交招标人。中标的联合体各方应当共同与招标人签订合同,就中标项目向招标人承担连带责任,但是共同投标协议另有约定的除外。招标人不得强制投标人组成联合体共同投标,不得限制投标人之间的竞争。

(3) 投标人不得相互串通投标报价,不得排挤其他投标人的公平竞争,损害招标人或者他人的合法权益。

(4) 投标人不得以低于合理预算成本的报价竞标,也不得以他人名义投标或者以其他方式弄虚作假,骗取中标。所谓合理预算成本,即按照国家有关成本核算的规定计算的成本。

(5) 投标人根据招标文件载明的项目实际情况，拟在中标后将中标项目的部分非主体、非关键性工作交由他人完成的，应当在投标文件中载明。

2. 投标的组织

进行项目投标，需要有专门的机构和人员对投标的全部活动过程加以组织和管理。实践证明，建立一个强有力的、内行的投标班子是投标获得成功的根本保证。

对于投标人来说，参加投标就面临一场竞争，不仅比报价的高低，还比技术、经验、实力和信誉。特别是在当前国际承包市场上，越来越多的是技术密集型工程项目，势必要给投标人带来两方面的挑战。一方面是技术上的挑战，要求投标人具有先进的科学技术，能够完成高、新、尖、难工程；另一方面是管理上的挑战，要求投标人具有现代先进的组织管理水平。

为迎接技术和管理方面的挑战，在竞争中取胜，投标人的投标班子应该由如下三种类型的人才组成：一是经营管理类人才；二是技术专业类人才；三是商务金融类人才。

对于工程项目投标班子的组成，除了符合上述要求外，保持投标班子成员的相对稳定，不断提高其素质和水平对于提高投标竞争力至关重要。同时，还应逐步采用或开发有关投标报价的软件，使投标报价工作更加快速、准确。如果是国际工程（包含境内涉外工程）投标，则应配备懂得专业和合同管理的外语翻译人员。

3. 投标程序

投标过程是指从填写资格预审表开始，到正式投标文件送交业主为止所进行的全部工作。这一阶段工作量很大，时间紧，一般要完成下列各项工作：填写资格预审调查表，申报资格预审；购买招标文件（资格预审通过后）；组织投标班子；进行投标前调查与现场考察；选择咨询单位；分析招标文件，校核工程量，编制规划；结算价格，确定利润方针，计算和确定报价；编制投标文件；办理投标担保；递交投标文件。

4. 投标文件

1) 投标文件的编制

投标文件是承包商参与投标竞争的重要凭证；是评标、决标和订立合同的依据；是投标人素质的综合反映和投标人能否取得经济效益的重要因素。可见，投标人应对编制投标文件的工作特别重视。

投标文件应当对招标文件提出的实质性要求和条件做出响应。投标人要到指定的地点购买招标文件，并准备投标文件。投标人必须按照要求编写投标文件，严格按照招标文件填写，不得对招标文件进行修改，不得遗漏或者回避招标文件中的问题，更不能提出附带条件。

2) 投标文件的组成

投标文件一般由下列内容组成：投标书、投标书附录、投标保证金、法定代表人的资格证明书、授权委托书、具有价格的工程量清单与报价表、辅助资料表、资格审查表（有资格预审的可不采用)以及投标须知规定提出的其他资料。

投标文件中的以上内容通常都在招标文件中提供统一的格式,投标单位按招标文件的统一规定和要求进行填报。

招标项目属于建设施工的,投标文件的内容应当包括拟派出的项目负责人与主要技术人员的简历、业绩和拟用于完成招标项目的机械设备等,这样有利于招标人控制工程发包以后所产生的风险,保证工程质量。

3) 投标有效期

(1) 投标有效期是指从投标截止日起算至公布中标的一段时间,一般在投标须知的前附表中规定投标有效期的时间(例如 28 天)。那么,投标文件在投标截止日期后的 28 天内有效。

(2) 在原定投标有效期满之前,如因特殊情况,经招标管理机构同意后,招标单位可以向投标单位书面提出延长投标有效期的要求。此时,投标单位须以书面的形式予以答复,对于不同意延长投标有效期的,招标单位不能因此而没收其投标保证金。对于同意延长投标有效期的,不得要求在此期间修改其投标文件,而且应相应延长其投标保证金的有效期,对投标保证金的各种有关规定在延长期内同样有效。

4) 投标保证金

(1) 投标保证金是投标文件的一个组成部分,对未能按要求提供投标保证金的投标,招标单位将视为不响应投标而予以拒绝。

(2) 投标保证金可以是现金、支票、汇票和在中国注册的银行出具的银行保函。对于银行保函,应按招标文件规定的格式填写,其有效期应不超过招标文件规定的投标有效期。

(3) 未中标的投标单位的投标保证金,招标单位应尽快将其退还,一般最迟不得超过投标有效期期满后的 14 天。

(4) 中标的投标单位的投标保证金,在按要求提交履约保证金并签署合同协议后,予以退还。

(5) 对于在投标有效期内撤回其投标文件或中标后未能按规定提交履约保证金或签署协议者将没收其投标保证金。

5) 投标文件的分数和签署

投标文件应明确标明"投标文件正本"和"投标文件副本",其份数,按前附表规定的份数提交。若投标文件的正本与副本不一致时,以正本为准。投标文件均应使用不能擦去的墨水打印或书写,有投标单位法定代表人亲自签署并加盖法人公章和法定代表人印签。全套投标文件应无涂改和行间插字。若有涂改或行间插字,应由投标文件签字人签字并加盖印签。

6) 投标文件的送达和签收

(1) 投标文件的密封与标志。投标单位应将投标文件的正本和副本分别密封在内层包封内,再密封在一个外层包封内,并在内包封上注明"投标文件正本"或"投标文件副本"。

外层和内层包封都应写明招标单位和地址、合同名称、投标编号,并注明开标时间。

不得提前开封。在内层包封上还应写明投标单位的邮政编码、地址和名称,以便投标出现逾期送达时能原封退回。

如果内层包封未按上述规定密封并加写标志,招标单位将不承担投标文件错放或提前开封的责任,由此造成的提前开封的投标文件将予以拒绝,并退回给投标单位。

(2)投标截止日期。投标单位应在前附表规定的投标截止日期之前递交投标文件。招标方收到投标文件后,应当签收保存,不得开启。

招标单位因补充通知修改招标文件而酌情延长投标截止日期,招标和投标单位截止日期方面的全部权利、责任和义务,将适用延长后新的投标截止期。

招标人对招标文件要求提交投标文件的截止时间后收到的投标文件,应原样退还。

(3)投标文件的修改与撤回。投标单位在递交投标文件后,可以在规定的投标截止时间之前以书面形式向招标单位递交修改或撤回其投标文件的通知,补充、修改内容为投标文件的组成部分。在投标截止时间之后,不能修改与撤回投标文件,否则,没收投标保证金。

7.3.5 开标与评标

1. 开标

(1)开标应当在招标文件确定的提交投标文件截止时间的同一时间公开进行,开标地点应当为招标文件中预先确定的地点。

(2)开标是在招标管理机构监督下由招标单位主持,并邀请所有投标单位的法定代表人或者其代理人和评标委员会全体成员参加。

(3)开标一般应按照下列程序进行:

①主持人宣布开标会议开始,介绍参加开标会议的单位、人员名单及工程项目的有关情况。②请投标单位代表确认投标文件的密封性。③宣布公正、唱标、记录人员名单和招标文件规定的评标原则、定标办法。④宣读投标单位的名称、投标价格、工期、质量目标、主要材料用量、投标担保或保函以及投标文件的修改、撤回等情况,并当场记录。⑤与会的投标单位法定代表人或者其代理人在记录上签字,确认开标结果。⑥宣布开标会议结束,进入评标阶段。

(4)投标文件有下列情形之一的,应当在开标时当场宣布无效:

①未加密封或者逾期送达。②无投标单位及其法定代表人或者其代理人印签。③关键内容不全,字迹辨认不清或者明显不符合招标文件要求。④无效投标文件,不得进入评标阶段。

2. 评标

1)评标委员会的组成

评标由评标委员会负责,评标委员会由招标单位代表和有关技术、经济等方面的专家组成,成员人数为5人以上单数,其中技术、经济等方面的专家不得少于成员总数的2/3。上述专家应当从事相关领域工作满8年并具有高级职称或具有同等专业水平,由招标单位以国务院有关部门或省、自治区、直辖市人民政府有关部门提供的专家名册或者招标代理机构的专家库内的相关专业的专家名单中确定。一般招标项目可以采取随机抽取方式,特殊招标项目可以由招标人直接确定,且与投标人有利害关系的人不得进入相关项目的评标委员会。专家评委在评标活动中有徇私舞弊、显失公正行为的,应当取消其评委资格。

2) 评标内容的保密

(1) 公开开标后,直到宣布授予中标单位为止,凡属于评标机构对投标文件的审查、澄清、评比和比较的有关资料和授予合同的信息、工程标底情况都不应向投标单位和与该过程无关的人员泄露。

(2) 在评标和授予合同过程中,投标单位对评标机构的成员施加影响的任何行为,都将导致取消其投标资格。

3) 资格审查

对于未进行资格审查的,评标时必须首先按照招标文件的要求对投标文件中投标单位填报的资格审查表进行审批,只有资格审查合格的投标单位,其投标文件才能进行评比和比较。

4) 投标文件的澄清

为了有助于对投标文件的审查评比和比较,评标委员会可以个别要求投标单位澄清其投标文件。有关澄清的要求与答复,均须以书面形式进行,在此不涉及投标保价的更改和投标的实质性内容。

5) 投标文件的符合性鉴定

(1) 在详细评标之前,评标机构将首先审定每份投标文件是否实质上响应了招标文件的要求。所谓实质响应招标文件的要求,即应与招标文件所规定的要求、条件、条款和规定相符,无显著差异或保留。所谓显著差异或保留是指对发包范围、质量标准及运用产生实质影响,或者对合同中规定的招标单位权力及投标单位的责任造成实质性限制,而且纠正这种差异或保留,这将会对其他实质上响应要求的投标单位的竞争地位产生不公正的影响。

(2) 如果投标文件没有实质上响应招标文件的要求,其投标将被予以拒绝,并且不允许通过修正或撤销其不符合要求的差异或保留其成为具有响应性的投标。

6) 评标方法

评标方法的科学性对于实现平等的竞争,公正合理地选择中标者是极其重要的。评标涉及的因素很多,应分门别类,在有主有次的基础上,结合项目的特点,确定科学的评标方法。现行常用的评标方法主要有专家评议法、低标价法、计分法、系数法、协商议标法和投票法。

7) 评标报告

评标结束后,评标委员会应当编制评标报告。评标报告应包括下列主要内容:

(1) 招标情况,包括工程概况、招标范围和招标的主要过程。

(2) 开标情况,包括开标的时间、地点,参加开标会议的单位和人员,以及唱标等情况。

(3) 评标情况,包括评标委员会的组成人员名单,评标的方法、内容和依据,对各投标文件的分析论证及评审意见。

(4) 对投标单位的评标结果排序,并提出中标候选人的推荐名单。

(5) 评标报告须经评标委员会全体成员签字确认。

(6) 如果评标委员会经评审,认为所有投标都不符合招标文件要求的,可以否决所有投标。依法必须进行招标的项目的所有投标被否决的,招标单位必须重新招标。

7.3.6 授予合同

1. 中标单位的确定

应当依据评标委员会的评标报告,从其推荐的中标候选人名单中确定中标单位,或者授权评标委员会直接定标。

实行合理低标价法评标的,在满足招标文件各项要求的前提下,投标报价最低的投标单位应该为中标单位,但评标委员会可以要求其对保证工程质量、降低工程成本拟采用的技术措施做出说明,并据此提出评价意见,供招标单位定标时参考。实行综合评议法,得票最多或者得分最高的投标单位应当为中标单位。

招标单位未按照推荐的中标候选人排序确定中标单位的,应当在其招标情况的书面报告中说明理由。

2. 中标通知书

在评标委员会提交评标报告后,招标单位应当在招标文件规定的时间内完成定标。定标后,招标单位必须向中标单位发出《中标通知书》。《中标通知书》的实质内容应当与中标单位投标文件的内容相一致。工程项目《中标通知书》的格式如下:

中标通知书

_____(建设单位名称)的_____(建设地点)_____工程,结构类型为_____,建设规模为_____,经_____年_____月_____日公开开标后,经评标小组评定并报招标管理机构核准,确定_____为中标单位,中标标价_____元(人民币),中标工期自_____年_____月_____日开工,_____年_____月_____日竣工,工期_____天(日历日),工程质量达到国家施工验收规范(优良、合格)标准。

中标单位收到中标通知书后,在_____年_____月_____日_____时前到_____(地点)与建设单位签订合同。

建设单位:(盖章)

法定代表人:(签字、盖章)

日期: 年 月 日

招标单位:(盖章)

法定代表人:(签字、盖章)

日期: 年 月 日

招标管理机构:(盖章)

审核人:(签字、盖章)

审核日期: 年 月 日

3. 履约保证

中标单位应按规定提交履约保证，履约保证可以是由在中国注册的银行出具的银行保函（保证数额为合同价的 5%），也可以是由具有独立法人资格的经济实体企业出具的履约担保书（保证数额为合同价的 10%）。投标单位可以选其中一种，并使用招标文件中提供的履约保证格式。中标后不提供履约保证的投标单位将没收其投标保证金。

4. 合同协议书的签署

中标单位按"中标通知书"规定的时间和地点，由投标单位和招标单位的法定代表人按招标文件中提供的合同协议书签署合同。若对合同协议书有进一步的修改或补充，应以"合同协议书谈判附录"形式作为合同的组成部分。中标单位按文件规定提供履约保证后，招标单位应及时将评标结果通知未中标的投标单位。

7.4 项目合同管理

项目合同是指发包方和承包方为完成指定的项目，明确相互之间权利和义务而达成的协议。项目合同是项目实施过程中的各个主体之间订立的，它不仅仅是一份合同，还是由各个不同主体之间的合同组成的合同体系。

合同是一种法律文件，具有法律效力，是项目业主与承包商间实施采购的结果，是项目团队执行项目的依据，在合同中将明确规定项目的相关技术标准、交付物的性能指标、质量保证体系标准、进度规划、各方责任、权利和义务。同时，合同依据相关的法律，保护了各方当事人的利益。

7.4.1 合同的类型

不同的项目，合同的类型也不尽相同，常见的有以下几种。

1. 按合同计价方式分类

1）总价合同

总价合同（Lump-sum Contracts）又分为固定总价合同、调值总价合同、固定工程量总价合同三种。

（1）固定总价合同。合同双方以图纸和工程说明为依据，按照商定的竞价进行承包。固定总价合同是最常用的合同类型。大多数买方都喜欢这种合同，因为采购的价格在一开始就被确定，并且不允许改变（除非工作范围发生变更）。因合同履行不好而导致的任何成本增加都由卖方负责。这种合同方式一般适用于工程规模较小、技术不太复杂、工期较短，且签订合同时已具备详细设计文件的情况。

（2）调值总价合同。在报价及签订合同时，以设计图纸、工程量清单及当时价格计算签订的总价合同，但在合同条款中双方商定，如果在合同执行过程中由于通货膨胀引起工料成本增加时，合同价应相应调整。这种合同业主承担了物价上涨这一不可预测费用因素的风险,承包商承担其他风险。这种计价方式通常适用于工期较长,通货膨胀难以预测,但现场条件较为简单的工程项目。

(3) 固定工程量总价合同。即业主要求承包商在投标时按单价合同办法分别填报分项工程单价,从而计算出工程总价,据之签订合同。原定工程项目全部完成后,根据工程量调整总价。这种合同方式要求工程量清单中的工程比较准确,不宜采用估算的数值,应达到施工图设计或扩大的初步设计条件。

2) 单价合同

单价合同(Unit Price Contracts)又可细分为估计工程量单价合同和纯单价合同两类。

(1) 估计工程量单价合同。承包商投标时以工程量表中的估计工程量为基础,填入相应的单价作为报价。合同总价是根据结算单中每项的工程数量和相应的单价计算得出,但合同的总价并不是工程项目费用的最终金额,因为单价合同中的工程量是一个估算值,这种合同形式适用于招标时还难以确定比较准确工程量的工程项目。

(2) 纯单价合同。招标文件只向投标人给出各个分项工程内的工作项目一览表,工程范围及必要的说明,而不提供工程量。承包商只要给出各项目的单价即可,实施时按实际工程量计算。但对于工程费分摊在许多工程中的复杂工程,或有一些不易计算工程量的项目,采用纯单价合同可能会引起一些纠纷和争执。

3) 成本加酬金合同

成本加酬金合同(Cost Plus Fee Contracts)这种承包方式的基本特点是按工程发生的实际成本加上固定的管理费和利润来确定工程总造价。这种承包方式主要用于开工前对工程内容尚不十分清楚的情况。在实践中可有以下四种不同的具体做法:

(1) 成本加固定百分比酬金合同。即除直接成本外,管理费和利润按成本的一定比例支付。

(2) 成本加固定酬金。直接成本实报实销,但酬金是事先商定的一个固定数目。

(3) 成本加浮动酬金。这种类型的合同要求双方事先商定工程成本和酬金的预期水平。如果实际成本恰好等于预期水平,工程造价就是成本加固定酬金;如果实际成本低于预期水平,则增加酬金;如果实际成本高于预期水平,则减少酬金。

(4) 目标成本加奖励。在仅有初步设计和工程说明书、迫切要求开工的情况下,可根据粗略估算的工程量和适当的单价表编制概算作为目标成本。随着详细设计逐步具体化,工程量和目标成本可加以调整,另外规定一个百分数作为酬金。最后结算时如果实际成本高于目标成本并超过事先商定的界限,则减少奖励酬金;如果实际成本低于目标成本,则增加奖励酬金。

2. 按签约各方的关系分类

(1) 工程总承包合同。项目组织与承包商之间签订的合同,所包含的范围包括项目建设的全过程(包括土建、安装、水、电、空调等)。

(2) 工程分包合同。它是承包商将中标工程的一部分内容包给分包商,为此而签订的总承包商与分承包商间的合同。允许分包的内容,一般在合同条件中有规定,如菲迪克合同条件就规定"承包商不得将全部工程分包出去……如（工程师）同意分包（指部分分包），也不得免除承包商在合同中承担的任何责任和义务。"也就是说签订分包合同后，承包商仍应全部履行与业主签订的合同所规定的责任和义务。

（3）货物购销合同。它是项目组织为从组织外部获得货物而与供应商签订的合同。

（4）转包合同。它是一种承包权的转让。承包商之间签订的转包合同，明确有由另一承包商承担原承包商与项目组织签订的合同所规定的权利、义务和风险，而原承包商从转包合同中获取一定的报酬。

（5）劳务合同。它是承包商或分包商雇佣劳务所签订的合同。在劳务合同中，提供劳务一方不承担任何风险，但也难获得较大的利润。

（6）联合承包合同。指两个或两个以上合作单位之间，以承包人的名义，为共同承担项目的全部工作而签订的合同。

3. 按承包范围分类

（1）交钥匙合同。这种合同有时又叫"统包"或"一揽子"合同，整个项目的设计和实施通常由一个承包商承担，签订一份合同。项目业主只对项目概括地叙述一般情况，提出一般要求，而把项目的可行性研究、勘测、设计、施工、设备采购和安装及竣工后一定时期内的试运行和维护等，全部承包给一个承包商。显然这种方式，业主就必须很有经验，能够同承包商讨论工作范围、技术要求、工程款支付方式和监督施工方式、方法。因此这种合同方式最适合于承包商非常熟悉的那类技术要求高的大型工程项目。已经有许多规模大、复杂的土木、机械、电气项目使用这种合同方式取得了成功。

这种合同一般分为三个阶段：第一阶段为业主委托承包商进行可行性研究，承包商在提出可行性研究报告的同时提出进行初步设计和工程结算所需的时间和费用。第二阶段是在业主审查了可行性报告并批准了项目实施之后，委托承包商进行初步设计和必要的施工准备。第三阶段由业主委托承包商进行施工图设计并着手准备施工。上述每一阶段都要签订合同，其中包括支付报酬的形式，其一般采用成本补偿合同。

（2）设计—采购—施工合同。与交钥匙合同类似，只是承包的范围不包括试生产及生产准备。

（3）设计—采购合同。承包商只负责工程项目设计和材料设备的采购，工程施工由甲方另行委托。卡洛克公司为我国承建的 13 套大型化肥项目合同即属此种。美方只负责工程项目设计和设备材料供应，工程施工由中方自己负责，美方负责设备安装指导。该类合同承包商承包的工作范围较窄，业主管理工作量大，需负责设计、采购、施工的协调。

（4）单项合同。单项合同包括设计合同和施工合同等。在设计合同中，承包商只承包工程项目设计和实施中的设计技术服务，而大部分工作由业主统一协调控制。在施工合同中，承包商只能按图施工，无权修改设计方案，承包范围单一，与项目设计、采购等环节形成众多结合部，难于协调。这种设计、施工分立式项目合同，需要业主有很强的管理能力，同时也增大了承包商管理工作的难度。

5. 合同类型的选择

合同类型的选择主要依据以下因素：
(1) 项目实际成本与项目日常风险评价。
(2) 双方要求合同类型的复杂程度（技术风险评价）。
(3) 竞价范围。
(4) 成本价格分析。
(5) 项目紧急程度（顾客要求）。
(6) 项目周期。
(7) 承包商（卖主）财务系统评价（是否有能力通过合同盈利）。
(8) 合作合同（是否允许其他卖主介入）。
(9) 转包范围的限定。

7.4.2 合同主要内容

合同的内容由合同双方当事人约定。不同类型的合同其内容不一，简繁程度差别很大。签订一个完备周全的合同，是实现合同目的、维护自己合法权益、减少合同争执的最基本的要求。

合同通常包括如下几方面内容：

1. 合同当事人

合同当事人指签订合同的各方，是合同的权利和义务的主体。当事人是平等主体的自然人、法人或其他经济组织。但对于具体种类的合同，当事人还"应当具有相应的民事权利能力和民事行为能力"。例如，签订建设工程承包合同的承包商，不仅需要工程承包企业的营业执照（民事权利能力），还需要具有与该工程的专业类别、规模相应的资质许可证（民事行为能力）。

2. 合同标的

合同标的是合同最本质的特征，是当事人双方的权利、义务共指的对象。它可能是实物（如生产资料、生活资料、动产、不动产等）、行为（如工程承包、委托）、服务性工作（如劳务、加工）、智力成果（如专利、商标、专有技术）等。如工程承包合同，其标的是完成工程项目。标的是合同必须具备的条款。无标的或标的不明确，合同不能成立的，也就无法履行。

(1) 标的的数量和质量。标的的数量和质量共同定义标的的具体特征。标的的数量一般以度量衡作为计算单位，以数字作为衡量标的的尺度；标的的质量是指质量标准、功能、技术要求、服务条件等。没有标的数量和质量的定义，合同是无法生效和履行的，发生纠纷也不易分清责任。

(2) 合同价款或酬金。合同价款或酬金即取得标的（物品、劳务或服务）的一方向对方支付的代价，作为对方完成合同义务的补偿。合同中应写明价款数量、付款方式和结算程序。

（3）合同期限、履行地点和方式。合同期限指履行合同的期限，即从合同生效到合同结束的时间。履行地点指合同标的物所在地，如以承包工程为标的的合同，其履行地点是工程计划文件所规定的工程所在地。

由于项目活动都是在一定的时间和空间上进行的，离开具体的时间和空间，项目活动是没有意义的，所以合同中应非常具体地规定合同期限和履行地点。

（4）违约责任。即合同一方或双方因过失不能履行或不能完全履行合同责任而侵犯了另一方权利时所应负的责任。违约责任是后天的关键条款之一。没有规定违约，则合同对双方难以形成法律约束力，难以确保圆满地履行，发生争执也难以解决。

（5）解决争执的方法。这些是一般项目合同必须具备的条款，不同类型项目合同按需要还可以增加许多其他内容。

7.4.3 项目合同的订立

合同的签订过程也就是合同的形成过程、合同的协商过程。合同订立应遵循以下原则，即不能违反法律的原则，由合格的法人在协商基础上达成协议原则，公平合理、等价交换原则，诚信原则等。

1. 合同订立的方式

订立合同的具体方式多种多样，有的是通过口头或者书面往来协商谈判，有的是采取拍卖、招标投标等方式。但不管采取什么具体方式，都必然经过两个步骤，即要约和承诺。合同法规定，"当事人订立合同，采取要约、承诺方式。"

1）要约

要约在经济活动中又称为发盘、出盘、发价、出价、报价等。在工程招标投标中，承包商的投标书是要约。

（1）要约是当事人一方向另一方提出订立合同的愿望。提出订立合同建议的当事人被称为"要约人"，接受要约的一方被称为"受要约人"。要约的内容必须具体明确，"要约"一经"承诺"，即表明双方接受要约的法律约束力。

（2）要约人提出要约是一种法律行为。它在到达受要约人时生效。

（3）要约人可以撤回要约。要约人发出的撤回要约的通知应当在要约到达受要约人之前；或与要约同时到达受要约人。

（4）要约人还可以撤销要约。要约人撤销要约的通知应当在受要约人发出承诺通知前到达受要约人。

（5）在如下情况下要约无效：

①拒绝要约的通知到达要约人。②要约人依法撤销要约。③在承诺期限内，受要约人未作出承诺。④受要约人对要约的内容作出实质性变更。

2）承诺

承诺即接受要约，是受要约人同意要约的意思表示。承诺也是一种法律行为，"要约"一经"承诺"，就被认为当事人双方已经协商一致，达成协议，合同即告成立。承诺一般以通知的方式作出,承诺通知到达要约人时承诺生效,承诺生效时合同成立。

2. 合同谈判

合同谈判的内容因项目情况和合同性质、原招标文件规定、发包人的要求而异。一般来讲合同谈判会涉及合同的商务、技术所有条款。现以施工合同为例来进行说明,其主要内容分为以下几个方面。

1) 关于工程内容和范围的确认

(1) 合同的"标的"是合同最基本的要素,工程承包合同的标的就是工程承包的内容和范围。因此,在签订合同前的谈判中,必须首先共同确认合同规定的工程内容和范围。承包人应当认真重新核实投标报价的工程项目内容和范围。承包人应当认真重新核实投标报价的工程项目内容与合同中表述的内容是否一致,合同文字的描述和图纸的表达都应当准确,不能模糊含混。承包人应当查实自己的标价有没有任何凭推测和想象计算的成分。如果有这种成分,则应当通过谈判予以澄清和调整。应当力争删除或修改合同中出现的诸如"除另有规定外的一切工程","承包人可以合理推知需要提供的为本工程实施所需的一切辅助工程"之类含混不清的工程内容或工程责任的说明词句。

对于在谈判讨论中经双方确认的内容及范围方面的修改或调整,应和其他所有在谈判中双方达成一致的内容一样,以文字方式确定下来,并以"合同补充"或"会议纪要"方式作为合同附件并说明构成合同一部分。

(2) 发包人提出增减的工程项目或要求调整工程量和工程内容时,务必在技术和商务等方面重新核实,确有把握方可应允。同时以书面文件、工程量表或图纸予以确认,其价格亦应通过谈判确认并填入工程量清单。

(3) 发包人提出的改进方案或某些修改和变动,或接受承包人的建议方案等,首先应认真对其技术合理性、经济可行性以及在商务方面的影响等进行综合分析,权衡利弊后方能表态接受、有条件接受甚至拒绝。改进方案会对价格和工期产生影响,应利用这一时机争取变更价格或要求发包人改善合同条件以谋求更好的效益。

(4) 对于原招标文件中的"可供选择的项目"和"临时项目"应力争说服发包人在合同签订前予以确认,或商定一个确认的最后期限。

(5) 对于一般的单价合同,如发包人在原招标文件中未明确工程量变更部分的限度,则谈判时应要求与发包人共同确定一个"增减量幅度"(FIDIC第四版建议为15%),当超过该幅度时,承包人有权要求对工程单价进行调整。

2) 关于技术要求、技术规范和施工技术方案

技术要求是发包人极为关切而承包人也应更加注意的问题,我国在采用技术规范方面和国外有一定差异。建筑工程技术规范的国家标准是强制性标准,企业生产中必须遵守。

投标中应仔细查看投标人的施工方法等是否与标书中的技术规范相符。如有差异,要研究自己是否能做到,以及其经济性如何。如有问题,可争取合法情况下的变通措施,如采用其他规范。尤其是对于施工程序比较复杂的项目,如水坝工程,道路工程,隧道工程和技术要求高的工业与民用建筑工程等,在承包人提交的投标文件中都应提交施工组

织设计方案及施工方法特别说明,并力争在投标答辩中使发包人赞同该方法,以显示公司的实力和实施该项工程的能力。

对于大型项目,当发包人不能提供足够的水文资料、气象资料、地质资料时,除在投标报价时做好相应的技术措施外,也应考虑足够的不可预见费用,将该风险转由发包人承担。

3. 项目合同的效力

项目合同效力是指合同所具有的法律约束力。只有有效的合同才受到法律保护。合同生效,即合同发生法律约束力。合同法规定,"依法成立的合同,自成立时生效"。合同生效后,业主和承包商须按约定履行合同,以实现其追求的法律后果。

4. 项目合同的履行与违约责任

1)项目合同的履行

项目合同的履行是指合同生效后,当事人双方按照合同约定的标的、数量、质量、价款、履行期限、履行地点和履行方式等完成各自应承担的全部义务的行为。严格履行合同是双方当事人的义务,因此,合同当事人必须共同按计划履行合同,实现合同所要达到的各类预定的目标。

项目合同的履行有实际履行和适当履行两种形式。

(1)实际履行。项目合同的实际履行,即要求按照合同规定的标的来履行。它已经成为我国合同法规的一个基本原则。采用该原则对项目合同的履行具有十分重大的意义。由于项目合同的标的物大都为指定物,因此不得以支付违约金或赔偿损失来免除一方当事人继续履行合同规定的义务。如果允许合同当事人的一方可用货币代偿合同中规定的义务,那么合同当事人的另一方可能在经济上蒙受更大的损失或无法计算的间接损失。此外,即使当事人一方在经济上的损失得到一部分补偿,但是对于预定的项目目标或任务,甚至国家计划的完成,某些涉及国计民生、社会公益项目不能得到实现,实际上会有更大的损失。所以,实际履行的正确含义只能是按照项目合同规定的标的履行。

当然,在贯彻以上原则时,还应从实际出发。在某些情况下,过于强调实际履行,不仅在客观上不可能,还会给对方和社会利益造成更大的损失。这样,应当允许用支付违约金和赔偿损失的办法,代替合同的履行。

(2)适当履行。项目合同的适当履行,即当事人按照法律和项目合同规定的标的按质、按量履行。义务人不得以次充好,以假乱真,否则,权利人有权拒绝接受。所以在签订合同时,必须对标的物的规格、数量、质量做具体规定以便按规定履行义务,权利人按规定验收。

2)违约责任

违约责任是指合同当事人违反合同约定,不履行义务或者履行义务不符合约定所应承担的责任。违约责任制度是保证当事人履行合同义务的重要措施,有利于促进合同的全面履行。没有违约责任制度,"合同具有法律约束力"便成为空话。

当事人一方不履行合同义务或者履行合同义务不符合约定的,应当承担如下责任。

(1) 继续履行合同。违约人应继续履行没尽到的合同义务。

(2) 采取补救措施,如质量不符合约定的,可以要求修理、更换、重做、退货减少价款或者酬金等。

(3) 支付违约金。

合同法规定,当事人可以约定违约金条款。在合同实施中,只要有一方有不履行的行为,不管违约行为是否造成对方损失,都得按合同规定向另一方支付违约金。以这种手段对违约方进行经济制裁,对企图违约者起警戒作用。违约金的数额应在合同中用专门条款详细规定。

违约金同时具有补偿性和惩罚性。合同法规定:"约定的违约金低于违反合同所造成的损失,当事人可以请求人民法院或者仲裁机构予以增加;若约定的违约金过分高于所造成的损失,当事人可以请求人民法院或者仲裁机构予以适当减少。"这保护了受损害方的利益,体现了违约金的惩罚性,有利于对违约者制约,同时体现了公平原则。

当事人可以约定一方向对方给付定金作为债权的担保。即为了保证合同的履行,在当事人一方应付给另一方的金额内,预先支付部分款额,作为定金。若支付定金一方违约或不履行合同,则定金不予退还。同样,如果接受定金的一方违约,不履行合同,则应加倍偿还定金。

赔偿损失。违约方在继续履行义务、采取补救措施、支付违约金后,对方仍有其他损失,则应当赔偿损失。损失的赔偿额应相当于因违约所造成的损失,包括合同履行后可以获得的利润。

因不可抗力导致不能履行合同责任,可以部分或全部免除合同责任。但如果当事人拖延履行合同责任后发生不可抗力,不能免除其责任;法律规定和合同约定有免责条件,则发生这些条件,可以不承担责任。

7.4.4 项目合同变更、转让、解除和终止

1. 项目合同变更

合同的变更通常是指由于一定的法律事实而改变合同的内容和标的的法律行为。当事人双方协商一致,就可以变更合同。合同变更应符合合同签订的原则和程序。其具有如下主要特征:

(1) 项目合同的双方当事人必须协商一致。

(2) 改变合同的内容和标的。

(3) 合同变更的法律后果是将产生新的债权和债务关系。

2. 项目合同解除

合同的解除是指消灭既存的合同效力的法律行为。其具有以下主要特征:

(1) 合同当事人必须协商一致。

(2) 合同当事人应付恢复原状之义务。

(3) 其法律后果是消灭原合同的效力。

合同解除有两种情况:

(1) 协议解除。协议解除是指当事人双方通过协议解除原合同规定的权利和义务关系。有时是在订立合同时在合同中约定了解除合同的条件,当解除合同的条件成立时,合同就被解除;有时在履行过程中,双方经协商一致同意解除合同。

(2) 法定解除。法定解除是合同成立以后,没有履行或者没有完全履行以前,当事人一方行使法定解除权而使合同终止。为了防止解除权的滥用,合同法规定了十分严格的条件和程序。有下列情形之一的当事人可以解除合同:

(1) 因不可抗力因素致使合同无法履行,或不能实现合同目的。

(2) 在履行期满之前,当事人一方明确表示或者以自己的行为表明不履行主要债务。

(3) 当事人一方拖延履行主要债务,经催告后在合理期限内仍未履行。

(4) 当事人一方迟延履行债务或者有其他违约行为不能实现合同目的,致使原签订的合同成为不必要。

(5) 法律规定的其他情形。

从上述可见,只有在不履行主要债务、不能实现合同目的,也就是根本违约的情况下,才能依法解除合同。如果只是合同的部分目的不能实现,或者部分违约,如延迟或者部分质量不合格,一方是不能解除合同,而应当按违约责任来处理,可以要求违约方实际履行、采取补救措施、赔偿损失。

合同解除时,若当事人一方依照规定要求解除合同,应当通知对方,对方有异议的,可以请求人民法院或仲裁机构确认解除合同的效力。如果按法律、行政法规规定解除合同需要办理批准、登记等手续,则应当办理相关的批准、登记等手续。

合同的权利和义务终止,并不影响合同中结算和清理条款的效力。

3. 项目合同的终止

项目当事人双方依照项目合同的规定,履行其全部义务之后,项目合同即行终止。合同签订以后,因一方的法律事实的出现而终止合同关系,叫合同的终止。合同签订以后,是不允许随意终止的。根据我国的现行法律和有关司法实践,合同的法律关系可因下列原因而终止:

(1) 合同因履行而终止。合同的履行,就意味着合同规定的义务已经完成,权利已经实现,因而合同的法律关系自行消灭。所以,履行是实现合同、终止合同的法律关系的最基本的方法,也是合同终止的最通常原因。

(2) 当事人双方混同为一人而终止。法律上对权利人和义务人合为一人的现象,称之为混同。既然发生合同当事人合并为一人的情况,那么原有的合同义务就没有履行的必要,因而自行终止。

(3) 合同因不可抗力的原因终止。合同不是由于当事人的过错而是由于不可抗力的原因致使合同义务不能履行的,应当终止合同。

(4) 合同因当事人协商同意之后而终止。当事人双方通过协议而解除或者免除义务人的义务,也是合同终止的方法之一。

(5) 仲裁机构裁决或者法院判决终止合同。

7.4.5 项目合同纠纷的处理

合同纠纷通常具体表现在,当事人双方对合同规定的义务和权利理解不一致。最终导致对合同的履行或不履行的后果和责任的分担产生争议。合同纠纷的解决通常有如下几个途径:

(1) 协商。这是一种最常见的、也是首先采用的解决方法。当事人双方在自愿、互谅的基础上,通过双方谈判达成解决争议的协议。这是解决合同争议的最好方法,具有简单易行、不伤和气的优点。

(2) 调解。调节是在第三方(如上级主管部门、合同管理机关等)的参与下,以事实、合同条款和法律为依据,通过对当事人的说服,使合同双方自愿地、公平合理地达成解决协议。如果双方经调解后达成协议,由合同双方和调节人共同签订协议书。

(3) 仲裁。仲裁是仲裁委员会对合同争执所进行的裁决。我国实行一裁终局制,裁决作出后合同当事人就同一争执若再申请仲裁或向人民法院起诉,则不再予以受理。

仲裁做出裁决后,由仲裁机构制作仲裁裁决书。对仲裁机构的仲裁裁决,当事人应当履行。当事人一方在规定的期限内不履行仲裁机构的仲裁裁决;另一方可以申请法院强制执行。

(4) 诉讼。诉讼解决是指司法机关和案件当事人在其他诉讼参与人的配合下为解决案件依照法定诉讼程序所进行的全部活动。基于所要解决的案件的不同性质,可以分为民事诉讼、刑事诉讼和行政诉讼。而在项目合同中一般只包括广义上的民事诉讼(即民事诉讼和经济诉讼)。

项目合同当事人因合同纠纷而提起的诉讼一般由各级法院的经济审判庭受理并判决。根据某些合同的特殊情况,还必须由专业法院进行审理,如铁路运输法院、水上运输法院、森林法院以及海事法院等。

当事人在提起诉讼以前应该充分做好准备,收集有关对方违约的各类证据,进行必要的取证工作,整理双方往来的所有财务凭证、信函、电报等。同时,向律师咨询或聘请律师处理案件。当事人在采取诉讼前,还应注意诉讼管辖地和诉讼时效问题。

7.4.6 FIDIC 合同条款

为了保证交易的顺利进行,多数国家或地区政府、社会团体和国际组织都制定了有标准的招投标程序、合同文件、工程量计算规则和仲裁方式告示。标准的合同条件能够合理公平地在合同双方之间分配风险和责任,明确规定了双方的权利、义务,很大程度上避免了因不认真履行合同造成的额外费用支出和相关争议。使用这些标准的招投标程序、合同文件,便于投标人熟悉合同条款,减少编制投标文件时所考虑的潜在风险,以降低报价。在发生争议的时候,可以执行合同文件所附带的争议解决条款来处理纠纷。FIDIC 作为国际上权威的咨询工程师机构,多年来所编写的标准合同条件是国际工程界几十年来实践经验的总结。FIDIC 公正地规定了合同各方的职责、权利和义务,程序严谨,可操作性强。如今已在工程建设、机械和电气设备的提供等方面被广泛使用。

FIDIC 是"国际咨询工程师联合会"的法文缩写。我们通常所说的 FIDIC 条款,就是指 FIDIC 施工合同条件。条款以业主和承包商签订的承包合同作为基础,以独立、公正的第三方(施工监理)为核心,从而形成业主、监理、承包商三者之间互相联系、互相制约、互相监督的合同管理模式。FIDIC 合同条件第 1 版发布于 1957 年、第 2 版发布于 1963 年、第 3 版发布于 1977 年、1988 年及 1992 年做了两次修改,业内也习惯于对 1988 年版称为第 4 版。

1999 年国际工程师联合会根据多年来在实践中取得的经验以及专家、学者的建议与意见,在继承前四版优点的基础上进行了重新编写(即新编 FIDIC 合同条件)。新编 FIDIC 合同条款一套四本:《施工合同条件》、《生产设备和设计－施工合同条件》、《设计采购施工(EPC)/交钥匙工程合同条件》与《简明合同格式》。此外,FIDIC 组织为了便于雇主选择投标人、招标、评标,出版了《招标程序》,由此形成了一个完整的体系。

自 FIDIC 成立以来,一直致力于解决工程咨询行业面临的问题,特别是通过制定、发行各种合同范本,这通称为"菲迪克彩虹"。它包括以下 8 种文本,这些文本都为各类业主、国际金融机构、律师、承包商等各界所熟知。

(1)《水土工程施工合同条件》(红皮书)。

(2)《电气与机械工程合同条件》(黄皮书)。

(3)《设计、建造和交钥匙工程合同条件》。

(4)《土木工程施工分包合同条件》。

(5)《招标程序》。

(6)《业主／咨询工程师标准服务协议书》(白皮书)。

(7)《咨询公司合资协议》。

(8)《分包协议》。

国际承包工程行业涉及的 FIDIC 主要是土木工程方面的,封皮是红色的,海外通常称作红皮 FIDIC。另外,还有黄色封皮的,是机电工程方面的,常称黄皮 FIDIC;再有就是白色封皮的,是设计咨询方面的,也叫白皮 FIDIC。承包项目一般用到的都是红色封皮的 FIDIC,是土建工程的;但是机电设备供货,使用信用证付款方式的,一般用的都是黄皮 FIDIC,交钥匙项目通常不采用红皮 FIDIC,而是参考黄皮 FIDIC 做些变通。红皮 FIDIC 的特点是土建部门为单价合同,通过验工计价的方式来支付工程款。而黄皮 FIDIC 的付款方式大部分是用信用证方式,黄皮 FIDIC 的预付款比例较大。

FIDIC 条款在我国建设上的使用,始于 20 世纪 80 年代中期的世行贷款项目。由于其具有条款严密、非常强的系统性和可操作性、工程建设各方(业主、监理工程师、承包商)风险责任明确、权利义务公平的特点,逐步为我国所接受和使用。在使用过程中,根据我国的具体情况不断加以调整(尤其是在监理工程师职权上),极大地促进了建设管理模式的改革,最典型的体现就是《建设工程施工合同》1999 年建设部示范文本,该范本抛弃了多年来沿用的模式,变为和 FIDIC 框架一致的通用条款与专用条款。

7.5 索赔管理

索赔是指在工程承包合同执行过程中,由于合同当事人双方的某一方不负责的原因给另一方造成经济损失或工期延误,通过合法程序向对方要求补偿或赔偿的活动。索赔事件的发生,可以是一定行为造成,也可以由不可抗力引起;可以是合同当事人一方引起,也可以是任何第三方行为引起。索赔的性质属于经济补偿行为,而不是惩罚。索赔的损失结果与被索赔人的行为并不一定存在法律上的因果关系。

7.5.1 承包商向业主的索赔

承包商向业主进行的索赔可分为以下几种。

1) 不利的自然条件与人为障碍引起的索赔

不利的自然条件是指施工中遭遇到的实际自然条件比招标文件中所描述的更为困难和恶劣,是一个有经验的承包商无法预测的不利的自然条件与人为障碍,导致了承包商必须花费更多的时间和费用,在这种情况下,承包商可以向业主提出索赔要求。

2) 工程变更引起的索赔

在工程施工过程中,由于工地上不可预见的情况,环境的改变,在监理工程师认为必要时,可以对工程或其任何部分的外形、质量或数量作出变更。任何此类变更,承包商均不应以任何方式使合同作废或无效。但如果监理工程师确定的工程变更单价或价格不合理,或缺乏说服承包商的依据,则承包商有权就此向业主进行索赔。

3) 工期延期的费用索赔

工期延期的费用索赔通常包括两个方面:一是承包商要求延长工期;二是承包商要求偿付由于非承包商原因导致工程延期而造成的损失。一般这两方面的索赔报告要求分别编制。因为工期和费用索赔并不一定同时成立。

4) 加速施工费用的索赔

一项工程可能遇到各种意外的情况或由于工程变更而必须延长工期。但由于业主的原因,不给延期,迫使承包商加班赶工来完成工程,从而导致工程成本增加,承包商可以提出索赔。

5) 业主不正当地终止工程而引起的索赔

由于业主不正当地终止工程,承包商有权要求补偿损失,其数额是承包商在被终止工程中的人工、材料、机械设备的全部支出,以及各项管理费用、保险费、贷款利息、保函费用的支出(减去已结算的工程款),并有权要求赔偿其盈利损失。

6) 物价上涨引起的索赔

物价上涨是各国市场的普遍现象,尤其是一些发展中国家。由于物价上涨,使人工费和材料费不断增长,引起了工程成本的增加。如何处理物价上涨引起的合同价调整问题,主要的办法有对固定总价合同不予调整、对价差调整合同价以及用调价公式调整合同价三种。

7) 拖延支付工程款的索赔

如果业主在规定的应付款时间内未能按工程施工进度向承包商支付应支付的款额,

承包商可在提前通知业主的情况下,暂停工作或减缓工作速度,并有权获得任何误期的补偿和其他额外费用的补偿(如利息)。FIDIC 合同条件规定利息以高出支付倾向所在国中央银行的贴现率加 3 个百分点的年利率进行计算。

8) 不可抗力的后果

如果承包商因不可抗力,妨碍其履行合同规定的任何义务,使其遭受延误和(或)招致增加费用,承包商有权根据"承包商的索赔"的规定要求索赔。

7.5.2 业主向承包商的索赔

由于承包商不履行或不完全履行约定的义务,或者由于承包商的行为使业主受到损失时,业主可向承包商提出索赔。

1) 工期延误索赔

由于承包商的责任,使竣工日期拖后,影响到业主对该工程的利用,给业主带来经济损失,业主有权对承包商进行索赔,即由承包商支付误期损害赔偿费。施工合同中的误期损害赔偿费,通常是由业主在招标文件中确定的。误期损害赔偿费的计算方法,在每个合同文件中均有具体规定。一般按每延误一天赔偿一定的款额计算,累计赔偿额一般不超过合同总额的 10%。

2) 施工缺陷索赔

当承包商的施工质量不符合合同的要求,或使用的设备和材料不符合合同的规定,或在缺陷责任期未满以前未完成应该负责修补的工程时,业主有权向承包商追究责任,要求补偿所受的经济损失。

3) 对指定分包商的付款索赔

在承包商未能提供已向指定分包商付款的合理证明时,业主可以直接按照监理工程师的证明书,将承包商未付给指定分包商的所有款项(扣除保留金)付给这个分包商,并从应付给承包商的任何款项中如数扣回。

4) 业主合理终止合同或承包商不正当地放弃工程的索赔

如果业主合理地终止承包商的承包,或者承包商不合理放弃工程,则业主有权从承包商手中收回由新的承包商完成工程所需的工程款与原合同款未付部分的差额。

7.5.3 索赔费用的组成

对于不同原因引起的索赔,承包商可索赔的具体费用内容是不完全一样的。哪些内容可索赔,要按照各项费用的特点、条件进行分析论证。现概述如下。

1) 人工费

人工费包括施工人员的基本工资、工资性质的津贴、加班费、资金以及法定的安全福利等费用。对于索赔费用中的人工费部分而言,是指完成合同之外的额外工作所花费的人工费用;由于非承包商责任的工效降低所增加的人工费用;超过法定工作时间加班劳动;法定人工费增长以及非承包商责任工程延误导致的人员窝工费和工资上涨费等。

2）材料费

材料费的索赔包括：

(1) 由于索赔事项的材料实际用量超过计划用量而增加的材料费。

(2) 由于客观原因导致的材料价格大幅度上涨。

(3) 由于非承包商责任工程延误导致的材料价格上涨和超期储存费用。

3）施工机械使用费

施工机械使用费的索赔包括：

(1) 由于完成额外工作增加的机械使用费。

(2) 由于非承包商责任工效降低增加的机械使用费。

(3) 由于业主或监理工程师原因导致机械停工的窝工费。

4）分包费用

分包费用索赔指的是分包商的索赔费，一般也包括人工、材料、机械使用费的索赔。分包商的索赔应如数列入总承包商的索赔款总额以内。

5）工地管理费

索赔款中的工地管理费是指承包商完成额外工程、索赔事项工作以及工期延长期间的工地管理费。但如果对部分工人窝工损失索赔时，因其他工程仍然进行，可能不予计算工地管理费的索赔。

6）利息

在索赔款额的计算中，经常包括利息。利息的索赔通常发生于下列情况：

(1) 拖期付款的利息。

(2) 由于工程变更和工程延期增加投资的利息。

(3) 索赔款的利息。

(4) 错误扣款的利息。

7）总部管理费

索赔款中的总部管理费主要指的是工程延误期间所增加的管理费。

8）利润

一般来说，由于工程范围的变更、文件有缺陷或技术性错误、业主未能提供现场等引起的索赔，承包商可以列入利润。但对于工程暂停的索赔，由于利润通常是包括在每项实施的工程内容的价格之内的，而延误工期并未影响消减某些项目的实施，而导致利润减少。所以，一般监理工程师很难同意在工程暂停的费用索赔中加进利润损失。

索赔利润的款额计算通常是与原报价单中的利润百分率保持一致的。即在成本的基础上，增加原报价单中的利润率，作为该项索赔款的利润。

7.5.4 索赔证据

证据是索赔的关键，证据不足或没有证据，索赔是不能成立的。常见的可以索赔的证据除合同文本外有如下几种：

(1) 招标文件。招标文件是组成施工合同的重要部分，其内容包括承发包双方的要约和承诺,在索赔要求中可以直接作为证据。

(2) 会议纪要。在施工过程中发包人、承包人、监理人及有关方面针对工程召开的一切会议的纪要。但纪要要经过参与会议的各方签认,或由发包人或其代理人签章发给承包企业才有法律效力。

(3) 往来信件。合同双方的往来信件,特别是对承包企业提出问题的答复信或认可信等。

(4) 指令或通知。发包人驻工地代理或监理工程师发出的各种指令、通知,包括工程设计变更、工程暂停等指令。

(5) 施工组织设计。这是指包括施工进度计划在内,并经发包人驻工地代表或监理工程师批准的施工组织设计或施工方案。

(6) 施工现场的各种记录。

(7) 工程照片。这是指注明日期,可以直观的工程照片。

(8) 气象资料。现场每日天气状况记录。请发包人驻工地代表或监理工签证的气象记录。

(9) 各种验收报告。如隐蔽工程验收报告、中间验收工程报告、材料实施报告以及设备开箱验收报告等。

(10) 建筑材料的采购、运输、保管和使用等方面的原始凭证。

(11) 政府主管工程造价部门发布的材料价格信息、调整造价的方法和指数等。

(12) 各种可以公开的成本和会计资料。

(13) 国家发布的法律、法令和政策文件,特别是涉及工程索赔的各类文件。

7.5.5 索赔程序

索赔程序主要包括提出索赔意向、调查干扰事件、寻找索赔理由和证据、计算索赔值、起草索赔报告、通过谈判最终解决索赔争议。

承包商可按下列程序以书面形式提出索赔:

(1) 索赔事件发生28天内,向工程师发出索赔意向通知。

(2) 发出索赔意向通知后28天内,向工程师提出延长工期和(或)补偿经济损失的索赔报告及有关资料。

(3) 工程师在收到承包商送交的索赔报告及有关资料后,于28天内给予答复,或要求承包商进一步补充索赔理由和证据。

(4) 工程师在收到承包商送交的索赔报告和有关资料后28天内未予答复或未提出进一步要求,视为该项索赔已经认可。

(5) 当该索赔事件持续进行时,承包商应当阶段性地向工程师发出索赔意向,在索赔事件终了的28天内,向工程师送交索赔的有关资料和最终索赔报告。

反之,由于承包商不履行合同义务,给业主造成损失的,业主的索赔程序和时限与上述规定相同。

> 案例分析

某地区河道清淤及河堤加固工程招投标[①]

一、项目的提出

虽然是一个阳光明媚的上午,可是A市政府会议室内却烟雾弥漫、气氛紧张,与会人员正在就一项决议进行激烈的争论。

A市地处我国江南地区,所辖区域河道纵横,风景优美,物产丰富,一条大河的主要支流流经该市辖区40余公里,是该市重要的水路交通路线和主要的用水资源,并对经济发展起着重要作用。但是,由于该河流的上游植被遭到严重破坏,自然状况恶化导致辖区内的河道淤泥增多,给航运带来很大风险,同时由于河堤年久失修及维护不利,最近几年频繁发生水灾,给该市经济发展造成了非常严重的后果。经过市政府的多次申请,最终于2010年获得了中央和省级政府的2亿元专项拨款,用于河道清淤及河堤加固项目。然而在召开项目筹备会议时,与会人员就项目资金的使用,产生了严重的分歧。

教育部门认为,近几年的水灾,造成了辖区内几所学校教室倒塌,多所学校的教室亟待维修,政府部门拨付的款项根本不够,应该从该项资金中划拨一部分用于校舍的修建和维护,否则有可能造成更大的损害。城建部门认为,河道的清淤及堤坝维护会导致大量泥沙出现,对城市的建设有很大的影响,也应从该项目款项中预留相关的费用。绿化、环保部门则认为,单纯的清淤及堤坝加固并不能起到治本的目的,重点应该加强上游的绿化及植被保护,达到长治久安的目的。水利及防灾部门则认为,该款项是专项拨款,只能用于该项目,不能用作他途。政府其他职能部门也从各自的情况出发,要求获得部分款项。经过讨论,会议达成如下协议:

（1）该款项中的1亿3千万元用于河道的清淤及河堤加固,5千万用来进行学校校舍的建设和维修,2千万用于本辖区河道及河堤周围的绿化。待筹集到其他款项时,再解决其他遗留问题。

（2）成立由市委张副书记为组长、其他职能部门的负责人为组员的项目工作组,直接负责河道清淤及河堤加固项目的招标、评审等所有有关工作。

（3）确定在该项目的实施原则上采用公开招标的方式,但应侧重于有利于本地经济的发展。

二、招投标准备

会议结束以后,张书记立即组织人员开展项目的相关工作,一方面制定相关的工作制度;一方面制定相应的招投标文件,并带领相关职能部门的人员进行实地调研和考察。同时,张书记与另外3名项目工作组成员分别单独同本市4家规模较大的相关单位进行了座谈,向企业负责人通报了项目的内容、目的、要求等方面的信息,听取了企业的反馈意见,要求企业能够为本市的发展和建设做出贡献。为了便于企业了解情况,张书记等4人各自带领所会见的企业负责人进行了实地考察,详细介绍了具体的工作要求。

[①] 本案由乌玉峰整理。

经过一段时间的准备，招投标小组制定了相关的招投标文件，交给工作组审查，工作组提出相关意见后进行了多次的修改，招投标文件终于制定完毕，并由市委会议通过后，在市电视台、市晚报和市政府网站上发布了招标公告，招标公告如下：

A市河道清淤及河堤加固工程建设项目招标公告

（1）A市××河道清淤及河堤加固工程项目，已经×市政府批准建设，现决定对该项目工程施工进行公开招标，选定承包人。

（2）本次招标工程项目的概况如下：

2.1　工程概况

2.1.1　工程内容：××河清淤及河堤加固工程

2.1.2　招标范围：该市辖区范围内××河段清淤及河堤加固工程

2.1.3　资金来源：政府财政

2.2　工程建设地点为：A市××河段

2.3　计划开工日期：2010年9月

2.4　本工程招标共分为河道清淤及河堤加固两个标段，申请人不得同时投标两个标段

2.5　工程质量要求符合国家规定的合格标准。

（3）凡具备承担招标工程项目的能力并具有规定资格条件的施工企业，均可对上述招标工程向招标人提出资格预审申请，只有具备预审合格的投标申请人才能参加投标。

（4）投标申请人须是具备建设行政主管部门核发的市政公用工程施工总承包二级及以上资质的中华人民共和国法人。拟派的项目经理须是具备相应的二级及以上注册建造师资质并承担过类似项目的工程师。

（5）本工程不接受联合体投标。

（6）投标申请人于2010年3月1日至3月10日每天上午9：30时至下午4：00时，携带单位介绍信、企业营业执照（副本）、企业资质等级证书（副本）、安全生产许可证、拟派建造师证书及安全生产考核合格证B证等加盖公章的材料复印件至市政府大楼4楼会议室投标报名处，将报名材料装订成册并密封投入报名箱。同时到市政府办公楼1楼办公室领取资格预审文件。

（7）逾期不予发放资格预审文件，视作自动放弃。资格预审申请书封面上应清楚地注明"A市××河道清淤及河堤加固工程施工投标申请人资格预审申请书"字样。本次资格预审文件不受理邮购。报名成功与否不以获取资格预审文件为准。

（8）资格预审申请书于2010年3月12日下午2：00～3：00时送至市政府办公楼一楼会议室，逾期送达或不符合规定的资格预审申请书将被拒绝。

（9）资格预审结果将及时告知投标申请人，待公告后发出资格预审合格通知书。

（10）通过资格预审的投标人于3月20日前在市政府2楼会议厅领取招投标相关文件，每份2 000元，售出后概不退还。

（11）根据A市建标[2004]6号文件的规定，资格预审合格的投标申请人多于9家时，采用随机抽签方式从资格预审合格的投标申请人中确定不少于9家投标申请人参加投标（抽签时间另行通知）。

招 标 人：A市××河道清淤及河堤加固工程工作组
办公地点：A市政府办公楼1楼108房间
联 系 人：王先生、李先生　　　联系电话：××××—×××××××××
日期：2010年2月28日

三、招投标过程中出现的问题

SS和LL是该市两家规模较大的相关企业，与项目工作组会谈后，当即指派专门人员展开该项目的相关准备工作，并组织人员对该项目进行了详细的勘察，制订了初步的方案。然而，在工作组发出公告后，这两家企业和该市的另外两家规模较大的企业同时找到工作组，对公告提出了意见。原来，这4家企业都不具备建设行政主管部门核发的市政公用工程施工总承包二级及以上资质，现有的项目经理也不具备相应的二级及以上注册建造师资质，同时他们听到消息，临近省、市的几个大型企业已经关注此事，正在做投标准备，那几家企业规模很大，在设备、人员方面都占有很大优势，该市企业难以和其竞争，因此，要求放宽资格限制，加强对该市企业的保护力度，限制外市企业参与竞标，同时，应允许该市企业组成联合体进行投标。

工作组在听取4家企业的汇报后，整理了相关意见，交由市委讨论。在会议中，有人提出，本项目的目的是为了保护本辖区的人民生命财产安全，意义重大，不应为迁就该市企业而降低标准，也不应排斥市外的其他企业。但也有人指出，近几年，由于灾害频发，给本地经济造成了很大的损失，清淤及河堤加固并不是技术性要求很强的工作，没必要限制那么严格，在大家都能完成的条件下，应该优先考虑该市企业的发展，因此，应该对招标公告和招标文件的内容做出必要的修改。最后，会议做出决议，根据该市企业的具体状况，对招标公告和招标文件做出必要修改，必须保证该市企业能够通过资格审查。于是，项目工作组降低了招标公告中该市企业投标人的条件标准，只要具有3级以上资质即可，外市企业标准不变；允许该市企业组成联合体投标，对省外企业不允许参加投标。

然而，修改后的招标公告发出后，市政府受到了省领导的电话批评，认为其招标工作有很多问题，存在着阻碍企业公开、公正、公平地进行竞争及违背了招投标法基本原则的情况，责令其改正。工作组受到批评后，又对招标公告及相关文件进行了审查、讨论，认为存在的问题不是很严重，只是在对外市企业参加投标的资格上存在较严格的限定，因此，并没有对招标公告和招标文件做出具体的修改，只是允许外市企业参加投标。

报名时间结束时，一共有16家企业报名参加两个标段的投标资格预审，并按照公告规定提交了资格预审文件。其中，该市SS和LL两家企业组成投标联合体投标清淤项目，1家企业单独参加投标，省内外市企业有4家，省外企业有3家也投标清淤项目，市内2家企业、省内外市3家、省外2家企业投标河堤加固项目，工作组进行资格审查时，排除了省外的5家投标企业。其他企业则通过资格预审，于是向这11家企业发出了资格预审通过的通知，但没有向外省的5家企业发通知。在向各企业发出资格预审结果的第二天，工作组又收到该市另外一家企业投标河堤加固项目的申请，虽然超过了规定的期限，但市里领导指示，鉴于参加投标的该市企业不多，可以同意其进行投标，通过其投标申请人的资格。

在投标人上交完投标文件以后，招标工作组成立了以张副书记为主席，水利、环保、防

灾办、城建、税务、工商等部门指派人员为成员的21人评标委员会,对投标文件进行评定。在12家投标企业中,发现如下问题:

XX公司提供的投标文件在语言上存在问题,即报价表和相关资料表使用中文,技术资料表使用德文,原因是该公司清淤机器及相关技术从德国引进,只有德文说明书而无中文译文。

YY公司在购买招标文件后,曾到招标工作组拜访,并递送公司为本项目准备的相关资料,在正式投标时,YY公司发现其所投技术参数有些方面尚不完善,为了使投标文件能够通过技术审查,在填制技术规范表时,改变了该产品的真实参数,从而与其先前提供样式中的技术参数不一致。

AA公司当前使用的设备和技术相对比较老旧,而目前该公司正在引进更新的技术设备,预计该设备很快就能到达,并投入使用。为此AA公司按公司现在的技术设备情况提供了报价,同时,又附上了替代方案,以及如采纳新技术设备的报价条件。

SS与LL组成的联合投标体企业在得知已经有多家企业通过预审参加投标后,找到招标工作组某成员,询问了工作组对投标书的审查、澄清、评价和比较的相关情况,并获取了其他几家实力雄厚企业的投标文件复印件,同时取回自己的投标文件进行修改后再次提交给工作组。然而,评标委员会通过对投标文件的对比分析,发现该市企业无论从资金、技术、方案的设计、实施的进度等各个方面都无法同其他的几家企业相比,如果单纯按照投标的相关规则,该市企业无法获得任何一个标段,因此,评审委员会将两个标段分别预选了BB、CC、DD三家清淤投标企业和WW、ZZ、GG三家河堤加固投标企业作为中标候选人,并就该市企业无法中标的原因向市委作了汇报,市委指示一定要有该市企业参加。于是,张书记找到CC和ZZ企业的负责人,表示其投标仍存在很多问题,不可能中标,不过,如果CC企业能加入到该市的联合体,由三家企业共同参加投标,则非常可能中标,并暗示,如果CC企业不同意,将同BB企业进行合作,从而排除CC企业中标的可能性。CC企业本不愿进行联合体投标,但迫不得已同意了张书记的提议,加入到该市企业的联合体投标;同样,ZZ企业也在迫不得已的情况下,与该市的另外一家企业组成联合体投标河堤加固标段。

经过一段时间的组合,项目工作组最终宣布由CC企业参加的联合体和ZZ企业参加的联合体分别中标,并在招标结果公布的第二天,与上述企业签订了合同。

招标结果公示后,早先在资格预审中被排除的一家外省企业和BB、WW公司不服,认为项目工作组在招投标过程中存在严重的违法问题,不能体现公开、公正、公平竞争的原则,分别向项目工作组提出异议,在没有得到回复的情况下,向省级相关部门反映,要求确认招标结果无效。

 案例启发思考题

1. 案例中,对2亿元专项拨款的使用分配方案是否合理?
2. A市政府编制的招标公告中有无不妥之处?
3. 如果该项目工作组就"是否应该同意本市4家企业提出修改招标公告的意见"向

第7章 项目采购与合同管理

你进行咨询,你会给出怎样的答复?

4. 该项目的招投标过程中,招标方和投标人共出现了哪些违规操作?

本章思考练习题

1. 项目采购的方式有哪些?
2. 项目招投标的一般程序是怎样的?
3. 项目招投标的主要方式有哪些?各自的优缺点如何?
4. 项目招投标过程中存在的主要风险有哪些?如何规避这些风险?
5. 项目合同的种类有哪些?各自的特点是什么?
6. 项目合同的一般内容包括哪些?

第 8 章 项目风险管理

> **导 读**

项目是在复杂的自然和社会环境中进行的,受众多因素的影响。对于这些内外因素,从事项目活动的主体往往认识不足或者没有足够的力量加以控制。因此,项目同其他的经济活动一样带有风险。要避免和减少损失,将危险化为机会,项目主体就必须了解和掌握项目风险的来源、性质和发生规律,进而实行有效的管理。

我国某工程联合体(某央企+某省公司)在承建非洲某公路项目时,由于风险管理不当,造成工程严重拖期,亏损严重,同时也影响了中国承包商的声誉。该项目业主是该非洲国政府工程和能源部,出资方为非洲开发银行和该国政府,项目监理是英国某监理公司。在项目实施的四年多时间里,中方遇到了极大的困难,尽管投入了大量的人力、物力,但由于种种原因,合同于 2005 年 7 月到期后,工程量只完成了 35%。2005 年 8 月,项目业主和监理工程师不顾中方的反对,单方面启动了延期罚款,金额每天高达 5 000 美元。为了防止国有资产的进一步流失,维护国家和企业的利益,中方承包商在我国驻该国大使馆和经商处的指导和支持下,积极开展外交活动。2006 年 2 月,业主致函我方承包商同意延长 3 年工期,不再进行延期罚款,条件是中方必须出具由当地银行开具的约 1 145 万美元的无条件履约保函。由于保函金额过大,又无任何合同依据,且业主未对已产生的重大问题做出回复,为了保证公司资金安全,维护我方利益,中方不同意出具该保函,而提出用中国银行出具的 400 万美元的保函来代替。但是,2006 年 3 月,业主在监理工程师和律师的怂恿下,不顾政府高层的调解,无视中方对继续实施本合同所做出的种种努力,以中方不能提供所要求的 1 145 万美元履约保函的名义,致函终止了与中方公司的合同。针对这种情况,中方公司积极采取措施并委托律师,争取安全、妥善、有秩序地处理好善后事宜,力争把损失降至最低,但无论如何努力,这无疑都是一个失败的工程。

这个失败的案例告诉我们:项目同其他经济活动一样存在风险。完善的项目风险管理对项目实现过程中遭遇到的风险和干扰因素可以做到防患于未然,以避免和减少损失。本章介绍了风险管理的过程,深入分析了项目风险的来源、性质和发生规律,进而阐述了对项目实行有效风险管理的途径及方法。

8.1 项目风险管理规划

8.1.1 项目风险管理的概念

项目风险管理是指项目管理组织对项目可能遇到的风险进行规划、识别、估计、评价、应对、监控的过程,是以科学的管理方法实现最大安全保障的实践活动的总称。从系统和过程的角度来看,项目风险管理是一种系统过程活动,是项目管理过程中的有机组成部分,涉及诸多因素,应用到许多系统工程的管理技术方法。

项目风险管理的目标是控制和处理项目风险,减轻或消除风险的不利影响,以最低成本保障项目的顺利进行。项目风险管理的目标通常分为两部分:一是损失发生前的目标;二是损失发生后的目标,两者构成了风险管理的系统目标。

项目风险管理的主体是以项目经理为首的项目管理团队。项目风险管理要求项目管理团队采取主动行动,而不应仅仅在风险事件发生之后被动地应付。项目管理人员在认识和处理错综复杂、性质各异的多种风险时,要统观全局,抓主要矛盾,创造条件,因势利导,将不利转化为有利,将威机转化为机会。

风险管理由风险规划、识别、估计、评价、应对、监控等环节组成,通过计划、组织、指挥、协调、控制等过程,综合运用各种科学方法对风险进行识别、估计和评价,提出应对办法,随时监视项目进展,关注风险动态,妥善地处理风险事件造成的不利后果。

项目风险管理的首要目标是避免或减少项目损失的发生,进行项目风险管理主要遵循以下几个原则:

(1) 经济性原则。风险管理人员在制订风险管理计划时应以总成本最低为总目标,即风险管理也要考虑成本。以最合理、经济的处置方式把控制损失的费用降到最低,通过尽可能低的成本,达到项目的安全保障目标,这就要求风险管理人员对各种效益和费用进行科学的分析和严格核算。

(2) 战略上蔑视而战术上重视的原则。对于一些风险较大的项目,在风险发生之前,对风险的恐惧往往会造成人们心理和精神上的紧张不安,这种忧虑心理会严重影响工作效率并阻碍积极性,这时应通过有效的风险管理,让大家确信项目虽然具有一定的风险,但风险管理部门已经识别了全部不确定因素,并且已经妥善地做出了安排和处理,这是战略上蔑视。而作为项目风险管理部门,则要坚持战术上重视的原则,即认真对待每一个风险因素,杜绝松懈麻痹。

(3) 满意原则。不管采用什么方法,投入多少资源,项目的不确定性是绝对的,而确定性是相对的。因此,在风险管理过程中要允许一定的不确定性,只要能达到要求,满意就行了。

(4) 社会性原则。项目风险管理计划和措施必须考虑周围地区及一切与项目有关并受其影响的单位、个人等对该项目风险影响的要求;同时风险管理还应充分注意有关方面的各种法律、法规,使项目风险管理的每一步骤都具有合法性。

8.1.2 风险管理规划的概念

风险管理规划是规划和设计如何进行项目风险管理的过程。该过程应该包括定义项目组织及成员风险管理的行动方案及方式,选择合适的风险管理方法,确定风险判断的依据等。风险管理规划对于能否成功进行项目风险管理、完成项目目标至关重要。

风险规划就是制定风险规避策略以及具体实施措施和手段的过程。这一阶段要考虑两个问题:一是风险管理策略本身是否正确、可行;二是实施管理策略的措施和手段是否符合项目总目标。

在风险规划时,项目团队首先应当采取主动行动,提高项目成功的概率。同时,还需要明确,风险分析已经用掉了项目的一部分宝贵资源,其效果如何;用掉一部分资源之后会不会增加项目的风险;下一步进行风险管理会不会还要消耗更多的本应投入项目本身的宝贵资源。

其次,项目团队必须考虑,为了监视风险并观察、研究是否有新的风险出现,还要付出多大的努力。

项目管理人员在项目进行过程中应该定期将风险水平同评价基准对照,逐渐提高风险评价基准。项目团队还必须考虑对风险要进行多少次监视,由谁监视,监视范围多大,何时监视,如何提高风险评价基准等问题。

此外,应把风险事故的后果尽量限制在可接受的水平上,这是风险管理规划和实施阶段的基本任务。整体风险只要未超过整体评价基准,就可以接受。对于个别风险,则可接受的水平因风险而异。

风险管理规划的工作成果记入风险管理计划和风险规避计划两个文件。

8.1.3 风险管理规划的依据

风险管理规划的依据包括:

(1)项目规划中所包含或涉及的有关内容,如项目目标、项目规模、项目利益相关者情况、项目复杂程度、所需资源、项目阶段、约束条件及假设前提等可作为规划的依据。

(2)项目组织及个人所经历和积累的风险管理实践经验。

(3)决策者、责任方及授权情况。

(4)项目利益相关者对项目风险的敏感程度及可承受能力。

(5)可获取的数据及管理系统情况。丰富的数据和严密的系统基础,将有助于风险识别、评估、定量化及对应策略的制定。

(6)风险管理模板。项目团队将利用风险管理模板对项目进行管理,从而使风险管理标准化、程序化。模板应在风险管理的应用中得到不断改进。

8.1.4 风险管理规划的方法及内容

风险管理规划一般通过规划会议的形式制定,会议参加人员应包括项目经理、团队其他领导者及任何与风险管理规划和实施相关者,规划会议将具体地把风险管理标准模板应用于当前的项目。风险管理规划将针对整个项目生命周期制定如何组织和进行风险识别、风险评估、风险量化、风险应对计划及风险监控的规划。单个风险应对策略及措施将在风险应对计划中制订。

风险管理规划应包括:

(1) 方法。确定风险管理使用的方法、工具和数据资源,这些内容可随项目阶段及风险评估情况做适当的调整。

(2) 人员。明确风险管理活动中领导者、支持者及参与者的角色定位、任务分工及其各自的责任。

(3) 时间周期。界定项目生命周期中风险管理过程的各运行阶段,以及过程评价、控制和变更的周期或频率。

(4) 类型级别及说明。定义并说明风险评估和风险量化的类型级别。明确的定义和说明对于防止决策滞后和保证过程连续是很重要的。

(5) 基准。明确定义由谁以何种方式采取风险应对行动。合理的定义可作为基准衡量项目团队实施风险应对计划的有效性,并避免发生项目业主方与项目承担方对该内容理解的差异性。

(6) 汇报形式。规定风险管理各过程中应汇报或沟通的内容、范围、渠道及方式,应包括项目团队内部之间的,项目外部与投资方及其他项目利益相关者之间的汇报与沟通。

(7) 跟踪。规定如何以文档的方式记录项目过程中风险及风险管理的过程,风险管理文档可有效应用于对当前项目的管理、监察、经验教训的总结及日后项目的指导。

8.2 项目风险识别与估计

8.2.1 项目风险识别

1. 风险识别的概念

风险识别包括确定风险的来源、风险产生的条件,描述其风险特征和确定哪些风险事件有可能影响本项目。风险识别不是一次就可以完成的事,应当在项目的自始至终定期进行。

2. 风险识别的依据

风险识别的依据主要包括以下几个方面。

(1) 风险管理规划。

(2) 项目规划。项目规划中的项目目标、任务、范围、进度计划、费用计划、资源计划、采购计划及项目承担方、业主方和其他利益相关者对项目的期望值等都是项目风险识别的依据。

(3) 风险种类。风险种类指那些可能对项目产生正负影响的风险源。一般的风险类型有技术风险、质量风险、过程风险、管理风险、组织机构风险、市场风险及法律法规风险等。项目的风险种类应能反映出项目所在行业及应用领域的特征。

(4) 历史资料。项目的历史资料可以从项目及相关项目的历史文档及公共信息渠道中获取。

(5) 制约因素和假定。

3. 风险识别的步骤

风险识别,可分三步进行。第一步,收集资料;第二步,风险形势估计;第三步,根据直接或间接的症状将潜在的风险识别出来。

1) 收集资料

资料和数据能否到手,是否完整都会影响项目风险识别工作的质量。以下三方面能帮助我们识别项目风险。

(1) 项目产品或服务的说明书。项目完成之后,要向市场或社会提供产品或服务。项目产品或服务的性质涉及多种不确定性,在很大程度上决定了项目会遇到何种风险。例如皮革,用什么样的原料、工艺和设备?技术人员和工人从哪儿来?产品生产出来是否有销路?销路如何?要识别项目风险,可从识别项目产品或服务的不确定性入手,而项目产品或服务的说明书则为此提供了大量信息。一般而言,在所有其他因素相同的情况下,需要成熟技术的产品遇到的风险要比需要创新和发明的产品少。

(2) 项目的前提、假设和制约因素。不管项目团队和其他各有关方是否意识到,项目的建议书、可行性研究报告、设计或其他文件一般都是建立在若干假设、前提和预测的基础上的。这些前提和假设在项目实施期间可能成立,也可能不成立。因此,项目的前提和假设之中隐藏着风险。

任何一个项目都处于一定的环境之中,受到许多内外因素的制约。其中法律、法规和规章等因素都是项目活动主体无法控制的。例如,对于某个收费公路项目,政府规划部门规定了公路线路,要求施工时不得破坏沿线自然环境,收费标准必须报请批准,投资者的资本金必须超过项目预算的 40%,雨季不能施工等要求。这些都是项目的制约因素,都不是项目团队所能控制的,其中也隐藏着风险。

(3) 已完成的同类或类似项目。以前搞过的、同本项目类似的项目及其经验教训对于识别本项目的风险非常有用。甚至以前项目的财务资料,如费用估算、会计账目等都有助于识别本项目的风险。项目团队还可以翻阅过去项目的档案,向曾参与该项目的各有关方征集相关资料。这对于本项目的风险识别极有帮助。

2) 风险形势估计

风险形势估计是要明确项目的目标、战略、战术以及实现项目目标的手段和资源,以确定项目及其环境的变数。例如,产业政策、原材料价格、项目的参与者、项目规模、费用、时间和质量等。

风险形势估计还要明确项目的前提和假设。有些前提和假设,在制定项目规划时,常常没有被意识到。明确了项目的前提和假设可以减少许多不必要的风险分析工作。项目的目标若含混不清,则无法测定项目目标何时或是否已经达到,无法激励人们制定实现项目目标的战略。项目目标要量化,目的是便于测量项目的进展,及时发现问题,当不同的目标出现冲突时便于权衡利弊,判定项目目标是否能够实现以及在必要时改变项目的方向或及时果断地终止项目。

对于项目而言,预算资金和时间是主要的手段和资源。彻底弄清项目有多少可以动用的资源对于实施战术,进而实现战略意图和项目目标是非常重要的。

3) 根据直接或间接的症状将潜在的风险识别出来。

风险识别首先需要对制定的项目计划、项目假设条件和约束因素、与本项目具有可比性的已有项目的文档及其他信息进行综合汇审。风险的识别可以从原因查结果,也可以从结果反过来找原因。

4. 风险识别的工具和技术

原则上,风险识别可以从原因查结果,也可以从结果反过来找原因。从原因查结果,就是先找出本项目会有哪些事件发生,发生后会引起什么样的结果。例如,项目进行过程中,关税税率会不会变化,关税税率提高和降低两种情况会分别引起什么样的后果;从结果找原因,建筑材料涨价将引起项目超支,哪些因素会引起建筑材料涨价呢?项目进度拖延会造成诸多不利后果。造成进度拖延的常见因素有哪些?

下面对进行风险识别常用到的一些工具和技术做一下简单介绍。

1) 德尔菲法

德尔菲法本质上是一种反馈匿名函询法。其做法是,在对所要预测的问题征得专家的意见之后,进行整理、归纳、统计,再匿名反馈给各专家,再次征求意见,再集中,再反馈,直至得到稳定的意见。

2) 头脑风暴法

头脑风暴法是在解决问题时常用的一种方法,具体来说就是团队的全体成员自发地提出主张和想法。团队成员在选择问题的方案之前,一定要得出尽可能多的方案和意见。利用头脑风暴法,可以想出许多主意。头脑风暴法能产生热情的、富有创造性的更多的方案。

头脑风暴法更注重想出主意的数量,而不是质量。这样做的目的是要团队想出尽可能多的主意,鼓励成员有新奇或突破常规的主意。

3) 核对表

核对表是基于以前同类项目信息及其他相关信息编制的风险识别核对图表。核对表一般按照风险来源排列。利用核对表进行风险识别的主要优点是快而简单,缺点是受到项目可比性的限制。

人们考虑问题有联想习惯。在过去经验的启示下,思想常常变得很活跃,浮想联翩。风险识别实际是关于将来风险事件的设想,是一种预测。如果把人们经历过的风险事件及其来源罗列出来,写成一张核对表,那么,项目管理人员看了就容易开阔思路,容易想到本项目会有哪些潜在的风险。核对表可以包含多种内容,例如,以前项目成功或失败的原因、项目其他方面规划的结果(范围、成本、质量、进度、采购与合同、人力资源与沟通等计划成果)、项目产品或服务的说明书、项目团队成员的技能、项目可用的资源等。还可以到保险公司去索取资料,认真研究其中的保险条款,这些东西能够提醒还有哪些风险尚未考虑到。表 8-1 就是一张项目成功与失败原因的核对表。

表 8-1　项目管理成功与失败原因核对表

项目管理成功原因
(1) 与项目参与各方共同决策
(2) 项目参与各方的责任划分明确
(3) 项目的采购与设计方案经多方案论证
(4) 对项目经理给予了充分授权
(5) 项目团队精心组织信息的管理与沟通,重大事项集体讨论决策
(6) 对项目成员作了有针对性的培训
项目管理失败原因
(1) 项目执行了非正常程序
(2) 项目分包层次太多,导致项目控制执行力不够
(3) 项目频繁变更,且变更的执行程序不规范
(4) 人员的责任划分不清,且项目经理基本素质较差
(5) 缺乏周密的计划,过程控制欠缺

4) SWOT 分析

SWOT 分析是对项目内部优势与弱势和项目外部机会与威胁进行综合分析判断。SWOT 分析作为一种系统分析工具,其主要目的是对项目的优势与劣势、机会与威胁各方面,从多角度对项目风险进行分析识别。表 8-2 是企业采用某战略实施项目的 SWOT 分析矩阵。

5) 项目工作分解结构

风险识别要减少项目的结构不确定性,就要弄清项目的组成、各个组成部分的性质、它们之间的关系、项目同环境之间的关系等。项目工作分解结构是完成这项任务的有力工具。项目管理的其他方面,例如,范围、进度和成本管理,也要使用项目工作分解结构。因此,在风险识别中利用这个已有的现成工具并不会给项目团队增加额外的工作量。

工作分解结构文件一般包括单元明细表和单元说明两部分。单元明细表按级别列出各单元的名称;单元说明详细规定各单元的各种内容及相关单元的工作界面关系。

在项目早期及早建立工作分解结构,以便为项目的技术和管理活动提供支持。在项目的寿命周期过程中,使用部门应将项目的工作分解结构作为规划未来的系统工程管理、分配资源、预算经费、签订合同和完成工作的协调工具,应依据项目工作分解结构报告工程进展、运行效能、项目评估和费用数据,以控制项目风险。

表 8-2　企业采用某战略实施项目的 SWOT 分析矩阵

SWOT 分析			
优势分析(Strength)		劣势分析(Weakness)	
采用该战略的优势	如何充分发挥这些优势	采用该战略的劣势	怎样减轻其影响
具有相应的技术力量 熟悉行业合作伙伴 具备合作开发的经验 开发人员有工作意愿 资源充分 领导支持	选出多种技术方案 选择最佳合作伙伴 借鉴并利用过去的经验 充分授权 整合各种资源 有困难及时与领导沟通	开发成本难以控制 不能独享知识产权 开发人员的创造性受限	严格执行成本预算 申请专利 奖励创造成果
机会分析(Opportunity)		威胁分析(Threat)	
采用该战略给项目提供了哪些机会	如何充分利用这些机会	采用该战略给项目带来了哪些威胁	如何应对这些威胁
学习合作伙伴的经验 培养开发人员 缩短开发时间 保证产品质量 提升品牌形象 扩大产品的销售渠道	分享经验,建立数据库 安排后备人员参与开发 抢占市场 进军国际市场 借机进行广告宣传 展开地区与国际渗透	合作失败 技术泄密 协调、管理难度大	合同约束 签订保密协议 贯彻项目经理负责制

工作分解结构是实施项目、创造最终产品或服务所必须进行的全部活动的清单,是进度计划、人员分配、预算计划的基础,是对项目风险实施系统工程管理的有效工具。

6) 敏感性分析

敏感性分析研究在项目寿命期内,当项目变数(例如,产量、产品价格、变动成本等)以及项目的各种前提与假设发生变动时,项目的性能(例如,现金流的净现值、内部收益率等)会出现怎样的变化以及变化范围如何。敏感性分析能够回答哪些项目变数或假设的变化对项目的性能影响最大。这样,项目管理人员就能识别出风险隐藏在哪些项目变数或假设下。

7) 系统分析法

系统分析法是将复杂的事物分解成比较简单的容易被认识的事物,将大系统分解成小系统,从而识别风险的方法。

例如,当建造一个化肥厂时,可将风险分解为以下几方面:市场风险、经济风险、技术风险、资源及原材料供应风险、环境污染风险等。然后,再对每一种风险作进一步的分析。例如,市场风险可进一步分解如下。

(1) 竞争能力:取决于产品质量和售价,可进行计算和估计。

(2) 其他企业同种产品的预计产量,或有相似功能的新产品出现的时间和产量。

（3）消费者拥有该产品的饱和度。

8）事故树分析

在可靠性工程中常常利用事故树进行系统的风险分析。此法不仅能识别出导致事故发生的风险因素，还能计算出风险事故发生的概率。

事故树由节点和连接节点的线组成。结点表示事件，而连线则表示事件之间的关系。事故树分析是从结果出发，通过演绎推理查找原因的一种过程。在风险识别中，事故树分析不仅能够查明项目的风险因素，求出风险事故发生的概率，还能提出各种控制风险因素的方案。既可作定性分析，又可作定量分析。事故树分析一般用于技术性强、较为复杂的项目。

例如，橡胶生产的自动化系统的工作原理是：天然橡胶被吸到箱体一端，添加剂进入另一端，两者混合后由电泵从箱体内抽出。系统中，当箱体内压力升高或安全阀门失效时就会发生爆炸。而压力升高或安全阀门失效又由其他因素引起。因此，箱体爆炸风险分析的事故树如图 8-1 所示。

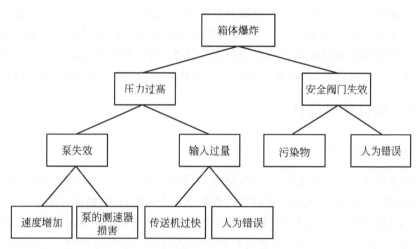

图 8-1　箱体爆炸风险分析的事故树

事故树最常用于直接经验很少的风险识别。由图 8-1 看出，箱体爆炸风险可分解为两种原因或故障：压力升高及安全阀门失效。每种原因或故障又可分为两种。最终可列出六种可能性。

此外，在对项目的风险进行识别时，除了上文中所提到的工具和技术外，还会用到常识、经验和判断，对于某些项目，有时还需要进行试验或实验等。

5. 风险识别的成果

风险识别之后要把结果整理出来，写成书面文件，为风险分析的其余步骤和风险管理做准备。风险识别的成果应包含下列内容。

1）风险来源表

表中应列出所有的风险。罗列应尽可能全面，不管风险事件发生的频率和可能性、收

益或损失、损害或伤害有多大,都要一一列出。对于每一种风险来源,都要有文字说明。说明中一般要包括:

(1) 风险事件的可能后果。
(2) 对预期发生时间的估计。
(3) 对该来源产生的风险事件预期发生次数的估计。

2) 风险的分类或分组

风险识别之后,应该将风险进行分组或分类,分类结果应便于进行风险分析的其余步骤和风险管理。

3) 风险症状

风险症状就是风险事件的各种外在表现,如苗头和前兆等。项目团队成员不及时交换彼此间的不同看法,就是项目进度出现拖延的一种症状。施工现场混乱,材料、工具随便乱丢,无人及时回收整理就是安全事故和项目质量、成本超支风险的症状。

4) 对项目管理其他方面的要求

在风险识别的过程中可能会发现项目管理其他方面的问题,需要完善和改进。例如,利用项目工作分解结构识别风险时,可能会发现工作分解结构做得不够详细。因此,应该要求负责工作分解结构的成员进一步完善之。又如,当发现项目有超支的风险,但是又无人制定防止超支的措施时,就必须向有关人员提出要求,让他们采取措施防止项目超支。

8.2.2 项目风险估计

1. 风险估计的内涵

在风险识别和初步分类之后,下一步就要对风险进行估计。风险估计的对象是项目的各单个风险,而非项目整体风险。风险估计有如下几方面的目的:加深对项目自身和环境的理解;进一步寻找实现项目目标的可行方案;务必使项目所有的不确定性和风险都经过充分、系统而又有条理的考虑;明确不确定性对项目其他各个方面的影响;估计和比较项目各种方案或行动路线的风险大小,从中选择出威胁最少,机会最多的方案或行动路线。

1) 风险估计和决策

项目选择不同的方案或行动路线,就会有不同的风险。从中选择出威胁最少,机会最多的过程实际上是进行风险决策。

决策一般涉及以下 5 个方面。

(1) 项目主体一个或多个明确的目标。
(2) 项目面临的各种可能自然状态,或称风险状态。
(3) 各种自然状态出现或发生的概率。
(4) 供选择的各种方案或行动路线。
(5) 每一种方案下,项目处于各个风险状态下的后果(收益、损失)的大小。

根据风险估计人员掌握信息的不同,可以有确定型、不确定型和随机型三种不同类型的风险估计。

对于随机型风险估计方法,其主要内容有以下几个方面。

(1) 选定计量项目变数的标度。
(2) 确定风险事件发生的概率。
(3) 根据选定的计量标度计算风险事件各种后果的数值大小。

另外,还要考虑有哪些转化因素可能变潜在威胁为现实损失或损害及其出现的概率,以及潜在威胁变为现实时其后果的严重性。

(4) 确定估计数值的变化范围及其限定条件。避免项目有关各方产生误解,以为这些估计数值是准确无误、不会变动的。

使用概率分析方法衡量风险大小,需要知道风险事件的发生概率和后果大小。例如,修建核电站和火电站,哪一种环境风险大呢?核电站事故的后果虽然严重,但发生严重事故的概率很小;火电站排放烟尘和污水虽然短时间不会成灾,但是每天都排放,污染环境的概率却是百分之百。因此衡量风险的大小,必须综合考虑风险事件发生的概率和后果大小。风险事件发生概率和后果大小的乘积叫做风险事件状态。因此,风险的大小可由风险事件状态来计量。

2) 计量标度

计量是为了取得有关数值或排列顺序。计量使用标识、序数、基数和比率四种标度。

标识标度是标识对象或事件的,可以用来区分不同的风险,但不涉及数量。不同的颜色和符号都可以作为标识标度。在尚未充分掌握风险的所有方面或同其他已知风险的关系时,使用标识标度。例如,项目团队如果感到项目进度拖延的后果非常严重,可用紫色表示进度拖延风险;如果感到很严重,用红色表示;如果感到严重,则用橘红色表示。

序数标度。事先确定一个基准,然后按照与这个基准的差距大小将风险排出先后顺序,使之彼此区别开来。利用序数标度还能判断一个风险是大于、等于还是小于另一个风险。但是,序数标度无法判断各风险之间的具体差别大小。这里所说的基准可以是主观的,也可以是客观的。将风险分为已知风险、可预测风险和不可预测风险用的就是序数标度。

基数标度。使用基数标度不但可以把各个风险彼此区别开来,而且还可以确定它们彼此之间差别的大小。比率标度不仅可以确定风险彼此之间差别的大小,还可以确定一个计量起点。风险发生的概率就是一种比率标度。

有些类型的风险,常常要用多种标度。正确地选用计量标度在风险估计中非常重要。此外,我们还需要知道对于已经收集在手的信息和资料应当选用哪一种标度。

通常情况下,有关风险的信息资料有三种形式:书面或口头记述性的、定性的和定量的。

记述性信息指出有哪些潜在风险可能会妨碍项目的进行,或指出风险的来源。这时,最好选用标识标度或序数标度来估计风险事件发生可能性的大小或后果。

定性信息和资料通常采用序数标度。例如,在市场研究中,常会用到"极好—很好—好—一般—差"等类似的序数标度。

当用语言定性描述风险时,可使用定性标度。例如,高、低、或许、预期的、不肯定、有可能、不大可能等。但是这些词、用语或说法,不同的人有不同的理解。

定量估计风险时使用基数或比率标度。在这种情况下,用一个百分数或分数,即概率表示风险发生的可能性大小。概率并不一定能提高风险估计的准确性。定量估计同定性估计相比,可以减少含混不清,更客观地估计有关风险的信息资料。另外,风险有了数值之后,就可以参与各种运算,就可以确定两个风险之间到底相差多少。记述性和定性计量无法进行计算。表 8-3 就是一个对风险进行定量比较的例子。

表 8-3 风险定量评级

风险等级	失败概率	说　　明
极高	0.81~0.99	超过目前水平,极有可能出技术问题
很高	0.61~0.80	超过目前水平,很有可能出现技术问题
高	0.50~0.60	最新技术,单位充分考验,有可能出现技术问题
一般	0.25~0.49	最好的技术,基本不会出现大的技术问题
低	0.10~0.24	实用技术,基本不会出现技术问题
很低	<0.10	正在使用的系统

3) 风险事件的发生概率

概率分布是显示各种结果发生概率的函数。在风险估计中,概率分布用来描述损失原因所致各种损失发生可能性大小的分布情况。

风险事件发生的概率和概率分布是风险估计的基础。因此,风险估计的首要工作是确定风险事件的概率分布。一般来讲,风险事件的概率分布应当根据历史资料来确定。当项目管理人员没有足够的历史资料来确定风险事件的概率分布时,可以利用理论概率分布进行风险估计。

(1) 根据历史资料确定风险事件的概率分布。

假设一名驾驶员在某一年中发生交通事故的次数的概率如表 8-4 所示。

表 8-4 一年中发生交通事故次数的概率

交通事故次数	0	1	2	3
概率	0.65	0.20	0.10	0.05

从上述的概率分布中可发现,该驾驶员不发生交通事故的概率为 0.65,发生 2 次交通事故的概率为 0.10。如果用随机变量 X 表示事件发生的结果,上述的事件发生结果是可数的,则 X 为离散型随机变量。

再假设企业有幢价值为 500 万元的建筑物,按照过去经验火灾所致各种损失金额的概率分布如表 8-5 所示。

表 8-5 火灾所致各种损失金额的概率

损失金额(万元)	概　　率
0	0.05
10	0.10
30	0.15
50	0.50
100	0.15
300	0.04
500	0.01

如果用随机变量 X 表示该幢建筑物将来遭受火灾所致的可能损失金额,那么因该幢建筑物将来遭受火灾所致的可能损失可以是 500 万元以内的任何值,即可能出现的结果是不可数的,因此 X 为连续型随机变量。

总之,可用随机变量来表示风险所致损失的结果,该随机变量的概率分布就是风险的概率分布。从风险的概率分布中可得到诸如期望值、标准差、差异系数等信息,这些信息对衡量风险是非常有用的。

(2) 风险估计中常用的概率分布与风险度。

在建立风险的概率分布时,常因过去统计资料的不足而需要应用理论概率分布进行模拟。在对项目进行风险估计时常用的理论概率分布主要有:阶梯长方形分布、离散分布、等概率密度分布、梯形分布、三角形分布、正态分布、二项分布、对数正态分布等。

(3) 主观概率。

由于项目活动独特性很强,项目风险来源彼此相差很远。所以,项目团队在许多情况下只能根据为数不多的小样本对风险事件发生的概率、风险事件后果的数学期望和方差进行估计。有时由于项目活动是前所未有的,根本就没有可以利用的数据,项目管理人员就要根据自己的经验猜测风险事件发生的概率或概率分布。这样得到的概率是主观概率。

所谓主观概率,就是在一定条件下,对未来风险事件发生可能性大小的一种主观相信程度的度量。

主观概率与客观概率的主要区别是,主观概率无法用试验或统计的方法米检验其正确性。

主观概率的大小常常根据人们长期积累的经验、对项目活动及其有关风险事件的了解来估计。一家建筑公司接到一项从未干过的核反应堆工程。要对该工程的工期风险进行估计,必须知道核反应堆工程工期的概率分布。但国内有关这方面的资料和数据甚少,承担此项合同的项目团队就不得不根据过去完成一般工业民用建筑的经验、核反应堆工程的特点和复杂程度以及其他主、客观条件来估计核反应堆工程按时竣工的概率。实践和大量的研究成果说明,这种估计是有效的。

4) 风险事件后果的估计

风险事故造成的损失大小要从三个方面来衡量:损失性质、损失范围和损失的时间分布。

损失性质指损失是属于政治性的、经济性的还是技术性的。损失范围包括:严重程度、变化幅度和分布情况。严重程度和变化幅度分别用损失的数学期望和方差表示,而分布情况是指哪些项目参与者的损失。时间分布指风险事件是突发的还是随着时间的推移逐渐致损,该损失是马上就感受到了,还是随着时间的推移逐渐显露出来?

损失的时间分布对于项目的成败关系极大。数额很大的损失如果一次就落到项目头上,项目很有可能因为流动资金不足而破产,永远失去了项目可能带来的机会;而同样数额的损失如果是在较长的时间内分几次发生,则项目团队容易设法弥补,使项目能够坚持下去。

风险损失这三个方面的不同组合使得损失情况千差万别。因此,任何单一的标度都无法准确地对风险进行估计。

在估计风险事故造成的损失时,描述性标度最容易用,费用最低;定性标度次之;定量标度最难、最贵、最耗费时间。

2. 风险评估

风险评估是对风险进行定性分析并依据风险对项目目标的影响程度对项目风险进行分级排序的过程。

风险评估的依据主要有以下几个方面。

(1) 风险管理规划。

(2) 风险识别的成果。已识别的项目风险及风险对项目的潜在影响需进行评估。

(3) 项目进展状况。风险的不确定性常常与项目所处生命周期的阶段有关。在项目初期，项目风险的症状往往表现得不明显，随着项目的进展，项目风险及发现风险的可能性会增加。

(4) 项目类型。一般来说，普通项目或重复率较高项目的风险程度比较低；技术含量高或复杂性强的项目的风险程度比较高。

(5) 数据的准确性和可靠性。针对用于风险识别的数据或信息，需要对其准确性和可靠性进行评估。

(6) 风险发生概率和风险造成影响的程度。这是用于评估风险的两个关键方面。

风险评估的主要工具与技术主要有以下几个方面。

1) 定性评估

风险概率及影响程度可以用定性的方式进行评估。例如，非常高、高、一般、低和非常低。风险概率的高低描述的是风险发生可能性的高低。风险影响程度的高低描述的是如果风险发生，风险对项目目标影响程度的高低。风险概率和风险影响程度评估的对象是单个风险，而不是整个项目。

2) 矩阵图分析

(1) 风险影响程度分析。风险影响程度分析如表 8-6 所示。

(2) 风险发生概率与影响程度评价。风险发生概率与影响程度评价如表 8-7 所示。

表 8-6 风险对项目主体目标影响程度评价表

项目目标	费用	进度	功能	质量
很低 0.05	不明显的费用增加	不明显的进度拖延	很难发现的功能减弱	很难发现的品质降低
低 0.1	<5%的费用增加	进度拖延<5%	影响到一些次要功能	只有在要求很高时应用才会受到影响
一般 0.2	5%~10%的费用增加	总体项目拖延5%~10%	影响到一些主要功能	质量的下降程度能够得到客户的认可
高 0.4	10%~20%的费用增加	总体项目拖延10%~20%	功能降低到客户无法接受的程度	质量下降到客户无法接受的程度
很高 0.8	>20%的费用增加	总体项目拖延>20%	项目所完成的功能差，使产品没有实际用途	项目所完成的质量低，使产品没有实际用途

表 8-7 风险发生概率与影响程度评价表

概率	风险值＝风险概率×风险影响值				
0.9	0.45	0.09	0.18	0.36	0.72
0.7	0.35	0.07	0.14	0.28	0.56
0.5	0.25	0.05	0.10	0.20	0.40
0.3	0.15	0.03	0.06	0.12	0.24
0.1	0.05	0.01	0.02	0.04	0.08
	0.05	0.10	0.20	0.40	0.80
	影响（比率）				

（3）风险发展趋势评价方法。随着项目的进展，项目的风险概率可能会增加或减小，趋势评估是对风险变化趋势进行评估的方法。

（4）项目假设前提评价及数据准确度评估。项目假设前提的评价主要针对两个核心内容，即假设前提的稳定性和如果假设前提失误对项目目标造成的影响。数据准确度方法是一种评价有关风险数据和信息对风险管理实用程度的技术。

风险评估的成果有以下三种形式。

（1）项目整体风险等级。通过比较项目间的风险等级，对该项目的整体风险程度做出评价。项目的整体风险等级将用于支持项目各种资源的投入策略及项目继续进行或取消的决策。

（2）风险表。风险表将按照高、中、低类别的方式对风险和风险状况做出详细的表示，风险表可以表述到 WBS 的最低层。风险表还可以按照项目风险的紧迫程度、项目的费用风险、进度风险、功能风险和质量风险等类别单独做出风险排序和评估。对重要风险的风险概率和影响程度要有单独的评估结果并做出详细说明。

（3）附加分析计划表。对高或中等程度的风险应列为重点并做出更详尽的分析和评价，其中应包括进行下一步的风险定量评价和风险应对计划。

3. 风险量化

风险量化是衡量风险概率和风险对项目目标影响程度的过程。风险量化的基本内容是确定哪些事件需要制定应对措施。

风险量化依据风险管理计划、风险及风险条件排序表、历史资料、专家判断及其他计划成果，利用面谈、灵敏度分析、决策分析和模拟的方法和技术，得出量化序列表、项目确认研究以及所需应急资源等量化结果。

风险量化的依据主要有以下方面。

（1）风险管理计划。

（2）风险及风险条件排序表。

（3）历史资料。如同类项目的文档、风险专家对同类项目的研究成果及所在行业或其他来源的相关信息数据。

(4)专家判断结果。专家既可以是项目团队、组织内部的专家,又可以是组织外部的专家;既可以是风险管理专家,又可以是工程或统计专家。

(5)其他计划成果。

风险量化的主要工具和技术主要有以下方面。

1)确定性风险量化

假定项目各种状态出现的概率为1,只计算和比较各种方案在不同状态下的后果,进而选择出风险不利后果最小、有利后果最大的方案的过程称作确定性风险估计。

(1)敏感性分析。敏感性分析是指分析、测算一些因素发生变化时,评价指标变化的幅度。有些因素的微小变化会引起评价指标较大的变化,进而影响到原来的决策,这些因素称为敏感性因素;反之,有些因素在较大的数值范围内变化却只引起评价指标很小的变化,甚至不发生变化,这些因素被称为不敏感因素。敏感性分析实质上就是在诸多的不确定因素中,确定哪些是敏感性因素,哪些是不敏感因素,并分析敏感性因素对评价指标的影响程度。

(2)盈亏平衡分析

各种不确定因素的变化会引起评价指标的改变。当这些因素的变化达到某一临界值时,就会引起质的变化,从而影响到方案的取舍。盈亏平衡点正是这样的临界点,盈亏平衡分析的目的也正是要找出这种临界值,为决策提供依据。

2)不确定性风险量化

(1)概率分析法。所谓概率分析,是指用概率来分析、研究不确定因素对指标效果影响的一种不确定性分析方法。具体而言,是指通过分析各种不确定因素在一定范围内随机变动的概率分布及其对指标的影响,从而对风险情况做出比较准确的判断,为决策提供更准确的依据。

(2)期望值法。

①最大期望收益准则(EMV)。例如,某厂打算生产一种新产品,有如下四种方案可供选择:A_1——改建原有生产线;A_2——新建一条生产线;A_3——把一部分配件包给外厂;A_4——从市场上采购配件。产品投放市场后可以有四种状态:S_1——需求量高;S_2——需求量一般;S_3——需求量低;S_4——需求量很低。假设需求高的概率为0.2,需求一般的概率为0.4,需求小的概率为0.3,需求很小的概率为0.1。各事件的概率及各方案在各状态下的后果(收益值)如表8-8所示,试问应如何决策?

表8-8 某厂的四种方案、四种状态及相应的概率和收益值

收益值\方案\状态	S_1	S_2	S_3	S_4
概率	0.2	0.4	0.3	0.1
A_1	600	400	−150	−350
A_2	800	350	−300	−700
A_3	350	220	50	−100
A_4	380	250	90	−50

这个问题可用决策矩阵来描述。决策者可选的行动方案有四种,这是他的策略集合,记作$\{A_i\}(i=1,2,3,4)$。有四种需求状态,这就是事件集合,记作$\{S_j\}(j=1,2,3,4)$。每个"策略—事件"对都可以得出相应的收益值或损失值,记作a_{ij}。将这些数据汇总在矩阵中,如表 8-9 所示,这就是决策矩阵。根据决策矩阵中元素所示含义的不同,可分为收益矩阵、损失矩阵、后悔矩阵等。决策矩阵的各元素代表"策略—事件"对的收益值。各事件的发生概率为P_j,先计算各策略的期望收益值

$$\sum_{j=1}^{m} P_j a_{ij} (i=1,2,\cdots,n)$$

然后从这些期望收益值中选取最大者,它对应的策略为决策策略。即

$$\max \sum_{j=1}^{m} P_j a_{ij} (i=1,2,\cdots,n)$$

计算结果如表 8-9 所示。

表 8-9　某厂选择方案的期望收益值表

收益值　状态　概率　方案	S_1	S_2	S_3	S_4	期望收益值
	0.2	0.4	0.3	0.1	
A_1	600	400	−150	−350	200(max)
A_2	800	350	−300	−700	140
A_3	350	220	50	−100	163
A_4	380	250	90	−50	198

根据最大期望收益准则有

$$\max(200,140,163,198)=200$$

它对应的策略为A_1。

②最小机会损失准则(EOL)。矩阵的各元素代表"策略—事件"对的机会损失值,各事件发生的概率为P_j,先计算各策略的期望损失值,a_{ij}为当前状态下,某方案与最高收益方案之间的差值,即后悔值。

$$\sum_{j=1}^{m} P_j a_{ij} (i=1,2,\cdots,n)$$

然后从这些期望收益值中选取最小者,它对应的策略为决策策略,即

$$\min \sum_{j=1}^{m} P_j a_{ij} (i=1,2,\cdots,n)$$

根据上面的数据进行计算,结果如表 8-10 所示。

表 8-10　某厂选择方案的机会损失值表

收益值\概率\方案 \ 状态	S_1	S_2	S_3	S_4	机会损失值
	0.2	0.4	0.3	0.1	
A_1	200	0	240	300	142(min)
A_2	0	50	390	650	202
A_3	450	180	40	50	179
A_4	420	150	0	0	144

根据最小机会损失准则有

$$\min(142,202,179,144)=142$$

它对应的策略为 A_1。

3）概率树分析

概率树是一种用来进行风险分析和估计的方法，它能帮助我们探索问题之间的联系，简化问题并确定各种概率。下面以一个例子来说明概率树的应用。

甲公司正在考虑研制一种新的除臭剂。目前甲公司拥有 30% 的除臭剂市场，它的主要竞争对手乙公司拥有 70% 的市场。甲公司研究人员由于在化学配方上有技术突破，有 80% 的把握研制出这种新除臭剂。如果成功，这种新产品将成为市场上一种新的竞争力量。

在是否要研制和销售新除臭剂的决策过程中，甲公司需要认真估计乙公司的反应。估计乙公司将推出新产品相对抗的可能性为 0.6。如果这种情况发生，则甲公司占有 70% 的市场份额的可能性是 0.3。占有 50% 的可能性为 0.4，占有 40% 的可能性为 0.3。如果乙公司未能开发新产品来进行对抗，则甲公司占有 80% 的市场份额的可能性是 0.8，而占有 50% 与 40% 的可能性都是 10%，如果甲公司决定不开发新产品，则将仍保持现有的 30% 的市场份额。

作为甲公司的经理，非常关心能否至少占有 50% 的市场份额，这一问题可用概率树来描述，如图 8-2 所示。

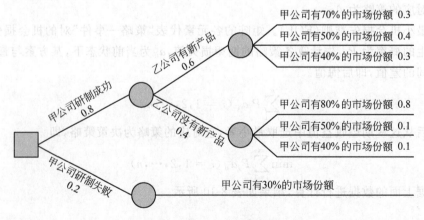

图 8-2　甲公司开发新产品的概率树

由图 8-2 可看到,甲公司至少占有 50%市场份额的概率为

$P = (0.8 \times 0.6 \times 0.3) + (0.8 \times 0.6 \times 0.4) + (0.8 \times 0.4 \times 0.8) + (0.8 \times 0.4 \times 0.1)$
$= 0.144 + 0.192 + 0.256 + 0.032 = 0.624$

4) 建模和模拟

项目模拟旨在使用一个模型,计算项目各细节方面的不确定性对项目目标的潜在影响。反复模拟通常采用蒙特卡洛技术。在模拟中,要利用项目模型进行多次计算。每次计算时,都从这些变量的概率分布中随机抽取数值(如成本估算或活动持续时间)作为输入。通过多次计算,得出一个概率分布(如总成本或完成日期)。对于成本风险分析,需要使用成本估算进行模拟。对于进度风险分析,需要使用进度网络图和持续时间估算进行模拟。

蒙特卡洛模拟的一般程序如图 8-3 所示。

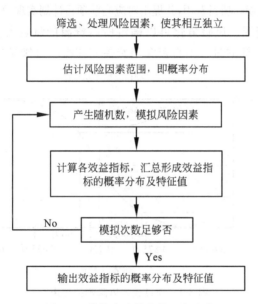

图 8-3 蒙特卡洛模拟的一般程序

下面是一个应用蒙特卡洛模拟技术对项目成本风险进行模拟的例子。

首先通过对相关干系人进行访谈,利用三点估算法确定出项目每个 WBS 要素的成本估算区间及概率分布,结果如表 8-11 所示。

表 8-11 风险访谈所得到的成本估算区间　　　　　　　　(单位:百万美元)

WBS 要素	最小值	最可能值	最大值
设计	4	6	10
建造	16	20	35
试验	11	15	23
整个项目	31	41	68

通过对历史数据的分析,设定项目 WBS 各要素服从三角分布。本案例的主要目的是运用蒙特卡洛模拟技术得到以等于或小于 4 100 万美元(最可能估计)完成项目的可能性。项目成本风险模拟后的结果如图 8-4 所示。

图 8-4 给出了项目总成本累积分布曲线。从图中可以看出,该项目以 4 100 万美元完成的可能性很低,只有 12%。如果组织较为保守,想要有 75% 的成功可能性,那就需要把预算定为 5 000 万美元,也就是说,该项目需要 22%(5 000 万美元－4 100 万美元)/4 100 万美元的应急储备。

风险量化的成果主要有以下几个方面。

(1) 量化的风险序列表。对要抓住的机会和将面临的威胁列表按影响程度进行排序。这份风险序列表将作为应对措施研究的基本依据。

(2) 项目确认研究。应用风险评估和风险量化结果对原项目进度与费用计划进行分析,提出确认的项目周期、完工日期和项目费用,并提出对应当前项目计划实现项目目标的可能性。

(3) 所需的应急资源。风险量化可以确定所需资源的量及所需资源的应急程度,以帮助项目经理在实现目标的过程中将资源消费控制在组织可接受的程度内。

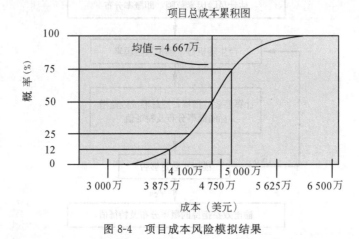

图 8-4　项目成本风险模拟结果

8.3　项目风险应对计划

8.3.1　风险应对计划的含义

选定项目风险应对技术与工具,首先要制定风险应对计划。风险应对计划是针对风险量化结果,为降低项目风险的负面效应制订风险应对策略和技术手段的过程。

8.3.2　风险应对计划的依据

风险应对计划的主要依据有以下几个方面。

(1) 风险管理计划。

(2) 风险排序。将风险按其可能性、对项目目标的影响程度、缓急程度分级排序,说明要抓住的机会和要应付的威胁。

（3）风险认知。对可放弃的机会和可接受的风险的认知。组织的认知度会影响风险应对计划。

（4）风险主体。项目利益相关者中可以作为风险应对主体的名单。风险主体应参与制订风险应对的计划。

（5）一般风险应对。许多风险可能是由某一个共同的原因造成的。这种情况下为利用一种应对方案缓和两个或更多项目风险提供了机会。

8.3.3 风险应对措施

规避风险，可从改变风险后果的性质、风险发生的概率或风险后果大小三个方面，提出多种策略。下面介绍减轻、预防、转移、回避、自留和后备六种措施，每一种都有侧重点。具体采取哪一种或几种，取决于项目的风险形势。

1. 减轻风险

此策略的目标是降低风险发生的可能性或减少后果的不利影响。其具体目标在很大程度上要看风险是已知风险、可预测风险还是不可预测风险。

对于已知风险，项目团队可以在很大程度上加以控制，可以动用项目现有资源使之减少。例如，可以通过压缩关键工序的时间、加班或采取"快速跟进"来减轻项目进度风险。

可预测风险或不可预测风险是项目团队很少或根本不能够控制的风险。因此有必要采取迂回策略。例如，政府投资的公共工程，其预算不在项目团队直接控制之中，在项目进行中存在政府削减项目预算的风险。为了减轻这类风险，直接动用项目资源一般无济于事，必须进行深入细致的调查研究，减少其不确定性。例如，在决定是否上一个项目之前，先进行市场调查，了解顾客对项目产品是否有需要、需要多少和愿意以什么样的价格购买。在这样的基础上提出的项目才有较大的成功机会。

在实施减轻策略时，最好将项目每一个具体"风险"都减轻到可接受的水平。具体的风险减轻了，项目整体失败的概率就会减小，成功的概率就会增加。实施减轻策略时，应设法将已识别的那些可预测或不可预测的风险变成已知风险。这样，项目团队就可以对其进行控制，动用项目的资源使之减轻。项目团队可动用的资源可以是有形的，例如，把项目团队成员从一项任务中调出，去支援别的项目；也可以是无形的，例如，鼓舞士气，激发干劲。

2. 预防风险

预防策略通常采取有形和无形的手段。工程法是一种有形的手段，此法以工程技术为手段，消除物质性风险威胁。工程法预防风险有多种措施，例如，

（1）防止风险因素出现。在项目活动开始之前，采取一定措施，预防风险的发生。例如，在山地、海岛或岸边建设，为了减少滑坡威胁，可在建筑物周围大范围内植树栽草，同排水渠网、挡土墙和护坡等措施结合起来，防止雨水破坏土体稳定。这样就能排除滑坡这一风险因素。

(2) 减少已存在的风险因素。施工现场，若发现各种用电机械和设备日益增多，及时果断地换用大容量变压器就可以减少其烧毁的风险。

(3) 将风险因素同人、财、物在时间和空间上隔离。风险事件发生时，造成财产毁损和人员伤亡是因为人、财、物于同一时间处于破坏力作用范围之内。因此，可以把人、财、物与风险源在空间上实行隔离，在时间上错开，以达到减少损失和伤亡的目的。

无形的风险预防手段有教育法和程序法。

(1) 教育法。项目管理人员和所有其他有关各方的行为不当构成项目的风险因素。因此，要预防与不当行为有关的风险，就必须对有关人员进行风险和风险管理教育。教育内容应该包含有关安全、投资、城市规划、土地管理与其他方面的法规、规章、规范、标准和操作规程、风险知识、安全技能及安全态度等。风险和风险管理教育的目的是，要让有关人员充分了解项目所面临的种种风险，了解和掌握控制这些风险的方法。使他们深深地认识到，个人的任何疏忽或错误行为，都可能给项目造成巨大损失。

(2) 程序法。工程法和教育法处理的是物质和人的因素，但是项目活动的客观规律若被破坏也会给项目造成损失。程序法指以制度化的方式从事项目活动，减少不必要的损失。项目团队制定的各种管理计划、方针和监督检查制度一般都能反映项目活动的客观规律性，因此，项目管理人员一定要认真执行。

合理地设计项目组织形式也能有效地预防风险。项目发起单位如果在财力、经验、技术、管理、人力或其他资源方面无力完成项目，可以同其他单位组成合营体，预防自身不能克服的风险。

使用预防策略时需要注意的是，在项目的组成结构或组织中加入多余的部分同时也增加了项目或项目组织的复杂性，提高了项目的成本，进而增加了风险。

有些风险，可以使用成熟的预防策略，例如，外汇风险。世界银行发放的贷款，一般都以多种货币支付，原因之一就是帮助借款国避免因贷款货币汇率发生变化而蒙受损失。如果项目的投入或产出涉及外汇，则项目团队必须采取措施预防外汇风险。

3. 转移风险

转移风险又叫合伙分担风险，其目的不是降低风险发生的概率和不利后果的大小，而是借用合同或协议，在风险事故一旦发生时将损失的一部分转移到项目以外的第三方身上。实行这种策略要遵循两个原则：第一，必须让承担风险者得到相应的报答；第二，对于各具体风险，谁最有能力管理就让谁分担。

采用这种策略所付出的代价大小取决于风险大小。当项目的资源有限，不能实行减轻和预防策略，或风险发生频率不高，但潜在的损失或损害很大时可采用此策略。

转移风险主要有四种方式：出售、发包、开脱责任合同、保险与担保。

(1) 出售。通过买卖契约将风险转移给其他单位，这种方法在出售项目所有权的同时也就把与之有关的风险转移给了其他单位。

(2) 发包。发包就是通过从项目执行组织外部获取货物、工程或服务而把风险转移出去。发包时又可以在多种合同形式中选择。

(3) 开脱责任合同。在合同中列入开脱责任条款，要求对方在风险事故发生时，不要求项目团队本身承担责任。

(4)保险与担保。保险是转移风险最常用的一种方法。项目团队只要向保险公司缴纳一定数额的保险费,当风险事故发生时就能获得保险公司的补偿,从而将风险转移给保险公司(实际上是所有向保险公司投保的投保人)。在国际上,建设项目的业主不但自己为建设项目施工中的风险向保险公司投保,而且还要求承包商也向保险公司投保。

保险是转移纯粹风险非常重要的方法。除了保险,也常用担保转移风险。所谓担保,指为他人的债务、违约或失误负间接责任的一种承诺。在项目管理上是指银行、保险公司或其他非银行金融机构为项目风险负间接责任的一种承诺。

4. 回避

回避是指当项目风险潜在威胁发生可能性太大,不利后果也太严重,又无其他策略可用时,主动放弃项目或改变项目目标与行动方案,从而规避风险的一种策略。如果通过风险评价发现项目的实施将面临巨大的威胁,项目团队又没有别的办法控制风险,甚至保险公司亦认为风险太大,拒绝承保,这时就应当考虑放弃项目的实施,避免巨大的人员伤亡和财产损失。对于城市和工程建设项目,如水利枢纽工程、核电站、化工项目等都必须考虑这个问题。此外,还有几种情况也需要考虑采用回避策略。

(1)客观上不需要的项目,没有必要冒险。例如,我国已经引进了近200条电视机生产线,市场上电视机供大于求,就没有必要考虑新的电视机生产项目。

(2)一旦造成损失,组织无力承担后果的项目。

回避也包括消除风险因素。放弃项目是最彻底的回避风险的办法,但是彻底地放弃项目也会带来其他问题:①为了避免损失而放弃项目就丢掉了发展和其他各种机会;②窒息了项目有关各方的创造力。

在采取回避策略之前,必须要对风险有充分认识,对威胁出现的可能性和后果的严重性有足够的把握。采取回避策略的最好时机是在项目活动尚未实施时。放弃或改变正在进行的项目,一般都要付出高昂的代价。

5. 自留

有些时候,项目团队可以把风险事件的不利后果自愿接受下来。自愿接受可以是主动的,也可以是被动的。由于在风险管理规划阶段已对一些风险有了准备,所以当风险事件发生时马上执行应急计划,这是主动接受。被动接受风险是指在风险事件造成的损失数额不大,不影响项目大局时,项目团队将损失列为项目的一种费用。费用增加了,项目的收益自然要受影响。自留风险是最省事的风险规避方法,在许多情况下也最省钱。当采取其他风险规避方法的费用超过风险事件造成的损失数额时,可采取自留风险的方法。

6. 后备措施

有些风险要求事先制定后备措施,一旦项目实际进展情况与计划不同,就动用后备措施。后备措施主要有预算、进度和技术三种。

1)预算应急费

预算应急费,是一笔事先准备好的资金,用于补偿差错、疏漏及其他不确定性对项目费用估计精确性的影响。预算应急费在项目进行过程中一定会花出去,但用在何处、何时以及多少,在编制项目预算时并不知道。

预算应急费在项目预算中要单独列出,不能分散到具体费用项目下,否则,项目团队就会失去对支出的控制。另外,预算人员由于心中无数而在各个具体费用项目下盲目地预留余地,是不能允许的。盲目地预留,一方面会由于项目预算估得过高而在投标中丢掉机会;另一方面会使不合理预留的部分以合法的名义白白花出去。

预算应急费一般分为实施应急费和经济应急费两类。实施应急费用于补偿估价和实施过程中的不确定性,经济应急费用于对付通货膨胀和价格波动。实施应急费又可分为估价质量应急费和调整应急费,而经济应急费则可进一步分为价格保护应急费和涨价应急费。

2) 进度后备措施

对于项目进度方面的不确定因素,项目各有关方一般不希望以延长时间的方式来解决。因此,项目团队就要设法制订出一个较紧凑的进度计划,争取项目在各有关方要求完成的日期前完成。从网络计划的观点来看,进度后备措施就是在关键路线上设置一段时差或浮动时间。

压缩关键路线各工序时间有两大类办法:减少工序(活动)时间,改变工序间的逻辑关系。一般来说,这两种办法都要增加资源的投入,甚至带来新的风险。

3) 技术后备措施

技术后备措施专门用于应付项目的技术风险,它是一段预先准备好了的时间或一笔资金,当预想的情况未出现并需要采取补救行动时才动用这笔资金或这段时间。预算和进度后备措施很可能用上,而技术后备措施很可能用不上。只有当不大可能发生的事件发生,需要采取补救行动时,才动用技术后备措施。技术后备措施分两种情况:技术应急费和技术应急时间。

(1) 技术应急费。单从项目经理的立场来看,最好在项目预算中打入足够的资金,以备不时之需。但是,项目执行组织高层领导却不愿意为不大可能用得上的措施投入资金。由于采取补救行动的可能性不大,所以技术应急费应当以预计的补救行动费用与它发生的概率之积来计算。

技术应急费不列入项目预算,而是单独提出来,放到公司管理备用金账上,由项目执行组织高层领导掌握。公司管理备用金账上还有从其他项目提取来的各种风险基金,就好像是各个项目向公司缴纳的保险费。

(2) 技术应急时间。为了应对技术风险造成的进度拖延,应该事先预留一段备用时间。不过,确定备用时间要比确定技术应急费复杂。一般可以在进度计划中专设一个里程碑,提醒项目团队:此处应当注意技术风险。

8.3.4 风险应对的成果

1. 风险应对计划

风险管理应详细到可操作的层次。它应包括下面的一些或全部内容:

(1) 风险识别,风险特征描述,风险来源及对项目目标的影响。
(2) 风险主体和责任分配。
(3) 风险评估及风险量化结果。
(4) 单一风险的应对措施,包括回避、转移、减轻或自留。
(5) 战略实施后,预期的风险自留(风险概率和风险影响程度)。
(6) 具体应对措施。
(7) 应对措施的预算和时间。
(8) 应急计划和反馈计划。

2. 确定剩余风险

剩余风险指在采取了回避、转移或减轻措施后仍保留的风险,也包括被接受的小风险。

3. 确定次要风险

由于实施风险应对措施而产生的风险称作次要风险。它们应同主要风险一样来识别并计划应对措施。

4. 签署合同协议

为了避免或减轻威胁,可以针对具体风险或项目签订保险、服务或其他必要的合同协议,确定各方的责任。

5. 为其他过程提供的依据

选定的或提出的各种替代策略、应急计划、预期的合同协议、需额外投入的时间、费用或资源以及其他有关的结论都必须反馈到相关领域,成为其过程计划、实施和变更的依据。

8.4 项目风险监控

8.4.1 风险监控的概念

风险监控就是在风险事件发生时实施风险管理计划中预定的应对措施。另外,当项目的情况发生变化时,要重新进行风险分析,并制定新的应对措施。

风险监控就是要跟踪识别风险,识别剩余风险和出现的风险,修改风险管理计划,保证风险计划的实施,并评估削减风险的效果。

风险监控的依据包括风险管理计划、实际发生了的风险事件和随时进行的风险识别结果。风险监控的手段除了风险管理计划中预定的应对措施之外,还应有根据实际情况确定的权变措施。如果实际发生的风险事件事先未曾预料到,或其后果比预期的严重,风险管理计划中预定的应对措施也不足以解决时,必须重新制定风险应对措施。

8.4.2 风险监控的依据

风险监控的依据主要有：
(1) 风险管理计划。
(2) 风险应对计划。
(3) 项目沟通。工作成果和多种项目报告可以表述项目进展和项目风险，一般用于监督和控制项目风险的文档有事件记录、行动规程、风险预报等。
(4) 附加的风险识别和分析。随着项目的进展，在对项目进行评估和报告时，可能会发现以前未曾识别的潜在风险事件，应对这些风险继续执行风险识别、评估、量化和制订应对计划。
(5) 项目风险评审。风险评审者需检测和记录风险应对计划的有效性以及风险主体的有效性，以防止、转移或减轻风险的发生。

8.4.3 风险监控的主要工具和技术

风险监控的主要工具和技术有：
(1) 核对表。在风险识别和评估中使用的核对表也可用于监控风险。
(2) 定期项目评估。风险等级和优先级可能会随项目生命周期而发生变化，而风险的变化可能需要新的评估或量化，因此，项目风险评估应定期进行。实际上，项目风险应作为每次项目团队会议的议程。
(3) 净值分析。净值分析是按基准计划费用来监控整体项目的分析工具。此方法将计划的工作与实际已完成的工作比较，确定是否符合计划的费用和进度要求。如果偏差较大，则需要进一步进行项目的风险识别、评估和量化。
(4) 附加风险应对计划。如果该风险未曾预料到，或其后果比预期的严重，则事先计划好的应对措施可能不足以应对，因此有必要重新研究应对措施。
(5) 独立风险分析。项目办公室之外的风险管理团队比来自项目组织的风险管理团队对项目风险的评估更独立、公正。

8.4.4 风险监控的成果

风险监控的成果表现在以下几个方面：
(1) 随机应变措施。随机应变措施就是为消除风险事件所采取的未事先纳入计划的应对措施。应对这些措施进行有效的记录，并融入项目的风险应对计划中。
(2) 纠正行动。纠正行动就是实施已计划了的风险应对措施(包括实施应急计划和附加应对计划)。
(3) 变更请求。实施应急计划经常导致项目计划的变更。
(4) 修改风险应对计划。当预期的风险发生或未发生时，当风险控制的实施削减或未削减风险的影响或概率时，必须重新对风险进行评估，对风险事件的概率和价值以及风险管理计划的其他方面做出修改，以保证重要风险得到恰当控制。

案例分析

DD 开发区大规模集成电路生产建设项目[①]

一、项目的提出

2005年新春伊始，DD开发区接待了一位来自美国的美籍华人郎先生。郎先生此次中国之行的使命是帮助美国普林公司寻找生产芯片的合作伙伴或者为该公司物色可以落脚生根的地方，从而进行大规模芯片生产。

DD开发区近年来大型工业生产项目较少，从经济及产业布局等多方面的角度考虑，它急需这样的合作伙伴。因此，DD开发区的相关领导对郎先生的此次中国之行极为重视，他们以最快的速度着手开展该项目的调查研究工作，希望此项目能成为DD开发区一个新的经济增长点。

二、芯片产业在国内外的发展形势

在刚刚过去的两年中，中国的芯片产业可谓"已入佳境"。自从国家"909工程"建成投产以来，我国的芯片产业无论"人气"还是"财气"均直线升温，即使在被美国《时代》周刊称为"历史上最悲壮的一年"的2001年（这一年全球芯片制造业的销售收入锐减30%多），中国集成电路的销售收入依然增长了8%。中国工程院院士、北大微电子研究所所长，身兼中芯国际董事长的王阳元乐观地预测："2000年以前中国的芯片属于准备阶段，现在开始崛起了。"

2001年被很多专家认为是半导体行业的分水岭——世界半导体产业30%的下滑幅度意味着这个产业开始终结高增长高利润时代。按通常的国际分工规律，此时便到了向发展中国家转移的时候了。而中国内地无疑是最适合这一转移的目标地。这一大势对中国芯片发展产业无疑是个天大的利好消息。随着包括台积电、NEC、英特尔、欧洲第二大晶片制造商亿恒等在内的一大批芯片厂商的进入，境外舆论普遍认为在芯片制造方面中国内地能比中国的台湾做得更好，而目前台湾的晶片制造业占到了全球产量的20%。德意志银行驻香港的亚太地区技术部门负责人基肖尔·苏拉考断言，在DRAM晶片制造方面，内地将超过台湾。

国家"863"集成电路设计专家严晓浪认为，随着"中国大制造"的迅猛发展以及国内外消费结构的升级，中国对集成电路的需求将持续增长。出口方面，贴着中国制造标签供应全球的PC、彩电、DVD、手机等数码产品都需要安装芯片；内需方面，信息家电、移动计算设备、网络设备、工控、仿真、医疗仪器等数字化产品的普及也会极大地刺激嵌入式系统的市场。互联网络数据中心（IDC）预测：未来4~5年，仅中国内地信息家电市场就会增长5~10倍，年需嵌入式芯片超过100亿元。德国慕尼黑国际博览集团的调查显示：到2010年，中国将成为仅次于美国的世界第二大半导体市场。

在全球集成电路市场行情一路下滑的情况下，中国集成电路产值2001年实现了8%

[①] 本案例由戴大双采编。

的增长,2002年的统计是增长20%。中国半导体协会秘书长徐小田预测:在未来10~20年时间里,中国芯片市场的增长率将高于全球市场的两倍。2001年中国内地集成电路的需求量接近300亿块,170多亿美元,占当年全球集成电路市场(约1400亿美元)的10%以上。到2005年,我国集成电路的需求量将在365亿块左右。投资的密度也将逐年上升,到2010年将有200亿元的投入。

虽然中国的芯片产业呈现出良好的发展势头,但与国际芯片产业的发展状况相比仍存在很大的不足。

首先,目前国产芯片自给率不足20%。我国半导体产业的材料和设备完全依靠进口,国内所需芯片的80%依靠进口,芯片代工企业80%的单子来自国外。

其次,在技术方面,现有的国产集成电路多为低端产品,且产品趋同化严重。众多企业急功近利、同质竞争,市场上"你有什么我就有什么,你没有的我也没有"。以"长三角"为例,涉足芯片的企业很多,但产品多集中于玩具、手表、遥控器等低层次的消费类产品。

最后,中国内地芯片生产厂的规模都不大。据对上海36家芯片设计生产企业的统计,这些公司的总资产不到2亿元,其中产值超过500万元的只有15家。但北京、上海等地已经建成了8英寸、12英寸的生产线。

表8-12~表8-14是2000年以来京津、上海和深圳新建集成电路项目的情况。

表8-12 2000年以来京津地区新建集成电路项目

公司	技术水平	生产能力(片/月)	投资(亿美元)	备注
摩托罗拉电子有限公司(中国)	8英寸 $0.25\mu m$	24 000	14.7	试运行
北京中芯环球集成电路有限公司	8英寸 $0.25\mu m$	25 000	12.5	开始施工

表8-13 2000年以来上海新建集成电路项目

公司	技术水平	生产能力(片/月)	投资(亿美元)	备注
中芯国际集成电路制造(上海)有限公司	8英寸 $0.25\mu m$	42 000	14.7	2001年9月投入试运行
上海宏力半导体制造有限公司	8英寸 $0.25\mu m$	50 000	16.3	建设中
上海贝岭股份有限公司	8英寸 $0.35\sim 0.6\mu m$	50 000	5.0	建设中
上海先进半导体制造公司	8英寸 $0.35\sim 0.6\mu m$	20 000	6.0	做前期工作

虽然中国的芯片产业普遍被专家看好,但也有专家对其发展前景表示担忧。

有些专家指出国内产业界"跟风"的喜好会波及芯片产业,导致投资过热和重复建设。

表 8-14 2000 年以来深圳新建集成电路项目

公　司	技术水平	生产能力(片/月)	投资(亿美元)	备　注
风华	封装			情况不明
深超半导体	8 英寸 0.35～0.6μm	45 000	6.0	做前期工作
先科纳超	8 英寸 0.25μm	40 000	9.0	做前期工作
深爱半导体制造公司	6 英寸 0.35～0.6μm	20 000	6.0	进程不清楚

到 2002 年年底,中国已经形成了上海、北京、深圳三个较大规模的 IC 制造基地,其他已建或正在洽谈建造 IC 生产线的城市和地区超过了十几个。IC 设计更是遍地开花,经科技部批准的"国家级集成电路设计产业化基地"就有 7 家之多,分布在上海、西安、无锡、北京、成都、杭州和深圳。2002 年,中国内地集成电路设计公司从 2001 年的 81 家增长到 389 家。根据中国半导体协会的统计,从业人员也从几千人发展到 1.5 万人,增长速度很快。为芯片配套的企业也发展起来了。目前主要的集成电路封装企业有 20 多家,其中年封装电路量超过 1 亿块的有 10 余家。2001 年内地集成电路芯片的封装量为 50 亿块,销售额约 160 亿元,目前全行业年封装能力已超过 60 亿块,产品面向海内外两个市场。传统的封装形式,如扁形封装、双列直插封装、无引线封装等已形成规模生产,随着跨国公司来华投资设厂和现有封装企业的改造升级,PGA、BGA、MCM 等新型封装形式已具备了生产能力。

种种迹象表明,"中国大制造"在横扫了玩具、服装、家电几个领域后,正在把触角伸向作为电子产业链高端的集成电路。

也有专家指出,对芯片制造厂来说,生产的是"工艺",是"产能"。一般来说,一个芯片的价格在 100 美元以内,而一个芯片制造厂的投入通常需要 10^9 美元。这样,芯片制造厂的产量必须达到 10^7 才有赢利的可能。换言之,如果企业的产量达不到或者开工不足的话,就意味着亏损。

三、芯片技术发展状况

芯片的直径与线宽是芯片技术的最直观表现。直径越大,加工难度也就越大,集成度越高。例如,8 英寸芯片是 6 英寸的 4 倍,而成本却可以降低 20%。线距越小,加工难度也就越大,集成度也就越高。国内外生产的芯片一般直径为 3 英寸、6 英寸、8 英寸、12 英寸;线距有 0.35μm、0.25μm、0.18μm、0.09μm、0.07μm、0.03μm。其具体如表 8-15 所示。

表 8-15 芯片的发展

年　代	1991 年	1995 年	2000 年	2002 年	目　前
线距(英寸)	3	6	8	8	12
直径(μm)	0.35	0.25	0.18	0.09～0.07	0.07～0.03

项目管理

芯片的生产工艺过程为：

并不是所有的生产厂都可以完成上面所提到的所有工序，许多生产厂只做其中的几道或一两道工序，例如，有专门的封装厂，也有光刻与封装连续加工的公司。

芯片项目投入生产后，一般是连续作业，一旦启动，永远不能停顿。生产中使用的人工费用只占总成本的5%，而设备费用占85%以上。

四、DD开发区拟建芯片项目情况

美国普林公司拟在DD开发区建设的项目计划分两期。一期计划投资总额12.6亿美元，其中美国普林公司已经支出8.6亿美元购买了美国一家设备制造商的全套设备（包括切片、打磨、光刻、封装等）。该套设备可以生产8英寸$0.35\mu m$的芯片，需要中方配套投资3.0亿美元。中方配套投资的内容包括：提供土地、建设适合芯片生产的厂房；提供加工所需的所有辅助设备；提供供水、供热、供电等所有附属设备设施。产量按照月生产40 000片规划。一期计划生产12英寸芯片，投资规模和生产规模将根据市场开拓情况来定。

美国普林公司已经购买了价值8.6亿美元的设备，它提出为尽早抢占先机，最好应在两个月内破土动工建设该项目，并建议DD开发区尽快向国家主管部门申请报批。

与此同时，美国普林公司还委托郎先生与中国电子工程设计院对该项目进行设计策划。目前，他们已经完成了项目总体方案的设计，并从技术方面对该项目进行了充分论证。

由于时间紧迫，美国普林公司目前正同时与山东威海、辽宁沈阳、浙江苏州等开发区进行商谈，这些开发区都有意向与其开展合作。另外，由于该项目占地多、耗水、耗电多，所以美国普林公司希望将此项目放在中小城市。

五、合作双方的基本情况

美国普林公司是比较大的公司，在香港和北京都有代办处。公司近两年的销售收入都在120亿美元以上，每年的净利润可达10亿美元。经营的业务包括房地产业、家用电器、医疗器具、军用电子产品。由于该公司创办之初曾经营过军品，所以一直与军方保持着良好的关系，包括与中国军方也有联系。该公司虽然是有一定实力的大公司，但在半导体行业却是个新加入者，它在三年前进入半导体行业，在美国有中等规模的生产厂。

DD开发区是我国建立的最早的开发区之一，近年来一直排在全国第一或第二的位置上。2004年的GDP为246亿元，2002年的财政收入为15.3亿元，2003年的财政收入约为18亿元，2004年的财政收入约为20亿元。有6 000多家企业落户在该开发区，常住人口近20万人。DD开发区的政府领导班子已经实现了年轻化，其发展思路开阔，进取精神很强，但也存在着追求业绩的倾向。

六、相关消息

2006年，全球芯片代工市场保持了较快的增长势头，国内各芯片生产线的产能利用率处于较高的水平,这使得芯片制造业的销售额得以迅速提升。2006年我国芯片制造业的销售额达到323.5亿元,增长率为38.9%。

在硬件投资方面,2006年国内有多条芯片生产线项目陆续建成投产,其中包括韩国海力士(Hynix)和意法半导体(STMicro)在无锡的8英寸和12英寸芯片生产线;华虹NEC、中芯国际、茂德等企业在上海、武汉、重庆、成都等地积极推进新的8英寸和12英寸生产线项目,这些新增投资和项目为中国芯片制造业的成长创造了基础条件。据不完全统计,中国内地现在拥有47条芯片生产线,所处理的晶圆直径从4英寸到12英寸均有,其中12英寸生产线有2条,预计国内芯片生产线还将持续增加。

2006年大陆地区芯片制造业在生产工艺的开发和应用方面取得了显著进展,不少企业采用了0.18～0.13μm的工艺,中芯国际90纳米制造技术已经量产,在2007年下半年可能实现65纳米技术。此外,和舰的0.13μm高压器件工艺、华虹NEC和上海集成电路研发中心的0.18μm高压CMOS工艺以及华虹NEC的0.25μm嵌入式内存工艺均是2006年业内值得关注的进步技术。

案例启发思考题

1. 该项目存在哪些风险,你认为最重要的风险是什么?
2. 可以采取什么样的方法来应对和监控该项目的风险?
3. 该项目是否应该建设,为什么?

本章思考练习题

1. 什么是项目的风险管理?项目风险管理的内容有哪些?
2. 风险管理规划都包括哪些工作?
3. 风险识别有哪几种方法?
4. 风险评估与量化的主要工具和技术包括哪些内容?
5. 风险应对的主要措施有哪些?各自的优缺点是什么?
6. 风险监控的主要工具和技术包括哪些内容?

第 9 章 项目沟通与冲突管理

> **导读**
>
> 在现代社会中，任何一件事都不能在封闭的环境中发展完成，项目也是如此。在项目实施过程中，既有项目团队内部的交流与接触，又有与外部众多项目利益相关者的联系，这时就需要进行项目的沟通管理。项目沟通管理就是要保证项目信息及时、准确地提取、收集、传播、存储以及最终处置，保证项目班子内部的信息通畅。有效的沟通能在各种各样的项目利益相关者之间架起一座桥梁，把具有不同文化和组织背景、不同技能水平以及对项目执行或结果有不同观点的利益相关者联系起来。
>
> 某大型化工项目在项目开展的过程中，只通过定期的例会制度和信息系统等正式沟通渠道来传递项目的绩效信息，没有在分析项目特点的基础上建立完善的沟通渠道，经常出现现场作业人员与上级管理人员的沟通不及时的情况，甚至还因为项目进展信息沟通的延滞导致了工程事故的发生。可见，项目运行过程中有效的信息沟通对项目的成功开展起着至关重要的作用，在项目管理中必须要得到重视。本章在介绍项目沟通管理基本概念的基础上，分析了项目的沟通管理过程，并对项目运行中可能存在的冲突问题进行了阐述。

9.1 项目沟通管理概述

9.1.1 沟通的含义及特征

沟通的含义丰富而复杂，从管理的工作特性出发，可以把沟通综合定义为如下含义：沟通是凭借一定的符号载体，设定未来的目标，把信息、思想和情感在个人或群体间传递的过程。沟通是一门艺术，具有特殊的原则、方法和技巧。

沟通是人为的，没有人的行动，也就无所谓沟通。沟通与人际关系密切相关，有时可能拘泥形式，有时也可能十分随意。这一切取决于传递信息的性质以及传递者与接收者之间的关系。由此可见，沟通可被认为涉及信息传递和某些人为活动的过程。从沟通的简单模式看，它涉及组织、组织目标、信息、环境、传播程序、通道等方面的因素。

其一般模式如图 9-1 所示。

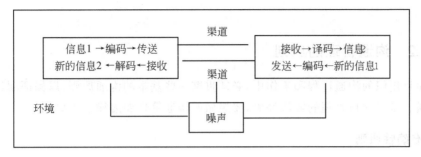

图 9-1　信息传递模式

因项目具有特殊性,项目沟通管理除具有一般沟通管理的特点外,还具有以下一些特征。

(1)沟通范围广。每一个项目的实施都与诸如项目委托人、高层管理者、公司职能部门、承包商等众多项目利益相关者密切相关,项目沟通既包括项目团队与众多项目利益相关者间的沟通,又包括项目团队内部的沟通。项目实施过程中,必须把相关信息传递给各相关人员,保持各类团体、人员间的信息畅通。

(2)沟通内容多。项目沟通首先必须保证有关项目实施的各类信息能够为相关人员获得,同时为保证项目能顺利完成,必须加强项目团队内部成员间、团队与母公司上级或职能部门间、团队与项目委托人间等的情感沟通、冲突沟通,创造出最有利于项目实施的环境。实践表明,对项目的成功而言,项目经理在这方面的沟通职能显得尤为重要。

(3)沟通层次复杂。对一个项目而言,既有对上级组织、下级组织的沟通,又有与同级部门、平行团体的沟通,项目各利益相关者从不同的利益出发,所关注的目标和期望也不尽相同,这时项目经理应考虑哪些人应该获得某类信息,而哪些信息是某些人不感兴趣或不应该了解的。例如,上级公司一般关注项目的运行成本、盈利情况,这类信息必须与上级沟通向上级传达,但并不是事无巨细都向上级汇报,诸如项目团队自身能够解决的困难就不必过早地向上级汇报,否则易令上级产生不信任,从而造成上级对项目的不支持等不利后果。

(4)沟通过程贯穿项目始终。项目始终处于一个复杂多变的环境中,项目根据实际进展情况会有所调整,变更要求也时有出现,这就要求建立一个有效的沟通管理体系,保证变更的前后不会对项目产生某种震荡;同时因项目众多,利益相关者的利益不同,存在着各种各样的冲突,团队的建设也是一个具有阶段特征(组建、磨合、正规、实施、扫尾)的成长过程,这些都需要通过有效的沟通来解决。

综上所述,我们可以这样理解沟通:沟通是人和人之间进行的,采用语言、文字、身体语言、各种专业符号、影音资料等形成的信息进行的交流,使彼此间能知道并理解其意图。沟通可以是口头的或书面的,可以是面对面式的或是通过沟通媒介,如电话、文件、书信、电子邮件。沟通可以是正式的,如例会、报告会、发布会,也可以是非正式的。

项目管理协会(PMI)的《项目管理知识体系指南》中,把沟通管理定义为"包括保证及时与恰当地生成、搜集、传播、存储、检索和最终处置项目信息所需的过程。它在人员与信息之间提供取得成功所必需的关键联系"。

不论何种理解和定义,沟通管理的重要性是毋庸置疑的,有效的沟通是项目成功的关键因素。

9.1.2　沟通管理的原则

在项目组织的沟通过程和工作中，必须贯彻一些基本的沟通原则，以保证项目组织的有效沟通。基于项目管理的实战经验，要想做好沟通管理要遵循以下原则：

1. 准确性原则

项目沟通的准确性原则包括两个方面：一是沟通中所传递的信息本身必须是准确的，而不能是似是而非或模棱两可的；二是沟通中所使用的语言和信息传递方式应该能被接收者所理解，从而能够使对方获得准确的信息。任何项目组织中的沟通只有贯彻了准确性原则，才不至于出现沟通障碍和误解。

2. 完整性原则

项目沟通中的完整性原则也包括两个方面：一是提高信息的完备性；二是实现沟通的完全性。提高信息的完备性，是指在沟通过程中所传递的信息应该是基本完备的，不能够留下很大的信息缺口，那样会使对方难以理解，从而出现沟通障碍。同时项目组织中的管理人员需要努力为项目团队成员提供他们所需要的信息，以保证团队成员之间沟通的完整性。

3. 及时性原则

在项目沟通的过程中，不论是项目主管人员向下沟通，还是下级或团队成员向上沟通，以及项目团队各职能机构或小组之间的横向沟通，在保证沟通准确性和完整性原则的基础上，还必须保证项目沟通的及时性。这一原则要求项目组织的沟通必须使人们能够在信息时效期内获得最新的信息，使上下级或团队成员和项目管理人员都能够及时掌握项目的信息和各种反馈意见，甚至要掌握有关项目团队的思想和情感等方面的信息，从而提高项目管理的水平。

4. 非正式组织沟通原则

这一项目沟通原则是指当项目管理人员使用正式的沟通渠道和沟通方式低效或高成本时，可以使用非正式组织或非官方的沟通渠道来开展项目沟通，以补充项目正式组织信息沟通渠道的不足。此处所谓的非正式组织沟通渠道，是指项目组织中各种非正式组织中间所存在的信息沟通渠道。运用非正式组织开展沟通的另一个原因，是因为有一些信息不适宜通过正式组织的沟通渠道来传递，所以项目管理者还应该合理地使用非正式组织沟通渠道去传递并接收信息，为实现项目组织的目标服务。

9.1.3　沟通管理的重要性

团队内部信息的沟通直接关系到团队的目标、功能和组织机构，对于项目的成功有着重要的意义。参与项目的每一个人都必须用项目"语言"进行沟通,项目沟通管理在人员思想和信息之间建立了联系。不良的信息沟通,对项目的发展和人际关系的改善,都会存在着制约作用。

(1) 决策和计划的基础。在当今复杂多变的信息社会里,决策与计划的制定必须以充分、准确、及时的信息获得为依据。而这些信息的获得,只有通过与项目团队内部及项目外部有关项目利益相关者之间的信息沟通,才能有效实现。

(2) 组织和控制管理过程的依据和手段。在项目班子内部,没有好的信息沟通,情况不明,就无法实施科学的管理。只有通过信息沟通,掌握项目班子内的各方面情况,才能为科学管理提供依据,才能有效地提高项目班子的组织效能。

(3) 建立和改善人际关系的必不可少的条件。在人与人之间的交往中,许多冲突、挫折和低效率在很大程度上都是由于沟通的失败所引起的。畅通的信息沟通,可以减少人与人的冲突,改善人与人、人与团队之间的关系,提高团队工作效率。

(4) 项目经理成功领导的重要手段。项目经理是通过各种途径将意图传递给下级人员并使下级人员理解和执行。如果沟通不畅,下级人员就不能正确理解和执行领导意图,项目就不能按经理的意图进行,最终导致项目混乱甚至失败。因此,提高项目经理的沟通能力,与领导过程的成功性关系极大。

某汽车有限公司先后实施条形码和CAPP工艺集成软件两个项目。项目沟通过程的大致情况如表9-1所示。

表9-1 项目进行比较表

项目名称	组成人员	项目负责人	合作方	沟通过程及产生的问题	项目结果
条形码	产品工程部、信息部、轿车车桥厂等相关人员组成	产品工程部部长	上海力康电子有限公司(甲公司)	外部:甲公司联系人员因缺乏沟通技巧引发该汽车公司及其供应商和协助人员的极大不满。内部:沟通渠道不通畅,产品工程部与下面的工厂形成信息断层	第一期虽然实施完成,但可操作性不强,软件目前的使用程度不高
CAPP工艺集成软件	产品工程部、信息部、轿车车桥厂等相关人员	公司的技术副总	某高校下属爱普软件开发公司(乙公司)	每周进行项目进度会议,保证内部信息畅通无阻,由专业人员组成项目内容确认小组,与乙公司进行技术交底;乙公司指派工程师进行技术蹲点,大力合作	该软件受到了该汽车有限公司工艺人员的欢迎,乙公司的软件取得全面成功

9.2 项目沟通的工具方法

9.2.1 项目沟通的方式

1. 上行沟通、下行沟通和平行沟通

上行沟通是指下级的意见向上级反映,即自下而上的沟通。项目经理应鼓励下级积极向上级反映情况,只有上行沟通渠道畅通,项目经理才能全面掌握情况,做出符合实际的决策。

下行沟通是指领导者对员工进行的自上而下信息沟通。如将项目目标、计划方案等传递给基层群众,发布组织新闻消息,对组织面临的一些具体问题提出处理意见等。这种沟通形式是领导者发布命令和指示的过程。

国外有关专家认为,这种沟通方式有以下五个目的:
- 员工明确组织的目标。
- 有关工作方面的指示。
- 提醒对于工作及其任务关系的了解。
- 对部署提供关于程序和实务的资料。
- 对部署反馈其本身工作的绩效。

平行沟通是指组织中各平行部门之间的信息交流。在项目实施过程中,经常可以看到各部门之间发生矛盾和冲突,除其他因素外,部门之间互不通气是重要的原因之一。保证平行部门之间沟通渠道畅通,是减少部门之间冲突的一项重要措施。

2. 单项沟通与双向沟通

根据信息发送者与接受者所处地位、主动性的异同,沟通可分为单向沟通和双向沟通。

单向沟通是指发送者和接收者两者之间的地位不变(单向传递),一方只发送信息,另一方只接收信息。双方无论是在情感上还是在语言上都不需要信息反馈,如做报告、发布指令等。这种方式,信息传递速度快,但准确性较差,有时还容易使接收者产生抗拒心理。

双向沟通中,发送者和接收者两者之间的位置不断交换,且发送者是以协商和讨论的姿态面对接受者,信息发出以后还需及时听取反馈意见,必要时双方可进行多次重复商谈,直到双方共同明确和满意为止,如交谈、协商等。双向沟通的优点是沟通信息准确性较高,接收者有反馈意见的机会,能够产生平等感和参与感,增加自信心和责任心,有助于建立双方的感情。但是,对于发送者来说,在沟通时随时会受到接收者的质询、批判和挑剔,因而心理压力较大,同时信息传递速度也较慢。

3. 正式沟通与非正式沟通

正式沟通是指通过项目组织名文规定的渠道进行信息传递和交流的方式。例如,组

织规定的汇报制度、例会制度、报告制度及组织与其他组织的公函来往。它的优点是沟通效果好,有较强的约束力。其缺点是沟通速度慢。

非正式沟通是指在正式沟通渠道之外进行的信息传递和交流,如员工之间的私下交流,小道消息等。这种沟通的优点是沟通方便,沟通速度快,且能提供一些正式沟通中难以获得的信息。其缺点是容易失真。其沟通途径是通过组织内各种社会关系,这类社会关系超越了部门、单位以及层次。

4. 书面沟通和口头沟通

书面沟通是指用书面的形式所进行的信息传递和交流,如通知、文件、报刊、备忘录等。其优点是可以作为长期资料保存,供反复查阅。

口头沟通就是运用口头表达进行信息交流活动,如谈话、游说、演讲等。其优点是比较灵活、速度快,双方可以自由交换意见,且传递消息较为准确。

5. 言语沟通与体语沟通

言语沟通是利用语言、文字、图画、表格等形式进行的信息传递和交流。

体语沟通是利用动作、表情、姿态等非语言方式(形体)进行的信息传递和交流。一个动作、表情、姿势都可以向对方传递某种信息,不同形式的丰富复杂的"身体语言"也在一定程度上起到沟通的作用。

9.2.2 项目沟通的渠道

信息沟通是在项目组织内部的公众之间进行的信息交流和传递活动。当项目成员为解决某个问题和协调某一方面,而且在明确规定的组织系统内进行沟通协调工作时,就会选择和组建项目组织内部不同的信息沟通渠道,即信息网络。这些沟通渠道可以影响团体公众的工作效率,也可以影响团体成员的心理和组织的气氛。

1. 正式沟通渠道

在信息传递中,发信者并非直接把信息传给接收者,中间要经过某些人的转承,这就出现了一个沟通渠道和沟通网络的问题。

沟通的结构形式关系着信息交流的效率,它对班子的集体行为、集体活动的效率都有不同的影响。

关于不同的沟通网络如何影响个体和团体的行为,以及各种网络结构的优缺点,巴维拉斯(Bavelas)曾对五种结构形式进行了实验比较,如图9-2所示。

图中每一个圈可看成是一个成员或组织的同等物,每一种网络形式相当于一定的组织结构形式和一定的信息沟通渠道,箭头表示信息传递的方向。

1) 链式沟通渠道

在一个组织系统中,它相当于一个纵向沟通渠道,在链式网络中的信息按高低层次逐级传递,信息可以自上而下或自下而上地交流。在这个模式中,有五级层次,居于两端的传递者只能与里面的每一个传递者相联系,居中的则可以分别与上、下互通信息。各个信

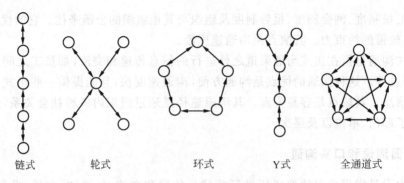

图 9-2 五种沟通渠道

息传递者所接受的信息差异较大。该模式的最大优点是信息传递速度快。它适用于班子庞大、实行分层授权控制的项目的信息传递及沟通。

2）轮式沟通渠道

在这一模式中，主管分别同下属发生联系，成为个别信息的汇集点和传递中心。在项目中，这种模式大体类似于一个主管领导直接管理若干部门和权威控制系统。

只有处于领导地位的主管人员了解了全面情况，并由他向下属发出指令，而下级部门和基层公众之间没有沟通联系，他们只分别掌握本部门的情况。轮式沟通是加强控制、争时间、抢速度的一个有效方法和沟通模式。

3）环式（或圆周式）沟通渠道

环式（圆周式）沟通渠道组织内部的信息沟通是指不同成员之间依次联络沟通。这种模式结构可能产生于一个多层次的组织系统之中。第一级主管人员对第二级建立纵向联系，第二级主管人员与底层建立联系，基层工作人员之间与基层主管人员之间建立横向的沟通联系。该种沟通模式能提高群体成员的士气，即大家都感到满意。

4）Y 式沟通模式

Y 式沟通模式是一个组织内部的纵向沟通渠道，其中只有一个成员位于沟通活动的中心，成为中间媒介与中间环节。

5）全通道式沟通模式

全通道式沟通模式（渠道）是一个开放式的信息沟通系统，其中每一个成员之间都有一定的联系，彼此十分了解。民主气氛浓厚、合作精神很强的组织一般采取这种沟通渠道模式。

巴维拉斯等人根据实验研究，就不同的沟通模式的优劣进行了研究，其结果见表9-2。

表 9-2　各种沟通模式（渠道）的比较

沟通模式 指标	链式	Y式	轮式	环式	全通道式
解决问题的速度	适中	适中	快	慢	快
正确性	高	高	高	低	适中
领导者的突出性	相当显著	非常显著	非常显著	不发生	不发生
士气	适中	适中	低	高	高

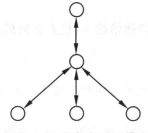

图 9-3 "秘书专政"沟通模式

沟通模式不止是上述五种,实际的沟通模式可以多种多样。例如,还有图 9-3 所示的沟通模式。这种模式可形象地被称为"秘书专政"沟通模式。如果就一个项目班子而言,这表明各部门的汇报都要经过总经理的秘书(助理)转交给总经理,而总经理的指示也是通过秘书传达给各个部门。因此,秘书(助理)是沟通的中心。

每个项目都有自己的组织结构,有自己的具体情况,为了达到有效管理的目的,应视不同情况采取不同的沟通模式,以保证上、下左右部门之间的信息能得到顺利的沟通。

2. 非正式沟通渠道

正式沟通渠道只是信息沟通渠道的一部分。在一个组织中,还存在着非正式的沟通渠道,有些消息往往是通过非正式渠道传播的,其中包括小道消息的传播。戴维斯(Keith Davis)曾在一家公司对 67 名管理人员采取顺藤摸瓜的方法,对小道消息的传播进行了研究,发现有四种传播方式,如图 9-4 所示。

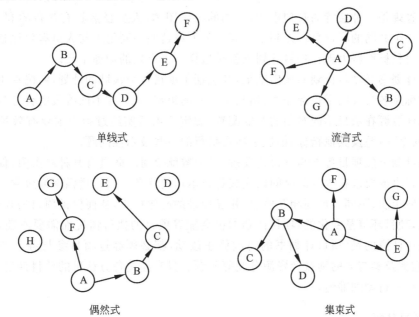

图 9-4 非正式沟通渠道

1) 单线式

单线式是指消息由 A 通过一连串的人传播给最终的接收者。

2) 流言式

流言式又叫闲谈传播式,是由一个人 A 主动地把小道消息传播给其他人。如在小组会上传播小道消息。

3）偶然式

偶然式又叫机遇传播式，是指消息由 A 按偶然的机会传播给他人，他人又按偶然机遇传播，但并无一定的路线。

4）集束式

集束式又叫群集传播式。它是将信息由 A 有选择地告诉自己的朋友或有关的人，使有关的人也照此办理的信息沟通方式，这种沟通方式最为普遍。

企业中传播的小道新闻，常常会对项目目标带来不良影响。改善的办法在于使正式沟通渠道畅通，用正式消息驱除小道传闻。但是，也要注意非正式沟通渠道在辅助正式渠道不足方面的作用。

9.2.3 项目沟通的工具与手段

项目沟通有多种沟通工具，实际沟通时应根据沟通信息的重要性、紧迫性、沟通方的权威性、沟通信息的机密性等因素，考虑采用何种沟通工具。以下是一些常用的项目沟通的工具与手段。

1. 项目计划书

项目管理是一种独特的管理模式，不同的组织团体、人员虽然具有各自的利益倾向，但是为了一个共同的项目目标走到了一起。如何将这些不同组织与人员有效地整合起来共同为项目目标而努力呢？项目计划书就是这样一个有效的沟通工具。

项目计划书是项目计划的输出结果，其包括了项目各个领域的计划，明确提出了项目的最终目标及各阶段的子目标任务，指出了不同的组织、人员在不同阶段的分工与相互合作以及其他资源在项目不同时期的有效配置，规定了项目实施过程中须要有效控制的各种质量、安全、效益及其他指标，描述了项目执行的一些技术性问题。

项目计划书经项目各参与方讨论通过，其内容就会对团队具有某种约束力，促使成员各自按项目书的要求在规定的时间内完成各自承担的任务、责任，增强沟通效率。同时还能形成不同组织、不同人员间相互监督、相互促进的有效机制，从而保证项目的顺利完成。

当然，项目环境是变化的，项目计划书也会随着项目的执行情况而需要不断地修正、完善。值得注意的是，项目计划书的每次修正改动，都必须经过项目参与各方的讨论认可，因为它涉及参与方的利益及资源分配等问题。只有经过各方认可的项目计划书，才能成为大家统一行动的准绳。

2. 项目会议

在涉及多人参与讨论、事关重大的问题时，会议的召开一直是一个非常有效的沟通工具，但若组织不当则易使会议流于形式。作为项目沟通的一种工具，项目会议可以分为定期召开的正式例会，也包含有项目团队临时召开的紧急会议。作为一种非常有效的项目沟通方式，对于召开项目会议，有必要强调以下几点：

（1）在有关重大问题或存在困惑的问题决策上，必须召开会议讨论。当代领导科学中公认，"没有对立方案不能决策"。在项目问题的决策时通过会议召开，有效听取各方的意见,既能尽量使决策科学化,又利于大家对决策的理解与执行,从而引导项目正常发展。

(2) 防止项目经理的长官意志。会议的目的是通过集思广益形成有效的决策,而不是项目经理的"一言堂"。项目经理在主持会议时,只需提出问题,然后鼓励大家充分发言,引导大家一步一步地深入考虑,达到统一思想的目的。

(3) 会议必须形成决策,项目经理不能是没有意志的领导。经过会议人员的讨论分析后,对于大家的意见和建议,项目经理要有自己的见解,在弄清情况的基础上形成自己的主见。会议必须形成决策,如果仅仅流于大家的一阵闹哄哄的争吵然后不了了之,绝不是一个有效的会议,而且也会让与会人员反感而不积极参与。

(4) 在轻松和谐的环境里完成会议。会议既是项目重大问题的聚集讨论,又为大家的情感交流提供了一个场所。在会议上,项目经理可尽量创造一个生动活泼、轻松和谐的氛围,让大家在谈笑间畅所欲言。沉闷、压抑的气氛只会限制大家的思维,在心理上产生某种抗拒与不舒适,从而影响项目会议的效率。

(5) 会议的召开应规范化。通过定期召开会议把大家召集在一起,会强化团队在情感上的归属。

3. 项目报告

项目报告是指通过书面文档的汇报和项目进展过程中的口头汇报来实现下级对上级的信息沟通。在项目中进行报告的作用主要有:告知有关各方项目的进展情况;根据实际项目进展与项目计划书进行对比,为采取纠正措施做准备。一般来说,项目报告包括以下内容。

(1) 项目状态信息:描述项目目前进行到何种程度,取得哪些阶段性的进展。

(2) 项目预测及未来工作计划:根据目前项目的实际完成情况,对项目完成时间、项目成本控制、项目资源利用等方面进行预测;同时对比项目总进度计划,在技术上、资源上、时间进度上对未来的工作进行合理可行的计划安排。

(3) 质量、安全情况:很多项目里,质量与安全问题是项目关注的重大问题。项目的完成最终要服务于社会,这种最终服务能否得到社会认可,其质量与安全问题自然是项目的关键。质量与安全情况是项目组织管理水平、能力水平的反映,既是对项目成绩的肯定,又是对项目实施的一种鞭策。

(4) 项目统计数据:诸如质量优良率、安全事故率、人员出勤率、资源利用率等,这些数据可以直观反映项目组织的效率。

(5) 项目目前存在的问题。在项目进行中,总会遇上这样那样的问题或困难,有些问题项目通过团队自身的努力可以解决,而有些问题则需要上级组织、投资方或其他组织的协助才能方便解决。通过项目报告反映的问题与困难,更能引起有关方面的高度重视,促进问题的有效解决。同时也利于划清责任,以免将来因为团队组织外的原因导致项目延期或失败。

值得注意的是:报告虽然是一种非常有效的正式沟通工具,但若使用不当同样会达不到有效沟通的效果。为此有以下两点建议需予以注意。

（1）考虑对象的信息需求：项目报告同样必须"有的放矢"，必须考虑对方对信息的需求与接受能力，如与上级报告时大谈项目技术细节则无必要，上级会对项目总体进展、质量安全指标及成本控制与效益内容感兴趣。

（2）报告内容实事求是：报告是信息沟通的工具，而不是请功邀赏、报喜不报忧式的流于形式的废纸。报告必须如实反映项目进展情况，指出项目存在的问题或困难；也不能在未来工作计划中脱离实际地夸海口、吹牛皮，否则会给对方不良印象，也可能将来因不能完成工作而授人以把柄对己不利。

4. 函件往来

函件是项目实施中非常普遍有效的一种正式沟通方式。有关项目的各种问题都可以通过函件沟通，这既体现了沟通双方的相互尊重，又利于实现项目的规范化管理。

5. 信息分发系统（information distribution systems）

项目信息可使用多种方法分发，包括复印文件分发、共享的网络电子数据库、传真、电子邮件、声音邮件，以及电视会议。在项目沟通管理当中，信息分发也有多种方法。

复印文件发送：是文字形式，突破了地域的限制，信息能保留传递。但是这种方法往往是单向传播，效率不高。

共享的网络电子数据库：这种方法参与者必须主动，在硬件上要求较高。

传真：比较流行、正式的方式。信息传递可靠程度较高。

电子邮件、声音邮件、项目内部网：要求有良好的网络硬件，可靠程度较低。

电视会议：在小范围内应用。

6. 信息检索系统（information retrieval systems）

小组成员可通过各种方法共享信息，这样的方法包括手工案卷系统（manual filing systems）、电子文本数据库（electronic text databases）、项目管理软件，以及可以检索技术文件资料的系统（例如，工程制图）。

7. 上墙图表

在很多项目中，图表是项目工程师的语言，它既向项目成员传达了项目进展的信息，又是对团队集体努力的一种承认，让大家感到团队的存在与团队的成绩。

图表可以反映多种项目信息，如项目组织机构、项目岗位职责、项目时间进度计划、项目形象进度描述、项目质量安全统计等，将这些图表挂于墙上，通过视觉效果使大家对项目的有关信息一目了然。

8. 共享工作地点

共享工作地点是指项目组成员会在项目中拥有共同的或相近的工作地点。共享工作地点可以大大提高项目人员的沟通频率与沟通品质，营造良好的沟通氛围。

9.3 项目沟通管理过程

项目的沟通管理应从项目的整体利益出发,运用系统的思想和分析方法,通过科学、系统的规划,运用适当的沟通工具、方法、技巧,全过程、全方位地进行有效的管理。而此时涉及的项目组织中的沟通主体,正是第 3 章所述的所有项目利益相关者。

项目沟通管理的过程同时也是项目利益相关者管理的过程。通过对项目利益相关者的沟通进行管理,可以满足利益相关者的需求并与之一起解决项目进行中存在的问题。

9.3.1 编制项目沟通计划

沟通计划的编制有助于确定利益关系者的信息交流和沟通的要求,其内容包括谁需要何种信息、何时需要、由谁提供信息以及应采取什么方式传递信息等。如前所述,项目沟通涉及人员多、管理层次复杂,在项目实施之初就应当建立起规范的信息管理体系,尤其现行的规范标准化管理体系的严格执行,将大大有助于从制度上保证项目沟通渠道的通畅。各项目在实施过程中,也可根据项目的特点加以总结,建立一套行之有效的沟通计划,并在类似项目管理中形成规范化的管理体系。

1. 分析确定项目的利益相关者的需求

项目的利益相关者是指积极地参与该项目或其利益受到该项目影响的个人和组织。项目管理人员必须弄清楚项目的利益相关者,确定他们的需要和期望,然后对这些期望进行管理和施加影响,确保项目获得成功。一般情况下,项目的利益相关者包括:客户、项目发起人、项目经理、供应商、项目成员及其家庭、政府机构和新闻界、公民和整个社会等。项目中的各方对项目的期望不同,从而对信息的需求也不一样。针对不同群体的信息需求,沟通计划应当能保证他们及时得到各自所需的信息。

2. 制订沟通管理计划

对沟通的过程进行规划,就是要对项目利益相关者的信息和沟通需求做出应对安排,如谁需要何种信息、何时需要、如何向他们传递,以及由谁传递。沟通管理计划是确定项目未来信息传递的支持文件,它一般在项目初期制订,在计划中要说明如下几方面的内容。

1) 项目信息的提供者

在沟通计划里,应根据不同组织对项目信息的需求,根据项目团队内部的分工,明确何种信息由谁提供、在什么时期提供等问题。如明确财务人员定期形成财务报表与上级或投资方沟通,技术组编制计划、项目进展报告与项目监管方或其他社会组织沟通,将信息的沟通作为团队内人员岗位职责的一部分加以明确。

2) 信息收集渠道的结构

它是指采用何种方法、从何处收集何种信息,识别信息源,明确信息来源。

一般项目信息来源的种类如下:

(1) 记录。记录分为内部和外部两种。内部记录多为书面材料形式,如进度记录、费用记录、质量记录、工作日志、关键事件记录、报告、信件等。这些记录可以从档案、工作记事本或项目管理软件中信息的更新中获得。外部记录是指从外部的各种渠道取得的资料,如以往相似项目的信息、期刊、统计年鉴、公开发布的统计报告、报纸等。

(2) 抽样调查。如要取得尽可能准确的资料,就要进行全面客观的调查,而全面调查要花费大量的时间和金钱,所以往往采用抽样调查的方法。

(3) 文件报告。这是指从组织内外的有关文件、报告中取得信息。如技术操作规程、竣工验收报告、工程情况进展报告、可行性研究报告、设计任务书等。

(4) 业务会议。通过召开各种会议,用座谈讨论的形式获取信息。这样可以在总体设想的基础上进一步扩大信息的来源并对信息进行综合评价和修正。

(5) 直接观测。管理者直接到现场观察或测量实际情况来收集所需要的资料,在观测过程中,还可以收集部分样品,通过统计分析来得到信息。

(6) 个人交谈。这是通过个人之间交换意见的形式来获得信息。个人交谈有利于消除顾虑,可以充分发表个人的观点和意见。由于此种信息是面对面得到的,故其可靠程度的大小将取决于个人间的依赖程度。

3) 详细说明信息分发渠道的结构

此部分内容包括:明确信息流路线即信息(报告、数据、指示、进度报告、技术文件等)将流向何人,明确信息种类和各信息种类的传递方式即以何种方法传送何种形式的信息(报告、会议、通知),这种结构必须同项目组织结构图中说明的责任和报告关系相一致。

一般信息流路线有以下几种。

(1) 由上而下的信息。通常指上级通知下级的有关情况,一般分为下级必须了解的、应该了解和想要了解的三种。下级必须了解的信息包括:项目目标及约束条件、项目组织系统及与该下级有关的部门和单位,项目内部各工作部门的任务和职责,项目开展的程序、进度、结束时间,项目有关的工作部门的任务和职责,项目开展的程序、进度、结束时间,项目有关的工作条例、标准、规定等。下级应该了解的信息包括:与下级有关的工作进展情况,项目目标及约束条件的变化情况以及与该下级有关的工作中出现的问题和困难等。下级想要了解的信息包括:下级想了解项目的特殊情况以及近期的安排与原因等。

(2) 由下而上的信息。项目经理在决策过程中,需要依赖大量的信息,其中来自下层的项目执行及进展情况最为关键,由下而上的信息为项目经理提供了最基本的信息渠道。作为项目经理最起码应掌握如下情况:项目目标及约束条件的实际情况(任务量、进度、成本、质量);人力、物力等资源计划的干扰因素及变化情况;下级较大的错误决策,参加项目或涉及的有关单位和部门造成的困难是哪些;项目内部成员的工作情况等。

(3) 横向信息。横向信息指的是项目组织中同一层级人员之间的信息关系。横向的信息包括项目内部同一层级成员之间的信息交流,也包括项目与项目外部的其他职能部门之间的信息交流。

(4) 与项目顾问室的信息关系。在项目组织系统中,如果设置顾问室,那么其目的就在于帮助项目经理为决策做准备工作。顾问室既无决策权又无指挥权,其主要职能是汇总信息、分析和分发信息。

根据项目的信息流路线可将信息分为以下几种。

（1）自上而下的项目信息。一般在正式会议（如例会、专题会议）以书面材料的形式传递信息，或通过电话、广播、邮件、即时通信等技术手段传递，如有特殊情况，还可以个别谈话（如给工作人员分析任务、检验工作、向个人提出建议和帮助等）形式传递。

（2）自下而上的项目信息。一般以报告（如周报、月报）、工作日志等书面材料的形式传递，或在会议、工作人员集体讨论等场合以口头形式传递。

（3）横向流动的项目信息。一般项目经理可组织同一层人员进行座谈，互通有无，为共同的目标无距离沟通。

（4）以顾问室或经理办公室等综合部门为集散中心的项目信息。顾问室或经理办公室等综合部门为项目经理决策提供辅助资料，同时又是有关项目利益相关者信息的提供者，他们既是汇总、分析、传播信息的部门，又是帮助工作部门进行规划、检验任务，对专业技术与问题进行咨询的部门。

（5）项目管理者与环境之间的流动的项目信息。该信息是指项目管理者与自己的领导、合作单位、银行、咨询单位、质量监督单位、国家有关管理部门等进行交流的信息。

根据其来源，项目信息可分为以下几种。

（1）外生信息，即产生于项目管理外的信息，可分为指令性或指导性信息、市场信息和技术信息等。

（2）内生信息，即产生于项目管理过程中的信息，可分为基层信息、管理信息和决策信息。基层信息是项目基层工作人员用于计划和控制的信息，这类信息多是原始记录或报表；管理信息是中层管理人员用于计划和控制的信息，这类信息需要对原始数据进行整理和汇总；决策信息是高层决策者所需要并产生的信息，如决策、计划、指令等。

（3）待分发信息的形式

待分发信息的形式包括格式、内容、详细程度和将要采用的符号规定和定义。

（4）信息发生的日程表

在表中列出每种形式的通信将要发生的时间；确定提供信息更新的依据或修改程序，以及确定在依进度安排的通信发生之前查找现时信息的各种方法。

（5）制定随着项目的进展而对沟通计划更新和细化的方法

沟通管理计划还可包括关于项目状态会议、项目团队会议、网络会议和电子邮件等的指南和模板。

9.3.2　分发信息

信息分发就是把所需要的信息及时地分发给项目利益相关者，其中不仅包括沟通计划中涉及的内容，还应包括临时索取请求的回复，即在合适的时间，通过合适的方式将合适的信息提供给合适的人。在整个项目生命周期和全部管理过程中，都要展开信息发布。信息分发的依据是项目计划、项目沟通管理计划及实际的项目执行进展情况。可以说，及时有效地将信息发送给所需要的人是项目沟通成功的关键。在信息分发之前，还要确定信息分发（沟通）的责任人、时间、方式方法、渠道、使用权限、技术手段和反馈的方法等。

信息发布是在收集处理好信息的基础上进行的，是沟通信息向外发布的一个过程。项目信息的发布可以使用以下工具：

- 纸质文件发布工具、手工归档系统、新闻发布系统和共享电子数据库等。
- 电子通信和回忆工具，如电子邮件、传真、语言邮件、电话、视频会议、网络会议、网站和网络出版等。
- 项目管理电子工具，如进度计划的网络界面、项目管理软件、会议和虚拟办公室支持软件、门户及协同工作管理工具等。

9.3.3 管理利益相关者的期望

管理项目利益相关者的期望是为满足相关者的需要而与之沟通和协作，并解决所发生问题的过程。这个过程主要体现为与利益相关者谈判来提高项目验收的可能性、处理项目潜在的各种问题、澄清并解决已经识别的问题等。管理项目利益相关者的期望可以确保利益相关者理解项目的利益和风险，从而增加项目成功的概率。理解了项目的利益和风险，利益相关者就能够积极支持项目，并协助对有关项目的决策进行风险评估。通过预测人们对项目的反应，就可以采取预防措施，来赢得支持或最小化潜在负面影响。

项目利益相关者期望的管理主要通过制定好的管理策略、项目管理计划、变更需求等来实现，详细的管理方法参见第3章。

9.3.4 报告项目绩效

项目沟通管理中的重要一步即是收集和报告项目的绩效信息。由于项目始终处于一个复杂多变的环境中，各种各样的原因总会令实际项目执行情况与原来的设想有所差别，那么就有必要收集并加工项目绩效的信息，比照项目的基准计划，采取相应的措施（或改进方法，或修正原有的基准计划）。同时项目执行过程中，始终会受到众多项目利益相关者的关注，哪怕是微小的变更改动也会造成有关人员的利益改变。所以及时地搜集绩效信息并向各方提供有关项目执行的情况，有利于促进所有项目利益相关者间的沟通，而大多数情况下的绩效信息沟通是以报告的形式提供的。

绩效报告是一个收集和传播项目绩效信息的动态过程，它包括定期收集、对比和分析基准与实际数据，以便了解和沟通项目进展与绩效情况，并预测项目结果。绩效报告需要向每个受众适度地提供信息。

绩效报告的输出主要包括状态报告、进度报告、项目预测和变更请求。状态报告是用量化的数据，从范围、时间和成本三个方面来说明项目所处的状态；进度报告是某一特定时间段工作完成情况的报告；项目预测是指根据项目当前的情况和掌握的历史资料、数据，对项目将来状况进行的估计；变更请求是对需要或变化的情况做出的一种反应。

9.3.5 项目沟通的障碍及解决途径

1. 项目沟通的障碍

项目中的沟通障碍归纳起来,主要有以下几种。

(1)语义上的障碍。由于人与人之间的信息沟通主要是借助于语言进行的,而语言只是交流思想的工具,表达思想的符号系统,而并不是思想本身。这就使沟通容易产生语义上的障碍。如口头语言和书面语言沟通,由于人们语言修养的不同,表达能力的差别,对同一思想、事物的表达有清楚和模糊之分;有人听后马上理解了,有人听来听去还是不理解,有人听后做这样的解释,有人听后做那样的解释,因而产生语义上的障碍。

(2)知识经验水平的限制。当发送者与接收者在知识水平上差距太大,在发送者看来是很简单的内容,而接收者却由于知识和经验水平太低理解不了,双方没有"共同的经验区",接收者不能正确理解发送者的信息含义。

(3)知觉的选择性。人们在接收或转述一个信息时,符合自己需要的又与自己切身利益有关的内容很容易听进去,而对自己不利的可能损害自身利益的内容则不容易听进去。这样就会在有意无意中产生知觉的选择性,造成沟通障碍。

(4)心理因素的影响。在信息沟通中有很多障碍是由心理因素引起的。个人的性格、气质、态度、情绪、兴趣等的差异,都可能引起信息沟通的障碍。

(5)组织结构的影响。合理的组织结构有利于信息沟通。如果组织机构过于庞大,中间层次太多太杂,那么不仅容易使信息传递失真、遗漏,还会浪费时间,影响信息传递的及时性和信息沟通,最终影响工作的效率。

(6)沟通渠道的选择。信息沟通有多种多样的渠道,各种渠道又各有优、缺点,如果不考虑本组织机构的实际情况和具体要求,随便选择沟通方式和渠道,势必造成信息沟通的障碍。

(7)信息量过大。信息并非越多越好,重要的是要有充分的、有用的和优质的信息。信息过量反而会成为沟通的障碍因素。

总之,造成项目内部机构与机构、人与人之间沟通障碍的因素很多。因此,在项目管理中,应该注意这些障碍,采取一切可能的方法消除这些障碍,使项目组织机构中上下左右的沟通渠道能够准确、迅速、及时地交流信息。

2. 有效提高沟通效率的途径

在实践中,项目沟通管理是一件极为复杂的管理任务,对项目经理而言,掌握全面、丰富的沟通技巧并不是一件简单的事情,更多的人际沟通知识需要通过心理学方面的学习积累,心理科学知识的深入学习,在实践中不断锻炼总结,才能真正做到在项目错综复杂的环境中游刃有余。

对于有效的沟通途径,国外有许多专家曾经提出许多不同的准则,其中比较完整的是美国管理协会提出的一套建议,其要点如下。

(1)沟通前先澄清概念。经理人员事先要系统地思考、分析和明确沟通信息,并将接收者及可能受到该项沟通的影响者予以考虑。

(2) 只沟通必要的信息。现代社会变化迅速,经理人员应从大量信息中进行选择,只把那些与下级人员的工作有密切关系的信息提供给他们,避免他们对信息负担过重。

(3) 沟通要有明确目的。沟通前,经理人员要弄清楚作这个沟通的真正目的是什么?要对方理解什么?确定了沟通目标,沟通的内容就围绕沟通要达到的目标组织规划,也可以根据不同的目的选择不同的沟通方式。

(4) 考虑沟通时的一切环境情况,包括沟通的背景、社会环境、人的环境以及过去沟通的情况等,以便沟通的信息得以配合环境情况。

(5) 计划沟通内容时应尽可能取得他人的意见,与他人商议,既可以获得更深入的看法,也易于获得其积极的支持。

(6) 要使用精确的表达,要把经理人员的想法用语言和非语言精确地表达出来,而且要使接收者从语言或非语言的沟通中得出所期望的理解。

(7) 要进行信息的追踪与反馈,信息沟通后必须同时设法取得反馈,以弄清下属是否真正了解,是否愿意遵循,是否采取了相应的行动等。

(8) 要言行一致地沟通。经理人员必须以自己的行动支持自己的想法和说法,而且更有效的沟通是行重于言。

(9) 沟通时不仅要着眼于现在,还应该着眼于未来。大多数的沟通,均要切合当前情况的需要。但是,沟通也不应忽视长远目标的配合。例如,一项有关如何改进绩效与促进士气的沟通,固然是为了处理眼前的问题,但也同时应该是为了改善长远的组织改革。

(10) 善于倾听。倾听是一种技能,它包括关注、观察、思考等多项内容。只有善于倾听,才能判断说话者是否言犹未尽,从而鼓励他说出更多本不愿说的观点;只有善于倾听,才能真正理解话语本身的意思,而且能领悟其言外之意;只有善于倾听,才能避免某些主观的、先入为主思想的不良影响,获得更加全面的信息。对有效沟通而言,在某种程度上,"听"的能力比"说"的能力更为重要。

在实践中,项目沟通管理是一件极为复杂的管理任务,对项目经理而言,掌握全面、丰富的沟通技巧并不是一件简单的事情,更多的人际沟通知识需要通过心理学方面的学习积累、心理科学知识的深入学习,在实践中不断锻炼总结,才能真正做到在项目错综复杂的环境中游刃有余。

9.4 冲突管理

在项目管理的过程中,由于各方利益相关者利益和需求的不一致,导致了在项目执行过程中的冲突。本节分为以下四个方面对项目冲突做介绍:冲突的概念、项目的主要冲突、冲突的解决模式、冲突管理技能。

有人群的地方就有冲突,在项目过程中,冲突是难免的,也是极为正常的,冲突是项目结构中的一种存在形式。冲突并不可怕,有时冲突也是必要的,关键在于对冲突的认识、利用及对冲突的解决。

9.4.1 冲突的概念

1. 冲突的定义

从心理学的角度讲,冲突是指发生于两个或两个以上的当事人,因其对目标理解的相互矛盾以及对自己实现目标的妨碍而导致的一种激烈争斗。冲突的定义揭示了以下重要关系:

(1) 冲突是发生于两个或两个以上的当事人之间的,如果只有一个人,不存在对立方,就无所谓冲突,而不相干的人之间也不可能发生冲突。

(2) 冲突只有在所有的当事人都意识到了争议存在时才会发生。

(3) 所有的冲突都存在赢和输的潜在结局。参与冲突的各方为了达到各自的目标总会千方百计地阻碍对方实现目标。

(4) 冲突总是以当事人各方相互依存的关系来满足各方的需求。即冲突与合作是可以并存的。例如,企业与员工在一些问题上经常存在着冲突,但当事人双方还始终保持着相互间的合作以达到他们各自的目的,即企业要求员工生产产品或提供优质服务以获取利润,员工则依靠企业为他们提供工作和收入。

2. 冲突的基本观念

传统的观念是害怕冲突,力争避免冲突,消灭冲突,在妥协中维持组织的平静,在消极、退让中保持"团结一致",在沉闷、怯弱中盲目服从领导的"一言堂"。

现代的观念认为冲突是不可避免的,只要有人群的地方,就可能存在着冲突。现代管理学认为,一潭死水式的消极的平静对于组织来说并非好事,相反有些冲突的存在更有利于组织的健康发展,有利于鼓舞人们的进取心,开辟解决问题的新途径,还能帮助其克服消极和自满情绪,从而给组织带来高绩效。

当然,冲突的有利一面并不意味着冲突得越厉害就越好。对于那些引发组织成员间敌对分歧、互不信任的冲突,涣散人心、引发内耗、降低组织凝聚力的冲突,必须坚决予以制止反对。

冲突本身并不可怕,关键在于将冲突保持在适当的水平,既不能让它过高、过多,干扰了正常的工作秩序,也不能使其过少,缺乏必要的生机与活力。

9.4.2 项目的主要冲突

在项目环境中,冲突是不可避免的。在大多数情况下,冲突总是因人而起。如果采取正确的方式,这些冲突通常在不影响项目计划之前就能够被化解。认识冲突的起因和来源有助于更好地解决冲突。

萨姆汉(Thamhain)和威尔蒙(Wilemon)曾经有过一次针对项目冲突管理的研究调查,总结了项目中最主要的 7 种冲突来源。

1. 进度计划冲突

项目团队中,由于在项目组织中所处的位置不同,项目经理和团队队员在从对项目目标的理解到项目的实际产出中都会产生分歧,围绕项目有关任务的时间确定、程序安排和进度计划会产生不一致。进度计划冲突有时还与技术问题和人力资源问题有关。

2. 项目优先权的冲突

优先权问题带来的冲突主要表现在两个方面:其一是工作活动的优先顺序;其二是资源分配的先后顺序。优先顺序的确定常常意味着重要的程度和项目组织对其的关注程度,这常常会引起冲突。

当同一队员被同时分配在几个项目中工作,当不同的项目、不同的队员需要同时使用某种资源时,冲突也会发生。

确立优先权的责任在于上层管理人员,有时,即使建立优先顺序,冲突仍旧会发生。美国的项目管理专家戴维·威尔蒙总结了如下一些原因。

(1) 项目团队队员的专业技能差异越大,其间发生冲突的可能性越大。
(2) 项目决策人员对项目目标(如项目成本、进度计划、技术性能)的理解越不一致,冲突越易发生。
(3) 项目队员的职责越不明确,冲突越易发生。
(4) 项目经理的管理权力越小、威信越低,项目越容易发生冲突。
(5) 项目经理班子对上级目标越趋一致,项目中有害冲突的可能性越小。
(6) 在项目组织中,管理层次越高,由于某些积怨而产生冲突的可能性越大。

3. 人力资源冲突

项目团队成员有很多是来自其他职能部门或者支持部门,这些人需服从本部门的调度,也很可能为多个项目服务;而且实际中,项目经理也可能无法获得项目真正需要的人力资源。于是,在资源的调配和任务的分配上会出现冲突。

4. 技术问题冲突

项目执行中,技术人员可能较多专注于技术细节、技术完美和规范指标,很多时候倾向采用新技术、进行技术创新;而项目经理则可能从项目全局考虑,关注进度、成本、客户需求等全局因素,从整体上把握项目目标,对于不确定、不成熟的创新不敢轻易决策。于是冲突就可能发生。

5. 管理程序的冲突

管理好一个众多人员、众多事务的项目并不是一件容易的事,项目经理也不可能在所有管理细节上都能让所有成员满意。关于项目的组织机构、成员责任和权力的划分、项目信息的沟通方式、规章制度的制定、工作程序的实施、工作绩效的评价等,都不可避免地会存在着冲突。

6. 个性冲突

这种冲突是工作、生活中普遍存在的。每个成员都有自己的价值取向、性格特征、生活理念,并不是每个项目成员都能彼此适应或相容的。在实际中,很多冲突类型往往都伴随着个性冲突的因素,或者因个性冲突而表现为其他冲突(如因心理上的不相容而表现为轻易否决别人的意见),或者由其他冲突转化为个性冲突(如由最初的工作讨论发展为心理上的隔阂、互相敌视)。

7. 费用的冲突

在项目的进程中,由于项目参与人利益出发点的不同,经常会因某项工作需要多少成本而产生冲突。这种冲突多发生在客户和项目团队之间、管理决策层和执行队员之间。例如,对于某项目既定任务,财务部门或上级主管认为 50 万元投入可以完成,项目团队技术人员从技术完善角度出发认为需 60 万元,客户(业主)方则打算 40 万元的投入且要求获得最优良、完美的产品或服务,项目经理必须在这些诸多利益中斡旋,谨慎进行项目成本控制,而冲突也在所难免。

以上这 7 种冲突源,在项目进程中的影响力大小是不同的,国外学者对项目进程中的冲突强度进行了排序,如图 9-5 所示,可以作为项目管理者的参考。

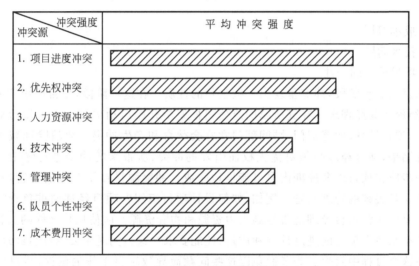

图 9-5 冲突强度排序

从项目的生命周期角度来考察冲突,把握每阶段中可能出现的冲突源、冲突的性质、冲突的强度,有利于寻找更好的模式来解决冲突。国外学者泰汉和威尔曼收集了有关项目生命周期每一阶段冲突的频率与冲突的重要程度的统计数据,其研究成果如图 9-6 所示。

1. 项目启动阶段

启动阶段是项目生命周期中的第一阶段,在这一阶段中冲突源的排序如下。

(1)项目优先权。

(2)管理程序。

(3)项目进度计划。

(4)人力资源。

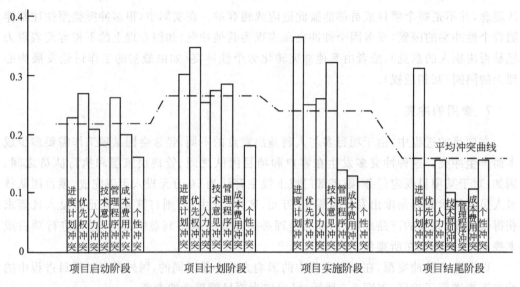

图 9-6 项目生命周期中冲突的相对分布

(5) 成本费用。
(6) 技术问题。
(7) 项目成员的个性。

在项目的启动阶段,冲突呈现出一些独特的性质。在这一阶段,项目组织还未真正形成,项目经理及其经理班子在其所属的总公司框架中开始启动项目。在工作活动的优先权问题上,项目经理、职能部门、顾问部门常常会孕育和产生冲突。要消除和减少可能引发的有害结果,项目经理必须对优先权而引发的冲突、所带来的冲击进行仔细评价和计划。这一步应在项目生命周期内尽可能早地完成。冲突源排在第二位的是管理程序,它涉及几个非常关键的管理问题。例如,如何设计项目组织?项目经理向谁负责?项目经理的权力是什么?项目经理能否控制人力资源和物资资源?应使用什么样的报告和沟通渠道?由谁来建立项目的进度计划和质量、性能要求?这些问题主要由项目经理来负责,冲突常在这个过程中发生。为了避免因这些问题而导致项目工作的延误,尽早地建立清晰的程序是非常重要的。

项目的进度计划在另外的领域中也很典型,在那里已建立起来的项目团队可能不得不通过调整他们自己的运行以适应新型的项目组织。大多数项目经理证明,即使在理想的条件下,这种调整也极可能引发冲突,这就意味着有关职能部门的现有运作方式和内部权力的重新定位。这些职能部门可能被完全地分配给了其他项目,从而针对职能部门人员和其他资源的谈判可能成为项目启动阶段重要的冲突源。因此,在项目启动时,针对这些问题的有效计划与磋商就显得非常重要。

2. 项目的计划阶段

在这个阶段中,主要冲突源的排序如下(注意它与第一阶段以及第三、四阶段的区别)。

(1) 项目优先权。
(2) 项目进度计划。
(3) 管理程序。
(4) 技术问题。
(5) 人力资源。
(6) 项目队员的个性。
(7) 成本费用。

项目优先权、项目的进度计划和管理程序上的冲突仍然是重要的冲突,其中一些表现为上一阶段的延伸。通过比较可发现,在项目启动阶段强度排在第三位的进度计划冲突,到了规划阶段成了第二冲突。许多进度计划冲突发生在第一阶段是由于在进度计划开始建立上的不一致,相比之下,在项目规划阶段,冲突可能是根据整个项目计划所确定目标进度计划的强制性而发展起来的。

在这一阶段中,管理程序冲突的强度开始降低,这表明随着项目的推进、各项规章制度的建立,可能出现的管理问题,无论在数量上还是频率上都会减少。但是,这并不代表项目最初阶段可能发生的管理冲突在以后阶段就可避免,相反,任何管理上的松懈都有可能使项目陷入混乱和冲突状态。

在项目计划阶段,技术冲突也变得显著起来,从前一阶段的第六位上升到这一阶段的第四位。这种冲突往往是由于项目的职能部门或项目协作方不能满足技术要求或要求增加它所负责的技术投入而导致的。这种行动会消极地影响项目经理的成本和进度目标。

个性冲突往往难以解决。即使看来很小的个性冲突,也可能给整个项目带来比非人员问题冲突(这种冲突倒可以在理性的基础上解决)更具分裂性和更有害的效果。许多项目经理还指出成本冲突在项目规划阶段趋低主要有两个原因:其一是成本目标建立的冲突并没有给大多数项目经理造成强烈的冲突;其二是一些项目在规划阶段还未足够成熟,不至于引发项目经理与项目有关执行人员之间关于成本的冲突。

3. 项目实施阶段

在这一阶段中,主要的冲突源排序如下。
(1) 项目进度计划。
(2) 技术问题。
(3) 人力资源。
(4) 项目优先权。
(5) 管理程序。
(6) 成本费用。
(7) 团队队员的个性。

由于项目已处于执行期,主要冲突源的排序与其他阶段相比已发生了明显的变化。在复杂的项目过程中,可能需要其他团队或分包商来协助项目的执行,各个支持方、合作方的协调配合决定着项目能否按计划如期推进。当不同的合作方介入项目时,由于项目工作任务(或子项目)内存的逻辑关系,某一方工作的滞延便会引起整个项目的连锁反应。

进度计划冲突往往是在项目的早期发展起来的,它们常与进度计划的建立有关。在项目实施阶段,项目经理的职责常常表现为对进度计划的"管理与调整",计划的调整会导致更加强烈的冲突。

技术的冲突也是实施阶段一种最重要的冲突源。有两个主要原因可以解释这个阶段中技术冲突的高强度:其一是,实施阶段以项目各子系统的第一次集成为特征,例如结构管理。由于集成过程的复杂性,因而常在子系统集成欠缺或一个子系统技术落后时产生冲突,这将轮流影响其他的部件和子系统;其二是部件可以按原型设计但并不确保所有的技术问题都被消除。在实施阶段中还可能在可靠性与质量控制标准、各种设计问题和测试程序上发生冲突。所有这些问题都会严重冲击项目,并给项目经理带来强烈的冲突。

人力资源在这一阶段排在第三位。对人力的需要在实施阶段达到了最高水平。如果有关的参与方还正向其他项目提供人员,人力供应能力的严格限制和项目需求的一再扩大必定产生矛盾。

优先权冲突作为主要冲突源的强度在这一阶段中继续下降。项目优先权是一种极易在项目早期出现的冲突形式。最后,管理程序、费用和个性冲突排在各冲突源的最后。

4. 项目的结尾阶段

这一阶段是项目生命周期的最后阶段,此时,冲突源发生了一定的变化,其排序如下。

(1) 项目进度计划。
(2) 项目成员的个性。
(3) 人力资源。
(4) 优先权。
(5) 成本费用。
(6) 技术问题。
(7) 管理程序。

在这一阶段,项目进度计划再次成为最主要的冲突因素。许多在实施阶段发生的进度计划错位很容易传递到项目的结束阶段。从量的积累到项目质的变化,这些错位的积累在这一阶段将会严重影响整个项目,甚至会导致项目目标的最终失败。

项目队员的个性冲突排在第二位并不奇怪,这主要有两个原因:其一是,项目团队队员对未来的工作安排的关注与紧张是不容忽视的;其二是,由于项目参加者在满足紧迫的进度计划、预算、性能要求与目标上承受的压力,人际关系可能在这个阶段受到相当大的损伤。

排在冲突源第三位的是人力资源冲突。在这一阶段中,人力资源冲突的强度趋于上升,这是因为公司中新项目的启动常常会与进入结束阶段的项目的团队进行人才争夺。相反,项目经理也可能经历这样的冲突,即公司的职能部门应该吸收剩余队员回去,但回去的队员却影响项目团队的预算和项目组织的可变性。

结尾阶段的优先权冲突经常直接或间接地与公司内其他项目的启动有关。典型地,新组成的项目工作任务可能需要得到急切的关注和承诺,但关注和承诺不得不被压在很紧的进度计划内。与此同时,队员可能因为当前的项目进度变动与事前承诺之间的冲突,或者因为突然而来的新工作安排而过早地离开目前的项目。在任何一种情况下,由于在进度计划、人力和个性上组合起来的压力,都使得优先权冲突退到了后面。

从图 9-6 可以看出,费用、个性和管理程序基本排在冲突源的最后。众多的项目实践表明,虽然在这个阶段的费用控制很棘手,但强烈的冲突通常不会发生。费用冲突大多数是在前几个阶段的基础上逐渐发展起来的,这一阶段并非是项目问题的焦点。

技术和管理程序问题排在最后。道理很显然,当项目到达这个阶段时,大多数技术问题已经解决,管理程序问题也基本如此。

9.4.3 冲突的解决模式

如果冲突能处理得当,它能极大地促进项目的工作。冲突能将问题及早暴露出来并引起团队成员的注意;冲突迫使项目团队寻求新的方法,培养队员的积极性和创造性,从而实现项目创新;它还能引发队员的讨论,形成一种民主氛围,从而促进项目团队的建设。正是在这样一个冲突的环境中,项目才能得以不断地发展和创新。

冲突的解决模式有回避、妥协、竞争、迎合、合作五种模式,这五种模式特征可由以下的行为表现出来,如图 9-7 所示。

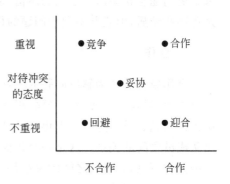

图 9-7 冲突的五种解决模式

1. 回避

回避模式就是让卷入冲突的项目成员从这一状态中撤离出来,从而避免发生实质的或潜在的争端。有时,这种方法并不是一种积极的解决途径。例如,项目中某个队员对另一个队员提出的技术方案有异议,如果其采取回避或撤出的态度,把自己更好的方法掩藏起来,这会对项目工作产生重大的不利后果。

2. 妥协

协商并寻求争论双方在一定程度上都满意的方法是这一方式的实质。这一冲突解决的主要特征是"妥协",并寻求一个调和的折中方案。有时,当两个方案势均力敌、难分优劣之时,妥协也许是较为恰当的解决方式,但是,这种方法并非永远可行。例如,项目团队的某位队员认为完成管道铺设的成本费用大概需要 5 万元,而另一个却说至少需要 10 万元,经过妥协,双方都接受了 7 万元的预算,但这并非是最好的预计。

3. 竞争

竞争模式的实质就是"非赢即输"。它认为在冲突中获胜要比"勉强"保持人际关系更为重要。这是一种积极的冲突解决方式。例如,在上例中,如果该团队队员据理力争,项目必定会以更好的技术方式进行实施。当然,有时也会出现这种解决方式的另一种极端情形,即用权力进行强制处理。例如,项目经理与某位队员就关于购买哪家原材料发生冲突,如果项目经理不顾原材料的质量和价格,强行命令要购买甲公司的,这时就会导致队员的怨恨,恶化工作的氛围。

4. 迎合

迎合模式表现为强迫服从,让步,顺服和屈从。这种做法通常发生在发现自己错误,并允许自己去听、去学习,且显示自己的理性;或者当提议对于别人比自己重要,让损失减少到最低;当和谐安定显得更为重要;还有领导允许属下从错误中学习,发展自我这几种情况下。这种方法认为,团队队员之间的关系比解决问题更为重要,通过寻求不同的意见来解决问题会伤害队员之间的感情,从而降低团队的凝聚力。尽管这一方式能缓和冲突,避免某些矛盾,但它并不利于问题的彻底解决。

5. 合作

合作模式表现为解决问题的一种积极姿态,面对差异且分享意念与知识,寻找完整的解决方案,寻找人人皆赢的局面,视问题与冲突为一种挑战。通过这种方法,团队成员直接正视问题、正视冲突,要求得到一种明确的结局。这种方法既正视问题的结局,又重视团队成员之间的关系。这是一个积极的冲突解决途径,这需要一个良好的项目环境。在这种方式下,团队队员之间的关系是开放的、真诚的、友善的。

通过对众多项目经理解决冲突方式的考察,项目管理专家们总结出了图9-8所示的冲突解决方式的使用情况。

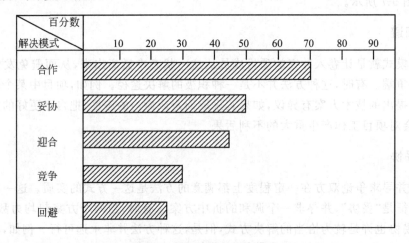

图 9-8　项目冲突的解决模式

从图中可以看出,合作是项目经理最常用的解决方式,有70%的经理喜欢这种冲突解决模式。排在第二位的是以权衡和互让为特征的妥协模式,然后是迎合模式,最后是竞争和回避模式。

在项目经理对冲突解决模式的态度方面,除了经常使用前两种(合作和妥协)模式之外,他们也经常把其他几种方式应用于与团队队员、主管上司、职能部门的冲突上。相对而言,合作较多地应用于解决与上级的冲突中,妥协则常常应用于解决与职能部门的冲突中。

就项目经理解决冲突和纠纷的方法而言,资料表明"合作"或解答问题的模式是最常用的,在以前的研究中,项目专家博克提出"合作"是解决冲突最有效的办法。

虽然"合作"在大多数情况下被认为是理想的方法,但是根据纠纷局面的特定内容,其他模式也可以同样有效。例如,"撤出"可以在得到新信息之前暂时用来平息团队队员之间不友好的行为。但如果不能找到根本的解决办法,而把"撤出"作为一种基本的长期策略的话,最终可能使某个冲突逐渐升级。

在其他情况下,只要"妥协"和"缓和"不严重影响整体项目目标,项目经理也可以把它们当作有效的策略。另外,"竞争"是一种"非赢即输"的模式。即使项目经理在特定问题上取胜,与被强制一方的有效工作安排也可能在未来关系中受到损害。尽管如此,一些项目管理者认为,在某些情形下,"竞争"或"逼迫"的模式是唯一的解决方法。从一定程度上来说,"合作"可能包括了所有处理冲突的模式。"合作"的实质就是在特定的冲突中寻求最恰当的解决方式。例如,在解决某个冲突中,项目经理或管理者可以用撤出、妥协、竞争和调停以最终得到有效的解决。而"合作"的目的,就是寻求恰当的解决方法,从而得到有关方面都能接受的最佳方案。

总之,冲突管理和解决是项目管理中的重要内容。在项目的冲突环境中,项目经理不仅要清楚冲突的可能来源,更要把握冲突的强度、性质,从而预见它们在项目生命周期中,何时最有可能发生。研究项目的冲突,无疑会增加项目管理者趋利避害的本领。

9.4.4 冲突管理技能

1. 深入分析可能的项目冲突源,减少有害冲突的发生

对于前述项目生命周期中的冲突分布,项目经理必须十分了解,并能在事前通过计划对可能发生的冲突予以考虑或安排处理方案。如果项目经理懂得项目生命周期中每种冲突源的重要程度和性质,他就能发现更有效减少冲突的策略。表9-3根据项目生命周期各阶段最易出现的一些最重要的冲突源,总结出了一些减少其有害影响的建议,供项目经理参考使用。

2. 用正确的观念对待冲突

当项目团队陷入团队陷阱,产生无敌幻想、自我高估、思考惰性,或片面追求团结、统一时,项目经理必须善于引导、刺激,甚至制造矛盾,让团队成员在现实中能保持进取心,保持清醒的头脑,为项目积极出谋划策。

当冲突发生后,项目经理要善于根据冲突的程度,采用前述的不同的冲突解决模式的组合,防止冲突的激化。一般而言,只要冲突限于工作范围内,不带有强烈的个人爱憎、喜恶、中伤、攻击等倾向,这些冲突都是可以接受的。只要冲突由最初的工作转移到私人之间,或带入私人生活中,这时项目经理就必须介入。

3. 加强沟通,培养团队精神,形成有益的项目文化氛围

上面所说的工作范围内的冲突都可以接受,但实际上项目经理往往很难把握该何时

表 9-3 项目生命周期及主要的冲突源

项目阶段	冲突源	建议
项目启动阶段	优先权	清楚定义的项目计划;联合决策以及有关部门协商
	程序	建立在项目执行中队员都要遵守的详细管理作业程序;建立理解说明或证明
	进度	在项目开始之前建立进度计划;预测其他部门优先权和对项目可能带来的影响
项目规划阶段	优先权	通过碰头会向支持领域提供对既定的项目计划和需求的有效反馈
	进度	在与职能部门的合作中完成工作任务包的进度
	程序	制订关键管理问题的预备计划
项目实施阶段	进度	在项目进程中连续地监督与有关部门的沟通结果;预见问题并考虑替代方案;确认需要密切监督的问题
	技术	尽早解决项目的技术问题;向技术人员通报进度计划和预算的约束;重视早期的技术测试;尽早对项目的技术方案达成共识
	人力	尽早预测和协调对人力资源的需求;向职能和顾问部门提出人力需求的优先权
项目结束阶段	进度	在项目生命周期中密切监督进度;考虑向可能出现进度差错的关键项目重新调配队员;及时解决可能影响项目进度的技术问题
	个性和人力	在项目接近完成时做好人员重新分配计划;与项目班子和协作方保持和谐的工作关系;努力缓和紧张的工作环境

介入冲突调解之中,因为人的外在行为有时并不一定能反映其内心世界。例如,一个小组成员在与其组长发生冲突后,最终可能会表现出服从,但内心可能会是完全的反对与不支持,甚至在以后的工作中表现出消极应付。

从根源上说,在日常工作生活中创造出一种和谐、愉悦的项目文化氛围,培养出正确的工作态度与冲突理念,能帮助我们有效地利用冲突的有利面,而抑制冲突的不利面,实现冲突的有效管理。以下几点建议有助于形成健康的项目文化氛围。

1) 项目目标理念的强化

在冲突双方形成对立陷入僵局的情况下,关键在于转换思路从对方言谈中寻求共同点,进一步建立共同语言。只要双方形成共识,哪怕是在一个小问题上,也许就是打破僵局的开始。

在项目冲突中,最根本的共识就是对项目目标的响应。在项目工作中,双方积极从共同的项目目标着手,在此基础上彼此的冲突就不至于过度激化。

项目经理在日常的项目环境中,应善于安排、布设醒目的标志,让项目目标、子目标深入到团队成员的心中,自觉地将自己的各项工作、各种思想统一于共同的项目目标。

2) 丰富工作方式、生活方式,加强沟通联系,创造和谐氛围

项目的管理既要强调工作的纪律性、制度性,又要保持一定的自由度,让大家在轻松愉悦中工作,在充实有序的工作中享受生活。

在日常工作之余,项目经理可组织各种形式的游戏、活动,通过项目成员的参与,让大家彼此在交往中加强沟通联系,在交往中加深对彼此的理解与信任,从而保持积极的心态投入到工作中,以健康的心态面对冲突。

3）培养团队精神

项目是由团队完成的,团队间有分工也更应强调协作。拥有强大凝聚力的团队,工作中不是互相指责、推诿,更多的是帮助、支持。在这样一种精神支配下,成员间的沟通自然也就更有效,冲突激化的可能性也较小。

培养团队精神涉及很多方面,很大程度上在于项目经理在日常管理中的贯彻宣扬,诸如通过张贴标语、发放纪念物品等可加深团队的感官刺激,通过项目目标宣传、项目前景的分析沟通可提高团队的责任感和荣誉感,通过开展游戏、组织活动可增加团队的参与性,通过项目成员的管理参与、决策建议可增强团队的协作性等。

4. 冷静面对冲突

项目冲突发生时,项目经理要做的第一件事就是保持冷静。切不可轻易卷入冲突双方,更不能感情冲动甚至失去理智,随意压制冲突,其结果只能导致冲突的进一步恶化。

冷静并不意味着沉默,冷静是为了让头脑在高度清醒下作出有效的决策。只有保持冷静的头脑,才能对冲突进行细致的调查、分析,抓住冲突的要害,从而提出有效对策或采取有效的解决方式。

5. 原则性与灵活性的结合

如前述,统计表明大多数项目经理都认为"合作"是冲突解决最有效的办法,而事实上也确实如此,它不会为未来的工作生活留下太多"后遗症"。

尽管如此,现实中"合作"冲突并不易于操作,它需要项目经理掌握较多的沟通技巧、策略。在"合作"冲突时,项目经理必须善于将原则性与灵活性艺术地进行结合,也就是在不违背项目目标、项目计划任务的大原则下,照顾冲突双方的观点、要求,在一些枝节问题上予以让步、调和,讲求一些变通与灵活,这会大大有助于冲突的解决。

思考与练习

1. 沟通过程中导致沟通障碍的因素有哪些?
2. 正式沟通渠道中有哪些沟通模式?在管理中您会倾向于哪种沟通模式?
3. 实现有效沟通有哪些方法与途径?
4. 项目中引发冲突的来源主要有哪些?您还能列举出其他引发冲突可能性的例子吗?
5. 您对项目不同生命周期中的冲突强度有何理解?
6. 常用的冲突解决有哪些模式?请举例说明这些冲突解决模式在实际中的应用?

案例分析

项目经理小刘的困惑①

0. 引言

2008年11月20日,西南机车车辆有限公司引进日本TOSHIBA公司技术所生产的大功率电力机车顺利下线。在隆重的音乐和热烈的掌声中,铁道部王副部长亲自登上列车剪彩并向项目工作人员表示祝贺,这也标志着西南机车与日本TOSHIBA的首次技术引进合作项目成功完成。

接下来的时间里,小刘一直忙着整理、汇总项目的相关资料和报告,随时准备进行项目成果总结,但是项目总结会还没来得及召开,在规划发展部的一次会议上,吴副部长突然通知小刘,要其立刻接手与庞巴迪公司的合作项目。小刘有些措手不及,"吴部长,TOSHIBA项目我还有些材料需要整理,庞巴迪项目……""TOSHIBA项目都验收了,公司领导很满意,基本结束了。"吴副部长打断了小刘的话"这个庞巴迪项目从项目规模和重要性上都远胜于TOSHIBA项目,公司很器重你啊,你也要好好干,尽快研究个方案让我们讨论一下。"吴副部长继续安排部内其他工作,但小刘再也听不进去,心里不停地琢磨,自己负责了三年的TOSHIBA技术引进项目结束后,公司没有要求自己做出任何形式的总结汇报,也没有得到公司领导对项目执行结果的任何评价或反馈意见,整个项目戛然而止。其实,项目成果虽然获得了领导的肯定,但小刘心里却没有半分激动与喜悦,更像是一种解脱,项目中的诸多问题和难处只有小刘自己最清楚。

1. 项目背景

那天晚上,小刘回到自己的办公间,只开了一盏台灯,他已经习惯了这样一个人思考问题。对于TOSHIBA项目三年来的推行过程,小刘至今仍历历在目。

TOSHIBA项目引进之前,公司由于主导产品失去市场竞争优势,陷入严重的经营困境。虽然西南机车车辆有限公司作为国家重点机车制造企业,在国家制定的装备工业自主化方针的指导下,一直从事着内燃型机车的研发生产活动,也开发出具有领先技术的内燃机车型。但随着国家铁路大提速的推进,铁路机车技术不断升级,主流机车从传统的内燃型机车逐步过渡到电力机车。在国家铁道部每年的采购清单中,电力机车的比重大幅度提升,而内燃型机车的需求市场严重萎缩,西南机车虽然也投入了一定的资金研发电力机车,但由于研发周期较长,公司整体利润直线下滑。

2004年起,由于国产电力机车在系统集成、转向架、网络控制等关键技术研发方面发展仍不成熟,铁道部迅速转变国内机车发展路线,放弃自主化策略并确定了推进铁路技术装备现代化的"引进先进技术、联合设计生产、打造中国品牌"的总体方针。这一方针加速了国内机车企业与国际领先企业的技术合作进程,国内机车企业为了在技术标准上达到铁道部的采购要求,纷纷与英国里卡多公司、美国通用公司和德国西门子公司等国际著名制造企业展开技术合作,通过联合生产和关键部件国产化等方式提高自身技术能力,增强

---

① 本案例来自中国管理案例共享中心,由朱方伟、宋琳采编,部分内容进行了掩饰处理。

市场竞争力。

西南机车车辆有限公司也抓住这一契机,投入大量资金用于扩充公司前沿设计技术、研发人员队伍,并引入国际先进的生产制造设备持续提升生产能力。2005年9月中旬,西南机车开始与日本TOSHIBA公司进行合作洽谈,成功引进了TOSHIBA公司7 200千瓦大功率电力机车技术,并获得了第一笔铁道部电力机车采购订单。西南机车先通过签订采购合同进口日本TOSHIBA公司4台合作机型机车,获取机车的整体架构技术,再通过技术转让合同获得TOSHIBA公司的设计制造资料、技术培训及技术服务,同时TOSHIBA公司对项目首台首件产品提供相应的考核交付服务。

公司上下士气大振,大家仿佛都看到了公司的美好未来。

2. 新"官"上任

西南机车车辆有限公司是一家具有典型的职能型组织结构模式的生产制造型企业(如图9-9所示)。公司设有1名总经理,总体负责生产业务的相关活动;同时设有8名副总经理,按照职能不同具体分管公司的技术开发、生产、销售、采购等运营活动,对总经理负责;为保证副总经理的工作效果,公司在副总经理级别下还选拔了8名副总工程师,分别协助副总经理完成职能化管理工作;副总工程师下设有生产部、技术开发部、工艺部、市场部、质保部等15个具体执行管理工作的职能部门,公司研发、生产、销售所需人力、物力以及资金等资源由职能部门负责组织和协调;职能部门还依据其相关职能权力来管理和监控公司各生产型子单位机车生产各环节的运营活动。

2005年10月,为全力支持日本机车技术引进项目,顺应企业未来的发展战略,经过公司高层领导讨论研究,授命规划发展部副部长吴晓明在部内组建合同保证室,专门负责规划和实施大型技术引进项目。在进行合同保证室人员配置的过程中,吴晓明最先想到的就是小刘。

那时的小刘还是西南机车车辆有限公司动力车间的一名机车动力系统专员。大学毕业后到厂里一直从事技术工作。在国产机车自主化研制的过程中,小刘一直从事机车动力系统的设计工作;同时小刘还利用一切机会学习国外的先进机车动力技术。在研究设计的过程中,小刘常常提出建设性的意见并逐步成为研发中心的骨干成员,还曾经多次独立带领专项攻关小组解决公司的关键技术问题,凭着出色的学习能力和全面的组织能力受到公司研发中心领导的重视。

吴晓明是在2004年9月公司开办的第一期"青年干部培训班"结识了作为青年后备干部参加培训的小刘,小刘对机车生产管理、国际机车技术引进以及公司技术发展的一些看法给吴晓明留下了深刻的印象。因此,在吴晓明组建合同保证室时,小刘最先被选为合同保证室中的一员。与此同时,公司还决定引入项目管理模式,成立公司第一个重大技术引进项目组——TOSHIBA项目组。依据公司领导指示,项目组是在企业原有直线职能式组织结构的基础上组建的,由主管销售的张副总经理牵头、主管技术开发的马副总工程师进行主要管理,二人组成了项目的领导层;同时,分管合同保证室的吴副部长辅助管理项目工作,协助张副总经理和马副总工程师协调项目工作。

吴副部长一直认为小刘是一个专业技术能力强、认真谨慎、踏实努力,但又不循规蹈矩、敢于并善于提出问题、有魄力的年轻人,尤其是在青年干部培训班上也学习过项目管理的相关理论。于是经吴副部长推荐,公司任命小刘为该项目的项目经理。此外,为便于项目管理工作的开展,减少资源协调过程中的信息接口数量,公司还将现有生产部、技术开发部、市场部等职能部门按照其联系的紧密程度划分为针对该项目的特定工作组,如将生产部、工艺部、技术开发部三个职能部门划为生产技术组,由工艺部部长担任生产技术组组长。TOSHIBA项目的组织规划结果在公司副总工程师以上级别干部参加的厂务会上公布,并以文件的方式正式发到了各职能部门和分厂主管手中。当小刘得知自己成为了公司第一个重大技术引进项目的项目经理时,激动和兴奋之情溢于言表。小刘心想,这个项目是公司领导层高度重视的项目,关乎公司未来的发展,公司上下都将大力配合;吴副部长和公司领导如此器重自己,自己一定要将这个项目做好,凭借这个项目大展拳脚,干一番事业,以后自己的发展会更好。于是小刘闷在办公室整整三天,按照合同标准提出了一份完整的项目执行计划,吴副部长对小刘的表现大加赞赏,"小刘,你就这样好好地干,这个项目成功了,你的发展会更好。"小刘也很激动,并向吴副部长保证,"我一定全力完成任务,还希望吴部长和公司领导在项目执行过程中多多的指导和帮助"。

就这样小刘带着满腔的热情,投入到项目中。开始的三周,由于公司领导关注较多,项目执行很顺利。但之后,项目工作开始受到多方面影响,小刘也是屡屡碰壁,项目推行困难重重。

3. 举步维艰

小刘发现,公司经理办公会后下发到各部门的文件中仅提及了对项目负责人和项目经理的任命,却没有说明自己究竟应该负责什么工作,只是模糊地提到,各职能部门要积极配合项目经理开展项目管理活动。

在协调各个工作组开展项目工作的过程中,每当需要调用工作组内相应职能部门的设备或人力资源完成特定工作时,只要没有明确的公司领导授权,小刘既不能直接从职能部门内调配资源,也不能向该职能部门所在工作组提出申请;而必须先向张副总经理或马副总工程师汇报,获得批示文件后,将批示文件交给工作组组长,再由组长出面与组内职能部门主管协商。可在工作组内部还存在问题,工作组组长是由划分的职能部门主管兼任的,除了与其他职能部门主管拥有相同的直线职能权力外,并没有特殊的项目授权,原则上工作组组长并不能直接决策或协调其他职能部门的资源调配工作。反复沟通协商使项目的每项工作都要花费很长的决策时间,小刘很为项目进度着急,但又不知如何是好。

在这种严格的职能直线式组织管理框架内,项目的每一项资源调用都需要遵循公司既定的审批原则。小刘越来越感到这种管理程序与原有的职能管理无异,自己的工作只是根据合同制订进度管理计划,再根据经验监督项目执行情况,并及时向项目总负责人汇报项目信息,提出协调申请。实际上,从职能部门主管、工作组组长到项目负责人马工程师或张总,任何人都可能否决小刘提出的资源协调申请,并且无须直接向小刘解释原因,而小刘也只能被动的接受结果。

高层协调,逐层审批的条件下,项目执行和决策的主体完全落到职能管理层面,项目进度、质量等信息更是分散于各职能部门中,并且没有任何部门或人员定期向小刘反馈工作情况,小刘只能通过主动询问、现场观察等方式搜集项目的实时信息,并仅以此方法有限地识别进度风险。小刘还发现自己只要及时汇报、提出申请即可,根本无须对批示文件

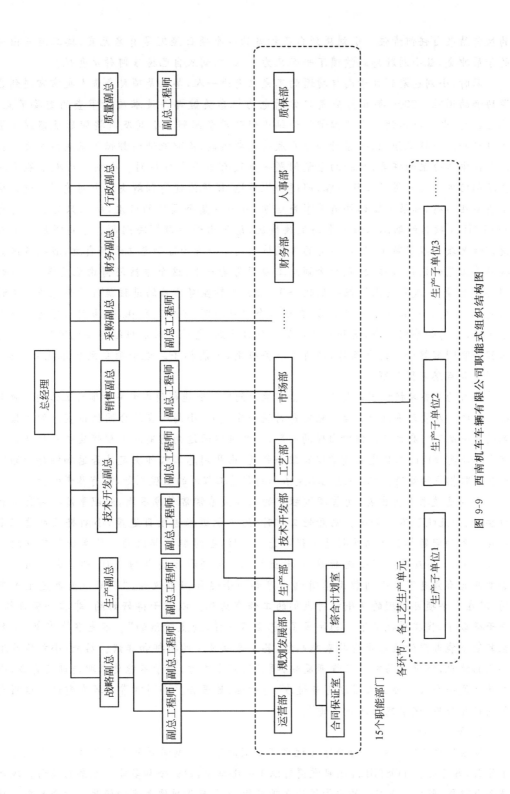

图 9-9 西南机车车辆有限公司职能式组结构图

的执行结果负任何责任。小刘感到自己担当的这个项目经理是有名无实,接二连三出现的矛盾冲突,让小刘既感到愤愤不平而又力不从心,到底自己扮演何种角色呢?

同时,小刘也看到处于同样境遇的不光只有他一人,甚至是项目负责人也常常遇到资源协调的困难。2006年6月底是日方对电力机车关键部件技术质量审查的重要节点。偏在这时,电力机车的一个关键部件曲轴出现了质量问题。小刘及时将问题反馈到质量保证组和生产技术组,但是当时恰逢月底绩效考核期,各职能部门都忙于完成当月公司批示文件中所分配的任务,曲轴的质量问题一直没有着手分析原因。小刘自己也不能直接指派部门内专业人员的工作内容,问题一拖再拖,迟迟没能得到解决。小刘觉得再这样拖下去实在不行,如果关键部件质量审查拖期,将影响整个项目的进度,所以只好去找负责TOSHIBA项目的副总工程师老马反映情况,请他出面协调解决问题。老马听后对小刘说,"情况我已经了解了,但是公司的工艺技术问题一直由徐副总工程师负责,我也不好直接插手工艺部门的工作,我先和徐副总工程师商量一下,这个事情还得由他负责解决;时间要是太紧迫,我再向上级领导反映一下,你就继续监督项目的进程就行。"听完马副工程师的话,小刘就一直在心里犯嘀咕,自己这个项目经理,工作到现在,一遇到问题就只能汇报申请,等着领导们定夺,这和车间监管有什么区别;甚至有时汇报给领导也不行,马副总工程师明明直接分管这个项目,却碍于职务级别,不能插手。这个项目到底谁能做主呢,小刘至今百思不得其解。

公司的业务考核机制也是小刘一直苦恼的问题。职能部门内部关于项目工作的绩效考核是由规划发展部下设的综合计划室每月统一完成的,小刘所在的合同保证室只能间接地影响考核结果。有时在工作中出现的问题,小刘可以通过向马副总工程师反映项目执行过程中各职能部门的工作完成质量以及配合程度,由马副总工程师决定是否通知综合计划室对其采取相应的处罚措施,但这也都是依据马副总工程师的主观判断,没有参考的标准。

小刘是技术人员出身,对管理过程中的人际关系常常考虑不周,处理事情也常常心直口快,也因此吃了不少苦头。刚开始工作时,为了积极推进项目进度,小刘将项目过程中存在的各种问题都如实向马副总工程师进行汇报,也对职能部门的工作提出了不少改进建议。可是,当反映的问题逐渐增加,考核结果的处罚程度逐渐增大时,职能部门内部对小刘开始有意见了。小刘曾无意听到生产部的小赵和同事议论,"小刘以前也是生产部的,现在有个项目经理的头衔就对我们的工作有意见。以前干得好好的,非建个项目组,活干得多了,钱罚得也多了。领导多了,想法不一样,到底听谁的"。不光在生产部,小刘在其他职能部门的地位变得越来越尴尬,甚至遭到员工的排挤和非议。后来,小刘除非不得已的情况,很少向马副总工程师反映;项目的好多工作,由于不能要求职能部门完成,小刘就只能一个人在办公室里通宵查进度、对指标、赶报告。小刘常常自我安慰道,"谁叫我是项目经理呢,这事就应该我负责"。

4. 苦苦支撑

在项目执行的三年中,办公室几近成了小刘的家。小刘常常问自己,"这般辛苦究竟为了什么,当时接手TOSHIBA项目觉得可以干一番事业,但如今却多处于无奈的境遇。我就是个小职员,那些职能部门的主管凭什么听我的,他们反倒更像是我的领导。被分配来支持项目工作的人吧,也根本不理会我的意见,要是有事情,还得我先给他们的部长写申请,他们部长同意了才能执行,那还要我管项目干什么。当上这个项目经理,工资也没比原先在动力车间多多少,可是活倒是多了好几倍,这个项目干成了,我能怎样,失败了,我又能怎样呢?"

其实,在反复思考这些问题的过程中,小刘心里也明白,总是通过公司领导的协调也不是解决项目推行中存在的问题和困难的长久之计,何况公司目前运营状况好转,领导要处理的事情越来越多,对这个项目投入的精力也越来越有限。小刘觉得自己应该做点什么,也为自己争取一下机会,可关键是这些想法要找谁去说呢。

在深思熟虑之后,鉴于吴副部长与自己的关系一直很好,又是自己的直系上级,小刘决定私下跟吴副部长说明一下自己的工作想法。一次部门年底活动中,在休息间隙,借着与吴副部长谈论项目的机会,小刘巧妙地提出"吴部长,其实当前的项目推进情况还是可以改善的。您看,我目前的情况说话也没有什么分量,遇到问题根本不能与职能部门经理沟通谈判,更别说那些副总工程师、副总经理们了,在资源调配方面我完全处于被动的局面,人家想给我就给我,不想给我,就说协调不了,我还得一次次劳烦您和马副总工程师帮忙;另外,就算已经调配到的资源,我也控制不了,那些职能部门的专业技术人员根本不知道我是干什么的,我提出的意见没有他们部门主管的批示谁也不敢做,大家都觉得我没有能力做出决策,我这也实在是为难"。吴副部长听了也只是抿嘴笑笑,并没有作声,看到小刘还有想法,就摆摆手说,"你的这个问题啊,我最清楚了,我在公司里推进一个专项攻关项目时,要不是因为我兼管的综合计划室还负责这些职能部门的绩效考核,那些主管们不敢得罪我,你看他们有谁愿意听我指挥的"。看到小刘一脸的困惑,吴副部长接着说:"你是技术出身不懂得管理这个问题的复杂性,公司领导也明白其中的困难,但是目前我们公司的项目经理也确实没有级别上的安排,你就先好好干,公司以后肯定会有所规划的。"小刘再没有作声,与吴副部长分开后,小刘心里很失落,自言自语道,"做项目经理这样辛苦,于公为了更好地完成项目任务,使公司好起来;于私也想通过这个项目做出点成绩,好让自己在公司里有个好发展,能够提升做个副部长或者提高一点收入也都好,但听吴部长的口气,也是没有太多的希望,我这样拼命工作,还值得吗?"

没什么别的办法,小刘只能继续勉强推行项目,每天为了项目奔走忙碌。但是自己辛苦做的事情还不能被别人理解和认同,甚至遭到领导无端的埋怨,常常落得出力不讨好的境地。在一次由吴副部长组织的部长以上级TOSHIBA项目外方技术审查交流会前,公司主管工艺的徐副总工程师急匆匆地跑到小刘这里索要项目进行过程中技术问题汇总材料,并在会议上就小刘的总结提出了一些改进的见解。会后,吴副部长大发雷霆,"小刘啊小刘,那些技术信息是我们部门重要资料,我同意了吗,你就给了其他部门的人,你还把我放在眼里吗?"小刘欲言又止,实在不知道怎么回答,吴副部长是他的直接领导,应该服从,但是徐副总工程师是公司负责工艺的领导,他的话也不能不听,况且自己也是为项目的顺利推行才这样做的,究竟有什么错?类似的事情发生过许多次,很多时候,小刘觉得自己工作没少做,奔波忙碌,每天还要向各个领导汇报工作,但这些领导却都不满意,甚至一些领导把自己看作是告密者。

5. 何去何从

已经到了午夜时分,办公楼对街的霓虹灯也差不多都熄灭了,偶尔有车子呼啸而过。小刘整理了一下思路,在电脑上敲下了一些文字。辛苦推行了三年的TOSHIBA项目,项目成功背后的诸多问题究竟要如何解决一直不得而知。今天吴副部长又将庞巴迪——这个公司乃至我国技术引进过程中第一个完全实现自主国产化原型车设计的电力机车产品——交给自己,小刘心里最清楚不过,如果这个项目还实行项目制管理,以目前公司的管理现状,势必还会走入和TOSHIBA项目的相似困境之中。

小刘已不是当年那个满腔热血,干劲儿十足的"新任"项目经理,庞巴迪项目启动在即,这个项目经理到底要怎么当?级别、权责的问题要如何解决?公司究竟应如何推行项目制管理?这些问题都是小刘迫切需要解决的。而最关键的问题还是要以一种怎样的方式与公司高层领导协商,而这一切也都将影响着小刘的未来发展……

 案例启发思考题

1. 你认为公司在进行TOSHIBA项目过程中主要存在哪些冲突?
2. 假如你是项目经理小刘,你希望公司在项目管理过程中给予你怎样的权力和责任以便更好地推动项目进行?
3. 如果你是滨海机车的高层领导,你觉得应如何调整公司的项目管理方式才能够满足项目管理的要求?
4. 你认为在这种典型的职能型组织结构的企业中实行项目管理存在的主要问题是什么?应该如何解决这些问题?

案例分析

看不到岸的ERP[①]

"公司的业绩必须增长!"2006年年会上,董事会给北田电器连锁公司的管理层下达了死命令。北田电器是一家连锁公司,占据了当地电器市场的半壁江山,"东奔西走太累,北田一步到位"的广告,在当地几乎家喻户晓。但近年来,大中、苏宁、国美这样的全国性家电连锁集团加快了扩张步伐,这给北田这家老电器连锁公司造成了很大压力。

事实上,家电连锁行业的激烈竞争,也使众多的家电连锁商不得不在跑马圈地的同时,也要"勒紧裤腰带过日子",毕竟家电行业已经不再是"暴利"性的行业,而是进入了微利的时代。所以在最近几年,像苏宁、国美等家电连锁行业的老大,都开始了管理信息化的建设,其目的就是想借助IT系统的帮助,实现管理的精细化和集约化,使资源达到最优化的配置。

面对竞争对手咄咄逼人的竞争压力,北田电器不得不改变原定的市场销售策略,并打算导入国内先进的连锁管理理念和ERP软件系统,借此充实和提高其应对市场风险的能力,达到BPR(企业流程再造)的目的,使企业的竞争力得以提升,从而能够在这场家电连锁行业的竞争战中生存下来。

1. 人员矛盾埋下失败伏笔

很早之前,北田电器的母公司丰盛商业集团就以控股的方式成立了一家专门从事商

---

① 本案例由华夏名网搜集整理,http://cnc.sudu.cn/info/html/website/20070917/245154_2.html。

业ERP项目实施和服务的软件公司。享普软件有限公司,所以几乎没有什么障碍,享普软件顺理成章地就拿下了北田电器ERP软件实施合同,将其他竞争对手挡在了门外。

享普软件公司之前确实参与实施过许多不同零售业态的ERP项目,像一些超市的信息化项目,但做家电连锁还是头一次。不过,做家电连锁的信息化与超市相比,有很多相似之处,所以北田电器的ERP项目总经理曹山认为这个ERP项目尽管有一定的风险,但问题不是很大,因为享普软件有过超市信息化成功的一些案例,并且彼此都是兄弟单位,沟通起来会顺畅很多。

在该项目筹备大会上,北田电器和享普软件公司一起讨论通过了相关项目人员的配备,包括由一名经验丰富的研发人员负责该ERP软件产品前台的修改,一名研发人员负责家电连锁后台新增功能模块的设计和添加,一名项目经理带领两名新学员提供现场ERP软件的调试、安装、服务与支持,一名财务出身的项目总经理协调公司资源,并主动与客户沟通、搜集、汇总北田电器的所有需求。

如果一切都按照计划和既定的流程去执行,应该不会出现大的问题。但ERP是一个琐碎而影响面大的项目,需要大量的沟通与协调,也只有这样才会使业务部门的需求真正通过IT系统反映出来。

然而,有个情况曹山之前并没有考虑到,就是项目小组成员彼此之间的关系问题。事实上,这个ERP项目小组,内部之间的关系并不协调,项目研发和实施人员、项目总负责人和实施人员之间存在着个人矛盾,并且在处事方式上也各有分歧。尽管在项目成立之初这个问题并没有受到重视,而是被北田电器的总经理一番鼓舞斗志的项目开工致辞给淹没了,但这为该项目的最终失败埋下了伏笔。

2. 沟通受阻

项目组筹建初期,曹山并未过多关注项目组成员间固有的个人矛盾,这也很正常,谁也不会去想到个人恩怨还能导致IT建设项目出现问题。但时间一长,曹山发现一旦当项目进度无法按照既定进度表正常进行而出现问题时,项目组成员互相指责、推卸责任的现象就会特别明显,并且对于因此而导致的项目实施工期延长的问题,ERP项目组几乎就没有人过多地去关注,并且在更多时候,将沟通与协调的责任都推到了曹山这一边。

而这让曹山始料未及。北田电器选定的ERP软件模型是在原有针对连锁超市的ERP成品软件的基础上,根据客户化需求进行添加修补而成的。而因为沟通不顺畅的结果,导致了一些业务与IT结合上出现了偏差,如果这些偏差不对业务造成影响还好一些,问题的关键是这些偏差影响了一些业务的开展。

譬如为实现配送中心按POS前台销售时登记的客户送货地址安排相关车辆运送商品这一业务,项目组的研发人员专门开发了配送中心送货模块和POS前台录入送货地址模块。可是,由于开发人员与一线项目实施人员在技术上的沟通不到位,很多销售送货单据无法及时传送到配送中心,结果大大延长了商品的送货时间,直接影响了其日常的销售,给顾客带来了不必要的麻烦。

出现问题后,一线项目实施人员根据业务部门愤怒的语言和少得可怜的开发文档赶紧对IT系统进行修正,而公司的后勤服务部门则忙着给顾客做安抚解释工作。曹山除了被老总臭骂了一顿后,也赶紧开始寻找问题的原因所在。

经过细致的了解,曹山发现对 IT 编程技术轻车熟路的一线项目经理和后方研发人员因个人矛盾很少做技术沟通,出现的技术问题都要由曹山在两人之间不停地周旋做协调工作。而财务出身的曹山对 IT 技术几乎一窍不通,这也间接延误了解决问题的最佳时机。试想一下,如果问题的发生仅仅是半天甚至是几小时的事情,就不会造成太大的问题了。

3. 看不到岸的项目

项目实施后期,由于内部人员间的沟通问题越来越尖锐,曹山不得不更换了两个矛盾突出的技术人员,并重新安排新的技术人员接手这个有点混乱不堪的 ERP 项目。至此整个 ERP 实施队伍内部的扯皮问题才告一段落,而这两个过失严重的技术老手,也因为沟通问题被辞退。

在拖延了数月后,北田电器的 ERP 软件项目终于勉强完成了,那些曾参与过整个项目的实施成员不是累得有气无力,就是不停地咒骂这个问题百出的 ERP 软件。也不知是受了商业竞争对手的打击,还是受了自身经营选址问题的影响,抑或是受了 IT 系统的拖累,北田电器原有的一家专业电器连锁门店的经营状况每况愈下,最后不得不关门大吉。

现在,勉强完成的北田电器 ERP 项目已经开始进行"二次"开发,而已经有过一次经验的曹山也开始对 IT 项目的建设人员精挑细选起来。对上一次 ERP 项目实施给北田电器带来的影响,除了让这个家电连锁公司在 IT 实施上品尝了一回"看不到岸"的滋味外,更为重要的是让很多员工体会到了 IT 系统的重要性。

不过,对曹山而言,这可能已经是最后的机会了,因为这个 ERP 项目出现的失误让北田电器的老总非常恼怒,并给曹山发了狠话:"花了那么多钱,如果不见效果,你自己看着办。"尽管在今天,跳槽已经不是什么新鲜事,但如果背上个不好的名声,仓皇出逃,以后在 IT 行业也就不好混了。

 案例启发思考题

1. 北田 ERP 项目失败的原因是什么?
2. 本案例中的主要冲突是什么?冲突的原因是什么?
3. 如果你是曹山,你应该采取哪些措施来改变项目的现状?

 本章思考练习题

1. 导致沟通障碍的因素有哪些?
2. 正式沟通渠道中有哪些沟通模式?在你的管理中你会倾向于哪种沟通模式?
3. 实现有效沟通有哪些方法与途径?
4. 项目中引发冲突的来源主要有哪些?你还能列举出其他引发冲突可能性的例子吗?
5. 你对项目不同生命周期中的冲突强度有何理解?
6. 常用的冲突解决有哪些模式?请举例说明这些冲突解决模式在实际中的应用。

第10章 项目后评价

> **导　读**
>
> 　　传统项目管理理论认为，项目管理的范围只包含从项目提出到项目竣工并投入生产的全过程的管理活动，而通常将项目后评价独立于项目管理周期之外，实际上，项目后评价是项目管理活动的自然延伸，是项目管理周期中不可缺少的重要阶段之一；项目后评价不仅是对先前项目各阶段的评定，其总结和归纳的项目过程资料以及管理与风险应对经验也将对后续项目管理活动提供借鉴。
>
> 　　某水库建设项目是其所在河流中下游水资源开发的骨干项目，其设计与建设过程受到水利部和省相关部门的高度重视，为了更好地评价项目的各项目标，项目组在项目建设结束后对其进行了详细的后评价过程。项目组在广泛搜集资料、深入调查的基础上，开展了国民经济、财务评价、工程评价、经营管理、环境与社会影响评价等多项综合评价，涉及国民经济、社会发展、工程技术、自然与社会环境等诸多领域。通过全面的评价过程，项目组总结出项目实际执行与目标的差异并进行了原因分析，如由于设计阶段对电站实际运行情况考虑不全面，建成后存在供水与发电不协调的问题；由于对外部环境的估计不足（水库遇到连年枯水、下游城市用水量激增等），水资源的实际经济效率并未达到预计目标等。同时后评价过程也对项目实施过程中的经验进行归总，如通过制定相关管理章程、职能机构职责说明和生产运行与管理制度，有效地弥补了管理人员专业知识单一、缺乏管理经验等问题；通过前期几方面的调研对项目内外部风险、社会效益和未来适应性与持续性进行了有效的前评估等，这些成功经验对于后续的建设项目有很好的参考价值。这个案例告诉我们有效项目后评价将对项目全过程的各个阶段进行全面的分析评估，在发现并分析问题的同时也对有效的经验进行总结，这不仅对项目的收尾工作有所支持，还对项目管理人员今后的管理工作提供指导。本章将从项目后评价的概念、内涵、基本程序和方法以及相关的检测和指标体系等方面项目后评价过程进行系统的分析介绍。

10.1　项目后评价概述

10.1.1　项目后评价的含义和特点

1. 项目后评价的含义

项目后评价是指对已经完成的项目的目标、执行过程、效益、作用及影响进行的全面、系统、客观的分析。通过对项目全部活动的检查总结,确定项目预期目标是否达到,项目是否合理有效,项目的主要效益指标是否实现;通过分析评价找出成败的原因,总结经验教训,为后评价项目运营中出现的问题提出改进意见,提高投资效益;最后通过及时有效的信息反馈,为未来新项目的决策和管理提出建议。

2. 项目后评价的特点

项目后评价的特点主要表现在以下三个方面。

(1) 现实性。项目后评价是以实际情况为基础,对项目建设、运营现实存在的情况、产生的数据进行评价。

(2) 全面性。项目后评价是对项目实践的全面评价,它是对项目立项决策、设计施工、生产运营等全过程进行的系统评价。其评价不仅包括经济效益、社会影响、环境影响,还包括项目综合管理等。

(3) 反馈性。项目后评价的结果需要反馈到决策部门,作为新项目立项和评估的基础以及调整投资计划和政策的依据,从而进一步提高决策和管理的水平。

10.1.2 项目后评价的目的和原则

1. 项目后评价的目的

(1) 及时反馈信息,调整相关政策、计划、进度,完善在建项目。

(2) 增强项目实施的社会透明度和管理部门的责任心,提高投资管理水平。

(3) 通过经验教训的反馈,调整和完善投资政策和发展规划,改进投资计划,提高投资效益。

2. 项目后评价的原则

为了充分发挥项目后评价的作用,项目后评价工作必须遵循以下基本原则。

(1) 客观性和公正性。项目后评价工作必须从实际出发,尊重客观事实,依据项目建成后的实际面貌、成果和已达到的各项指标,实事求是地衡量和评估项目的得失和效果。在分析论证时,要坚持公正、科学的态度,从客观角度、历史地、唯物辩证地全面看待问题。

(2) 独立性。由投资者和受益者以外的第三者来执行后评价工作,保证后评价的公正性,避免项目决策者和管理者自己评估自己。

(3) 科学性。后评价工作必须有科学的评价方法、工作程序、组织管理及评价结论。

(4) 有用性。为了使后评价成果能对决策发挥作用,后评价报告要紧密结合实际问题,有针对性地做出分析。

(5) 可信性。后评价的可信性取决于评价者的专业素质和经验水平,取决于所采用方法的精确性和评估过程的透明度,还取决于所用资料信息的可靠性和真实性。

(6) 反馈性。反馈性原则是后评价的一个重要原则。后评价的目的在于检验和总结项目前期所做的预测和判断是否准确,分析项目各个阶段的实际情况与预计情况的偏离程度及其产生原因,为有关部门反馈信息,为以后改进项目管理、制订科学合理的投资和管理计划提供参考依据,以提高决策和管理水平。

10.1.3　项目后评价与前评价的区别

项目后评价与项目前评价关系密切,前评价是后评价的前提和基础。虽然两者在评价原则和基本方法上没有太多区别,但是由于项目后评价和前评价在项目全过程中所处的工作阶段不同,两者存在着明显的差异,主要表现如下。

(1)评价的时点不同。前评价是在项目决策的前期进行的,而后评价是在项目周期的最后阶段,在项目投产运营一段时间后进行的。

(2)评价的目的不同。前评价的目的在于评价项目技术上的先进性和经济上的可行性,为项目执行决策提供依据。而后评价的目的是为了总结经验教训,为完善决策和管理提供服务。

(3)选用的数据参数不同。前期评价通常是采用历史数据、类似项目的数据或项目建设前的预测数据进行分析。而后评价则采用项目实际发生的数据、进行后评价时所收集的参数及后评价时点以后的预测数据。

(4)比较的对象不同。前评价侧重于不同设计方案的分析比较;而后评价侧重于项目实际执行结果与前评价预期效果的对比分析,从中发现问题并总结。

(5)评价的内容不同。项目前期评价的主要内容是项目建设条件、工程设计方案、项目的实施计划及项目的经济社会效益的评价和预测;而后评价的主要内容是针对前评价的结果进行再评价,还包括项目决策、项目实施效率以及项目的试运营状况等因素。

(6)评价的性质不同。项目前评价是以定量指标为主侧重于经济效益的评价,评价的结果直接作为项目取舍的依据;而项目后评价以事实为依据,以提高经济效益为目的,以法律为基准,对项目实施结果进行综合评估。其结果是判定项目是否成功,分析实际与预期存在的差异,提出修改意见。

10.2　项目后评价的内容

项目后评价应包括项目竣工验收、项目效益后评价、项目管理后评价和项目可持续性后评价四方面的内容。

10.2.1　项目竣工验收

按照我国政府有关部门的规定,所有完工的基本建设和技术改造项目都必须进行竣工验收。竣工验收是国内投资项目在后评价之前最重要的环节,项目竣工验收的内容、方法和资料是进行项目后评价的重要基础。

项目的竣工验收是投资由建设转入生产、使用和运营的标志,是全面考核和检查项目实践工作是否符合设计要求和达到工程质量要求的环节,是项目业主、合同商向投资者汇报建设成果和交付新增固定资产的过程。项目竣工验收分为竣工验收、竣工决算及技术资料的整理和移交。

10.2.2 项目效益后评价

项目效益后评价是项目后评价理论的重要组成部分。它以项目投产后实际取得的效益（经济、社会、环境等）及其隐含在其中的技术影响为基础，重新测算项目的各项经济数据，得到相关的投资效果指标，然后将它们与项目前期评估时预测的有关经济效果值（如净现值 NPV、内部收益率 IRR、投资回收期等）、社会环境影响值（如环境质量值 IEQ 等）进行对比，评价和分析其偏差情况及其原因，吸取经验教训，从而为提高项目的投资管理水平和投资决策服务。项目效益后评价具体包括经济效益后评价、项目技术后评价、环境影响后评价、社会影响后评价以及项目综合效益后评价。

1. 经济效益评价

项目后评价的经济效益评价包括财务后评价和国民经济后评价，是根据项目生命周期中的实际数据与项目前期的经济评价预期指标效果进行对比，分析项目实际产生的经济效益，同时对预期效果和实际效果的背离程度进行定量计算，反馈评价结果，从经济角度提高项目决策水平。

1）财务后评价

项目的财务后评价与前评估中的财务分析在内容上基本相同，但项目前评估中以预测数据为主，而后评价以实际发生的数据为依据。财务后评价有以下几方面的作用：计算和检验项目实际财务盈余能力和偿债能力；从财务角度找出项目成功与失败的原因，为以后同类项目的投资决策和项目管理提供参考。

（1）盈利能力分析。通过现金流量表，计算总投资税前内部收益率、净现值、自有资金税后内部收益率等指标，通过编制损益表，计算资金利润率、资金利税率、资本金利润率等指标，反映项目实际盈利能力。

（2）偿债能力分析。通过项目资产负债表、借款还本付息计算表，计算资产负债率、流动比率、速动比率、偿债准备率等指标，反映项目的偿债能力。

在计算出上述指标后，将前评估值与后评价值相比较，求出偏离值，分析偏离原因，编制财务评价对比分析表，如表 10-1 所示。

2）国民经济后评价

国民经济后评价是从国家或地区的角度考察项目的费用和收益，通过编制全投资和国内投资的经济效益和费用流量表、外汇流量表、国内资源流量表，调整计算后评价时点以前各年度项目实际发生的以及后评价时点以后各年度预测的国民经济营利性指标，如全投资和国内投资经济内部收益率、经济净现值、经济换汇成本及经济节汇成本等。

国民经济后评价采用国际市场价格、影子价格、实际汇率或社会折现率等参数，对项目运营后的效益和费用进行重新测算，计算出评价指标，如国民经济净现值（ENPV）和国民经济内部收益率（EIRR），并将指标的前评估值与后评价值相比较，求出偏离值，找出偏离原因。

表 10-1 财务评价对比分析表

分析内容	报表名称	评价指标名称	指标值 前评估	指标值 后评估	离值	偏离原因
营利性分析	现金流量表	投资回收期				
		财务内部收益率				
		财务净现值				
	损益表	投资利润率				
		投资利税率				
		资本金利润率				
偿债能力分析	资产负债表	资产负债率				
		流动比率				
		速动比率				
	资金来源表	贷款偿还期				

经济效益评价中各指标在前面章节均有介绍,在此不再赘述,下面仅以投资回收期为例进行介绍。

实际的动态投资回收期计算公式为

$$\sum_{t=1}^{P_{Rt}}(\text{RCI}-\text{RCO})_t/(1+i_R)^t = 0$$

式中,RCI——实际现金流入量;

$\quad$ RCO——实际现金流出量;

$\quad i_R$——实际折现率。

项目的实际动态投资回收期 t 即为项目实际净现金流量为零时的年数。

项目经济效益指标前后偏差程度的大小可用变化率来表示。例如,用实际投资回收期的变化率指标来衡量项目实际投资回收期与预期投资回收期进行比较的偏离程度。其计算公式为

$$实际投资回收期变化率 = \frac{实际投资回收期-预期投资回收期}{预期投资回收期} \times 100\%$$

2. 项目技术评价

技术水平后评价主要是对技术方案、技术装备选择的可靠性、适用性、配套性、先进性、经济合理性的再分析,尤其是对所采用的新技术和科研成果应重点进行评价。技术评价的主要内容包括如下。

1) 技术方案的性能评价

(1) 合理性评价。技术方案的合理性评价主要分析项目技术方法及其运用过程是否符合项目产品生产的客观规律,是否能够科学合理地利用资源和人力,使项目运行达到科学高效。

(2) 适用性评价。技术方案的适用性评价主要分析原材料的品质及来源是否满足项目技术要求,技术方案是否能适应项目所在地的气候及地理等客观条件。

(3) 可靠性评价。技术方案的可靠性评价主要分析项目所选技术在实际使用过程中是否成熟可靠,是否能够满足项目技术要求,保证项目生产设备和人员的安全。

　　(4) 先进性评价。技术方案的先进性评价主要分析项目所选技术是否具有领先性,项目所采用的设备是否具有先进性。

　　(5) 经济性评价。技术方案的经济性评价主要分析项目技术在降低成本和提高经济效益等方面起到的作用,同时分析技术的灵活度,即项目技术是否能够根据市场、项目建设组织及人员的变化做出相应调整。

　2) 技术方案的成果评价

　　技术方案的成果评价应根据项目实际运行的情况,分析所采用的技术方案和技术装备是否达到了原设计的预期效果,存在哪些问题及问题产生的原因,总结经验教训(见表10-2)。此外,还应分析在项目实施期间,是否产生了技术科研成果,是否运用了新技术、新方法。

　　技术方案的成果评价内容主要包括以下几个方面。

表 10-2　技术方案和技术装备效果评价分析表

技术方案和技术装备名称	原设计	实际实现	差比变化	主要原因	改进措施

　　(1) 对由于采纳先进技术、增加科技投入或智力投资而产生技术进步效益的项目,用"有无对比"法做出评价。

　　(2) 新技术、新方法的运用对本项目及国内其他项目产生的影响,为同行业内项目建设提供了哪些参考依据。

　　(3) 取得的技术科研成果被哪些项目采用,产生的经济及社会效益如何,技术成果应用前景和潜在的效益如何。

　　(4) 提出技术科研成果中需要进一步完善的地方,总结项目在技术和设备使用过程中的经验教训,为以后项目建设提供参考依据。

3. 环境影响评价

　　环境影响评价是指对照项目前评估时批准的《环境影响评价》,根据国家和地方环境质量标准、污染物排放标准以及相关产业部门的环保规定,重新审定项目环境影响的实际结果,审核项目环境管理决策、规定、规范、参数的可靠性和实际效果,同时对未来进行预测的过程。如果项目生产或使用对人类和生态危害极大的剧毒物品,或项目位于环境高度敏感的地区,或项目已发生严重的污染事件,那么还需要单独出具一份项目环境影响后评价报告。

4. 社会影响评价

　　项目社会影响评价是对项目在经济、社会等方面产生的有形和无形的效益和结果进行分析的过程,它能够判断项目对项目本身、项目周边地区及社会发展目标的贡献和影响。对项目进行社会影响评价时主要考虑:就业影响、地区收入分配影响、居民生活质量、项目受益状况、各群体参与项目情况、项目所在社区的发展等因素。

5. 项目综合评价

项目后评价的综合评价,指在项目各部分、各阶段、各层次评价的基础上,评价项目的整体效果。项目实施以后应考虑其综合效果,包括项目的技术效果、经济效果、环境效果、社会效果等。综合评价一般采用成功度评价方法(详见项目后评价方法)。

10.2.3 项目管理后评价

项目管理后评价以项目竣工验收和项目效益后评价为基础,结合其他相关资料,对项目整个生命周期各阶段管理工作进行评价。

项目管理后评价主要包括项目启动阶段评价、项目实施阶段评价、项目运营阶段评价、项目投资过程评价。其中启动阶段评价、实施阶段评价、运营阶段评价具有一定的阶段性,而项目投资过程评价贯穿于整个项目过程。其具体示意图如图 10-1 所示。

图 10-1　项目管理后评价的主要内容

1. 项目启动阶段评价

项目启动阶段评价是对项目正式执行前的全部环节的评价。项目启动阶段评价主要包括以下几项。

1) 项目立项决策评价

项目立项决策评价从决策依据、投资方向、实施方案、技术水平、协作条件、决策方法、决策程序等方面对项目进行评价。其重点是分析项目构思、产生和选择的正确性,项目立项的规范性。

2) 项目计划制订评价

项目计划的评价主要从计划的全面性、准确性、可执行性三个方面进行分析评价。

3) 项目实施前的准备评价

项目准备评价分析的要点有:项目招投标方式的选择及招投标过程的规范性;项目所需各项资源如人力、物力、财力等的配备情况。

项目启动阶段评价指标很多,本书只介绍以下两个指标。

(1) 项目决策目标完成度 = $\dfrac{\text{达到目标的指标个数}}{\text{指标总个数}} \times 100\%$。

该指标从项目总目标的高度来评价项目原定决策目标的实现程度。

(2) 项目决策周期变化率 = $\dfrac{\text{(实际项目决策周期} - \text{预计项目决策周期)}}{\text{预计项目决策周期}} \times 100\%$。

该指标主要是表示实际项目决策周期(从提出项目建议书到项目可行性研究批准所经历的时间)与预计项目决策周期之间的变化程度。若该指标大于零,表明实际决策周期比预计决策周期长,决策效率不高,应找出原因。

2. 项目实施阶段评价

项目实施阶段后评价一般要分析以下几个方面:实施阶段项目各计划的执行控制情况,项目的管理工作,项目合同执行情况,项目的竣工验收情况。

1) 计划执行控制情况评价

计划执行控制情况评价主要从信息的搜集、处理以及计划的控制三个方面对项目实施阶段进行评价分析。

2) 项目管理工作评价

项目管理工作评价,即在项目实施各阶段,对管理者和执行机构的工作所作的评价。其主要考察项目管理工作的科学性及有效性;项目资源分配的合理性。

3) 项目合同执行情况评价

合同执行情况的评价主要是分析项目准备阶段及实施过程中合同的签订、执行和管理状况,评价合同的规范性、管理的高效性及执行的有效性。

4) 项目的竣工验收评价

工程类项目竣工验收后评价应根据相关文件,对照工程实际完工情况,分析项目竣工验收的程序及组织机构是否符合国家有关规定,竣工验收是否遵循规定的验收标准,各项技术资料是否齐全,收尾工程和遗留问题的处理情况,各阶段单项工程验收结果,竣工决算投资超值或结余情况,找出差别和变化,进一步分析原因,加以总结。

指标计算举例如下。

(1) 实际建设工期变化率 = $\dfrac{\text{实际建设工期} - \text{设计建设工期}}{\text{设计建设工期}} \times 100\%$

实际建设工期变化率大于零,表明实际建设工期比设计建设工期长,说明项目管理没有达到预期效果,需要查找原因,为以后的项目管理活动积累经验。

(2) 工程合格率

工程合格率 = $\dfrac{\text{实际合格单位工程个数}}{\text{验收单位工程总个数}} \times 100\%$

工程合格率是指实际工程质量达到国家或合同规定的合格标准的单位工程个数占验收的单位工程总个数的百分比,合格品率越高,表明工程完成的质量越好。

3. 项目运营阶段评价

项目运营阶段评价是对项目实际经营状况、投资效果进行分析评价,同时与预测情况或其他同类项目的经营状况相比较,分析和研究偏离程度及其原因,系统地总结项目投资经验教训,为进一步提高项目运营实际经济效益献计献策。运营阶段评价主要包括运营效果评价和运营管理评价。

1) 运营效果评价

对项目运营阶段的评价是在项目运营一段时期后进行的,运营效果评价是根据项目投入运营以来的实测数据,比较实际效益与既定效益目标的差别与变化,分析产生的原因,并提出应采取的对策和措施。运营效果分析见表10-3。

表10-3 项目运营效果评价分析表

项目主要内容目标	项目原定目标	实际实现目标	差别与变化	原因分析		拟采取的对策和措施
				内部	外部	

2) 运营管理评价

运营阶段的管理评价主要是对项目运营阶段的组织管理及经营管理方面进行的评价。通过这两方面的管理评价,总结运营管理的经验教训,提出修改意见。

(1) 组织管理评价。组织管理评价的主要内容有:评价运营管理单位的组织机构、人员编制是否合法合理,机构设置和人员构成是否能够满足运营和管理单位生存和发展的需要,组织人员的管理效率高低;评价运营管理单位的规章制度、体制机制是否健全,尚需注重哪方面体制的建设;评价运营管理单位在人员管理、管理体制、运营机制等方面的先进经验和存在的问题,提出改进意见。

(2) 经营管理评价。经营管理评价是对项目运营管理单位的经营管理情况进行综合评价,主要评价管理单位的日常管理和经营状况,管理素质与经营管理理念、策略及实施情况,管理艺术及效果等经营管理水平,并检查财务收支情况是否达到良性循环,档案资料是否完整、服务质量状况如何,运营安全性如何,分析存在的问题。

4. 项目投资过程评价

项目投资贯穿于项目发展过程的始终,伴随着项目建设的各个阶段,在项目建设程序中各阶段发挥重要作用。其主要内容包括资金筹措方案分析评价、资金投入使用的分析评价、项目总投资的控制情况分析评价。

1) 项目资金筹措方案分析评价

该评价主要应分析评价项目的筹资模式、资金选择、项目担保和风险管理等内容。评价的重点是根据项目启动阶段所确定的投融资方案,对照现实的融资方案,对比分析利弊。通过投资项目评价,分析资金的实际来源与项目预测的资金来源的差异和变化,同时还要分析实际融资方案对项目原定目标和效益指标的作用和影响,特别是融资成本的变化对债务和今后项目的影响,在可能的条件下,后评价还应分析项目是否可以采取更加经济合理的融资方案。

资金筹措方案评价主要是资金来源的对比分析,在评价时应注意以下几点。

(1) 说明注册资本金占总投资的比例有无变化,各投资方的融资比例、融资方式、借贷利率和条件有无变化,如有变化,说明变化的原因(见表10-4)。

表10-4 项目资金来源变化表　　　　　　　　　　　　　　　单位:万元

项目阶段	币　种	资金渠道	金　额	利息及条件	备　注
可研评估报告		资本金			
初步设计批复		银行贷款			
		国外贷款			
实际调查结果		……			

(2) 搜集关于资金筹措的全部资料,包括资金来源、筹措方式、资本金比例及金额、贷款金额、贷款条件、利率及偿还方式等正式书面文件,以全面评价资金筹措情况。

2) 项目资金投入使用分析评价

对项目资金供应与运用情况的分析评价是项目实施管理水平评价的一项重要内容。项目实施阶段,资金能否按预算规定使用,对降低项目实施费用关系极大。通过对投资项目评价,分析项目财务制度和财务管理的情况,分析资金的实际到位情况与前评估的资金投入计划的差异,分析资金支付的规定和程序是否合理并有利于控制预算,提高了资金的使用效率。

(1) 资金到位情况评价。首先应对资金实际到位情况与前评估的资金投入计划进行比较(见表10-5),说明变化情况,并说明变化的原因和理由。

表10-5　项目总投资来源及资金投入比较表　　　　　　　　　单位:万元

序　号	投资来源	概　算			实际金额				备　注
		总计	1年	……	总计	1年	2年	……	
1	资本金								
2	银行贷款								
3	国外贷款								
4	其他								

(2) 分析和评价资金供应是否适时适度。资金供应过早过多,会增大资金占用,增加利息支出;资金供应不及时,或者供应数量不能满足进度的要求,又会影响进度,拖长工期,增加投资费用和支出。

(3) 评价项目所需流动资金的供应及运用情况。即了解项目投产后实际所需流动资金数量,分析项目实际流动资金来源与项目前评估的变化,分析流动资金供应是否能够满足项目实际需要及其对项目的影响,要分析项目所需流动资金不能满足的原因,并提出解决建议。

3) 项目总投资控制情况分析评价

项目完成后通过将实际的项目决算与初设概算对比,找出主要差距(超出或结余),阐述变化原因,分析项目的总投资的控制情况。工程项目总投资对比表如表10-6所示。

总之,在项目管理各个阶段,后评价应抓住项目周期关键时点的主要指标的变化,找出差异或偏离,就可以比较顺利地进行分析和评价。

指标计算举例:

$$初设概算总金额变化率=\frac{竣工决算总金额-初设概算总金额}{初设概算总金额}\times 100\%$$

表10-6 项目总投资对比表　　　　　　　　　　　　单位:万元

序号	项目	初步设计概算	竣工决算	备注
	项目动态总投资			
1	建筑工程费用			
2	设备购置费用			
3	安装工程费用			
4	设备材料价差			
5	贷款利息			
6	价差预备费			
7	其他费用			

初设概算总金额变化率这个指标可以反映项目的资金利用情况是否良好,并对其原因进行分析,若小于零,则说明该项目的资金控制和使用是良好的,值得今后其他项目借鉴。

10.2.4 项目可持续性后评价

基于项目后评价的角度,持续性分析是从财务、技术、环境和管理等方面,分析项目生存和发展的可能性,研究项目目标和效益能否实现,实现指标的必要条件和风险。持续性包括:环境功能的持续性、经济增长的持续性、项目效果的持续性和管理机构的持续性。

项目可持续性后评价即通过对项目持续性发展因素的分析和评价,找出关键性因素,就项目的持续发展做出评价结论,并提出相应建议。最后,进行总结归纳。项目可持续发展因素包括内在持续发展因素和外部持续发展因素。

1. 内在持续发展因素

(1) 规模因素。项目是否有经济规模,经济效益和竞争力如何。如果没有经济规模,是否易于扩展到经济规模。

(2) 技术因素。项目所选用技术的成长性和竞争性。首先,技术的先进性、可靠性和适用性是项目得以正常经营的根本所在;其次,对该技术所处地位加以分析,主要指其成长性,是否有发展潜力;再次,要对该技术在市场和获利能力方面的竞争能力进行分析。

(3) 市场竞争力因素。项目产品的竞争力以及对市场变化的适应能力。

(4) 环境因素。项目本身的三废污染及治理情况,能否满足当前国家和地方环保的要求,特别是能否满足在不久的将来拟改变的环保政策。

(5) 机制因素。即项目以及企业的体制和管理水平,能否适应和促进项目及企业的发展,能否善于协调项目不同利益群体的关系。

(6) 人才因素。即人员结构、人力资源开发和利用方面是否得当,是否有利于人才施展自己的才能,促进企业发展。

2. 外部持续发展因素

外部因素指项目外部的、可能影响项目持续发展的因素,特别是对项目的持续发展可能形成制约的因素。

(1) 资源因素。对于资源开发项目和大量利用不可再生自然资源的项目,资源的储量和持续可行性是影响项目持续发展的重要因素。资源开发的持续时间是资源开发项目寿命的制约因素;不可再生自然资源的持续可得性,会严重影响项目的发展和经济效益。

(2) 自然环境因素。外部环境对项目三废排放的要求,对项目运输设施和方式的制约,都可能影响项目的生存和发展。

(3) 社会环境因素。项目所在的社会环境可能对项目的发展形成制约,也可能促进项目的发展。

(4) 经济环境因素。项目是否符合国家当时的产业政策,国家的产业政策在可预见的未来是否有调整的可能,以及该调整对项目的影响程度,其他经济政策(如投融资、金融、税收、财会制度改革)对项目的影响等。

(5) 资金因素。所需资金是否有可靠来源,是否能按时到位,都会对项目的发展产生至关重要的影响。

10.3 项目后评价的程序

项目后评价的实施程序是从制订后评价计划开始,确定后评价项目和范围后,选择执行后评价的单位和专家,开展调查分析,编制后评价报告,反馈评价成果。

10.3.1 选定后评价项目

在我国,凡是投资渠道和资金来源属于国家公共投资和利用国际金融组织贷款的项目都应进行项目后评价,而且每个项目都必须编制完工报告,包括竣工报告、自我总结评价报告。项目主管部门在对项目自评报告评价的基础上,可以选择具备特别性、可能性和典型性的项目进行重点评价。

项目主管部门选择具体评价项目时,一般应考虑以下条件。

● 项目投资额巨大,建设工期长、建设条件较复杂,或跨地区、跨行业。

● 项目采用新技术、新工艺、新设备,对提升企业核心竞争力有较大影响。

- 项目在建设实施中,产品市场、原料供应、融资条件及建设内容等发生重大变化。
- 项目组织管理体系复杂(包括境外投资项目)。
- 项目对企业、行业、部门和地区发展有重大影响。
- 项目引发的环境、社会影响较大。

10.3.2 制订后评价计划

后评价计划一般由项目投资者或决策者来制订。对于项目管理部门来说,项目后评价计划的制订应越早越好,应在项目准备和前评估阶段确定,以便项目管理者和执行者在项目实施过程中就注意收集资料。一般国外和国际组织都采用年度计划和2~3年滚动计划结合的方式来安排项目后评价计划,中国国家重点项目一般是以年度计划为主,按行业选择有代表性的项目进行后评价。

后评价单位接收项目后评价委托后,可将项目后评价工作程序分为7个阶段,如表10-7所示。

表 10-7 项目后评价程序

序 号	程 序	内 容
1	接受任务、签订合同	与委托方签订合同,明确后评价任务的目的、内容、深度、时间和经费
2	成立小组、制定计划	组成后评价小组,并说明评价对象、内容、方法、进度、质量等要求
3	设计方案、聘请专家	设计调查内容、计划、方式、对象等,并完成评价指标;同时聘请相关的专家参与评价
4	提供信息、收集资料	委托方提供项目实施相关文件和资料数据,如可行性研究、竣工验收报告、项目前评估报告、项目开工报告及其批复文件、项目初步设计、项目决算审计报告等;评价小组收集其他信息
5	开展调查、了解情况	进行现场调查,了解项目的真实情况,包括项目的宏观情况(项目对国民经济发展的贡献和作用)、微观情况(项目自身的建设情况、运营情况、效益情况、可持续发展以及对周围地区经济发展、生态环境的作用和影响等)
6	分析资料、形成报告	进行定性和定量分析评价,包括对调查资料和数据进行检验并进行分析研究;计算各项经济、技术、社会和环境评价指标;运用调查资料和各种评价参数,通过对比各方数据计算定量指标的实际数值,并评价其优劣;对难以定量的效益与影响,以及项目与所在地之间的多种社会因素进行定性分析;判断各定性指标对经济、社会发展目标与当地环境影响的程度。将上述分析评价成果进行汇总,编制项目后评价报告
7	提交报告、反馈信息	经过评价机构领导审查和必要讨论会后,项目后评价报告定稿并正式提交,包括"项目后评价报告"和"项目后评价摘要报告"

10.3.3 项目后评价的调查

项目后评价调查的目的是为了收集第一手的真实材料。调查是项目后评价的基础工作，是分析问题、总结经验教训和编写项目后评价报告的主要依据，对提高项目后评价报告质量，准确客观评价项目起着至关重要的作用。因此，项目调查者必须根据项目后评价所处层次、阶段以及项目后评价的内容和目的、范围，明确调查目的，以确定项目调查的内容。

对于一个项目来说，可以按时间先后顺序，分别对项目准备、实施、运营以及项目效益四个方面的情况进行调查。

1. 项目准备情况调查

这一方面的调查包括项目立项情况、项目审批情况、项目基本情况、组织基本情况。

2. 项目实施情况调查

项目实施情况调查包括项目法人组建情况、项目承包和技术设备引进及转让情况、投资计划完成与资金到位情况、项目完工验收情况等。

3. 项目生产运营情况调查

这一方面的调查包括项目生产情况和项目产品市场销售情况调查。

4. 项目效益情况调查

这一方面的调查包括财务效益情况、社会效益情况、项目环境影响情况调查。

此阶段最终要形成的后评价调查报告是调查、研究成果的集中体现，是对整个项目调查工作全面、系统的总结，调查报告的主要内容应包括：摘要、项目概况、评价内容、主要问题与原因分析、经验教训、综合结论和建议及评价方法说明。

10.3.4 项目后评价报告

项目后评价报告的内容应涵盖10.2节所论述的后评价的全部内容。

1. 项目背景

（1）项目的目标和目的。简单描述立项时社会和经济发展对本项目的需求情况和立项的必要性，项目的宏观目标，与国家、部门或地方产业政策、规划布局和发展策略的相关性，项目的具体目标和目的，市场前景预测等。

（2）项目内容。项目可行性研究报告和评估提出主要产品、运营或服务的规模、品种、内容，项目的主要投入和产出，投资总额，效益测算情况，风险分析等。

（3）项目工期。项目原计划工期，实际发生的立项、开工、完工、投产、竣工验收、达到设计能力时间。

（4）资金来源与安排。项目所安排的主要资金来源、贷款条件、资本金比例以及项目全投资加权综合贷款利率等。

（5）项目评价。项目评价的任务来源和要求，项目自我评价报告完成时间，评价时间程序，评价执行者，评价的依据、方法和评价时点。

2. 项目实施评价

（1）设计。评价设计的水平、项目选用的技术装备水平，特别是规模的合理性。对照可行性研究报告，找出并分析项目设计重大变更的原因及其影响，提出今后预防这些变更的措施。

（2）合同。评价项目的招投标、合同签约、合同执行和合同管理方面的实施情况，对照合同承诺条款，分析和评价项目实施中的变化和违约及其对项目的影响。

（3）组织管理。对组织管理的评价包括对项目执行机构、借款单位和投资者三方在项目实施过程中的表现和作用的评价。

（4）投资和融资。分析项目总投资的变化，找出变化的原因，分清是内部原因还是外部原因，如是汇率变化、通货膨胀等政策性因素，还是项目管理的问题，以及投资变化对项目效益的影响程度。评价要认真分析项目主要资金来源和融资成本的变化，讨论原因及影响，重新测算项目的全投资加权综合利率，作为项目实际财务效益的对比指标。

（5）项目进度。对比项目计划工期与实际工期的差别，包括项目准备阶段、实施阶段和运营阶段。分析工期提前或延误的主要原因及其对项目总投资、财务效益、借款偿还和产品市场占有率的影响。同时还要提出避免今后其他项目进度延误的可借鉴的措施建议。

（6）其他。包括银行资金的到位和使用，世行、亚行安排的技术援助，贷款协议的承诺和违约，借款人和担保者的资信等。

3. 效果评价

效果评价应分析项目所达到和实现的实际结果，根据项目运营和未来发展以及可能实现的效益、作用和影响，评价项目的成果和作用。效果评价主要包括项目运营和管理评价、财务状况分析、财务和经济效益的重新评价、环境和社会效果评价、可持续性评价。

4. 结论和经验教训

项目评价报告的最后一部分内容，包括项目的综合评价、结论、经验教训、建议对策等。

（1）项目的综合评价和评价结论。综合评价应汇总以上报告内容，以便得出项目实施和成果的定性结论。综合评价要做出项目的逻辑框架图，以评定项目的目标合理性、实现程度及其外部条件。同时，评价还要列出项目主要效益指标，评定项目的投入、产出和结果。在此评定的基础上，综合评价采取分项打分的办法。一般项目评价的定性结论是以上述两张表为依据，分为成功、部分成功和不成功三个等级。

（2）主要经验教训。经验教训包括两个方面：一是项目具有本身特点的重要的收获和教训；二是可供其他项目借鉴的经验教训，特别是可供项目决策者、投资者、借款者和执行者在项目决策、程序、管理和实施中借鉴的经验教训,目的是为决策和新项目服务。

(3) 建议和措施。根据项目评价结论、问题与经验教训,提出相对应的建议和措施。

10.3.5 项目后评价成果的反馈和扩散

1. 项目后评价成果的反馈

评价成果的反馈是项目后评价的主要特点,评价成果反馈的好坏是后评价能否达到其最终目的的关键之一。它是项目后评价体系中的一个决定性环节,是一个表达和扩散评价成果的动态过程,同时该机制还应保证这些成果在新建或已有项目中,或其他开发活动中得到采纳和应用。因此评价作用关键取决于所总结的经验教训在投资活动中被采纳和应用的效果。

反馈过程有两个要素,一是评价信息的报告和扩散。其中包含了评价者的工作责任,评价的成果和问题应该反馈到决策、计划规划、立项管理、评估、监督和项目实施等机构与部门。二是评价成果及经验教训的应用,以改进和调整政策的分析和制定。在反馈程序里,必须在评价者及其评价成果应用者之间建立明确的机制,以保持紧密的联系。报告的反馈可看成是一个动态过程,即通过后评价信息的表述和扩散使其不断地返回到已有和新建的投资活动中去。

2. 后评价报告的扩散

项目评价报告有组织有计划地分发扩散,是改进投资活动的计划和执行的重要手段。评价者应按照任务委托或合同协议的要求,根据不同的对象报送正式或摘要报告。在不同的情况下,扩散形式有很大的差别,这主要取决于评价执行者的地位和经验,评价者对扩散和范围的理解、对服务对象的认识以及来自各方面对信息的需求。扩散形式不一定仅限于发送评价报告,也可以用其他方式如发送评价年度报告、综合研究专题报告或简报等;还可以通过办学习班、研讨班,举行新闻发布会和专业会议等多种形式。通过扩散机制将评价的信息,包括问题、结论、建议和经验教训及时扩散,直接为评价委托者服务。

10.4 项目后评价的方法

国际上通用的后评价方法有统计预测法、对比分析法、逻辑框架法(LFA)和成功度评价法。

10.4.1 统计预测法

项目后评价包括了项目已经发生事实的总结,以及对项目未来发展的预测。因此,在后评价中,只有具有统计意义的数据才是可比的,后评价时点前的统计数据是评价对比的基础,后评价时点的数据是对比的对象,后评价时点以后的数据是预测分析的依据。因此,项目后评价的总结和预测是以统计学原理和预测学原理为基础的。

1. 统计原理、方法及应用

(1) 统计调查。统计调查是统计工作的基础,是统计整理和统计分析的前提。调查方案一般包括:确定调查目的;确定调查对象和调查单位;确定调查项目,拟订调查表格;确定调查时间;制订调查的组织实施计划等。统计调查的方法常用的有:直接观察法、报告法、采访法和被调查者自填法等。统计报表是统计调查的一种基本方式。统计调查的另一种主要方式是专门调查,又可分为普查、重点调查、典型调查、抽样调查四种。

(2) 统计资料整理。根据研究的任务,对统计调查阶段获得的大量原始资料进行加工汇总,使其系统化、条理化、科学化,以得出反映事物总体综合特征资料的工作过程。统计资料的整理过程有三个步骤:统计分组、汇总、编制统计表。

(3) 统计分析。第一,根据统计分析的任务,明确分析的具体目的,拟订分析提纲。第二,对用于分析的统计资料进行评价和辨别真伪。第三,将评价并肯定的统计资料进行比较对照分析,从而发现矛盾,并探明问题的症结所在。第四,对分析的结果做出结论,提出建议。进行统计分析的方法有分组法、综合指标法、动态数列法、指数法、抽样和回归分析法、投入产出法等。统计分析的综合指标包括总量指标、相对指标、平均指标和标志变动等。

(4) 在项目后评价中的应用。后评价大量的基础资料以统计数据为依据,在许多方面与统计调查相同,其数据的处理和分析方法也与统计分析类似。作为后评价方论原则之一,统计原理和方法完全可以应用在后评价实践中。

2. 预测原理、方法及应用

预测的过程是从现在和已知的情况出发,利用一定的方法和技术去探索或模拟不可知的、未出现的或复杂的中间过程,推断出未来的结果。

(1) 预测的原则、方法。预测的原则主要有:①惯性原则。惯性有两种形式,即经济内在联系的惯性;经济系统的某些方面在一定的发展阶段中所呈现的惯性。以惯性原则为前提的预测技术主要有:利用回归法建立因果关系的预测模型;利用时间序列外推法建立趋势预测模型。②类推原则。许多事物相互之间在发展变化上常有类似的地方,利用事物与其他事物的发展变化在时间上有前后不同,但在表现形式上有相似之处的特点,有可能把先发展事物的表现过程类推到后发展事物上去,从而对后发展事物的前景做出预测。③相关原则。利用事物发展过程中的相关性进行预测,是开展预测工作的重要方法之一。④概率推断原则。当推断预测结果能以较大概率出现时,就认为结果成立、可用。常用的预测方法有:回归预测,趋势预测,投入产出预测,调研预测等。

(2) 预测步骤。①预测因素分析。②搜集和审核资料。③绘制散点图。④选择数学模型和预测方法。⑤检验预测技术的适用性。⑥预测并选定预测值。

(3) 预测技术在投资项目后评价中的应用。后评价主要采用的预测技术包括:趋势外推法、参照对比法、专家调查预测法等。项目后评价中有两种主要的预测:一是在有无对比中,对无项目条件下可能产生的效果进行假定估测;二是对项目今后效益的预测,这种预测以后评价时点为基准,参考时点前的发展趋势,一般采用项目前评估的方法进行测算。

如图 10-2 所示，假定后评价时点在项目的生命周期 T 中任意一点 P，后评价时点 P 前的统计数据是评价对比的基础，P 点的数据是对比的对象，P 点以后的数据是预测分析的依据。因此，统计与预测是投资项目后评价的基本方法。

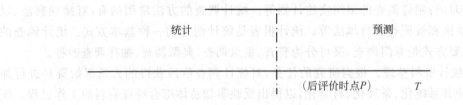

图 10-2　统计预测时点区分图

10.4.2　对比分析法

对比分析法也叫比较分析法，是通过实际数与基数的对比来提示实际数与基数之间的差异，借以了解经济活动的成绩和问题的一种分析方法。对比分析方法有前后对比分析和有无对比分析。

1. 前后对比分析

前后对比分析是指将项目实施前和项目完成后的情况进行对比，以确定项目效益的一种分析方法。在后评价中前后对比法是指将项目前期的预测结论譬如项目立项时预测的结论与项目实施后的实际结果对比，通过这种对比分析可以反映项目实际实施效果及其与立项时预计的项目实施效果的变化和差距，揭示项目决策、管理实施的质量以及项目各层次目标的实现程度。

2. 有无对比分析

有无对比分析是在项目地区内，将投资项目的执行及完成后的实际效果和影响与如果没有这个项目时可能发生的情况进行对比分析。由于项目所在地区的影响不只是项目本身所带来的作用，还存在着项目以外的许多其他因素的作用，故此种对比的重点应该放在分清在这种影响中，项目的作用和项目以外的作用，评价项目的增量效益和社会机会成本。有无对比法是进行项目后评价的主要方法。在进行有无对比时，必须选定一个"非项目对照区"来与项目区进行比较，把该对照区作为项目区在无项目条件下发展的假设情况，用来与项目区进行比较。因此，在进行投资项目后评价时，就要将项目区在无项目时的测算指标与有项目时的实际指标进行对比，来评价项目建成投产后的实际经营效果。

10.4.3　逻辑框架法

逻辑框架法（logical framework approach，LFA）是美国国际开发署在 1970 年开发并

使用的一种设计、计划、实施、监督和评价的工具。它是一种概念化论述项目的方法,即用一张简单框图来清晰地分析一个复杂项目的内涵和关系,将几个内容相关、必须同步考虑的动态因素结合起来,通过分析其中的关系,从设计、策划到目的、目标等角度来评价一项活动或工作。

LFA 的核心概念是事物的因果逻辑关系,即"如果"提供了某种条件,"那么"就会产生某种结果;这些条件包括事物内在的因素和事物所需的外部因素。LFA 为项目计划者和评价者提供一种分析框架,用以确定工作的范围和任务,并通过对项目目标和达到目标所需的手段进行逻辑关系的分析。

1. LFA 的基本模式

LFA 的模式是一张 4×4 的矩阵,横行代表项目目标的层次,包括达到这些目标所需要的方法(垂直逻辑),纵行代表如何验证这些目标是否达到(水平逻辑),如表 10-8 所示。

表 10-8 LFA 模式 4×4 矩阵表

层次描述	客观验证目标	验证方法	重要外部条件
目标	目标指标	监测和监督手段及方法	实现目标的主要条件
目的	目的指标	监测和监督手段及方法	实现目的的主要条件
产出	产出物定量指标	监测和监督手段及方法	实现产出的主要条件
投入	投入物定量指标	监测和监督手段及方法	落实投入的主要条件

2. 逻辑框架法的层次和逻辑关系

逻辑框架法的目标层次及逻辑关系主要从如下三个方面进行介绍。

1) 目标层次

逻辑框架汇总了项目实施活动的全部要素,并按宏观目标、目的、产出成果和投入的层次归纳了投资项目的目标及其因果关系。

(1) 宏观目标。项目的宏观目标即宏观计划、规划、政策和方针等所指向的目标,该目标可通过几个方面的因素来实现。宏观目标一般超越了项目的范畴,是指国家、地区、部门或投资组织的整体目标。这个层次目标的确定和指标的选择一般由国家或行业部门选定,一般要与国家发展目标相联系,并符合国家产业政策、行业规划等要求。

(2) 目的。具体目标也叫直接目标,是指项目的直接效果,是项目立项的重要依据,一般应考虑项目为受益目标群体带来的效果,主要是社会和经济方面的成果和作用。这个层次的目标由项目实施机构和独立的评价机构来确定,目标的实现由项目本身的因素来确定。

(3) 产出。这里的"产出"是指项目"干了些什么",即项目的建设内容或投入的产出物。一般要提供可计量的直接结果,要直截了当地指出项目所完成的实际工程(如港口、铁路、输变电设施、气井、城市服务设施等)或改善机构制度、政策法规等。在分析中应注意,在产出中项目可能会提供的一些服务和就业机会,往往不是产出而是项目的目的或目标。

(4) 投入和活动。该层次是指项目的实施过程及内容,主要包括资源和时间等的投入。

2) 垂直逻辑关系

垂直逻辑用于分析项目计划做什么,弄清项目手段与结果之间的关系,确定项目本身和项目所在地的社会、物质、政治环境中的不确定因素。垂直逻辑中的基本要点有项目目标的层次、层次间的因果链、重要的假定条件、前提的含义。

3) 水平逻辑关系

水平逻辑的目的是要通过衡量项目的资源和结果,确立客观的验证指标及其指标的验证方法来进行分析。水平逻辑要求对垂直逻辑四个层次上的结果做出详细说明。

总之,逻辑框架分析方法不仅仅是一个分析程序,更重要的是一种帮助思维的模式。通过明确的总体思维,把与项目运作相关的重要关系加以集中分析,以确定"谁"在为"谁"干"什么"、"什么时间"、"为什么"以及"怎么干"。虽然编制逻辑框架是一件比较困难和费时的工作,但是对于项目决策者、管理者和评价者来讲,可以事先明确项目应该达到的具体目标和实现的宏观目标,以及可以用来鉴别其成果的手段,这将对项目的成功计划、实施和评价具有很大的帮助。

10.4.4 成功度评价法

项目的成功度评价是以用逻辑框架法分析的项目目标的实现程度和经济效益分析的评价结论为基础,以项目的目标和效益为核心,依靠评价专家或专家组的经验,综合各项指标的评价结果,对项目的成功程度做出定性的结论。项目的成功度评价也就是通常所称的打分的方法。一般情况下,项目的成功度分为:完全成功、基本成功、部分成功、不成功和失败。

1. 项目成功度的标准

项目成功度可以分为以下 5 个等级。

(1) 完全成功。项目的各项目标都已全面实现或超过,相对成本而言,项目取得巨大的效益和影响。

(2) 成功的(A)。项目的大部分目标已经实现,相对成本而言,项目达到了预期的效益和影响。

(3) 部分成功的(B)。项目实现了原定的部分目标,相对成本而言,项目只取得了一定的效益和影响。

(4) 不成功的(C)。项目实现的目标非常有限,相对成本而言,项目几乎没有产生什么正效益和影响。

(5) 失败的(D)。项目的目标是不现实无法实现的,相对成本而言,项目不得不终止。

2. 项目成功度的测定步骤和方法

进行项目综合评价时,评价人员首先要根据具体项目的类型和特点,确定综合评价指标及其与项目相关的程度,把它们分为"重要"、"次重要"和"不重要"三类。对"不重要"的指标不予测定,只需测定重要和次重要的项目内容。一般的项目实际需测定的指标在 10 项左右。在测定各项指标时,采用权重制和打分制相结合的方法。先给每项指标确定权重,再根据实际执行情况逐项打分,即按上述评定标准的第(2)至第(5)的四个级别分别用 A、B、C、D 表示或打上具体分数,通过指标重要性权重分析和单项成功度结论的综合,可得到整个项目的成功度指标,用 A、B、C、D 表示,填在表的最下面一行(总成功度)的成功度栏内。在具体操作时,项目评价组成员每人填好一张表后,对各项指标的取舍和等级进行内部讨论,或经过必要的数据处理,形成评价组的成功度表,再把结论写入评价报告。

3. 成功度评价表

项目成功度评价表格是由后评价任务的目的和性质决定的,包括评价项目及其权重和评价结论。国际上各个组织和机构的表格设计各不相同,如表 10-9 所示为一个典型的项目成功度评价分析表。

表 10-9 成功度评价表

评定项目指标	项目相关重要性	评定等级
宏观目标和产业政策		
决策及其程序		
布局与规模		
项目目标及市场		
设计与技术装备水平		
资源和建设条件		
资金来源和融资		
项目进度及其控制		
项目质量及其控制		
项目投资及其控制		
项目经营		
机构和管理		
项目财务收益		
项目经济效益和影响		
社会和环境影响		
项目可持续性		
项目总评		

10.5 项目后评价的监测和指标体系

10.5.1 项目后评价的监测

项目后评价是以项目实施过程中不断监测和评价的数据和资料为依据和基础的,因此项目的监测评价及其信息指标系统的设计、操作和管理就显得格外重要。

1. 项目监测的定义

项目监测是随着项目的进程,按照为项目既定目标而事先设计的指标体系,不断采集数据和资料的过程。监测是一种连续不断的评价,既是对在完成计划上项目活动效果的评价,又是对在设计预测上使用投入的评价。监测的职能,是通过在管理信息系统中使用数据资料来完成的。这一系统包括基本的任务和资金方面的投入记录、提供受益者的投入和服务的详细记载,以及通过调查和其他专为监测设计的统计记录手段来收集数据资料。

2. 项目的监测

1) 项目实物和财务的监测

实物和财务监测的基本原则是,项目进度信息的上下流动由管理结构本身反映出来。某一层次所需的信息必须由其直接的下一层次提供。这一连锁过程自最基层通过管理系统直至最高层。每个层次必须对信息进行审核,注明与预期结果的差距,在信息向上传递前做必要的汇总。

监测主要为项目管理者服务,重点是为项目的计划和控制服务。控制包括收集项目实际进度和工作成果方面的材料,评价与目标之间的偏差,分析可能的原因,提出应采取的措施。

2) 对项目受益者的监测调查

项目监测除了进行实物和财务的监测外,还需要了解项目所提供的成果和服务是否被接受,从一定意义上讲对受益者意见和反应的调查是整个项目监测的关键。对受益者的调查一般采用两种方法,即正规的抽样调查和非正式走访调查。在进行调查之前必须讨论编写好调查提纲和主要指标。

3) 监测的信息交流

监测信息的交流和使用是监测的目的,必须将信息及时有效地传递给使用者。为了使用方便,对监测数据和资料必须进行加工处理。一般监测统计信息可分为三类:一是监测的发现,所谓"发现"就是指出监测统计结果所构成的数据中明显的基本征象,即成果和问题;二是分析和说明,就是找出成果和问题的原因;三是提出对策和建议。

监测信息交流的形式主要有书面报告和表格、口头陈述和图示等。

10.5.2 项目执行监测指标

项目监测信息由大量数据和资料组成,并按性质和特点分类,其核心是信息的指标体系。项目的执行指标体系是监测和评价的基础,世界银行执行政策局 1996 年修订并发表了"执行监测指标"(performance monitoring indicators),作为项目管理者的工作指南。

1. 项目监测指标

1) 项目监测指标及其内容

(1) 成果指标。成果指标是用项目目标衡量项目成果的指标,主要有以下内容。

① 投入指标:测定项目所需资源投入的定量指标,有的项目还需定性指标。

② 产出指标:测定通过投入所得到的产品或服务的定量指标。

③ 作用和影响指标:测定项目在效果作用和影响方面的定性与定量指标。

④ 相关性指标。有些项目其影响远远超出项目的范围,因而很难获得直接的效果指标。有些项目的影响甚至涉及整个国家或整个行业的宏观目标,需要从更高层次的角度进行分析测定。有些项目的影响并不像预测的那样,可能是相反的作用和影响。因此,一般的监测和评价难以完成这类测定。相关性指标可用来在更广泛政策范围内测定项目可能产生的影响。

(2) 风险指标。风险指标用于测量项目风险和敏感性外部因素的指标,这种测定是项目经济分析的一个重要组成部分。

(3) 效应指标。效应指标可以表明项目每个实施层次的成果对下一个层次所产生的作用或影响,例如,投入的效益、产出的效果和影响的持续性。这些指标主要测定项目所实现目标的效应而不仅仅是项目的成果。在项目逻辑框架中有时选用这些指标作为直接成果指标的补充。

① 效益指标,通常用项目单位产出所需投入来表示,例如,单位产出的人、财、物投入。

② 效果指标,通常用项目所产生作用或影响的单位产出来表示,或者用项目产出对其作用和影响所作的贡献来表示。

③ 持续性指标,表示项目获利或有效的时间,特别是投入结束后的延续时间。

2) 指标体系

执行监测指标体系是在项目实施过程中,对照项目目的来衡量项目影响、作用、产出和投入的准则与方法。指标体系的信息将阐明一个项目的影响、作用、产出、投入之间的关系,从而找出制约实现项目目标的原因。

监测指标是客观事物的反映而不是个人的主观臆断,从而使项目的监测和评价有了标准与基础。同时,指标可把项目的多目标内容融合在一起,贯穿于项目的整个实施过程中。正确合理的指标体系设计可以满足项目各方面的需要,如现场管理、执行机构、借款者、项目官员和银行管理等,因此指标体系应包括各方共同感兴趣的数据和信息。

2. 项目监测指标体系的结构

由于每个项目的个性及目的不同,因此其监测指标也应有所不同。但是,任何一个项目的执行指标体系都应该建立在一个逻辑框架的基础上,并且能把项目的目标与项目各不同阶段的内容,即投入、活动和产出,有机地联系起来。由于逻辑框架是目标驱动型的,而实施过程中的任何活动都应是为实现项目目标而进行的,因此逻辑框架可以成为监测指标体系的主体结构。项目监测指标层次如图 10-3 所示。

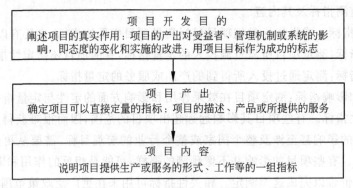

图 10-3　指标层次的逻辑框架

对项目目标、影响、效果、产出、投入的变化进行监测的指标是不同的。图 10-4 是以逻辑框架法为基础的一种综合指标体系的结构。

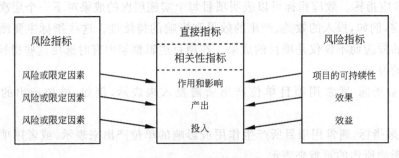

图 10-4　指标体系的结构

3. 项目指标信息系统的设计和建立

1) 系统设计方法

项目信息系统的设计有三种方法,即蓝图法、进程法和综合法。

采用"蓝图法"时,项目计划和评估小组或专家顾问,在项目执行前就要制订详尽的组织安排和工作计划。这些计划要详细说明信息系统的目标,所需的数据,要进行的研究以及组织、人员和预算的要求等。有时该计划还要包括实际调查的策划和方法。系统设计要按计划方案进行,并要求项目管理者按计划行事。该方法的最大缺陷是缺乏灵活性,在实际情况发生变化时,数据收集工作会产生很大困难。

反之,"进程法"以发展的眼光说明实物和资金监测的基础数据和评价要求,赋予项目管理者制订计划的责任。项目计划和评估小组并不制订具体计划和实施步骤,只是确定系统的目标和大纲。项目的工作计划和实施方案由项目管理者来制订。该方法设计的信息系统可帮助项目管理者根据实际情况及时收集资料,分析重大问题。

在许多情况下,信息系统的设计采用了两种方法相结合的模式,即"综合法"。在评估阶段草拟出对系统的大致设计,在执行过程中项目管理者和监测工作者又有较大的灵活性来应付新情况的出现。

2) 信息系统的服务对象

一般来讲,一个信息系统的建立要充分考虑有关各方的需求,最好由各方面共同参与。参与者包括部门官员、项目管理者、监测执行人员和项目受益者等。一个项目的信息系统优先考虑的对象应为:项目管理者和工作人员;项目主管行业的官员;地方和国家政府部门;项目主要受益者;提供资金的部门。

3) 项目目标的分级组成

在确定信息使用者的优先权后,系统的建立要考虑对项目目标结构进行分析,以确定服务对象和关键要素以及对共同目标的监测任务。项目目标可分为四个层次,不同的信息系统有不同的分类。通常,项目目标的分级可用逻辑框架法(LFA)来完成。

在项目信息系统的目标层次确定后,应分析实现各层次目标的外部条件和干预模型,作为监测的一项重要内容。

10.5.3 监测评价指标的确定和应用

1. 选定指标的基本原则

选定执行监测指标有三项基本原则:指标必须准确切题;有一个可靠的选择必要指标的系统并能定期更新;借款者采用的监测评价系统必须是可以公开的。确定这些原则的主要依据包括:指标的确切性、选择性、可操作性。

在确定具体项目指标时,有时很难描述指标的类型和层次,特别是要区分产出与成果、作用与影响的差别可能会遇到一些问题。此时应重点考虑指标的类型,考虑如何作为连续对照的参数,更好地反映出项目手段与目的之间的逻辑关系。

2. 项目监测指标体系的应用范围

项目监测指标应用于项目实施的全过程,以测定在实施过程的任何一个时点上项目实际情况与原定目标的偏离程度,并将有关信息及时反馈给项目决策者,以调整或完善项目的实施。监测执行指标信息的使用面很广,具体如表 10-10 所示。

3. 指标的测定

项目实施的影响、成果、产出、投入、效应和风险等信息的测定方法很多。选择指标和选用测定方法主要应考虑数据的可得性、时间限定要求和成本效益,以及变量之间的相关性。

表 10-10　项目监测指标体系的应用范围

应用范围	具 体 应 用
发展规划	在策划发展规划(包括从项目开发到市场营销)时,制定执行指标将有助于确定规划间的因果关系,找出关键的假定条件,以利于明确规划目标及其逻辑关系
资源配置	通过资源配置的最佳指标,可以为决策者在优化资源分配时提供参考,以更好地利用资源
项目实施中的预测和警告	通过用监测指标对项目实施的衡量,预测未来的发展;通过指标的反馈更好地制订项目计划、确定项目需要完善的地方,并提出对策建议
衡量项目的成果	好的执行指标不仅可衡量项目是否完成,还能衡量项目目标的实现程度,以提高项目管理者的责任感
项目与公众的关系	执行指标可用于评价外界对项目成果的满意程度,沟通与有关官员和公众的联系
交流和对比	项目的执行指标可用于与其他项目的对比,相互学习成功的经验;通过向好的项目执行者学习,改进工作,完善项目
质量管理	指标主要可用于衡量项目受益者的满意程度

(1) 直接测定。直接法适用于项目各个层次实施成果的测定。

(2) 间接测定。间接测定不像直接指标那样去测定项目的执行状况。间接测定往往是在直接测定十分困难或很不方便或花费很大的情况下采用。

(3) 中期测定。中期指标对照项目目标来测定项目的中期成果。这些指标通常是可以提前获取的综合影响信息。

(4) 定量和定性测定。多数项目的影响、作用、产出和投入的量化指标测定困难性不高。有些项目的作用和影响一般难以直接用数据来测定,通常要通过定性调查项目收益者的态度来判断。

(5) 测定范围。测定范围涉及样本人口的使用,有的执行指标的测定通过管理记录、观测调查或人口调查直接反映了整体目标人口的结果。

(6) 监测中的专题研究。有的项目在实施过程中,常规监测评价数据并不能提供足够的信息,特别是在某些突发问题发生时,项目需要通过专题研究进行更加深入的分析,以解决或避免产生更大的问题。

4. 项目指标的应用

(1) 为项目管理服务的主要指标。项目不同管理层次需要不同的监测指标,一般可分为以下几种。

① 项目实施现场管理所需的信息:投入指标;产出指标;效益指标;风险指标;部分作用和影响指标。

② 项目执行机构管理所需的信息:投入和产出指标的汇总信息,包括适用于现场比较的指标;作用指标,包括适合现场比较的指标;效果指标;风险指标;影响指标。

③ 项目高层管理所需的信息:投入指标的汇总资料;产出指标的汇总资料;风险指

标;主要效果、作用和影响指标;可持续性指标。

(2) 指标体系与项目周期。项目指标体系在项目周期中的运作及关系如图10-5所示。

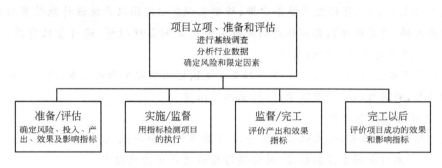

图 10-5 项目监测指标和项目周期

案例分析

A市X工业开发园区锅炉房扩建项目后评价[①]

0. 项目概况

X工业开发区位于A市的东北方,根据A市的长期经济建设规划以及A市所处环境的工业发展条件,X工业开发园区规划为A市未来重点扶持的工业园区。随着X园区空间的不断优化,新化工厂、设备制造厂的引入,配套设施的建设以及园区房地产行业的发展,使X园区对于采暖和生产用气的需求急速上升,为了能够有效配套X工业区的生产与生活,A市决定进行大型工业开发园区锅炉房扩建工程。计划增加1台72MW高温水炉和1台75吨蒸汽锅炉,与该厂原有的2台35吨蒸汽锅炉联合供热,保证X园区生产生活的热力需求。

项目由A市某投资公司投资、现X园区热力供应单位负责建设及后续的热力运营活动,项目于2006年1月正式立项,计划于2007年12月31日完成;计划投资4 210万元,完工后与原有锅炉共同供热,冬季可使X园区的供热量最高达到245吨/小时。

1. 项目目标和持续性后评价

1) 项目目标评价

供热目标:项目建成投入运行后最高达到245吨/小时的供热目标,能够满足工业开发园区内在冬季供热增加的要求。采用高温水,低温水,蒸汽三种供热方式。由于在实际运行中,冬季采暖供热以高温水(70℃~130℃)最为经济合理,相比之下,蒸汽管网热损大,浪费能源,运行成本高。因此,采用的供热方式如下:①新建项目冬季供热以高温水为主;②有生产或空调等特殊要求的企业可供应蒸汽;③原来低温水直接供热的企业供热方式不变。

锅炉房建设目标:项目建成后占地1.2万平方米,且东侧预留0.6万平方米空地,可

---

① 本案例由宋琳、朱方伟采编

留作后续扩建用地使用,同时该项目占地均属于政府规划用地范围,无须再征地。

锅炉设备设计目标:项目经过变更最终确定 1 台 SHL75-1.6-AⅡ横梁式链条炉排和 1 台 DZL72-1.6/70-AⅡ横梁式链条炉排,所安装锅炉以及辅助系统设计能够有效地燃烧所选用的燃料(Ⅱ类烟煤),具有较高的热效率和较低的基建投资、运行管理费用,并能经济而有效地适应热负荷变化的需要。

锅炉房节能目标:锅炉房位于整个工业开发园区的中心偏西的位置,有利于向整个区域辐射供热,同时可以节省管道长度,防止热源浪费。

2)项目的可持续分析

项目技术设计合理,选用的锅炉型号及配套系统能够有效利用燃料资源,热效率高,排放废气、废渣符合国家控制标准,对环境污染程度在可控范围内。

项目技术较为先进适用,对一些装备完善设备并鉴定后,技术上不会出现重大事故,工程技术可持续性可以得到提高。

该项目所在的 X 工业开发园区,新企业厂房及配套公共设施、房地产开发已经在建,近期将投入使用,新工厂的投产与相继房屋供暖需求的上升,可以有效支撑项目财务的可续性。同时,在扩建锅炉房管理方面,项目委托方是从事多年专业供热的企业,拥有专业的技术人员和管理人员,也能够保证项目后续运营的管理有效性。

2. 项目建设的实施与管理后评价

本项目是 A 市政府重点支持的工业园区扩建项目,由 X 园区热力供应单位组建本项目的专项管理小组,负责项目的各项建设活动。

1)项目立项决策后评价

本项目作为 A 市 X 工业开发园区 2006 年的重点规划项目,立项决策和建设依据正规,手续比较齐全,如表 10-11 所示,为项目的有效实施奠定了基础。

表 10-11 项目立项和建设依据

序 号	文 件 名	发文单位	发文时间
1	关于 A 市 X 工业开发园区锅炉房扩建项目建议书的批复	A 市发改委	2006 年 1 月
2	关于 A 市 X 工业开发园区锅炉房扩建项目可行性研究的批复	A 市发改委	2006 年 4 月
3	关于 A 市 X 工业开发园区锅炉房扩建项目环境影响评价的批复	A 市环境保护局	2006 年 4 月
4	关于锅炉房扩建工程初步设计的批复	A 市发改委	2006 年 8 月
5	关于锅炉房扩建工程设计调整与建设变更的批复	A 市发改委	2007 年 1 月

2)项目管理过程后评价

由于 X 园区热力供应单位针对项目组建了管理团队,且团队对于项目的整体规划、总投资、锅炉房扩建建设方案、进度要求等认识准确,因此,项目组在项目正式启动时完成了全面的项目计划,包括了进度、质量、成本、风险等一系列计划要素。计划内容与实际实施的差异如表 10-12 所示,其他计划部分没有超过预期的偏差,基本按照计划要求完成。

表 10-12 计划内容与实际实施差异说明

计划要求	实际实施情况	偏差原因
2006 年 7 月正式完成初步设计、并进行施工招标	2006 年 8 月完成初步设计,开始施工招标	在初步设计过程中对于锅炉的型号以及锅炉的安装位置、管路设计进行多次重构;使设计期延长
地方配套投资 300 万元	实际投入 120 万元	地方划拨配套资金 180 万元未到
土建工程计划投资 500 万元	土建工程实际投资 570 万元	项目土建材料和人力资源成本升高
75 吨 SH75-1.5-AⅠ蒸汽锅炉	75 吨 SH75-1.6-AⅡ蒸汽锅炉	对于锅炉效率以及其他设计参数的修改需要更改锅炉型号,技术指标也随之更改
计划 2007 年年底完工	2008 年 4 月全部完工	建设工程方案变更以及锅炉采购期的延长

对于项目建设过程中的管理活动评价:①项目建设过程中,项目建设责任方的各管理人员具有较为专业的技术与管理能力;②项目管理过程中,工程责任方与设计承包商、施工承包商、设备安装承包商以及造价、监理等单位保持密切的沟通与联系,及时反馈项目信息,项目建设过程中的各项技术认证单据、变更与调整批复单据齐全;③尽管项目在最终进度上拖延工期 4 个月,但由于项目前期变更对于后期可能产生的风险做出了准确的预估计,使项目其他关键要素能够及时调整,对项目的不确定性影响较少;④本次扩建项目由 X 园区热力供应企业承建,由于项目投资资金由 A 市政府支付配套建设资金 300 万元,其他资金全部由本地投资公司承担,无银行借贷,因此本项目建设的成本控制与现金保证尤为重要。项目采用规范的净值管理方法,有效控制了项目实施各个环节的成本支出,但是在资金控制过程中,受到建筑材料价格上涨、建筑工人人力成本上升等客观因素影响,也出现了非预期的资金紧张,工程进度拖期等情况。对于项目投资公司和承建单位而言,需要进一步提升项目风险预见能力,在运营期内对于项目前提可行性研究的分析结果进行重新评价,尤其是其中的运营成本因素,应充分考虑燃煤、人力成本增加对于扩建后锅炉房运营的影响,使项目的经济效益和社会效益能够得到有效保障。

3) 项目投资与运营后评价

本项目投资估算和实际费用对比如表 10-13 所示。

项目实际投资额比计划投资额多 210 万元,主要原因在于:①建筑材料和人力成本增加,影响土建工程招标预计合同额,而计划过程中对于这部分风险没有进行风险资本金预留,以至于项目成本升高;②由于项目建设过程中受到技术配套要求和供暖目标的影响对初步设计的锅炉房设备进行了升级,改变了初步的蒸汽锅炉型号,进而使锅炉及配件采购成本上升,主要设备型号的变更使之对配套的除尘、水泵等系统成本也产生影响。总的来说,项目总投资额度控制较为合理。

表 10-13　项目建设总成本费用比较　　　　　　　　　　　　　单位:万元

类型	序号	工程名称	计划投资	实际投资	偏差原因
一、施工	1	锅炉房土建工程	500	570	建筑材料和人力成本增加
	2	锅炉房安装工程	480	470	计划投资中包含风险资金
	3	智能控制系统	300	285	设计优化
二、大型设备	4	锅炉及配件	1 220	1 300	锅炉设计变更,设备型号变更
	5	除尘系统	195	220	设计变更影响
	6	上煤除渣系统	540	590	设计变更影响
	7	水泵等	90	100	设计变更影响
三、其他费用	8	监理费	85	85	
	9	设计费	120	120	
	10	造价咨询等	180	180	
		固定资产投资	3 710	3 920	
四、流动资产	1	流动资金	500	500	
		总投资	4 210	4 420	

项目自 2008 年 6 月起投入使用,其后实际运营与预测运营情况如表 10-14 和表 10-15 所示。

表 10-14　经营期成本费用表　　　　　　　　　　　　　　　单位:万元

年份	2008	2009	2010	2011	2012
总成本	2 538.31	4 607.62	6 261	7 921.65	8 797.9
原材料及燃料动力	1 719.38	3 602.69	5 115.54	6 573.48	7 400.58
供暖锅炉燃料费	759.38	1 105.97	1 479.27	1 709.87	1 778.77
供汽锅炉燃料费	960	2 496.72	3 636.27	4 863.62	5 621.8
人员工资及福利费	120	120	120	45	145
新增管理人员费用	45	45	45	55	55
新增操作人员费用	75	75	75	90	90
折旧费	484	484	484	484	484
管理费用	134.33	250.58	338.41	449.48	480.2
销售费用	80.6	150.35	203.05	269.69	288.12
财务费用	0	0	0	0	0
固定成本	818.93	1 004.93	1 145.46	1 348.17	1 397.32
变动成本	1 719.38	3 602.69	5 115.54	6 573.48	7 400.58
经营成本	2 054.31	4 123.62	5 777	7 437.65	8 313.9

根据运营期成本费用和营业收入情况分析,X 工业开发园区的运营情况以及未来预期与前期可研预计值相差较少,该项目达到项目技术和市场需求目标的同时,也基本达到了供热企业有效运营的要求。

3. 项目效益后评价

1) 项目技术后评价

表 10-15　运营期营业收入和税金表　　　　　　　　　　　　单位:万元

年份	2008	2009	2010	2011	2012
营业收入	2 687	5 012	6 768	8 990	9 604
采暖收入	1 550	2 170	2 790	3 460	3 460
居民供暖收入	230	322	414	500	500
非居民供暖收入	1 320	1 848	2 376	2 960	2 960
供汽收入	1 137	2 842	3 978	5 530	6 144
主营业务税金及附加	139.58	203.31	238.48	348.65	317.95
应交增值税	125.74	183.16	214.85	314.09	286.45
进项税	223.52	468.35	665.02	854.55	962.07
销项税	349.26	651.51	879.87	1 168.65	1 248.52
城市维护建设税	8.8	12.82	15.04	21.99	20.05
教育附加费	5.03	7.33	8.59	12.56	11.46

(1) 总体工艺评价。

项目工艺布置保证了设备安装、运行、检修安全和方便,使风、烟流程短,锅炉房面积和体积紧凑。锅炉房内所有的辅助设施和热工监测、控制装置等,当有操作、维护需要时设置平台和扶梯。风机、水箱、除氧装置、加热装置、除尘装置、蓄热器、水处理装置等辅助设备和测量仪表露天布置时,设有防雨、防风、防冻、防腐和防噪声等措施。扩建项目选用 1 台 SHL75-1.6-AⅡ 横梁式链条炉排和 1 台 DZL72-1.6/70-AⅡ 横梁式链条炉排锅炉。链条炉的燃烧特点是燃料在转动的炉排上燃烧。燃煤进入炉膛基本实现自动化,随着炉排的转动,燃料一次完成预热、着火、燃烧、燃尽阶段。锅炉主要信息如表 10-16 和表 10-17 所示。

表 10-16　75 吨 SHL75-1.6-AⅡ 蒸汽锅炉主要信息表

序号	名称	单位
1	锅炉型号	SHL75-1.6-AⅡ
2	额定蒸发量	75t/h
3	工作压力	1.6MPa
4	设计给水温度	105℃
5	饱和蒸汽温度	203℃
6	锅炉设计效率	>80%
7	锅炉适应煤种	Ⅱ类烟煤
8	燃烧设备	横梁式链条炉排

表 10-17   72MW DZL72-1.6/130/70-AⅡ热水锅炉主要信息表

序号	名称	单位
1	锅炉型号	DZL72-1.6/130/70-AⅡ
2	额定出力	72MW
3	工作压力	1.6MPa
4	额定出水温度	130℃
5	额定回水温度	70℃
6	锅炉设计效率	>80%
7	锅炉适应煤种	Ⅱ类烟煤
8	燃烧设备	横梁式链条炉排

在选择锅炉型号和台数时,正确确定了锅炉热负荷,其大小根据生产、生活、采暖和通风的每小时最大耗热量(或耗汽量),同时使用系数、管网热损失系数和锅炉房自用的热量来确定;也充分考虑了合理利用余热等问题。

(2) 辅助系统评价。

改造项目给排水系统设计范围为建筑物内的生产生活给水系统及排污系统。给水系统依托现有厂区,生产用水和生活用水均取自市政自来水管网,其中生产用水中锅炉补水经软化、除氧处理后使用。排水与改造前相同,采取雨污分流制,其中雨水经雨水管道排入市政雨水管网;锅炉排污水、除尘器排污水、冲渣水等经沉淀池、除渣池沉淀后循环回用,不外排;生活污水经化粪池厌氧发酵处理后与水处理系统树脂再生废水一起排入市政污水管网,最终汇入凌水处理厂进行处理。

输煤系统采用斗式提升机加一段固定水平皮带运输机联合上煤。上煤在现有输煤廊内进行,采用封闭式机械联合上煤系统。由煤斗通过惯性震动给料机,再由斗式提升机和水平皮带运输机送入煤仓,由分层给煤机进入炉排。

除渣系统采用水平及斜重型板链除渣机联合除渣,冲渣水进入冲渣池循环回用,炉渣排入渣沟,由重型框链除渣机送至渣仓中定期外运。

除尘系统采用 SLDJ-100 型湿式脱硫除尘器,该除尘设备布置在风机间内,设计除尘效率在98%以上,设计脱硫效率在76%以上。

排烟系统是新增锅炉与原有工程共用厂区现有的一座烟囱,通风系统主要新增了鼓风机和引风机,均布置在锅炉间旁的风机间内。

水处理系统采用常温过滤式除氧器和 FLECK FS2500 型全自动软水器进行水质的除氧、软化处理。常温过滤式除氧器保证出水溶解氧含量在0.05mg/l以下,并且可通入反冲洗水反洗将其冲洗掉,恢复到初始的除氧能力。全自动软水器能够使树脂重新吸附 Na+ 恢复软化交换能力。

(3) 有待改进的技术问题。

燃煤存储系统方面:当前 X 园区的燃煤继续采用原供热厂区的干煤仓,受煤仓面积影响,存储燃煤量最大可达到 4 500 吨,如果改造后锅炉房达到 325 吨/小时的热量供给要求,则煤仓仅 2~3 天就需要周转一次,时间间隔过短,很可能受到气象或交通影响导致燃煤短缺,供热能力下降。因此,运营开始后可考虑将原厂区干煤仓拆除,将新建锅炉房西北侧的空地作为露天煤场,最大储量约达到 6 000 吨,平均 3~5 天周转一次。

灰渣储运系统:项目燃煤灰渣排至厂区现有封闭渣仓,该渣仓最大储量约 70 吨,可储存 2 天的灰渣,现有的日排渣量约 27 吨,有容量接纳本项目新增的灰渣。值得注意的是,由于锅炉燃煤灰渣可作为建筑材料的原料,销售灰渣可进一步降低供热企业的成本,同时对环境有积极作用。后期可考虑将灰渣全部出售给附近砖厂用于生产砖瓦等建筑材料。

2) 项目经济后评价

如表 10-18 所示为该项目的主要技术经济指标对比及偏差原因说明。

表 10-18 项目主要技术经济指标

分析内容	报表名称	评价指标名称	指标值 前评估	指标值 后评估	离值	偏离原因
营利性分析	现金流量表	投资回收期	6.9	7.8	0.9	总投资额增加
		财务内部收益率	15.55%	16.12%	0.57%	项目建成后供热费率的变化
		财务净现值	1 084.18	1 126.20	42.02	项目建成后供热费率的变化
	损益表	投资利润率	8.9%	8.3%	−0.6%	投资额增加,运营期间供热实际费用标准的调整
		投资利税率	15.12%	14.07%	−1.05%	投资总额增加以及项目税收政策的调整
		资本金利润率	7.9%	7.52%	−0.38%	总投资额增加

由于该项目投资全部来自于 A 市投资公司和地方政府的拨款,项目负债极低,因此不用对项目的债务偿还能力进行数据比较分析,认为项目的负债偿还能力良好。

对于项目的营利性分析,由于项目的总投资额增加使得项目的投资回收期延长、投资利润率、投资利税率和资本金利润率受到相应的影响,但是同时,由于项目建成后投入实际运营过程中 A 市供暖费率的上调,使得财务内部收益率、财务净现值提高,同时也对受总投资增加影响的投资利润率、投资利税率降低幅度减少。综合来看企业的技术经济指标良好,能够达到项目预期。

3) 项目社会效益后评价

项目的实施极大地改善了 X 工业开发园区的供热配套情况,有效地满足了园区内企业、商业和居民的生产用汽需要和冬季采暖需求,将有助于产业的发展和积聚、商业的繁荣,为居民提供良好的生活环境,这对推动园区经济发展具有重要的积极作用。此外,X 园区的发展也会对周边地区的产业发展和居民就业产生重要的拉动作用,还会对 A 市工业发展和整体经济提升产生积极影响。

(1) 对国内生产总值的影响。

考虑项目属于生产配套企业,采用生产法计算项目对 GDP 的贡献。按照现实情况估计预计(以经营期十年计),两项分别计算如下:总收入为 63 228 万元,生产总消耗约为 51 697 万元,项目对 GDP 的直接贡献约为 11 531 万元。该项目的建设和运营将极大地促进国民经济的发展。

(2) 对税收的影响。

项目建设期及运营期的十年内,上缴税金两部分(主营业务税金及附加和企业所得税)合计为 2 890.63 万元,对政府税收有较大贡献。

(3) 对 X 园区就业和收入水平的影响。

该项目在一定程度上促进了 X 园区工作人员收入的增长,提升了高新区的就业水平。项目促使原热力供应企业扩大招收管理人员和技术人员 34 名,其中管理人员 7 人,起始年工资及福利为 7 万元/人,并每三年涨薪 17%;操作人员 27 人,起始年工资及福利为 3.5 万元/人,并每三年涨薪 15%。

(4) 项目对 X 园区经济发展以及居民生活质量的影响。

项目将进一步加强 X 园区及周边地区供热配套设施的建设和满足园区企业集聚和商业发展日益增长的供热需求,从而加快园区的产业发展、功能配套和城区规划,促进园区经济较快速的发展。此外,项目的建成还将为园区居民提供生活必需的冬季采暖,保障其冬季生活质量。园区经济的快速发展也将为园区居民创造大量的就业机会和休闲场所,从而提高居民的收入水平和生活质量。在项目设计过程中,由于项目已经充分考虑了噪声、空气和污水等一系列的环境影响因素,安装了除尘、除废气等环保装置和采取了一定的环保措施,对环境的影响降到了最低程度。同时,该项目的建设位于 X 园区的产业区内,距离生活区较远,这在一定程度上规避了环境的负面效应。

4. 项目成功度评价

表 10-19 为项目后评价专家组对项目成功度评价的打分汇总表,结果表明项目比较成功。

表 10-19 项目成功度评价表

评定项目指标	相关重要性	评定等级	备 注
1 宏观目标和产业政策	重要	B	
2 决策及其程序	次重要	A	
3 布局与规模	次重要	A	
4 项目目标及市场	重要	A	
5 设计与技术装备水平	重要	A	
6 资源和建设条件	次重要	B	
7 资金来源和融资	重要	B	
8 项目进度及其控制	次重要	C	
9 项目质量及其控制	重要	A	

续表

评定项目指标	相关重要性	评定等级	备 注
10 项目投资及其控制	重要	B	
11 项目经营	次重要	A	
12 机构和管理	次重要	B	
13 项目财务效益	次重要	B	
14 项目经济效益和影响	重要	B	
15 社会和环境影响	重要	B	
16 项目可持续性	重要	B	
项目总评		B	

注:A 成功;B 比较成功;C 部分成功;D 不成功

案例启发思考题

1. 根据本章学习内容,分析本项目后评价是否全面?还应该包括哪些方面的内容?
2. 本项目后评价的作用有哪些?评价结果哪些可以作为后续项目实施的参考依据?

本章思考练习题

1. 项目后评价的主要目的是什么?
2. 项目后评价的主要内容是什么?与项目前期评价的主要区别在哪里?
3. 项目后评价的主要反馈对象是谁?
4. 简述几种后评价方法的优、缺点。
5. 后评价的时间点应该选择什么时候?为什么?

第 11 章 项目管理软件的应用

项目管理软件是为了使工作项目能够按照预定的成本、进度、质量顺利完成，而对项目进行分析和管理的一类软件。目前国内外常用的项目管理软件有：Microsoft 公司的 Project，Oracle 公司的 Primavera P6，北京梦龙软件公司的 LinkProject 等。本章将结合具体的项目管理案例，来介绍 Project 2007 软件的基本知识和使用方法。

11.1 Project 2007 产品简介

Microsoft Project 是由微软公司开发的专业项目管理软件。软件设计目的在于协助项目经理制订计划、为任务分配资源、跟踪进度、管理预算和分析工作量。Project 2007 通常包括 3 种版本：标准版(Standard)、专业版(Professional)以及服务器版(Server)。

标准版是 Microsoft 核心项目管理程序，支持单用户在本地计算机上独立管理项目的进度、资源和成本，查看项目信息并分析结果。专业版除了具有标准版的功能外，还可以作为客户端连接到 Project Server，以获得企业项目管理(EPM)功能。而服务器版则是一种网络平台，支持实现任务、资源管理和协作功能，用户通过 Project Professional 和 Project Web Access 联机到 Project Server，可以保存、获取项目信息并与其交互。

11.1.1 Project 2007 操作界面

安装 Project Professional 2007 程序以后，可以通过桌面任务栏中的【开始】|【所有程序】| Microsoft Office | Microsoft Office Project 2007 命令启动 Project 2007，打开的初始界面如图 11-1 所示。

- 标题栏：显示当前程序和项目的标题，位于窗口最上方。
- 菜单栏：提供在 Project 中执行动作的菜单和指令。
- 工具栏：提供常见任务的快速访问，大多数工具栏按钮对应于某一菜单栏命令。
- 项目计划窗口：项目建立与查看的界面，默认情况下显示甘特图(包括任务编辑表格)。另外还有其他视图，如日历、资源工作表、网络图等，可以在【视图】菜单中选取。

11.1.2 Project 2007 视图

Project"视图栏"的显示或隐藏，可以通过选择菜单栏中【视图】|【视图栏】命令进行

图 11-1　Project 2007 主界面

设置。"视图栏"位于 Project 窗口的左边缘,它提供了更改视图的便捷途径,只需单击"视图栏"中的对应图标即可。

如果所要显示的视图不在视图栏中,可以通过单击【视图栏】|【其他视图】图标按钮,然后从【其他视图】对话框中选择所需视图。在默认情况下,"视图栏"包含下列视图的图标。

- 甘特图:包含任务的相关信息列表,以及按时间显示的任务和工期图表。使用该任务视图,可以输入任务列表并安排日程。
- 跟踪甘特图:包含任务和相关信息的列表,以及显示各项任务的比较基准和当前规划甘特条形图的图表。使用该任务视图,可以对基准日程和实际日程进行比较。
- 任务分配状况:该视图为任务列表,可显示按任务分组的资源分配情况。使用该任务视图,可以查看特定任务的资源使用状况,并设置任务分配。
- 日历:按日显示任务和工期。使用该任务视图,可以显示计划于特定星期或几周所进行的任务。
- 网络图:显示所有任务及任务相关性。使用该任务视图,可以用流程图的格式建立和调整日程安排。
- 资源工作表:资源和相关信息的列表。使用该资源视图,可以用类似电子表格的格式,输入和编辑资源信息。
- 资源使用状况:按时间显示各项资源的分配状况、成本和工时信息的资源列表。使用该资源视图,可以显示各项资源的成本或工时分配信息,并设置工作分配的任务分布。
- 资源图表:显示资源分配、成本和加班工时的图标。使用该资源视图,可以根据时间显示有关单个或组合资源的信息。

11.1.3 Project 2007 支持的文件格式

使用 Project 2007 可以用下列文件格式打开和保存项目文件。有些格式可以保存项目中的所有信息,而有些格式则只能保存 Project 域中所包含的数据。

1) Project 项目(MPP)

这是项目的标准文件格式,其扩展名为 *.mpp。

2) Project 模板(MPT)

这是可以在其中保存样本规范信息的模板文件,其扩展名为 *.mpt。通用文件是包含所有项目的格式设置信息的主模板,但是其无法保存任务、资源或工作分配。

3) Project 数据库(MPD)

这是 Project 用来保存整个项目的数据库格式,其扩展名为 *.mpd。

4) Access 数据库(MDB)

这是 Access 数据程序使用的数据库格式,可以将项目的全部或部分信息保存为 Microsoft Access 2000 或更新版本格式,其扩展名为 *.mdb。

5) Excel 文件(XLS)

这是 Excel 电子表格程序使用的格式,其扩展名为 *.xls。可以将域中的数据导出为该格式,但无法导出整个项目。

6) 纯文本或 ASCII(TXT)

纯文本或 ASCII 格式是文字处理所使用的一般文本格式,其扩展名为 *.txt。该格式以 Tab 字符分割,可以将单个 Project 表格中的域数据导出,但无法导出整个项目。

11.2 Project 2007 在项目管理案例中的应用

某汽车生产厂商是一家国有大中型企业,旗下经营多款汽车产品。由于近年来国内外汽车市场竞争日益激烈,加之消费者对汽车性能要求的不断提升,企业领导经过研究,决定对某一车型进行产品升级,计划于 2011 年年底推出新款汽车。该产品计划研制时间为 2010 年 6 月 1 日至 2011 年 5 月 31 日,预计投入资金 5 500 万元。

本章将结合以上案例,介绍如何使用 Project 2007 对项目进行进度计划管理(任务管理)、资源管理以及成本管理。

11.2.1 在 Project 中创建新项目

1. 创建项目

在任务栏中选择【开始】|【所有程序】| Microsoft Office | Microsoft Office Project 2007 命令,启动 Project 2007 程序。选择【文件】|【新建】命令,并在【新建项目】任务窗格中单击【空白项目】选项,创建一个空白项目,如图 11-2 所示。

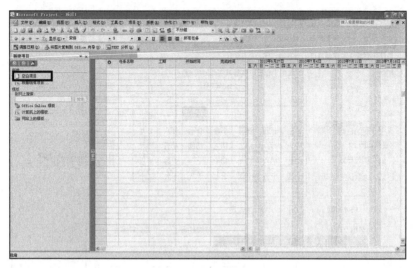

图 11-2　新建空白项目

2. 定义项目工作环境

创建空白项目后,需要根据项目的具体要求,定义项目工作环境。在菜单中选择【工具】|【更改工作时间】命令,可以设置项目的工作时间。

单击【更改工作时间】对话框右上方的【新建日历】按钮,在弹出的【新建基准日历】对话框中选中【新建基准日历】单选按钮,并输入自定义的日历名称,完成后单击【确定】按钮保存,如图 11-3 所示。

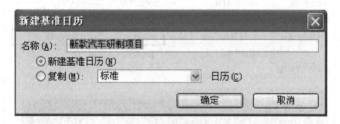

图 11-3　新建基准日历

接下来,对创建的"新款汽车研制项目"日历进行自定义。在打开的【更改工作时间】对话框中,为项目设置工作日日期以及每天的具体工作时间,以满足不同项目的需要。本案例采用默认工作时间,因此直接单击【确定】按钮保存,如图 11-4 所示。

完成项目工作时间的设置以后,需要将创建的日历加入到项目中。选择菜单栏中的【项目】|【项目信息】命令,在弹出窗口中的"日历"一栏,选择相应的项目日历,同时根据项目要求设置项目的"开始日期"或"完成日期",如图 11-5 所示。

需要注意的是,进行项目信息设置时,Project 2007 提供了两种日程排定方法。如果选择【从项目开始之日起】选项,则项目工期按照顺序排定,默认以项目开始之日为基准排

第 11 章　项目管理软件的应用　377

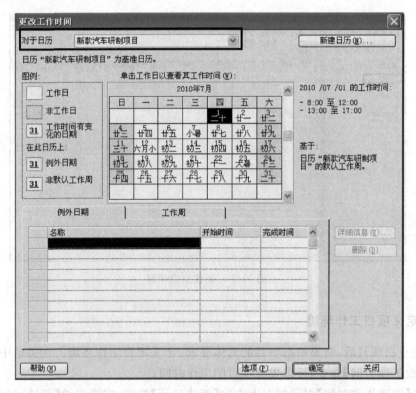

图 11-4　更改工作时间

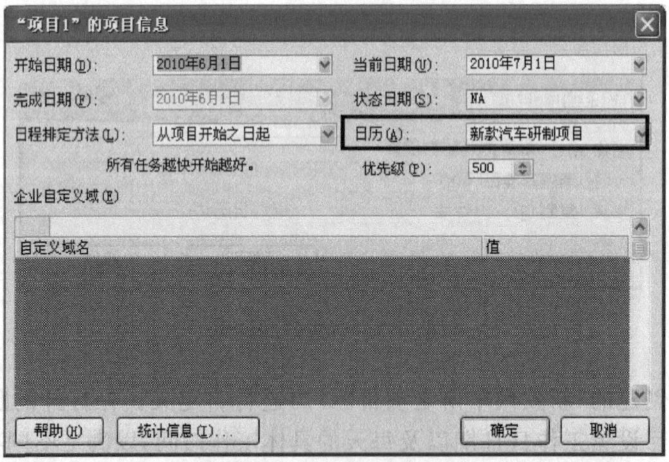

图 11-5　设置项目信息

定日程；反之，如果选择【从项目完成之日起】选项，则项目工期按照倒序排定，默认以项目预期完成之日为基准排定日程。本案例项目中，选择【从项目开始之日起】选项，并设定 2010 年 6 月 1 日作为项目的开始日期。

至此，新建项目的工作环境定义完成。

11.2.2 进度计划管理

进度计划管理是通过任务管理来实现的。任务是项目最基本的构件,它代表完成项目最终目标所需要开展的工作。任务通过工期、工序和资源需求来描述项目工作。

使用 Project 2007 进行任务管理之前,需要根据项目工作分解结构(WBS)确定各项任务的组织结构关系。在此基础上,估计各项任务工期并明确任务间的链接关系。

本案例项目的任务信息如表 11-1 所示。

表 11-1 任务的组织结构、工期及链接关系

任务编码	任务名称	工期(周)	前置任务
110	总体设计		
111	总体方案	2	
112	技术规格	4	111
113	外形设计	4	111
120	车体研制		
121	车体研究	10	112、113
122	车体试制	8	121
123	车体测试	10	122
130	发动机研制		
131	发动机研究	10	112、113
132	发动机试制	12	131
133	发动机测试	10	132
140	电脑控制系统研制		
141	电脑控制系统研究	10	112、113
142	电脑控制系统试制	16	141
143	电脑控制系统测试	10	142
150	总装与测试		
151	总装	6	123、133、143
152	总体测试	4	151
160	项目管理		
161	项目管理	52	

1. 添加任务

为项目添加任务信息通常有两种方法:①在任务编辑表格中直接输入任务信息;②在

其他应用程序（如 Excel）中制作任务列表，然后将它们导入 Project。

这里，采用直接输入的方法，即在"任务名称"列标题下，依次输入各项任务的名称。可以看到，每项输入的任务会由系统自动分配一个行标识号，且所有任务的默认工期为 1 个工作日（工期后面的问号表示"估计"），如图 11-6 所示。

	任务名称	工期	开始时间	完成时间	前置任务
1	110总体设计	1 工作日?	2010年6月1日	2010年6月1日	
2	111总体方案	1 工作日?	2010年6月1日	2010年6月1日	
3	112技术规格	1 工作日?	2010年6月1日	2010年6月1日	
4	113外形设计	1 工作日?	2010年6月1日	2010年6月1日	
5	120车体研制	1 工作日?	2010年6月1日	2010年6月1日	
6	121车体研究	1 工作日?	2010年6月1日	2010年6月1日	
7	122车体试制	1 工作日?	2010年6月1日	2010年6月1日	
8	123车体测试	1 工作日?	2010年6月1日	2010年6月1日	
9	130发动机研制	1 工作日?	2010年6月1日	2010年6月1日	
10	131发动机研究	1 工作日?	2010年6月1日	2010年6月1日	
11	132发动机试制	1 工作日?	2010年6月1日	2010年6月1日	
12	133发动机测试	1 工作日?	2010年6月1日	2010年6月1日	
13	140电脑控制系统研制	1 工作日?	2010年6月1日	2010年6月1日	
14	141电脑控制系统研究	1 工作日?	2010年6月1日	2010年6月1日	
15	142电脑控制系统试制	1 工作日?	2010年6月1日	2010年6月1日	
16	143电脑控制系统测试	1 工作日?	2010年6月1日	2010年6月1日	
17	150总装与测试	1 工作日?	2010年6月1日	2010年6月1日	
18	151总装	1 工作日?	2010年6月1日	2010年6月1日	
19	152总体测试	1 工作日?	2010年6月1日	2010年6月1日	
20	160项目管理	1 工作日?	2010年6月1日	2010年6月1日	
21	161项目管理	1 工作日?	2010年6月1日	2010年6月1日	

图 11-6　输入任务信息

需要注意的是，在添加新任务以后，可以根据需要修改每项任务的"工期"长度，但是不要轻易修改任务的"开始时间"和"完成时间"，这是因为 Project 会根据项目所选择的日程排定方式自动计算出每项任务的开始和完成时间，如果修改开始或完成时间，相当于为该任务人为加入了一个限制条件，进而影响整个项目的日期排定。

如果要为任务添加限制条件，可双击该任务名称，在弹出的【任务信息】对话框中打开【高级】选项卡，然后进行修改，如图 11-7 所示。

2. 调整任务大纲级别

接下来，根据项目的工作分解结构（WBS）在 Project 中调整任务大纲级别，从而使任务变得更加结构化。

选择任务 2 到任务 4，即"111 总体方案"、"112 技术规格"、"113 外形设计"，选择【项目】|【大纲】|【降级】命令，使选中任务的大纲结构在当前基础上降低一级，此时任务 1，即"110 总体设计"显示为任务 2、3、4 的摘要任务，如图 11-8 所示。

为了能够看见项目的整体情况，还可以显示整个项目的摘要任务。选择【工具】|【选项】命令，在弹出的对话框中选择【视图】选项卡，选中【显示项目摘要任务】复选框，这样，"项目摘要任务"就显示在界面中，其行标识号为"0"，如图 11-9 所示。

根据本案例中的任务信息，依次完成所有任务大纲级别调整后，项目的各项任务变得更加结构化，如图 11-10 所示。

图 11-7　修改任务的限制类型

图 11-8　调整任务大纲级别

3. 设置任务工期

任务工期是指预期完成任务所需要的时间。Project 2007 能处理范围从分到月的工期，输入过程中可以使用缩写，具体形式如表 11-2 所示。

第 11 章　项目管理软件的应用　381

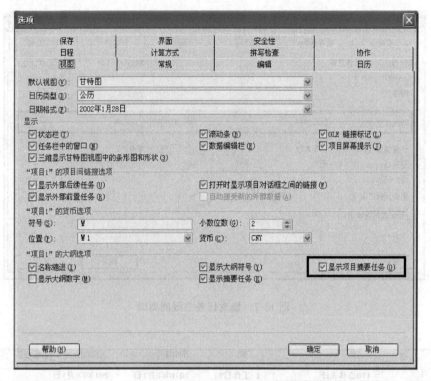

图 11-9 显示项目摘要任务

	❶	任务名称	工期	开始时间	完成时间	前置任务
0		⊟ 项目1	1 工作日?	2010年6月1日	2010年6月1日	
1		⊟ 110总体设计	1 工作日?	2010年6月1日	2010年6月1日	
2		111总体方案	1 工作日?	2010年6月1日	2010年6月1日	
3		112技术规格	1 工作日?	2010年6月1日	2010年6月1日	
4		113外形设计	1 工作日?	2010年6月1日	2010年6月1日	
5		⊟ 120车体研制	1 工作日?	2010年6月1日	2010年6月1日	
6		121车体研究	1 工作日?	2010年6月1日	2010年6月1日	
7		122车体试制	1 工作日?	2010年6月1日	2010年6月1日	
8		123车体测试	1 工作日?	2010年6月1日	2010年6月1日	
9		⊟ 130发动机研制	1 工作日?	2010年6月1日	2010年6月1日	
10		131发动机研究	1 工作日?	2010年6月1日	2010年6月1日	
11		132发动机试制	1 工作日?	2010年6月1日	2010年6月1日	
12		133发动机测试	1 工作日?	2010年6月1日	2010年6月1日	
13		⊟ 140电脑控制系统研	1 工作日?	2010年6月1日	2010年6月1日	
14		141电脑控制系	1 工作日?	2010年6月1日	2010年6月1日	
15		142电脑控制系	1 工作日?	2010年6月1日	2010年6月1日	
16		143电脑控制系	1 工作日?	2010年6月1日	2010年6月1日	
17		⊟ 150总装与测试	1 工作日?	2010年6月1日	2010年6月1日	
18		151总装	1 工作日?	2010年6月1日	2010年6月1日	
19		152总体测试	1 工作日?	2010年6月1日	2010年6月1日	
20		⊟ 160项目管理	1 工作日?	2010年6月1日	2010年6月1日	
21		161项目管理	1 工作日?	2010年6月1日	2010年6月1日	

图 11-10 调整大纲级别后的任务表格

表 11-2 工期的缩写形式

缩 写	含 义
m	分
h	小时
d	天
w	周
mo	月

根据项目要求,输入各项底层任务的工期,如任务"111 总体方案"工期为 2 周,则在对应位置输入"2w",此时甘特图中的任务条长度会随之发生相应改变。需要注意的是,摘要任务工期无须手动输入,在 Project 2007 中输入各项底层任务的工期后,摘要任务工期会由系统自动计算获得。依次输入各项底层任务的工期,如图 11-11 所示。

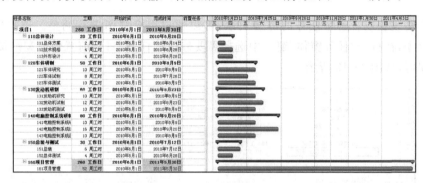

图 11-11 设置任务工期

4. 设置任务间的链接关系

任务间的链接关系反映了各项任务执行的先后顺序,是项目进度管理的重要内容。Project 2007 一共提供了 4 种链接关系,如表 11-3 所示。

表 11-3 任务间的链接关系

任务间的关系	含 义	甘特图中的外观
完成-开始(FS)	前置任务的完成日期决定后续任务的开始日期	
开始-开始(SS)	前置任务的开始日期决定后续任务的开始日期	
完成-完成(FF)	前置任务的完成日期决定后续任务的完成日期	
开始-完成(SF)	前置任务的开始日期决定后续任务的完成日期	

接下来,介绍如何在任务间建立链接关系。首先,选中需要链接在一起的两项或多项任务,单击工具栏上的【链接任务】图标按钮,如此便以"完成-开始(FS)"方式依次链接选

中的任务。此外，还可以通过添加"前置任务"的方法为任务建立链接关系，只需在当前任务中输入"前置任务"的行标识号即可，在此不作赘述。

根据案例中给定的任务链接关系进行设置以后，得到本项目时间进度的甘特图，如图11-12所示。

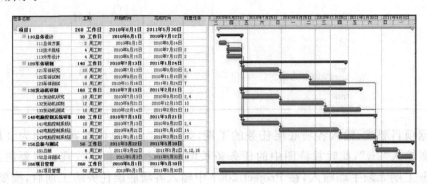

图11-12　任务链接关系甘特图

如果要改变或者删除任务的链接关系，可以通过组合视图进行调整。选择【窗口】|【拆分】命令，在打开"任务窗体"窗口中选择需要修改的任务，对其前置任务和链接关系进行调整即可，如图11-13所示。

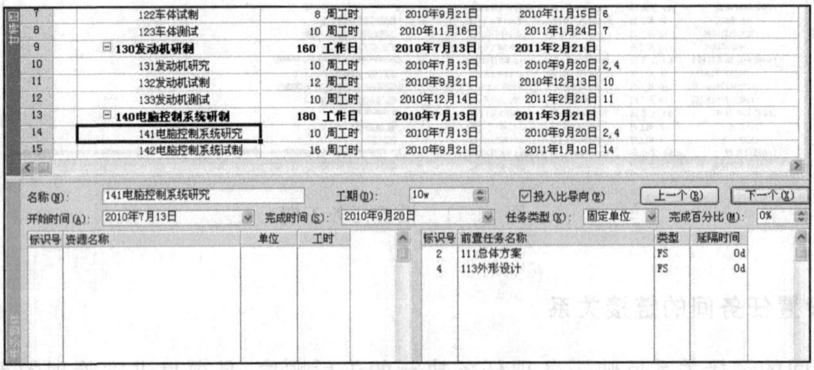

图11-13　调整任务间的链接关系

5. 添加里程碑

除了跟踪要完成的任务外，往往还希望跟踪项目的重大事件。为此，可以创建里程碑。

里程碑是在项目内部完成的重要事件（如某工作阶段的结束）或强加于项目的重要事件。因为里程碑本身通常不包括任何工作，所以它表示工期为0的任务。

里程碑的建立相对简单，只需将任务工期设置为"0d"并建立相应的链接关系，便可得到一个里程碑任务。选择【项目】|【筛选】|【里程碑】命令，可以查看里程碑任务，如图11-14所示。

图 11-14 里程碑任务

11.2.3 资源管理

资源就是项目建设过程中需要消耗的人力、材料、机械设备等。在项目的实施过程中,进度计划是否可行,取决于项目的资源是否满足需要。在编制完成进度计划以后,就需要给任务加载资源,把任务需要的工时资源、材料资源加载到任务中去。Project 会根据加载的资源情况,结合项目的进度计划,计算出项目资源的具体分布。

以下是汽车研制项目的工时资源分配情况,如表 11-4 所示。

表 11-4 任务资源分配表

任务编码	任务名称	资源名称	工时	数量(人)	工期(周)
110	总体设计				
111	总体方案	工程师	8 000	100	2
112	技术规格	工程师	6 400	40	4
113	外形设计	工程师	6 400	40	4
120	车体研制				
121	车体研究	工程师	12 000	30	10
122	车体试制	工人	19 200	60	8
123	车体测试	工程师	6 400	16	10
130	发动机研制				
131	发动机研究	工程师	16 000	40	10
132	发动机试制	工人	24 000	50	12
133	发动机测试	工程师	8 000	20	10
140	电脑控制系统研制				
141	电脑控制系统研究	工程师	20 000	50	10
142	电脑控制系统试制	工人	32 000	50	16
143	电脑控制系统测试	工程师	12 000	30	10
150	总装与测试				
151	总装	工人	9 600	40	6
152	总体测试	工程师	8 000	50	4
160	项目管理				
161	项目管理	管理人员	41 600	20	5

1. 添加资源

在进行资源分配之前,首先要添加项目所需要的资源,这些资源可能包含了项目各项任务中所使用的人员、设备和材料等。Project 2007 提供了三种类型的资源:工时资源、材料资源和成本资源。"工时资源"是指需要消耗时间(工时或工作日)来完成任务的人员和设备;"材料资源"是指为完成项目中的任务而使用的供应品或其他可消耗品;"成本资源"是指除"工时资源"和"材料资源"以外,导致项目成本增加的其他资源,如差旅费、交通费等。

接下来介绍如何建立项目所需要的资源。

在菜单栏中选择【视图】|【资源工作表】命令,打开资源管理页面。在这里可以手动添加项目中需要的各项资源,并对资源的类型、费率、每次使用成本及累算方式等进行设置。其中,"标准费率"指每消耗 1 工时(工时资源)或者 1 单位(材料资源)所需支付的费用。"每次使用成本"指资源的固定使用费用。对于工时资源,在每次使用资源时累算每次使用成本;对于材料资源,每次使用成本仅累算一次。

默认情况下,资源工作表中的资源"最大单位"采用百分比格式,为了更直观地查看资源信息,可以将其调整为十进制格式。具体方法如下:选择菜单栏中【工具】|【选项】命令,在弹出的对话框中选择【日程】选项卡,并在【工作分配单位显示为】下拉列表中,选择"十进制数",如图 11-15 所示。

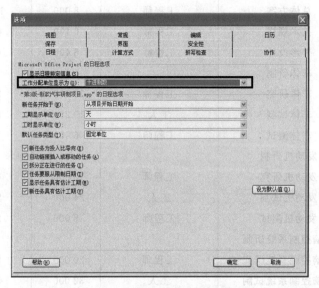

图 11-15 设置工作分配单位格式

本案例使用的资源定义如下:工程师最大单位为 120 人,标准费率为 100 元/工时;工人最大单位为 160 人,标准费率为 80 元/工时;管理人员最大单位为 20 人,标准费率为 90 元/工时。具体如图 11-16 所示。

需要说明的是,在添加资源时,既可以对某个具体的人员或设备名称进行定义,又可以对"某一类"资源进行定义。如图 11-6 中,"工程师"、"工人"、"管理人员"并没有指定某个人或某项具体材料,这种资源被就称为"常规"资源,只要在【常规】选项卡中,选中【常

	资源名称	类型	材料标签	缩写	组	最大单位	标准费率	加班费率	每次使用成本	成本累算	基准日历
	工程师	工时		工		120	¥100.00/工时	¥0.00/工时	¥0.00	按比例	新款汽车研制项目
	工人	工时		工		160	¥80.00/工时	¥0.00/工时	¥0.00	按比例	新款汽车研制项目
	管理人员	工时		管		20	¥90.00/工时	¥0.00/工时	¥0.00	按比例	新款汽车研制项目
	材料	材料	ton	材			¥100,000.00		¥0.00	按比例	

图 11-16 资源工作表

规】复选框即可。

2. 分配资源

接下来,需要将定义的资源分配到各项任务中。在"甘特图"视图下,选择菜单栏中【窗口】|【拆分】命令,在屏幕下方会出现"任务窗体"。选中需要设置的任务,就可以为该项任务分配资源。需要注意的是,在"任务窗体"中,资源的单位和工时会由系统自动换算,因此只需输入其中一项数值即可。

根据本案例的任务资源分配表(见表 11-4),依次为各项任务分配资源。如"111 总体方案",需要在 1 周内完成 8 000 工时的工作量,因此任务类型设置为"固定工期",并选"工程师"资源,在工时处输入 8 000h,系统便可自动计算出资源所需单位为 100 人,如图 11-17 所示。

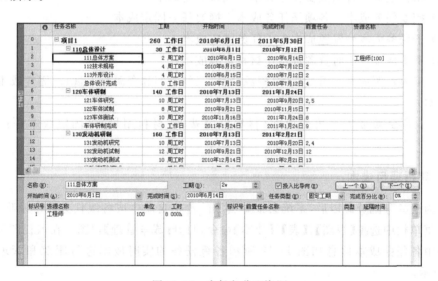

图 11-17 为任务分配资源

按照上述方法,对所有任务分配资源。完成后,选择【窗口】|【取消拆分】命令,回到"甘特图"视图,此时可以看到各项任务的资源分配状况,如图 11-18 所示。

11.2.4 成本管理

项目的成本控制是指在整个项目的进行过程中,定期地、经常性地收集项目的实际成本数据,并进行成本的分析。成本管理的主要目的就是项目成本的控制,将项目的执行成本控制在预算范围内。

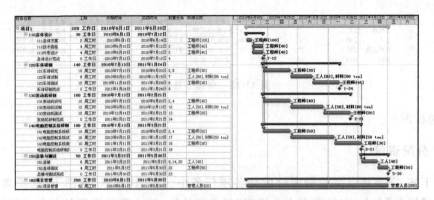

图 11-18　任务的资源分配情况

Project 2007 中，项目成本管理主要通过对各级任务和资源成本的管理来完成，通常可以划分成两个维度：从任务大纲结构上看，项目成本可逐级分解为摘要任务成本、子任务成本以及资源成本；从各级任务的层面上看，任务成本又包括固定成本和可变成本。

各项成本的计算遵从以下公式。

(1) 项目成本＝各项摘要任务成本＋项目固定成本

(2) 摘要任务成本＝各项子任务成本＋摘要任务固定成本

(3) 子任务成本＝资源成本＋子任务固定成本

(4) 资源成本＝工时资源成本＋材料资源成本

(5) 工时资源成本＝可变成本（资源费率、工作时间和资源投入量）＋固定成本（每次使用成本）

(6) 材料资源成本＝可变成本（材料资源费率、材料用量）＋固定成本（每次使用成本）

1. 获得项目成本

在为任务分配资源以后，系统会根据资源的价格自动生成各级任务成本及项目总成本。在菜单栏中选择【视图】|【表】|【成本】命令，打开【成本管理】视图。在该视图下，可以对本例中各任务成本信息如图 11-19 所示各级任务的实时成本进行跟踪和管理，如图 11-19 所示。

需要说明的是，各项底层任务的成本根据其资源使用情况自动生成，也可以自行输入成本数据。而项目成本和摘要任务成本是其底层任务成本之和，不能由人工输入。

2. 项目的各阶段成本与累积成本

通过 Project 所提供的报表功能，可以事先对需要进行的任务或者项目估算其成本，并在 Excel 中自动生成年、月、周等报表。

选择菜单栏中的【报表】|【可视报表】命令，打开可视报表窗口，如图 11-20 所示。在这里，系统列出了几种常用报表模板，用户可以根据自身需要选择相应模板，并指定报表中的日程数据级别，即可在 Excel 中创建可视报表。如果列表中没有符合要求的模板，用

任务名称	固定成本	固定成本累算	总成本	比较基准	差异	实际	剩余
项目1	**¥0.00**	**按比例**	**¥52 748 000.00**	**¥0.00**	**¥52 748 000.00**	**¥0.00**	**¥52 748 000.00**
110总体设计	**¥500 000.00**	**按比例**	**¥2 980 000.00**	**¥0.00**	**¥2 980 000.00**	**¥0.00**	**¥2 980 000.00**
111总体方案	¥100 000.00	按比例	¥900 000.00	¥0.00	¥900 000.00	¥0.00	¥900 000.00
112技术规格	¥200 000.00	按比例	¥840 000.00	¥0.00	¥840 000.00	¥0.00	¥840 000.00
113外形设计	¥100 000.00	按比例	¥740 000.00	¥0.00	¥740 000.00	¥0.00	¥740 000.00
总体设计完成	¥0.00	按比例	¥0.00	¥0.00	¥0.00	¥0.00	¥0.00
120车体研制	**¥1 000 000.00**	**按比例**	**¥14 376 000.00**	**¥0.00**	**¥14 376 000.00**	**¥0.00**	**¥14 376 000.00**
121车体研究	¥700 000.00	按比例	¥1 900 000.00	¥0.00	¥1 900 000.00	¥0.00	¥1 900 000.00
122车体试制	¥800 000.00	按比例	¥10 336 000.00	¥0.00	¥10 336 000.00	¥0.00	¥10 336 000.00
123车体测试	¥500 000.00	按比例	¥1 140 000.00	¥0.00	¥1 140 000.00	¥0.00	¥1 140 000.00
车体研制完成	¥0.00	按比例	¥0.00	¥0.00	¥0.00	¥0.00	¥0.00
130发动机研制	**¥1 500 000.00**	**按比例**	**¥15 920 000.00**	**¥0.00**	**¥15 920 000.00**	**¥0.00**	**¥15 920 000.00**
131发动机研究	¥1 000 000.00	按比例	¥2 600 000.00	¥0.00	¥2 600 000.00	¥0.00	¥2 600 000.00
132发动机试制	¥800 000.00	按比例	¥10 720 000.00	¥0.00	¥10 720 000.00	¥0.00	¥10 720 000.00
133发动机测试	¥300 000.00	按比例	¥1 100 000.00	¥0.00	¥1 100 000.00	¥0.00	¥1 100 000.00
发动机研制完成	¥0.00	按比例	¥0.00	¥0.00	¥0.00	¥0.00	¥0.00
140电脑控制系统研制	**¥500 000.00**	**按比例**	**¥12 060 000.00**	**¥0.00**	**¥12 060 000.00**	**¥0.00**	**¥12 060 000.00**
141电脑控制系统研究	¥200 000.00	按比例	¥2 200 000.00	¥0.00	¥2 200 000.00	¥0.00	¥2 200 000.00
142电脑控制系统试制	¥400 000.00	按比例	¥7 960 000.00	¥0.00	¥7 960 000.00	¥0.00	¥7 960 000.00
143电脑控制系统测试	¥200 000.00	按比例	¥1 400 000.00	¥0.00	¥1 400 000.00	¥0.00	¥1 400 000.00
电脑控制系统研制完成	¥0.00	按比例	¥0.00	¥0.00	¥0.00	¥0.00	¥0.00
150总装与测试	**¥500 000.00**	**按比例**	**¥3 468 000.00**	**¥0.00**	**¥3 468 000.00**	**¥0.00**	**¥3 468 000.00**
151总装	¥400 000.00	按比例	¥1 168 000.00	¥0.00	¥1 168 000.00	¥0.00	¥1 168 000.00
152总体测试	¥1 000 000.00	按比例	¥1 800 000.00	¥0.00	¥1 800 000.00	¥0.00	¥1 800 000.00
总装与测试完成	¥0.00	按比例	¥0.00	¥0.00	¥0.00	¥0.00	¥0.00
160项目管理	**¥200 000.00**	**按比例**	**¥3 944 000.00**	**¥0.00**	**¥3 944 000.00**	**¥0.00**	**¥3 944 000.00**
161项目管理	¥0.00	按比例	¥3 744 000.00	¥0.00	¥3 744 000.00	¥0.00	¥3 744 000.00

图 11-19　成本管理视图

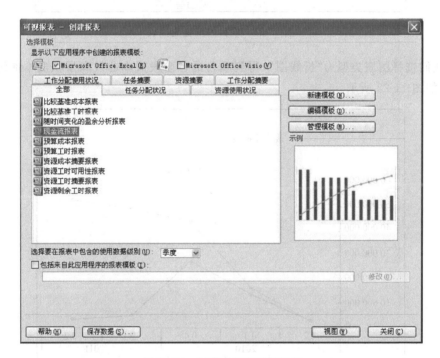

图 11-20　创建项目的可视报表

户可以通过新建模板来指定输出的项目报表内容。

在本案例中，我们通过“现金流报表”来介绍如何利用“可视报表”功能分析项目的各阶段成本以及项目累积成本(S 型曲线)。

首先，在图 11-20 中，选择“现金流报表”模板，同时指定时间刻度单位为“季度”，完成后单击【视图】按钮，便可以在 Excel 中生成该项目的“现金流报表”，如图 11-21 所示。如果希望改变报表中的时间刻度，只要在创建报表中选择相应的“数据级别”即可。

此外，还可以利用 Excel 中提供的功能设置报表的显示样式(如直方图、折线图等)。

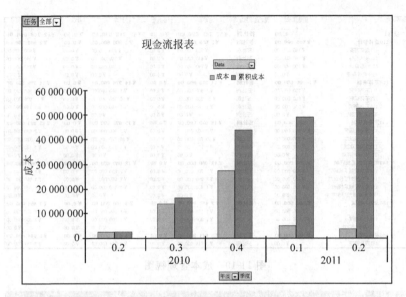

图 11-21　项目的现金流报表

这里,我们选择图表类型为"折线图",得到项目的各阶段成本曲线和累积成本曲线(S 型曲线),如图 11-22 所示。

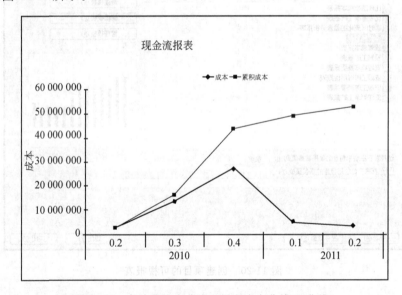

图 11-22　各阶段成本曲线和累积成本曲线(S 曲线)

11.2.5　进度跟踪与控制

项目计划与控制是项目管理的核心内容,本章前一部分主要介绍了如何使用 Project 2007 软件制订项目计划,当项目计划开始执行以后,也就进入了项目管理的下一个阶段:跟踪项目进度。

"跟踪"意味着记录项目细节,如何时完成工作、成本开支是多少、资源如何分配等,这些细节在 Project 2007 中被称为"实际值"。正确地跟踪项目进度并与原始计划进行对比,可以及时发现项目在执行过程中出现的偏差,从而采取有效的控制措施。

在 Project 2007 中,跟踪进度包括"保存项目基准计划"以及"记录任务的完成情况"。

1. 保存项目基准计划

要正确评估项目的执行情况,就需要将项目实际进展与原始计划进行对比。原始计划称为基准计划或基准,基准是项目计划中重要信息的集合,如项目的开始时间、完成时间、任务、资源和成本等。

选择【工具】|【跟踪】|【设置比较基准】命令,打开【设置比较基准】对话框,如图 11-23 所示,在本案例中,项目比较基准采用默认设置,直接单击【确定】按钮保存。

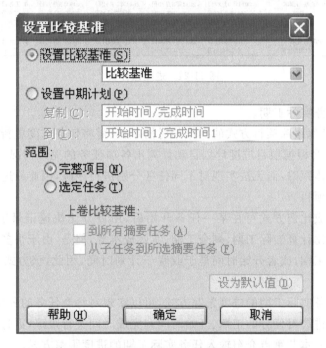

图 11-23 设置比较基准

接下来,选择【视图】|【表】|【差异】命令,打开项目进度差异表,如图 11-24 所示。可以看到,差异表中包括两类开始时间和完成时间,即日程排定的进度和比较基准给出的进度。需要说明的是,由于还未发生实际工作,而且也未修改排定的任务,所以任务开始时间与比较基准开始时间值是相同的,完成时间亦然。随着项目的进展,当实际工作被记录之后,日程排定的开始时间和完成时间可能不同于比较基准,此时便会在开始或完成时间差中体现出来。

2. 跟踪项目进度

Project 2007 提供了多种项目进度跟踪方式,包括根据日程跟踪项目、输入任务完成

任务名称		开始时间	完成时间	比较基准开始时间	比较基准完成时间	开始时间差异	完成时间差异
0	⊟ 项目1	2010年6月1日	2011年5月30日	2010年6月1日	2011年5月30日	0 工作日	0 工作日
1	⊟ 110总体设计	2010年6月1日	2010年7月12日	2010年6月1日	2010年7月12日	0 工作日	0 工作日
2	111总体方案	2010年6月1日	2010年6月14日	2010年6月1日	2010年6月14日	0 工作日	0 工作日
3	112技术规格	2010年6月15日	2010年7月12日	2010年6月15日	2010年7月12日	0 工作日	0 工作日
4	113外形设计	2010年6月15日	2010年7月12日	2010年6月15日	2010年7月12日	0 工作日	0 工作日
5	总体设计完成	2010年7月12日	2010年7月12日	2010年7月12日	2010年7月12日	0 工作日	0 工作日
6	⊟ 120车体研制	2010年7月13日	2011年1月24日	2010年7月13日	2011年1月24日	0 工作日	0 工作日
7	121车体研究	2010年7月13日	2010年9月20日	2010年7月13日	2010年9月20日	0 工作日	0 工作日
8	122车体试制	2010年9月21日	2010年11月15日	2010年9月21日	2010年11月15日	0 工作日	0 工作日
9	123车体测试	2010年11月16日	2011年1月24日	2010年11月16日	2011年1月24日	0 工作日	0 工作日
10	车体研制完成	2011年1月24日	2011年1月24日	2011年1月24日	2011年1月24日	0 工作日	0 工作日
11	⊟ 130发动机研制	2010年7月13日	2011年2月21日	2010年7月13日	2011年2月21日	0 工作日	0 工作日
12	131发动机研究	2010年7月13日	2010年9月20日	2010年7月13日	2010年9月20日	0 工作日	0 工作日
13	132发动机试制	2010年9月21日	2010年12月13日	2010年9月21日	2010年12月13日	0 工作日	0 工作日
14	133发动机测试	2010年12月14日	2011年2月21日	2010年12月14日	2011年2月21日	0 工作日	0 工作日
15	发动机研制完成	2011年2月21日	2011年2月21日	2011年2月21日	2011年2月21日	0 工作日	0 工作日
16	⊟ 140电脑控制系统研制	2010年7月13日	2011年3月21日	2010年7月13日	2011年3月21日	0 工作日	0 工作日
17	141电脑控制系统研	2010年7月13日	2010年9月20日	2010年7月13日	2010年9月20日	0 工作日	0 工作日
18	142电脑控制系统试	2010年9月21日	2011年1月10日	2010年9月21日	2011年1月10日	0 工作日	0 工作日
19	143电脑控制系统测	2011年1月11日	2011年3月21日	2011年1月11日	2011年3月21日	0 工作日	0 工作日
20	电脑控制系统研制完	2011年3月21日	2011年3月21日	2011年3月21日	2011年3月21日	0 工作日	0 工作日
21	⊟ 150总装与测试	2011年3月22日	2011年5月30日	2011年3月22日	2011年5月30日	0 工作日	0 工作日
22	151总装	2011年3月22日	2011年5月2日	2011年3月22日	2011年5月2日	0 工作日	0 工作日
23	152总体测试	2011年5月3日	2011年5月30日	2011年5月3日	2011年5月30日	0 工作日	0 工作日
24	总装与测试完成	2011年5月30日	2011年5月30日	2011年5月30日	2011年5月30日	0 工作日	0 工作日
25	⊟ 160项目管理	2010年6月1日	2011年5月30日	2010年6月1日	2011年5月30日	0 工作日	0 工作日
26	161项目管理	2010年6月1日	2011年5月30日	2010年6月1日	2011年5月30日	0 工作日	0 工作日

图 11-24 进度差异表

比例以及输入任务实际工期。

其中,根据日程跟踪项目方式的操作相对简单,只需将任务进度更新至某一时间点即可,此时,Project 会根据项目进度计划自动计算出各项任务的完成情况。但是,该方式只能对项目进行整体跟踪,而无法实现对不同任务分别进行跟踪,因此只适用于实际工作严格按计划进行的项目。

输入任务完成比例方式可在某一任务开始后,用百分比快速记录工作进度,Project 根据输入的百分比计算实际工期、剩余工期、实际成本等,但是,由于很多任务的实际工期长于或短于计划工期,或者开始时间早于或晚于计划时间,因此,该方式在使用中也存在一定的局限性。

采用输入任务实际工期的进度跟踪方式,可以实现对每个任务的分别跟踪,同时还能够根据项目实际进展对任务的工期、开始时间和完成时间进行跟踪,更为详细地记录每项任务的完成情况。本节重点介绍输入任务实际工期的进度跟踪方式。

1) 跟踪任务工时

选择【视图】|【表】|【工时】命令,打开工时表。在【实际工时】域中输入任务的实际工时,Project 会自动更新该项任务的工时信息,并根据工时变化重新安排后续任务。本案例中将"133 发动机测试"任务的工时由 8 000 工时缩减至 6 000 工时的工时表如图 11-25 所示。

2) 跟踪任务进度

在甘特图中选中需要跟踪的任务后,选择【工具】|【跟踪】|【更新任务】命令,打开【更新任务】对话框,如图 11-26 所示。此对话框同时显示任务工期、开始时间、完成时间的实际值和计划值,可以根据对话框中的内容更新实际值和剩余值。本案例中,各项任务进度更新后的甘特图视图如图 11-27 所示。

	任务名称	工时	比较基准	差异	实际	剩余
0	⊟ 项目1	227 600 工时	229 600 工时	-2 000 工时	0 工时	227 600 工时
1	⊟ 110总体设计	20 800 工时	20 800 工时	0 工时	0 工时	20 800 工时
2	111总体方案	8 000 工时	8 000 工时	0 工时	0 工时	8 000 工时
3	112技术规格	6 400 工时	6 400 工时	0 工时	0 工时	6 400 工时
4	113外形设计	6 400 工时	6 400 工时	0 工时	0 工时	6 400 工时
5	总体设计完成	0 工时	0 工时	0 工时	0 工时	0 工时
6	⊟ 120车体研制	37 600 工时	37 600 工时	0 工时	0 工时	37 600 工时
7	121车体研究	12 000 工时	12 000 工时	0 工时	0 工时	12 000 工时
8	122车体试制	19 200 工时	19 200 工时	0 工时	0 工时	19 200 工时
9	123车体测试	6 400 工时	6 400 工时	0 工时	0 工时	6 400 工时
10	车体研制完成	0 工时	0 工时	0 工时	0 工时	0 工时
11	⊟ 130发动机研制	46 000 工时	48 000 工时	-2 000 工时	0 工时	46 000 工时
12	131发动机研究	16 000 工时	16 000 工时	0 工时	0 工时	16 000 工时
13	132发动机试制	24 000 工时	24 000 工时	0 工时	0 工时	24 000 工时
14	133发动机测试	6 000 工时	8 000 工时	-2 000 工时	0 工时	6 000 工时
15	发动机研制完成	0 工时	0 工时	0 工时	0 工时	0 工时
16	⊟ 140电脑控制系统研制	64 000 工时	64 000 工时	0 工时	0 工时	64 000 工时
17	141电脑控制系统研究	20 000 工时	20 000 工时	0 工时	0 工时	20 000 工时
18	142电脑控制系统试制	32 000 工时	32 000 工时	0 工时	0 工时	32 000 工时
19	143电脑控制系统测试	12 000 工时	12 000 工时	0 工时	0 工时	12 000 工时
20	电脑控制系统研制完成	0 工时	0 工时	0 工时	0 工时	0 工时
21	⊟ 150总装与测试	17 600 工时	17 600 工时	0 工时	0 工时	17 600 工时
22	151总装	9 600 工时	9 600 工时	0 工时	0 工时	9 600 工时
23	152总体测试	8 000 工时	8 000 工时	0 工时	0 工时	8 000 工时
24	总装与测试完成	0 工时	0 工时	0 工时	0 工时	0 工时
25	⊟ 160项目管理	41 600 工时	41 600 工时	0 工时	0 工时	41 600 工时
26	161项目管理	41 600 工时	41 600 工时	0 工时	0 工时	41 600 工时

图 11-25　工时表

图 11-26　更新任务信息

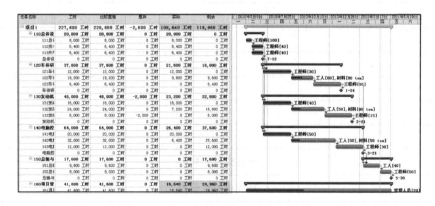

图 11-27　更新任务信息后的甘特图

第 11 章　项目管理软件的应用

附 录

附表 1：项目描述表

项目名称				项目号		
客　户				项目优先级		
产　品				客户号		
控制小组				项目经理		
内部委托人				发起人		
项目成员	职　能		协助小组成员	职　能		
	职　责	公司或部门		职　责	公司或部门	

里程碑

里程碑	日　期	备　注

延迟交付的影响

利益相关者分析

名字或角色	主要责任与贡献

续表

项目范围描述

质量目标

费用		
	RMB	备注

续表

[1]设计与开发		
[2]样灯		
[3]生产设备(合计)		
a)模具		
b)装配线		
c)测试工装		
[4]其他		
[5]总计		
估算基础与依据		
本表格仅以车灯成本构成为示范		
项目的假设和条件：		
项目经理：日期／签字	审核：日期／签字	

附表 2：工作包描述表

	工作包描述表	文件编号：
		编制日期：　　年　月　日

项目名称		项目经理	
工作包名称		工作包编号	工作包负责人

工作包协助人员

姓　名						
角　色						

估计工期：　　　　　　　　估计工时：

工作包任务范围：

工作包资源需求及资金投入估计：

前置任务：　　　　　　　　　　　工作包交付成果及评价标准：

预计风险：　　　　　　　　　　　应对措施：

————————　　　　　　　　　　————————
　工作包负责人　　　　　　　　　　　项目经理

附表 3：工作包执行状态报告

	工作包执行状态报告	文件编号：

项目名称：		项目编号：	
工作包名称：		工作包编号：	
工作包负责人：		报告日期：	

实际开始日期：		实际进展工期：		预测剩余工期：
实际发生成本：			预测剩余成本：	
目前人员配备状况是否满足要求：	是□		否□	

风险分析	
工作包执行过程中遇到的风险及采取应对措施：	潜在风险分析与建议：

工作包状态：	红□	黄□		绿□
项目负责人签字：		签字日期：		

附表 4：工作包完成报告

	工作包完成报告	文件编号：
项目名称：		项目编号：
工作包名称：		工作包编号：
工作包负责人：		报告日期：

交付物是否满足要求 是 □ 否 □	若未满足要求，原因分析：
实际开始日期：	实际完成时间：
实际工期与计划工期相比是否发生偏差： 是 □ 否 □	若发生偏差，原因分析：
实际成本与计划成本相比是否发生偏差： 是 □ 否 □	若发生偏差，原因分析：
重大问题及解决办法（包括经验教训）：	
项目负责人签字：	签字日期：

附表 5：项目执行状态报告

	项目执行状态报告	文件编号：

项目名称：		项目编号：	
项目负责人：		报告日期：	

实际工期：	实际进度与计划进度比较：
预计剩余工期：	
实际已发生成本：	实际成本与计划成本比较：
预计后续成本：	

预计交付物能否满足项目要求： 　是□　　否□	目前项目人员配备状况是否满足要求： 　是□　　否□

潜在风险分析与建议：

下阶段的主要工作任务：

项目经理签字： 　签字日期：	项目委托人签字： 　签字日期：

附表6：项目过关回顾

项目过关回顾									文件编号：	
项目名称：					项目编号：			项目负责人：		
门名称：								填写日期：		
工作包名称	工作包责任人	是否已完成	成本超支比率			工期超期比率			技术要求是否得到满足			原因说明及备注	工作包状态（红、黄、绿）
			≤0	0~5%	>5%	≤0	0~5%	>5%	合格	需修改	需返工		

参 考 文 献

[1] 白思俊. 现代项目管理(上册)[M]. 北京:机械工业出版社,2002.03.
[2] 中国项目管理研究委员会. 中国项目管理知识体系[M]. 北京:电子工业出版社,2006.10.
[3] 博克顿著;李桂杰,黄明军译. 项目管理之美[M]. 北京:机械工业出版社,2009.04.
[4] 孙裕君,朱其鳌. 现代项目管理学[M]. 北京:科学出版社,2010.09.
[5] 戚安邦. 项目管理学[M]. 北京:科学出版社,2007.
[6] 冯俊文. 现代项目管理学[M]. 北京:经济管理出版社,2009.
[7] 戚安邦,张边营. 项目管理概论. 北京:清华大学出版社,2008.10.
[8] 小塞缪尔·J. 曼特尔(Samuel J. Mantel)著;魏青江译. 项目管理实践[M]. 北京:电子工业出版社,2007.05.
[9] 龚益鸣,丁明芳,崔建. 顾客需求识别及其模型[J]. 复旦学报(自然科学版),2003(5):718-720.
[10] 余志峰,胡文发,陈建国. 项目管理系列教材-项目组织[M]. 北京:清华大学出版社,2000.
[11] 白思俊. 现代项目管理(下册)[M]. 北京:机械工业出版社,2002.03.
[12] 宋金波. 项目驱动式先进制造企业的组织集成研究[D],2007.
[13] 周国华,黎艳虹,吕虹云. 工程设计企业项目组织结构变革研究[J]. 管理工程学报,2005(S1):263-266.
[14] 张月英,岳鹏飞. 项目组织结构选择研究[J]. 合作经济与科技. 2009(10):53-54.
[15] 黄荣兵,庞川,杨缦琳. 研究与开发项目管理-项目组织目标和组织结构讨论[J]. 研究与发展管理,1998.12(10).
[16] (美)福斯伯格,穆兹,科特曼著;许江林,刘景梅译. 可视化项目管理(第三版)[M]. 北京:电子工业出版社,2006.09.
[17] 屠梅曾. 项目管理[M]. 上海:格致出版社,2008.01.
[18] 钱省三. 项目管理[M]. 上海:上海交通大学出版社,2006.03.
[19] 段世霞主编;仝新顺,徐东明副主编. 项目管理[M]. 南京:南京大学出版社,2007.08
[20] 乐云. 项目管理概论[M]. 北京:中国建筑工业出版社,2008.09
[21] 王长峰,李建平,纪建悦. 现代项目管理概论[M]. 北京:机械工业出版社,2008.01
[22] 项目管理协会著. 工作分解结构(WBS)实施标准(第二版)[M]. 北京:电子工业出版社,2008.07.
[23] 项目管理协会著;王勇,张斌译. 项目管理知识体系指南(第四版)[M]. 北京:电子工业出版社,2009.04.
[24] 格雷戈里·T. 豪根著;北京广联达慧中软件技术有限公司译. 有效的工作分解结构[M]. 北京:机械工业出版社,2005.07.
[25] 李建平,王书平,宋娟. 现代项目进度管理[M]. 北京:机械工业出版社,2008.07.
[26] 徐渝,何正文. 项目进度管理研究[M]. 西安:西安交通大学出版社,2005.05.
[27] 马国丰,尤建新,杜学美. 项目进度的制约因素管理[M]. 北京:清华大学出版社,2007.04.
[28] 李志勇. 论项目管理中施工进度的管理[J]. 科技信息,2006,(07):97-98.
[29] 周晓丽. 项目进度管理知识研究[J]. 现代商贸工业,2009(08):49-50.
[30] 田丰春. 项目进度管理研究[J]. 中国科技信息,2008(14):98-100.
[31] 罗利伯克著;滕冲译. 项目管理-计划与控制技术[M]. 北京:经济科学出版社,2005.06.

[32] 孙军．项目计划与控制[M]．北京：电子工业出版社，2008．
[33] 房西苑，周蓉翌著．项目管理融会贯通[M]．北京：机械工业出版社，2010.02．
[34] 施骞，马国丰．现代项目管理[M]．北京：清华大学出版社，2009.10．
[35] 朱宏亮．项目进度管理[M]．北京：清华大学出版社，2002.02．
[36] 毕星，翟丽．项目管理[M]．上海：复旦大学出版社，2000.04．
[37] 夏立明．项目管理概论[M]．天津：天津大学出版社，2008．
[38] 杨宝玲，栾志强主编．现代项目管理[M]．北京：中国人民公安大学出版社，2009.03．
[39] （美）莱斯特著；魏国齐，张福东，杨威译．项目计划与控制[M]．北京：石油工业出版社，2008.03．
[40] （美）刘易斯著；赤向东译．项目计划、进度与控制[M]．北京：清华大学出版社，2002．
[41] 卢向南．项目计划与控制[M]．北京：机械工业出版社，2009.06．
[42] 徐玉凤，黄亚辉主编．项目进度管理[M]．北京：对外经济贸易大学出版社，2006.12．
[43] 刘荔娟．现代项目管理概论[M]．上海：上海人民出版社，1990.09．
[44] 白思俊．现代项目管理（中册）[M]．北京：机械工业出版社，2002．
[45] 宋伟．项目管理概论[M]．北京：机械工业出版社，2007．
[46] 任强，陈乃新．施工项目资源管理[M]．北京：中国建筑工业出版社，2004．
[47] 王立文．现代项目管理基础[M]．北京：北京航空航天大学出版社，1997．
[48] 孙慧主．项目成本管理[M]．北京：机械工业出版社，2010.01．
[49] John Raftery著；李清立译．项目管理风险分析．北京：机械工业出版社，2003．
[50] 杨建平．重大项目风险管理研究[D]．北京：北京航空航天大学出版社，1996．
[51] 沈建明．项目风险管理[M]．北京：机械工业出版社，2003．
[52] 杜慕群．管理沟通[M]．北京：清华大学出版社，2009.11．
[53] 孙健敏，徐世勇．管理沟通[M]．北京：清华大学出版社，2006．
[54] 赵慧军．管理沟通：理论·技能·实务[M]．北京：首都经济贸易大学出版社，2003.07．
[55] 马旭晨．项目管理工具箱[M]．北京：机械工业出版社，2009.01．
[56] 代宏坤，徐玖平．项目沟通管理[M]．北京：经济管理出版社，2008．
[57] 刘梅，看不到岸的ERP，华夏名网 http://cnc.sudu.cn/info/html/website/20070917/245154_1.html.

教师服务

感谢您选用清华大学出版社的教材！为了更好地服务教学，我们为授课教师提供本书的教学辅助资源，以及本学科重点教材信息。请您扫码获取。

≫ 教辅获取

本书教辅资源，授课教师扫码获取

≫ 样书赠送

管理科学与工程类重点教材，教师扫码获取样书

 清华大学出版社

E-mail: tupfuwu@163.com
电话：010-83470332 / 83470142
地址：北京市海淀区双清路学研大厦 B 座 509

网址：http://www.tup.com.cn/
传真：8610-83470107
邮编：100084

教师使用说明

感谢您选用清华大学出版社的教材!为了更好地服务教学,我们为授课教师提供本书的教学辅助资源,以及本学科重点教材信息。请老师您扫码获取。

» 教辅获取

本书教辅资源,授课教师扫码即可获取。

» 本书精选

管理科学与工程类重点教材,教师扫码获取样书。

清华大学出版社

E-mail: tupjwu@163.com
电话: 010-83470332, 83470142
地址: 北京市海淀区双清路学研大厦B座509

网址: http://www.tup.com.cn/
传真: 8610-83470107
邮编: 100084